지난 수십 년 동안 신약학계는 큰 변동을 겪었다. 처음에는 초기 교회를 텍스트를 연구하는 공동체로 그렸다가 나중에는 대다수 그리스도인이 글을 읽을 수 없었다고 추정하게 되었다. 결국 구술이 기록된 텍스트를 능가하던 곳이 바로 초기 교회였다고 생각하게 된 것이다. 증거를 균형 있게 해석하려는 다양한 노력은 서로 계속 충돌을 빚었다. 이런 상황에서 판을 뒤흔드는 브라이언 라이트의 이 작품이 등장했다. 그는 당시 유대 사회와 그리스-로마 사회에 '공동 읽기 사건'이 얼마나 널리 퍼져 있었는지 증명한다. 일부 사람들의 생각과 달리, 읽기와 듣기는 서로 멀리 떨어져 있지 않다는 점을 드러낸다. 라이트가 1차 자료를 조사하여 풍성히 제시한 증거는 설득력이 있다. 이런 증거가 이전에는 왜 조명을 받지 못했는지 의아할 정도다. 라이트의 연구 결과는 이 분야에서 연구 작업을 펼치는 이들에게는 물론이요, 책에 열심을 품은 신자들이었다는 표지를 곳곳에서 보여 주는 초기 그리스도인에 관한 우리의 지식에도 중요하다. 이 책은 실로 새로운 씨앗이다.

도널드 아서 카슨 트리니티 복음주의 신학대학원 신약학 명예 교수

진정 귀중하고, 광대하며, 판도를 뒤흔드는 작품이 나왔다! 대다수 출판물과 달리, 이 책은 신약성경을 탐구하는 우리가 그 배경이 되는 고대에 관하여 갖고 있는 지식에 존재하는 중요하고 본질적인 틈새를 메워 준다. 혁신을 일으킨 작품이 나오면, 학계는 늘 그 작품이 제시한 결론을 놓고 논쟁을 벌이기 마련이지만, 그래도 그런 작품이 제시하는 기초에 늘 신세를 지곤 한다. 이 책은 꼼꼼한 방법론과 더불어 1차 자료와 2차 자료를 철저히 조사한 결과를 생생하게 보여 준다.

크레이그 키너 애즈베리 신학교 성서학 교수

브라이언 라이트는 1세기 그리스-로마 시대 저자 20여 명과 유대교 문헌을 철저히 조사함으로써, 고대 사람들의 텍스트 공동 읽기에 관하여 훌륭히 논했다. 이 점은 그가 신약성경 자체를 탐구하는 데에도 기초가 되었다. 저자의 권위 있는 신약성경 분석은—다양한 지역의 공동체들이 공동 읽기 관습을 실천하고, 문헌 전승의 질을 엄격하게 통제했으며, 텍스트를 사람들 앞에서 구술로 실연하는 일에 사회가 아주 폭넓게 참여했다는 점에서—고대 저자들과 상당히 많은 연속성이 있음을 증명한다. 판을 흔들어 놓은 이 논의는 신약성경의 구술 전승과 문헌 전승의 신빙성에 관한 논의에 또 하나의 중요한 기둥을 제공한다.

제임스 해리슨 시드니 신학 대학 연구원장

이 책은 중요한 주제를 철저히 다룬 연구서이며, 공동 읽기 사건이 1세기 세계 전체에, 특히 초기 기독교 운동에 널리 퍼져 있었음을 증명한다. 그 시대에는 사실상 모든 사람이 큰 소리로 낭독되는 텍스트를 듣곤 했던 것 같다. 이 책은 그동안 학자들이 많이 논의해 온 주제, 곧 초기 기독교 구술과 텍스트의 관계에 대해서도 여러 가지 중요한 시사점을 제공한다. 당시에도 우리가 생각하는 것보다 텍스트를 많이 활용할 수 있었고, 텍스트 자체도 안정되어 있었다.

리처드 보컴 세인트앤드루스 대학교 신학과 명예 교수

사람들이 고대 문헌 문화를 이해하고자 할 때, 공동 읽기는 분명 사람들이 무시해 온 요소였다. 근래에 들어 문해력에 관한 여러 문제에 주목하게 되었다는 것은 공동 읽기가 그 문화의 텍스트 체험에서 중요한 부분이었음을 시사한다. 브라이언 라이트는 성경, 기타 자료 및 고대 자료를 폭넓게 섭렵한 이 연구서를 통해 바로 그런 점을 아주 훌륭하게 보여 준다. 라이트는 이 책을 통해 우리가 이 문제에 눈을 돌리게 함으로써, 당시 사람들은 텍스트를 어떻게 사용했는지, 전승은 어떻게 전달했는지, 고대인들은 어떻게 의사소통을 했는지를 더 깊이 파고들어 갈 마당을 활짝 열어 주었다. 이 책을 적극 추천한다.

스탠리 포터 맥매스터 신학 대학 신약학 교수 겸 총장

예수 시대 지중해 세계에서는 온갖 사람들이 자신의 작품과 다른 이들의 작품을 사람들 앞에서 큰 소리로 읽곤 했다. 그리스도인도 히브리 성경을 정기적으로 읽었으며, 그들 자신이 쓴 문헌도 같은 방식으로 읽곤 했다. 공중 앞에서 하는 낭독 역시 기억에 의지해 하는 때도 있었지만, 보통 텍스트에 의지하곤 했고, 또 그 낭독 때문에 사람들은 텍스트를 꼼꼼히 보존하게 되었다. 라이트는 이 모든 자료를 폭넓게 조사하여, 초기 기독교 전승 보존에서 온갖 견제와 균형 장치가 작동했음을 훌륭하게 논증한다. 아직도 기독교 전승이 대체로 통제받지 않았으며 늘 왜곡되곤 했다고 생각하는 사람이 있다면, 이 책을 반드시 읽어 보길 바란다.

크레이그 블롬버그 덴버 신학교 신약학 석좌 교수

고대의 '공동 읽기 사건'과 관련된 데이터에 초점을 맞춘 연구가 오랫동안 이뤄지지 않았는데, 마침 이 주제를 다룬 브라이언 라이트의 중요한 연구서가 나왔다. 크게 환영한다. 『1세기 그리스도인의 공동 읽기』는 글로 기록된 텍스트를 구술로 낭송하는 일이 1세기 그리스-로마 세계의 다양한 사회 환경 속에 아주 흔하고 폭넓게 퍼져 있었음을 증명한다. 이 책은 우리가 기독교 성경(과 유대교 성경)의 공동 읽기가 벌어진 더 큰 문화 맥락을 이해하게 도와줄 뿐 아니라, 때로는 그 시대 청중이 공동으로 모인 자리에서 거듭 낭독되는 기록 텍스트를 안정시키는 데 기여할 수 있었다는 것도 보여 준다. 신약성경과 초기 기독교를 연구하는 학자는 이 책을 꼭 봐야 한다!

찰스 힐 리폼드 신학교 신약학과 초기 기독교 리처드슨 석좌 교수

브라이언 라이트는 대다수 성경 해석자가 알지 못했던 로마 제국의 텍스트, 읽기, 문해력의 중요한 여러 측면을 밝혀 주었다. 『1세기 그리스도인의 공동 읽기』는 두고두고 오랫동안 이 문제를 치료해 주는 역할을 할 것이다. 이 중요한 책을 추천하게 되어 아주 기쁘다.

크레이그 에번스 휴스턴 침례대학교 기독교의 기원 존 비새그노 석좌 교수

예수는 무리가 그들에게 낭독된 율법을 들었으리라 추정하시면서, '너희가 듣지 못했느냐?'라고 물으신다. 당시에 공적 읽기는 얼마나 널리 퍼져 있었을까? 또 이런 읽기가 기독교 메시지 보존과 전파에 얼마큼 영향을 미쳤을까? 브라이언 라이트는 방대한 헬라어 텍스트와 라틴어 텍스트를 조사하고 분석하여 그런 읽기 관습을 신선하게 밝혀 주며, 이런 읽기 관습 연구가 초기 기독교 사회 연구, 특히 복음서 저작 과정 연구와 관련이 있음을 강조한다. 그는 사람들이 공동 읽기를 통해 그런 텍스트를 알았을 것이며, 그들에게 텍스트를 읽어 주는 이가 텍스트를 함부로 바꾸지 못하게 하는 경계였다고 주장한다. 이 책은 초창기 교회의 책과 읽기에 관한 우리의 지식을 놀라울 정도로 키워 준다.

앨런 밀러드 리버풀 대학교 히브리어 및 고대 셈어 명예 교수

왜 초기 그리스도인들은 글을 썼는가? 그들은 언제 어디서 글을 읽었는가? 1세기 사회 맥락과 관습 속에서 읽기가 가지는 의미는 무엇이었는가? 라이트는 증거를 꼼꼼하고도 폭넓게 조사하여, 이런 읽기를 만들어 낸 '복잡하고도 다면성을 지닌 문화 마당'을 우리에게 소개해 준다. 그의 연구 결과로 학계는 텍스트 통제 과정, 나아가 정경이 등장하게 된 과정 전체를 다시 생각해야 할 처지가 되었다.

웨인 믹스 예일 대학교 종교학 명예 교수

브라이언 라이트는 혁신을 몰고 온 이 연구서에서 여태까지 신약학계가 무시해 온 문제, 곧 1세기에 공동 읽기가 수행한 역할이라는 문제를 전면에 부각시킨다. 라이트의 철저한 분석은 1세기의 문해력, 복음 전승, 텍스트 보존에 관한 우리의 이해에 여러 가지 시사점을 제공한다. 고대 세계 연구와 신약성경 연구에 새로운 풍경을 활짝 열어 보인 이 작품에 얼마든지 감사해도 된다.

토머스 슈라이너 남침례교 신학교 신약 해석학 제임스 해리슨 석좌 교수

1960년대에 비르예르 에르핫손의 판을 뒤집는 책 『기억과 필기』(*Memory and Manuscript*)가 출간된 뒤로, 이 아주 중요한 분야 연구에서는 의미심장한 진전이 없었는데, 브라이언 라이트가 대단히 중요한 작품을 내놓았다. 그는 기원후 1세기 그리스-로마 세계에서 공동 읽기가 가졌던 중요성, 그리고 이 공동 읽기와 첫 그리스도인들의 신약성경 읽기의 연관성을 처음으로 증명했다.

브루스 윈터 퀸즐랜드 신학 대학교 신약학 교수

브라이언 라이트는 1세기 사람들의 문자 해독률이 보통 사람들이 추정해 온 것보다 훨씬 높았으며, 읽기 공동체도 사람들이 보통 짐작하는 것보다 훨씬 넓게 퍼져 있었음을 설득력 있게 주장한다. 그의 주장이 옳다면—나는 그의 주장이 대체로 옳다고 생각한다—우리가 초기 기독교의 텍스트성, 책 문화, 텍스트 보존에 관하여 생각하는 것 가운데 많은 것이 바뀌게 될 것이다.

마이클 버드 호주 리들리 칼리지 신학 강사

나는 사건이 복음으로 옮겨 간 과정, 그리고 그 과정에서 구술성과 전승이 어떻게 작용했는가 하는 문제를 붙잡고 씨름하느라 많은 시간을 보냈다. 공동 읽기라는 개념과 이 읽기의 역할은 내 레이더 화면에 없었다. 그러나 이제는 그렇지 않다. 이 연구서는 주로 구술과 청각에 의존하는 문화 정황 속에서 자료가 어떻게 전달되었는가를 생각하는 데 아주 요긴한 범주를 소개하며 면밀히 검토한다. 곱씹으며 읽을 가치가 있는 훌륭한 연구서다.

대럴 복 댈러스 신학교 신약학 교수

1세기 예수 전승과 그 전달에 관한 연구는 많은 가설을 통해 이루어지고 있다. 브라이언 라이트가 1세기 문해력과 공동 읽기를 탁월하게 연구하여 내놓은 이 책은 퍼즐에서 놓치고 있던 조각이요, 초창기 교회의 본질 그리고 정경 형성 및 텍스트 전달 이야기를 역사의 관점에서 재구성하는 일과 밀접한 관련이 있다.

브라이언 로스너 호주 리들리 칼리지 학장

1세기 그리스도인의 공동 읽기

IVP(InterVarsity Press)는
캠퍼스와 세상 속의 하나님 나라 운동을 지향하는
IVF(InterVarsity Christian Fellowship)의 출판부로
생각하는 그리스도인을 위한 문서 운동을 실천합니다.

ⓒ 2017 Fortress Press
Originally published in English as *Communal Reading in the Time of Jesus*
by Fortress Press, Minneapolis, MN, USA.

This Korean translation edition ⓒ 2021 by Korea InterVarsity Press
156-10 Donggyo-ro, Mapo-gu, Seoul 04031, Republic of Korea.
This Korean edition is published by arrangement of Fortress Press,
an imprint of 1517 Media, through rMaeng2, Seoul, Republic of Korea.
All rights reserved.

이 한국어판의 저작권은 알맹2를 통하여
1517 Media와 독점 계약한 IVP에 있습니다.
신 저작권법에 의하여 한국 내에서 보호 받는 저작물이므로
무단 전재와 무단 복제를 금합니다.

1세기 그리스도인의 공동 읽기
예수 시대 기독교 전승은 어떻게 형성되고 보존되었는가

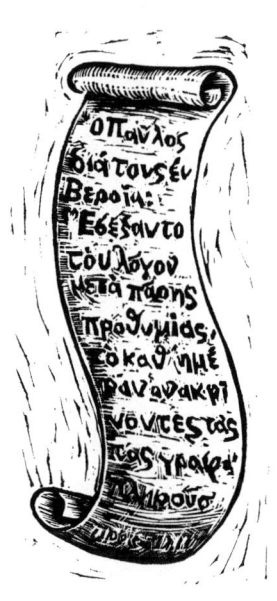

브라이언 라이트

박규태 옮김

IVP

옮긴이 일러두기

1. 이 책에서 가장 중요한 말이 communal reading과 communal reading event인데, 이는 사람들이 함께 모인 자리에서 어떤 텍스트를 함께 읽거나, 혹은 어떤 이가 읽고 다른 이는 이를 들으면서, 그 텍스트 내용을 함께 알아 감을 의미합니다. 상황에 따라, 함께 모여 읽는 이들이 단단한 결속력을 지닌 공동체일 수도 있고 우연히 모인 군중일 수도 있으며 단순한 사교 집단일 수도 있음을 고려하여 이 역본에서는 communal reading을 '공동 읽기', communal reading event를 '공동 읽기 사건'으로 번역했습니다.
2. 이 책에 등장하는 인물에 대한 소개는 책 뒤에 정리해 놓았습니다.
3. 성경 본문을 한국어로 옮길 때는, 저자가 자신의 주장 취지에 맞춰 성경 본문 내용을 제시한 점을 고려하여, 이미 나와 있는 한국어 역본이 아닌 저자가 제시한 본문을 그대로 옮겼습니다.

못 여성의 귀감이요
칭송을 들을 어머니이며
고귀한 아내인
다니엘라에게 이 책을 헌정합니다.

차례

추천 서문　　　　　　　　　　　　　　　　　　　　15
서문　　　　　　　　　　　　　　　　　　　　　　19
약어　　　　　　　　　　　　　　　　　　　　　　23

1장　　새 통제 전략 도입하기　　　　　　　　　　27
　　　들어가는 글
　　　새 통제 전략: 공동 읽기 사건

2장　　예수 시대 공동 읽기 사건 발견하기　　　　43
　　　몇 가지 주의 사항
　　　핵심 용어 몇 가지
　　　요약

3장　　경제 요인과 정치 요인　　　　　　　　　　61
　　　경제 현실
　　　정치 분위기
　　　요약

4장　　사회 정황　　　　　　　　　　　　　　　　85
　　　예수와 첫 제자들이 활동했던 역동적 환경을 개관하다
　　　유대교라는 배경
　　　요약

5장　　1세기의 공동 읽기 사건: 선별된 저자와 텍스트　117
　　　그리스 저자들과 로마 저자들
　　　유대 자료
　　　요약

6장	1세기의 공동 읽기 사건: 신약성경	205
	복음서와 사도행전	
	바울 서신	
	히브리서	
	야고보서	
	베드로 서신	
	요한 서신	
	유다서	
	요한계시록	
	요약	

7장	결론	341

부록	몇 가지 추가 증거	347
	고대 랍비의 기록	
	외경과 위경	
	초기 기독교 기록	
	그리스-로마 협회	
	그리스 저자들과 로마 저자들	
	고대의 다른 기록	

참고 도서	375
주제 찾아보기	413
저자 찾아보기	419
성경 찾아보기	429
이 책에 등장하는 주요 인물	437

추천 서문

이 책은 초기 그리스도인 공동체와 이 공동체가 속해 있던 로마 시대 문화 환경에서 텍스트가 어떻게 다루어졌는지 이해하는 데 중요한 공헌을 한다. 지난 수십 년 동안, 성경을 연구하는 학자들과 고전을 연구하는 학자들은 텍스트 보급과 활용, 로마 시대 사람들의 문장 해독 수준과 문자 해독률, "구술성"(orality)과 텍스트의 관계, 텍스트 전달과 안정성에 영향을 준 요인들을 탐구해 왔다. 그 과정에서 그전에 있었던 몇몇 과장된 주장과 낭만에 치우친 관념들[초창기 그리스도인 공동체는 본디 사본을 읽기보다 기억에 의지하여 텍스트를 구술로 "실연"(performance)하는 "구술성" 중심 공동체였다는 주장이 그런 예다]을 바로잡기도 했다.[1] 그러나 초창기 기독교 세계의 텍스트와 텍스트 읽기와 관련하여 더 많은 데이터를 토론에 포함시켜야 한다는 요구가 계속

---

1 Larry W. Hurtado, "Oral Fixation and New Testament Studies? 'Orality', 'Performance' and Reading Texts in Early Christianity", *NTS* 60, no. 3 (2014): pp. 321-340. 아울러 Kelly Iverson, "Oral Fixation or Oral Corrective? A Response to Larry Hurtado", *NTS* 62, no. 2 (2016): pp. 183-200; 그리고 내가 제시한 대답인 "Correcting Iverson's 'Correction'", *NTS* 62, no. 2 (2016): pp. 201-206를 참고하라.

있어 왔다. 이런 점에서, 브라이언 라이트의 이 책이 지닌 주요 강점 가운데 하나는 바로 그런 요구에 부응하면서, 놀라운 정도로 풍부한 1차 자료를 인용한다는 점이다. 라이트는 이 자료들을 다루면서 꼼꼼하고 설득력 있는 분석을 제시한다.

이 책은 로마 시대 "공동 읽기 사건"과 관련하여 5장에서 살펴본 풍부한 증거만으로도 그 값어치를 하고도 남으며, 부록은 그보다 훨씬 큰 값어치를 가진다! 즉, 라이트는 텍스트를 사용할 때 자주 따랐던 방식, 어쩌면 독특하다고 할 수도 있는 방식—어떤 사람이 사본을 읽으면, 다른 이들은 그가 읽는 것을 귀 기울여 들었다—을 증명할 증거를 풍부히 제시한다. 아울러 라이트는 그가 제시하는 증거의 출처까지 주의 깊게 살핌으로써, 지역 경계를 초월하여 로마 제국 여러 지역에서 이런 읽기 관습이 실행되었음을 보여 줄 수 있었다. 나아가 라이트는 이 책 6장에서 이것이 초창기 그리스도인 공동체들이 공통으로 따랐던 관습이요, 1세기부터 계속 이어진 관습임을 보여 준다. 요컨대, 초기 기독교는 자신이 나온 모체인 유대인 공동체의 읽기 관습은 물론이요, 사실은 그보다 큰 문화 환경인 로마 시대의 문화 환경 속에 존재했던 읽기 관습을 반영했다.

라이트의 연구가 거둔 성과 가운데 하나는, 로마 시대의 문자 해독의 수준들이 어느 정도였든, 사회 계층과 교육 수준을 달리하는 다양한 사람들이 글로 기록된 텍스트를 폭넓게 경험하고 또 그것과 연관이 있었다는 것을 제시한 것이다. 심지어 대다수 구성원이 글을 읽을 줄 모르는 공동체일지라도 나머지 구성들에게 텍스트를 읽어 줄 수 있는 사람이 하나만 있으면 그것으로 충분했다. 따라서 우리가 비록 로마 세계는 문맹률이 높았다고 추측하긴 하지만(대체로는 그렇게 추측한다), 그런 높은 문맹률을 로마 세계에서 글로 기록된 텍스트가 차지했던 위치와 영향력을 배제할 근거로 삼을 수는 없다. 실제로 라이트는 로마 시대를 연구하는 역사가들에게 로마 시대가 낙서에서 명문(새김글, inscriptions)에 이르기까지, 서신과 매도 증서에서 대중의 눈높이에 맞춘 글과 엘리트의 글에 이르기까지, 온갖 종류의 쓰기와 읽기가 아주 두드러지게 나타났던 시기라는 확신을 더 강하게 심어 줄 데이터를 추가로 제시한다.

아울러 라이트는 공동 텍스트 읽기가 텍스트 전달, 특히 사람들에게 되풀이하여 읽어 준 텍스트 전달에 영향을 미친 한 요인이 되기도 했음을 언급한다. 이는 이런 텍스트를 사람들에게 읽어 주면, 그런 텍스트는, 말하자면, 낭독되는 텍스트를 들었던 이들로 구성된 공동체(들)의 텍스트 자산이 되었기 때문이다. 라이트는 그 시대 사람들이 텍스트에 사용된 어구들 가운데 신뢰할 만한 형태를 확보하는 데 자주 관심을 가졌으며, 그들이 잘 아는 텍스트에 뭔가 중대한 변경을 가하려는 시도가 있으면 이에 반대할 수도 있었다는 것을 보여 준다. 라이트는 이런 주장을 제시하면서, 우리가 가진 신약성경을 구성하는 글처럼, 사람들이 경(經, scriptures)으로 다루게 된 기록이 텍스트를 통해 전달된 방법과 관련하여 우리가 내놓은 여러 추측과 관련이 있는 한 요인을 강조한다.[2] 마이클 홈스(Michael Holmes)는, 도마복음처럼, 기독교 초기에 나온 몇몇 텍스트가 홈스 자신이 "거시 수준"(macro-level)의 변화라 일컬은 변화를 겪은 반면, 다른 텍스트들, 특히 일찍부터 성경의 지위를 획득하고 성경으로 사용되었던 텍스트들은 "미시 수준"(micro-level)의 변형(동사 시제, 정관사의 있고 없음, 작은 문구 속에 있는 단어 순서의 변화처럼, 더 작은 변화)을 보여 준다고 지적했다.[3] 라이트는 공동체가 함께 텍스

---

[2] 나 자신도 이 요인을 몇 년 전에 출간된 한 논문에서 아주 간략하게 언급했다: Larry W. Hurtado, "The New Testament in the Second Century: Text, Collections and Canon", in *Transmission and Reception: New Testament Text-Critical and Exegetical Studies*, ed. J. W. Childers and D. C. Parker (Piscataway, NJ: Gorgias, 2006), pp. 3-27. 이런 점에서 이제 내 견해를 지지하는 라이트의 분석을 만나게 된 것이 참 좋다.

[3] Michael W. Holmes, "Text and Transmission in the Second Century", in *The Reliability of the New Testament: Bart Ehrman and Daniel Wallace in Dialogue*, ed. Robert B. Stewart

를 반복하여 읽었던 것이 한 역할을 강조하는데, 그가 강조하는 이런 내용도 방금 말한 내용을 우리가 이해하는 데 도움을 준다. 공동체 앞에서 낭독한 그런 텍스트들은 다른 텍스트와 비교하여 텍스트로서 훨씬 큰 안정성을 획득한 경우가 더 잦았다.

나는 풍성한 잔치처럼 펼쳐 놓은 데이터와 논의에서 독자들을 더 멀리 떼어 놓고 싶은 마음이 없다. 다만 이 책이 초기 기독교의 실체에 관심 있는 이라면 누구나 주목해야 할 연구서임을 거듭 이야기하고 이 글을 맺으려 한다. 나는 라이트의 이 연구서가 마땅히 받아야 할 세간의 주목을 빨리 받길 바란다. 다른 이들이 언급했듯이, 초기 기독교는 특히 "책을 애호하는" 종교 운동이었는데, 이를 뒷받침하는 증거가 바로 초기 기독교가 텍스트 읽기에 부여한 위치, 그리고 텍스트 생산과 복사 및 지역을 초월한 텍스트 회람이다.[4] 라이트의 이 귀중한 책은 초기 기독교가 책을 애호한 사실이 지닌 사회적 차원을 여러 가지 구체적 방법을 통해 설명하며, 덕분에 우리는 모두 그 놀라운 종교 운동의 여러 특징을 더 잘 이해할 수 있게 되었다.

래리 허타도

(Minneapolis: Fortress Press, 2011), pp. 47-65.

4 예를 들어, 내가 *Destroyer of the Gods: The Distinctiveness of Early Christianity in the Roman World* (Waco: Baylor University Press, 2016), pp. 105-141에서 논한 내용을 보라.

서문

> 그대가 내 독자 가운데 하나라는 사실이 새 작품에 적지 않은 격려가 됩니다.
> _플리니우스, 「서신」 4.26.3(61-113년경)

> 하나 더 말할 게 있습니다. 내 글에서 더하거나 바꾸거나 빼야 할 것이 있다고 생각하면 역시 숨기지 말고 말씀해 주십시오. […]. 내가 세부 내용에서 진실과 아름다움과 정확함에 다다를 수 있는 게 많을수록 내 글도 오랫동안 생명을 이어 갈 가능성이 더 커질 테니까요.
> _플리니우스, 「서신」 3.10.5-6(61-113년경)

내가 이 주제에 처음 관심을 갖게 된 것은, 어떤 의미에서 보면 2004년 가을이었다. 나는 그때 댈러스 신학교에서 대니얼 월리스(Daniel B. Wallace)의 헬라어 강의를 듣고 있었다. 우리는 그 강의를 듣는 동안 코이네 헬라어를 익히고 외워야 했을 뿐 아니라, 헬라어로 작문도 해야 했다. 즉 헬라어에서 영어로 옮기기도 해야 했지만, 영어에서 헬라어로 옮기기도 해야 했다. 이 강의를 들으면서, 나는 헬라어의 진가를 크게 깨닫게 되었고 헬라어에 관심을 갖게 되었다. 나는 거기서 더 나아가 몇몇 전문 인턴 과정에 참여하기로

했는데, 그 과정에서 내 관심사도 신약 헬라어 사본 전달을 연구하는 일로 옮겨 갔다. 나는 그다음 여섯 해 동안 가능하면 많은 시간을 신약 본문비평이라는 풍요한 들판에 푹 빠져 지냈다. 이 기간 동안, 나는 신약 사본 연구 센터와 함께하는 사본 탐사 여정에 여러 번 참여하여, 100개가 넘는 신약 사본을 디지털 자료로 만들어 보존할 준비를 하고 처리하는 일을 했으며, 나 자신이 직접 그리스 메테오라(Meteora)에서 한 사본을 발견하는 등, 여러 가지 중요한 경험을 했다. 독특한 과정을 거쳐 헬라어에 입문하고 이어 신약 본문비평 분야에서 일하게 되면서, 자연스럽게 내 관심사도 이제는 고대의 텍스트 읽기 관습과 책 문화, 특히 더 구체적 문제, 곧 이런 텍스트 읽기 관습과 책 문화가 신약성경 및 기독교의 기원과 어떤 관계가 있는가라는 문제로 이어졌다.

우선, 나는 댈러스 신학교 사람들에게 신세를 졌다. 그들은 내가 거기서 신학 석사에서 시작하여 철학 박사 과정을 밟기까지 줄곧 도움을 주었는데, 특히 내 논문 지도 교수이자 앞에서 언급했던 대니얼 월리스, 그리고 대릴 복(Darrell L. Bock)에게 큰 빚을 졌다. 내가 지금까지도 이분들에게 늘 감사하는 것은 이분들이 내 연구 여정에 변함없이 관심을 갖고 함께해 주셨기 때문이다.

몇 해 뒤, 나는 호주 멜버른 리들리 칼리지(Ridley College)에서 철학 박사 과정을 밟기 시작했다. 그때 나는 이 책과 관련된 수많은 가설을 붙들고 있었던 것으로 기억한다. 가령, 그때 내가 여러분에게 고대 세계의 읽기를 이야기했다면 당시의 읽기는 대개 엘리트 계층에서나 나타난 현상이라고 말했을 것이다. 아울러 텍스트는 실용적 역할을 했다기보다 상징적 역할을 했으며, 고대 세계 인구 가운데 90퍼센트가 문맹이었다고 말했을 것이다. 그뿐 아니라, 모든 문서 뒤에는 그와 다른 사실을 증명해 주는 증거가 없는 한 "전문" 필사자(서기관)가 있었고, 기록하는 데 사용하는 재료가 워낙 비싼 데다 공급마저 부족했으며, "계속 붙여 쓰기"(*scriptio continua*, 단어와 단어 사이를 띄지 않고 계속 붙여 쓴 텍스트) 때문에 사본을 읽기가 지독히 어려워 사본을 읽을 때마다 "전문" 낭독자가 필요했다고 말했을 것이다. 하지만 내가 철학 박사 과정에서 연구를 이어 가는 동안, 이 모든 문제와 다른 수많은 문제에 관한 내 견해는 바뀌었으며, 오늘날도 계속하여 발전하고 있다. 그렇다고 내가 지금은 그 진자가 정반대 극단으로 옮겨 갔다고 믿는다는 말은 아니다. 그렇지만 내 앞에 있는 증거가 내가 이전에 보았던 것과 사뭇 달리 보이는 것은 분명하다. 나는 내가 방금 언급한 예들이 예수 시대라는 고대의 정황을 잘못 서술한 것이라고 본다. 하지만 아직도 그런 예들이 대다수 성서학자가 취하는 견해를 대표하는 것 같다. 사실, 나는 방금 든 예 하나하나가 바로 지금 학자들이 공감하는 견해라고 말해도 과언이 아닐 거라고 생각한다.

이어 나는 내 철학 박사 학위 지도 교수인 마이클 버드(Michael F. Bird), 스콧 찰스워스(Scott D. Charlesworth), 그리고 내 논문의 외부 심사자인 에크하르트 슈나벨(Eckhard Schnabel), 랜돌프 리처즈(Randolph Richards), 체드 스펠먼(Ched Spellman)에게 특별히 감사드린다. 이분들은 한 분도 예외 없이, 특히 마이클과 스콧는, 이 프로젝트 속에 들어간 초기 연구 결과 중 많은 부분에 대하여 비평과 조언을 제시해 주셨다. 내게 단 하나 아쉬움이 있다면, 내가 이분들이 제안해 주셨던 모든 길을 따라가지 못한 점이다. 물론, 이 연구서는 분명 아주 넓은 범위를 아우르기 때문에, 이와 관련된 많은 분야에 몸담고 계신 전문가들께 많은 비평을 들을 여지를 담고 있다. 그럼에도, 좋든 나쁘든, 내가 했던 연구 방향을 그대로 따라가겠다는 결심은 어디까지나 내 결단이며, 그에 따른 잘못도 역시 내 책임이다.

마지막으로, 무엇보다 중요한 감사 인사를 내 아내 다니엘라(Daniella), 그리고 우리 아이들 네라이어(Neriah), 제퍼나이어(Zephaniah), 제다이디어

(Jedidiah)에게 하고 싶다. 아내와 아이들이 내 주위에 없었다면, 이 연구서를 더 나은 작품으로 만들어 가는 데 훨씬 많은 시간이 걸렸을 것이다. 그러나 아내와 아이들이 있었기에, 그런 작업이 훨씬 더 즐거웠고 소중했다.

오직 하나님께 영광을

약어

이 연구서에서 사용한 약어는 *The SBL Handbook of Style for Biblical Studies and Related Disciplines* (2014)를 따랐으며, 그밖에 몇 가지를 아래와 같이 추가했다.

AGRW	*Associations in the Greco-Roman World: A Sourcebook.* Richard S. Ascough, Philip A. Harland, and John S. Kloppenborg, eds. Waco, TX: Baylor University, 2012.
AJEC	Ancient Judaism and Early Christianity Series
ASNU	*Acta Seminarii Neotestamentici Upsaliensis*
BETL	Bibliotheca ephemeridum theologicarum lovaniensium
BHT	Beiträge zur historischen Theologie
BIS	Biblical Interpretation Series
CIL	*Corpus Inscriptionum Latinarum*
ECL	Early Christianity and Its Literature
FRLANT	Forschungen zur Religion und Literatur des Alten und Neuen Testaments

IE	Impact of Empire
IGUR	Moretti, L., ed. *Inscriptiones graecae urbis Romae*. Rome: Istituto Italiano per la storia antica, 1968–90.
JSJSup	Journal for the Study of Judaism Supplement Series
JSRC	Jerusalem Studies in Religion and Culture
LBS	Linguistic Biblical Studies
LHJS	Library of Historical Jesus Studies
LNTS	Library of New Testament Studies
LXX	*Septuaginta*. Edited by A. Rahlfs. 7th ed. 2 vols. Stuttgart: Württembergische Bibelanstalt, 1935.
LEH	Lust, J., E. Eynikel, and K. Hauspin. *A Greek-English Lexicon of the Septuagint*. Stuttgart: German Bible Society, 1992–96.
MnS	Mnemosyne Supplements
NAC	New American Commentary
NIDNTTE	Silva, Moisés, ed. *New International Dictionary of New Testament Theology and Exegesis*. Grand Rapids: Zondervan, 2014.
NovTSup	Supplements to Novum Testamentum
NTD	Neue Testament Deutsch
NTGJC	New Testament Gospels in Their Judaic Contexts
NTOA	Novum Testamentum et Orbis Antiquus
PAST	Pauline Studies
SBG	Studies in Biblical Greek
SCJ	Studies in Christianity and Judaism
SJSJ	Supplements to the Journal for the Study of Judaism
SNT	Studien zum Neuen Testament
SNTSMS	Society for New Testament Studies Monograph Series
SPA	Studies in Philo of Alexandria

STDJ	Studies on the Texts of the Desert of Judah
TDNT	*Theological Dictionary of the New Testament.* Edited by G. Kittel and G. Friedrich. 10 vols. Grand Rapids: Eerdmans, 1964–76.
TENTS	Texts and Editions for New Testament Study
TSAJ	Texte und Studien zum antiken Judentum
UBSGNT^5	United Bible Societies' *Greek New Testament.* 5th ed. Edited by Barbara Aland, Kurt Aland, Johannes Karavidopoulos, Carlo M. Martini, and Bruce Metzger. Stuttgart: Deutsche Bibelgesellschaft, 2014.
WBC	Word Biblical Commentary
WUNT	Wissenschaftliche Untersuchungen zum Neuen Testament

1장
새 통제 전략 도입하기

나는 모든 대중이, 그 숫자로 말미암아, 그 도시에 보낸 가장 신성하고 가장 유익한 서신을 읽는 자리에 참석할 수 없음을 알고 그 서신을 널리 공시하는 것이 필요하다고 여겼으니, 이는 그대들이 이 서신을 차례차례 읽고 우리 신 카이사르의 위엄을 찬미하며 그 도시를 향한 카이사르의 선의에 감사하게 하려 함이었다.
_『파피루스 선집 이 권: 공공 문서』(LCL 282, p. 79) 중 "알렉산드리아인들에게 보내는 클라디우스의 편지"(41년 11월 10일자)

때로는 한 연사가 아주 작은 글씨로 쓰고 아주 꼼꼼하게 만 거대한 연구 작품을 연단 위로 가져간다. 그는 큰 대목을 읽어 준 다음, 이렇게 말한다. "여러분이 원하시면, 예서 멈추겠습니다." 그러면 무리가 소리친다. "계속 읽으시오! 계속 읽으시오!" 그 연사가 그때 거기서 잠자코 있기를 열렬히 바라는 이들이 그 입으로 이렇게 소리친다.
_세네카, 『서신』 3.95.2(기원전 4년경-기원후 65년)

들어가는 글

기원후 첫 수 세기 동안, 문헌 전승은 공동체가 함께 읽고 낭송하는 사건을 통해 전파될 때가 잦았다. 이런 사건은 고대의 많은 저술가가 그런 사건의 중요성과 영향에 주목한 이유를 설명하는 데 일부 도움을 준다. 기독교 공동체를 살펴보면, 디모데전서 저자는 그의 서신 수신자더러 공동체가 함께 성경을 읽는 것을 우선시하라며 이렇게 가르친다. "공동체가 함께 성경을 읽는 데 전념하라"(딤전 4:13). 요한계시록 저자는 이 책을 읽어 주는 이와 이렇게 읽어 주는 것을 듣는 이들에게 이렇게 말한다. "이 예언의 말씀을 큰 소리로 읽어 주는 자가 복이 있으며, 그것을 듣고 그 안에 기록된 것을 지키는 이들이 복이 있다"(계 1:3). 「클레멘스2서」(2 Clement) 저자는 그가 속한 공동체에게 누군가가 공동체 앞에서 읽어 주는 것에 귀를 기울이라며 이렇게 독려한다. "그러므로 형제자매들이여, 내가 하나님의 진리를 따라 기록된 것에 귀를 기울이라는 권면을 너희에게 읽어 주노니, 이는 너희가 너희 자신과 너희에게 그것을 읽어 주는 이를 구원할 수 있게 하려 함이로다"(「클레멘스2서」 19:1).[1] 「헤르마스의 목자」(The Shepherd of Hermas) 저자는 한 노부인 이야기를 들려준다. 이 노부인은 "교회"를 대표하여(8.1), 책을 잡고(2.2), 그 책을 읽으며(3.3), 다른 신자를 위해 그 책 사본을 만들게 한 뒤(5.3), 이렇게 요구한다. "따라서 그대는 작은 책 둘을 써서, 하나는 클레멘스에게 보내고 하나는 그라프테에게 보내라. 그러면 클레멘스가 그것을 널리 다른 도시들에 보내리니, 그것이 그가 할 일이다.…그러나 그대는 교회를 주재하는 장로들이 함께한 자리에서 이를 이 도시에 읽어 주도록 하라"(8.3).[2]

---

[1] Michael W. Holmes, ed. and trans., *The Apostolic Fathers: Greek Texts and English Translations*, 3rd ed. (Grand Rapids: Baker, 2007), pp. 162-163.
[2] Holmes, *Apostolic Fathers*, pp. 468-469. 이 본문은 「헤르마스의 목자」에서 유일하게 쓰고 읽기

플리니우스(Pliny)는 『서신』에서 어린 학생들[4:27에 나오는 센티우스 아우구리누스(Sentius Augurinus)],[3] 나이 든 선생들[2:3에 나오는 이사이우스(Isaeus)],[4] 그리고 다른 많은 이[5:17에 나오는 칼푸르니우스 피소(Calpurnius Piso)]들이 속해 있는 공동체가 문학 작품을 읽거나 낭송하는 것을 플리니우스 자신이 직접 들었음을 들뜬 심정으로 적어 놓았다. 테온(Theon)은 그가 쓴 『사전 연습서』(Progymnasmata)에서 학생들에게 수사 기술 전반을 함양하려면 공동체가 읽는 훌륭한 글에 귀를 기울이라고 촉구한다(Theon 61-62).[5] 아풀레이우스(Apuleius)는 밀교 의식(Pastophores: "신비한 상징을 지키는 이"라는 뜻—옮긴이) 가운데 하나가 의식 참석자들이 모여 있는 동안에 책을 직접 읽는 것이라며 이렇게 말한다. "그때 그가 높은 연단에서 한 책을 큰 소리로 한 글자도 빼지 않고 또박또박 읽는다"(Metam. 11.17). 파우사니아스(Pausanias)는 페르시아 밀교 의식에서는 마법사들이 책을 보고 노래를 부른다고 말한다. "한 마법사가 방에 들어가 제단 위에 마른 나무를 쌓는다. 그는 먼저 자기 머리에 관을 쓰고, 이런저런 신에게 노래하면서 그리스 사람은 알아듣지 못할 외국어로 기도하며, 책에 있는 기도문을 낭송한다"(5.27.6). 열한 살 소년[퀸투스 술피키우스 막시무스(Quintus Sulpicius Maximus)]의 모습을 담은 1세기 장례 조형물은 이 소년이 94년, 그러니까 죽음을 맞기 직전에 열린 제3회 카피톨리누스 경기대회(고대 로마의 경기대회로 본디 기원전 387년에 시작되었

를 명령하는 본문이다. 예를 들면, 이 저자는 다른 곳에 이렇게 써 놓았다. "나는 그대가 계명과 비유를 즉시 읽고 지킬 수 있게 우선 그것들을 기록하길 명한다."

3 고전 본문은, 다른 언급이 없으면 모두 디지털 롭 고전 총서(Loeb Classical Library, LCL)에서 가져다 인용하겠으며, 외국어로 적힌 대면(마주 보는) 페이지가 없을 때 외에는, 그 책의 몇 권인가를 나타내는 권 번호(volume number)와 대면 페이지 숫자만 표시하겠다.

4 참고. Juvenal, *Sat.* 3.74.

5 George A. Kennedy, ed., *Progymnasmata: Greek Textbooks of Prose Composition and Rhetoric* (Atlanta: SBL, 2003), pp. 5-6. James R. Butts, "The *Progymnasmata* of Theon: A New Text with Translation and Commentary" (PhD diss., Claremont Graduate School, 1986)가 특히 pp. 17-18, 38, 130에서 이 조건을 논한 내용을 참고하라.

다가 폐지되었으나, 기원후 86년에 도미티아누스 황제가 부활시켜 4년마다 한 번씩 열었다고 한다—옮긴이) 때 한 두루마리를 펼쳐 들고 그가 지은 시를 사람들에게 읽어 주는 모습을 묘사한다(CIL VI, 33976).[6] 선별하여 제시한 이 사례들이 증명하듯이, 텍스트를 읽고 낭송하기가 여러 문헌 전승을 널리 퍼뜨렸다.

아울러 공동체가 모임을 가지는 동안에 함께 나누거나, 큰 소리로 낭독하거나, 낭송한 문헌 전승은 몇몇 전승에 불과했다. 예를 들면, 테르툴리아누스(Tertullian)는 특히 그리스도인들이 모임을 갖는 동안에 하나님의 책을 공동체가 함께 읽는다며 이렇게 말한다. "우리는 모여서 하나님의 책을 읽는다"(Apol. 39:3). 세라피온(Serapion) 주교는 로수스에 있는 교회에 보낸 글에서 「베드로복음」(Gospel of Peter)을 언급하며, 이 복음서를 공동체 앞에서 읽지 말라고 권면한다(Hist. Eccl. 6.12.2).[7] 플리니우스가 말한 읽기 그룹은 종종 그들의 읽기 사건에 필요한 텍스트와 저자 그리고 참여자를 추천하거나 거부하기도 했다[Letters 1.16에 나오는 폼페이우스 사투르니누스(Pompeius Saturninus)]. 무라토리 단편[Muratorian Fragment: 기원후 2세기에서 4세기에 그리스도인들이 정경으로 여겼던 신약성경 책들의 목록을 기록해 놓은 단편으로, 발견자인 이탈리아 역사가 로도비코 무라토리(Ludovico Antonio Muratori, 1672-1750)의 이름을 따 이름을 붙였다—옮긴이]은 일부 사람들이 교회에서 「베드로묵시록」(Apocalypse of Peter)을 읽지 않으려 했다고 언급하며(72), 「헤르마스의 목자」도 사사로이 읽어야지(77), "교회에서 사람들에게 공공연히 읽어 주는 것은 허용할 수 없다"(78)고 언급한다.[8] 순교자 유스티누스(Justin Martyr)는 주일

---

[6] 아울러 모든 학문을 배우고 모든 학문에 능통했다는 14세 소녀를 추도한 기원전 1세기의 묘비 명문(새김글)을 보라(CIL I, 2.1214).

[7] 헬라어 본문 전체 그리고 이 본문을 더 깊이 논한 글을 보려면, Paul Foster, *The Gospel of Peter: Introduction, Critical Edition and Commentary*, TENTS 4, ed. Stanley E. Porter and Wendy J. Porter (Leiden: Brill, 2010), pp. 105-108를 보라.

[8] Lietzmann이 제시한 라틴어 본문과 Metzger가 제시한 영역문, 그리고 현재 이 단편에 관한 최신 연구 상황을 다룬 글을 보려면, Eckhard J. Schnabel, "The Muratorian Fragment: The State of

에 공동체가 사도들의 회고록과 선지자들의 글을 읽었다고 언급한다. "일요일이라 부르는 날에는 도시나 농촌에 사는 모든 이가 함께 한곳에 모여, 시간이 허락하는 내내, 사도들의 회고록이나 선지자들의 글을 읽는다"(1 Apol. 1:67).[9] 그레고리 스나이더(Gregory Snyder)는 여기서 또 하나 주목할 가치가 있는 중요한 함의를 지적한다. 그는 이렇게 말한다.

> 사실, 사도들의 회고록(ἀπομνημονεύματα τῶν ἀποστόλων)이라 일컬은 열셋 가운데 아홉은 기록(γράφω) 형태를 담고 있다. 유스티누스가 복음서 문헌과 관련하여 제시한 개념들은 그 자료가 텍스트와 기록물로서 가지는 특성을 인정하는 참고 방식(manner of reference)을 그에게서 가져온다. 이와 달리, 모세의 책과 선지자들의 책은 대체로 음성 및 말을 포함하는 참고 양식을 선호한다. 중요한 회고록이 **글로 기록되었다는 점**(writtenness)에는 분명 뭔가가 있다.[10]

본보기로 추출하여 제시한 이 증거는 적어도 다양한 전승이 역시 다양한 읽기 사건을 펼친 공동체가 받아들여 주길 간절히 기다리거나 그런 공동체에게 퇴짜 당했음을 시사한다. 문헌 공동체가 그런 전승을 공동체적으로 읽을 것인가? 문헌 공동체가 그런 전승을 인정할 것인가? 문헌 공동체가 텍스트 사본을 적극적으로 만들고 회람시킬 것인가? 신(들)이 이 텍스트를 받아들일 것인가? 신(들)이 우리 간구에 응답할 것인가? 문헌 공동체가―

Research", *JETS*, no. 2 (2014): pp. 231-264를 보라.
9 Alfred Walter Frank Blunt, ed., *The Apologies of Justin Martyr*, Cambridge Patristic Texts (Cambridge: Cambridge University Press, 1911), p. 100.
10 H. Gregory Snyder, "The Classroom in the Text: Exegetical Practices in Justin and Galen", in *Christians Origins and Greco-Roman Culture: Social and Literary Contexts for the New Testament*, ed. Stanley E. Porter and Andrew W. Pitts (Leiden: Brill, 2013), pp. 663-685, 이 부분은 p. 673.

필사본과 기념비와 프레스코와 공책 따위를 사용하여—다음 세대를 위해 텍스트를 보존할 것인가?

듀크 대학교 고전학 교수인 윌리엄 존슨(William Johnson)은 이런 유형의 증거와 질문 때문에 이런 결론을 내렸다. "이 [고(高)로마 제국] 사회에서 [엘리트 집단 가운데서 이루어진] 읽기는 그 공동체 건설과 밀접한 관련이 있다. 그룹이 함께하는 읽기와 이 읽기에 뒤따라 이어지는 진지한 대화는 엘리트 남성으로 이루어진 많은 공동체의 운동 중심이 된 쌍둥이 축이다."[11] 하지만 그의 책은 오로지 2세기부터 4세기까지의 고로마 제국에만 초점을 맞추며, 겔리우스(Gellius), 갈레노스(Galen), 루키아노스(Lucian) 같은 엘리트에게만 초점을 맞춘다. 다른 많은 개인과 세기(centuries)와 궤적은 여전히 더 깊은 학문 탐구와 조사 대상으로 남아 있다.[12] 게다가 존슨의 목표는 단지 "학계의 눈을 돌려" 고대의 읽기가 "오늘날 우리가 익히 아는 인쇄본 읽기 모델"과 달랐다는 사실을 보게 하는 것이었다. 더구나 그는 그의 책 전체를 통틀어 "공중 앞에서(사람들과 함께) 읽기"를 단 한 번만 언급한다. 그것도 다른 이의 저작에서 인용한 경우일 뿐이다.

내가 보기에, 문제는 학자들이 초기 기독교를 연구하면서 공동 읽기 사건과 이 사건이 문헌 전승 통제에서 수행한 역할이라는 이 주제 자체를 대체로 무시해 왔다는 것이다. 내가 말하는 통제란 어떤 전승의 변화가 불가피함을 인정할 때에도 그 전승이 제시하는 내용을 완전한 상태로 보존하려는 경향을 뜻하는데, 각 지역의 우연한 상황들이 그런 보존 경향 자체를 만들어냈을 수도 있다.[13] 예를 들면, 토미 바서만(Tommy Wasserman)은 아우

---

11 William A. Johnson, *Readers and Reading Culture in the High Roman Empire: A Study on Elite Communities* (New York: Oxford University Press, 2010), p. 39.
12 저자도 이를 인식하는지 이렇게 말한다. "이런 흐름을 따라 고전 시대(특히 키케로)와 초기 기독교 기록의 배경 정황을 더 깊이 파고드는 연구가 이루어질 수 있다면 유익할 것이다"(ibid., n. 22).
13 우리 연구서가 다루는 범위 밖이긴 하지만, 미래에는 이런 유형의 통제와 다른 유형의 통제들을 비

구스티누스가 히에로니무스에게 보낸 한 서신이 기록해 놓은 상황을 지적한다. 아우구스티누스는 히에로니무스가 라틴어로 번역한 성경(불가타) 요나 4:6 안에 그들이 여러 세대에 걸쳐 공동체 안에서 낭독되는 것을 들어 온 본문에 있는 단어와 다른 단어가 하나 있으며, 이 때문에 그가 섬기는 회중 속에서 소동이 일어났다고 말한다.[14] 공동 읽기 사건이 문헌 전승을 통제하는 한 수단이었다는 사실을 암시하는 학술 문헌이 드문드문 존재하지만 그런 사실을 기껏해야 넌지시 일러 줄 뿐이다. 그것도 그 전승이 시작된 지 수 세기가 지난 다음에야 그랬다고 하는 연구가 많다.

해리 갬블(Harry Gamble)이 초기 교회의 책과 독자에 관하여 주목할 만한 연구서를 내놓았고, 이 연구서를 살펴보는 이는 아마 그가 그 사실을 그렇게 다루는 모습을 발견하기를 기대할 것이다. 337쪽인 이 연구서를 보면, 단 세 쪽만이 "공중이 모인 자리에서 이루어진 그리스도인의 책 읽기"를 자세히 다루며, 다른 세 쪽이 "초기 그리스도인 예배의 성경 읽기"를 다룬다.[15] 그러나 그는 공동 읽기를 기독교 전승의 주요 통제 수단으로 인정하거나 인정하지 않는 주장을 펴는 것 같지 않으며, 공동 읽기 사건이 널리 퍼져 있었는지 여부에 관하여 판단을 내리려 하는 것 같지도 않다. 하지만 그는 공동 읽기가 2세기 중엽에는 "**십중팔구 보편 현상**"이 되었지만, 그래도 "이런 관습이 **얼마나 빨리** 시작되었는지 또는 이런 관습을 따른 이들이 얼

교하여, 또 다른 방법이나 제약을 밝혀내야 할 것이다. 예를 들면, 1세기에는 모든 곳에 목격자가 있시 않았으며, 2세기에는 그나마 그 목격자들이 세상을 떠났다. 따라서 목격자가 전승의 실을 통제하는 데 필수불가결한 유형인데도, 이들은 본질상 제약이 있을 수밖에 없었다. 반면, 1세기에 공동 읽기 사건이 널리 퍼져 있었고 이어지는 세기들에도 이런 사건이 계속되었다면, 우리는 이전보다 많이 이런 사건에 주목해야 할 것이다.

14 Tommy Wasserman, "The Early Text of Matthew", in *The Early Text of the New Testament*, ed. Charles E. Hill and Michael J. Kruger (New York: Oxford University Press, 2012), p. 106.
15 Harry Y. Gamble, *Books and Readers in the Early Church: A History of Early Christian Texts* (New Haven, CT: Yale University Press, 1995), 각각 pp. 205-208와 pp. 211-214.

마나 넓게 퍼져 있었는지 판단하기는 여전히 어렵다"고 주장함으로써 우리 논의의 중요성을 현실화하는 데 도움을 준다.[16] 그는 또 다른 출판물에서 "정경 형성은 다름이 아니라 교회가 과거를 곱씹어 보면서 그 자신의 읽기 습관을 인정한 결과다"[17]라고 분명하게 말한다. 근래에는 기 스트룸사(Guy Stroumsa)가 고대 후기 기독교의 읽기 관습에 관하여 비슷한 언급을 하면서, "공중이 모여 성경을 읽는 일이 기독교 의식의 주요 요소가 **되었다**"고 말했다.[18] 거듭 말하지만, 기원후 1세기가 넘어간 뒤에는 여러 논의가 종종 시작되며, 공동 읽기 사건이 늘 규범은 아니었음을 넌지시 지적하기도 했다.

마찬가지로, 정경을 다룬 리 마틴 맥도널드(Lee Martin McDonald)의 학술서도 공동 읽기를 다루지 않는다.[19] 그는 기독교 전승과 텍스트가 본디 그리고 자주 구술로 전달되었다고 언급하면서도, 공동 읽기 사건이 전승 통제나 정경화 과정 전반에 미친 영향을 자세히 언급하지 않는다.[20] 피터 데이비즈(Peter Davids)는 공동 읽기 및 정경 연구와 관련하여, 이를 그의 유다서 주석에서 이렇게 서술한다. "2세기에 다음 두 문제를 묻기 시작한 이들이 바로 그리스도인이었다. (1) 어떤 작품을 함께 묶어 한 코덱스(codex)로 만들 것인가? 그리고 (2) 교회에서 신앙 규칙을 반영한 작품으로 읽어야 할 작품

---

16 Ibid., 각각 p. 205와 p. 206 (저자 강조).
17 "Literacy, Liturgy, and the Shaping of the New Testament Canon", in *The Earliest Gospels: The Origins and Transmission of the Earliest Christian Gospels; The Contribution of the Chester Beatty Gospel Codex P45*, ed. Charles Horton (London: T&T Clark, 2004), pp. 27-39, 이 부분은 p. 37.
18 "The New Self and Reading Practices in Late Antique Christianity", *CHRC* 95 (2015): pp. 1-18, 이 부분은 p. 16 (저자 강조).
19 Lee Martin McDonald, *The Biblical Canon: Its Origin, Transmission, and Authority* (Peabody, MA: Hendrickson, 2008). 하지만 요 근래 Bokedal은 성경의 정경성을 다루면서 많은 주요 지점에서 공동체의 공동 읽기를 전례 예배의 일부로 다룬다. Tomas Bokedal, *The Formation and Significance of the Christian Biblical Canon: A Study in Text, Ritual and Interpretation* (London: T&T Clark, 2014).
20 예를 들면, 이들은 오늘날의 학자들처럼 "정경(성)"을 논하진 않았지만, 이들이 가독성에 관하여 피력한 이해는, 비록 논쟁 소지가 있어도, 정경(성) 논의의 조짐을 보여 주었다.

은 어떤 것인가(이런 질문을 하는 이유는 대다수 사람이 글을 읽지 못하므로 교회에서 누군가가 읽어 주는 것에 의존했기 때문이다)."[21] 그리스도인이 "2"세기에 그런 공동체의 공동 질문을 던지기 시작했다는 그의 가설은 지금 우리가 다루는 주제의 가치를 더 깊이 드러낸다.

더 넓게 여러 주제를 다루는 학술서에서 특별히 몇몇 주제에 초점을 맞춰 그것만 전문으로 다루는 학술서로 범위를 좁혀보면, 지금까지 말한 것과 다른 결과를 기대해도 될 것이다. 불행한 일이지만, 똑같이 막다른 골목에 부닥친 이도 있다. 더 자세한 전문서들조차도 공동 읽기가 기독교 전승을 통제하는 또 하나의 독특한 방법이었음을 간과하거나 무시한 것 같다. 리처드 보컴(Richard Bauckham)의 저서 『예수와 그 목격자들』(*Jesus and the Eyewitnesses*)[22]을 보면, 전승의 질 통제 문제를 특히 자세히 다루는 유익한 부분이 몇 곳 있다. 보컴은 그의 작품 전체에서 몇몇 통제 수단은 함께 엮어 소개하는가 하면, 다른 통제 수단은 다른 수단과 구분하여 서술하고 부제를 따로 붙여 놓았다. 예를 들면, "전승 통제: 암기"(280쪽), "전승 통제: 기록?"(286쪽), "전승 통제: 목격자들과 복음서"(305쪽)는 전승의 질 통제 수단을 하나씩 따로 다룬다. 결국 보컴은 주제 전반에 잘 접근했으면서도, 거기서 충분히 멀리 나아가지는 않았다. 이런 결과가 벌어진 이유 가운데 하나는 이 사건들이 얼마나 널리 퍼져 있었는지 밝혀줌으로써 이 사건들이 전승의 수호자로서 한 역할이 무엇인지 판단해 준 연구서가 그때까지 전혀 없었기 때문인 것 같다. 이처럼 공동 읽기 사건을 무시한 점을 고려할 때, 그리고 공동 읽기 사건을 언급한 자료의 양으로 보아 이런 읽기 사건이 결코 하찮은 일은 아니었다고 본다면, 모든 이가 하나가 되어 초기 교회의 책

---

21 *The Letters of 2 Peter and Jude* (Grand Rapids: Eerdmans, 2006), p. 76 (저자 강조).
22 *Jesus and the Eyewitnesses: The Gospels as Eyewitness Testimony* (Grand Rapids: Eerdmans, 2006). 『예수와 그 목격자들』(새물결플러스).

문화를 더 세세히 조명하는 것이 타당하다.[23]

이렇게 공동 읽기 사건을 무시하는 모습은 페트르 포코르니(Petr Pokorný)가 2013년에 내놓은 논문에서도 볼 수 있다. 그는 **구술** 복음 전승이 가장 먼저 **기록된** 복음서(마가복음)를 형성할 때 한 역할 그리고 텍스트로서 복음서가 예수 전승을 기독교 전례와 문헌 속에 어떻게 끌어들였는가(다시 끌어들였는가)를 분석한 뒤, 기독교 정경이라는 개념의 기원을 논하고 책을 맺는다.[24] 그러나 "공적 읽기"는 (어떤 문헌 장르가 독자들이 공동체로서 공동으로 텍스트를 읽는 데 도움을 주었다는 사실을 강조할 목적으로) 딱 한 번 언급한다.[25] 또 그는 텍스트를 읽었던 어떤 전례 상황을 언급하면서도(248쪽을 통틀어 겨우 여섯 번 정도 언급한다), 그런 텍스트 읽기는 단지 기억을 돕기 위한 것이었다고 주장하는 것 같다.[26] 그러나 복음서 형성, 그리고 기독교 전승 전체를 살펴볼 때는 구술 문화와 책 문화를 모두 고려하면서 살펴봐야 한다.[27]

---

[23] 비록 다른 많은 학자가 Bauckham의 저작에 다양한 비판을 내놓았으며, Bauckham 역시 같은 방법으로 자주 그 비판에 대답을 내놓긴 했지만, 그밖에 다른 곳에서는 여전히 공동 읽기를 전승 전달의 질을 통제하는 수단으로 다루지 않는다. Bauckham이 그의 논문 "In Response to My Respondents: Jesus and the Eyewitnesses in Review", *JSHJ* 6 (2008): pp. 225-253에서 Samuel Byrskog, David Catchpole, Howard Marshall, Stephen Patterson, Theodore Weeden의 견해에 제시한 대답, 그리고 "Eyewitnesses and Critical History: A Response to Jens Schröter and Craig Evans", *JSNT* 31, no. 2 (2008): pp. 221-235에서 Jens Schröter와 Craig Evans에게 제시한 대답을 보라.

[24] Petr Pokorný, *From the Gospel to the Gospels: History, Theology and Impact of the Biblical Term 'euangelion'*, Beihefte zur Zeitschrift für die neutestamentliche Wissenschaft 195 (Boston: De Gruyter, 2013). 아울러 Bart D. Ehrman, *Forgery and Counterforgery: The Use of Literary Deceit in Early Christian Polemics* (New York: Oxford University Press, 2013)와 Francis Watson, *Gospel Writing: A Canonical Perspective* (Grand Rapids: Eerdmans, 2013)도 이 주제를 다루지 않는다.

[25] Ibid., p. 108.

[26] 가령 ibid., p. 127를 보라.

[27] 몇몇 중요한 저작이 실연(performance)과 청중의 반응을 통해 이 주제에 접근했지만, 이 책에서 다루려는 것과 같은 의미로 접근하지는 않았다. 다른 책도 있지만, 특히 William D. Shiell, *Reading Acts: The Lector and the Early Christian Audience*, Biblical Interpretation Series 70 (Leiden: Brill Academic, 2004); idem., *Delivering from Memory: The Effect of Performance on the Early Christian Audience* (Eugene, OR: Wipf & Stock, 2011)를 보라.

래리 허타도(Larry Hurtado) 역시 몇몇 성서학자가 기원후 첫 몇 세기의 책 문화에 관하여 익히 잘 아는 모습을 보이지 않는다고 지적했다.[28] 허타도는 이 주제를 다룬 고전학자들의 학술서로서 사람들이 주목하거나 이의를 제기하지 않은 채 지나쳐 버린 몇몇 작품을 언급한 뒤, 성서학자들이 이와 관련하여 채워야 할 몇 가지 틈새가 존재한다고 지적한다. 학자들이 공동 읽기 사건이 벌어지는 동안에 있었다고 말하는 "실연"(performance)이 과연 무슨 의미인지 그 의미를 명확히 밝히는 일, "독자들을 돕는 것"을 다양하게 담고 있었던 초창기 기독교 사본의 물리적 속성에 더 큰 주의를 기울여야 한다는 점이 그런 예다. 지금도 허타도는 공동체가 되풀이했던 공동 읽기가 어떤 텍스트의 안전한 전달을 뒷받침한 힘으로써 미쳤을 법한 영향에 주목하는 극소수 학자 가운데 한 사람이다.[29] 마찬가지로, 크레이그 에번스도 공동 읽기 사건이 "'기준이 된' 텍스트 같은 것을 당연히 만들어 냈을 수도 있고 틀림없이 암기를 촉진했을 것이며, 이는 또 텍스트를 안정시키는 데 영향을 미쳤을" 가능성을 인정했다.[30] 그러나 그는 이런 가능성을 제기하면서도, 이 요인을 더 깊이 파고들지는 않는다.

새 통제 전략: 공동 읽기 사건

지난 수십 년 동안, 여러 학자가 초창기 예수 운동의 전승 전달을 설명하고자—의식적이든 무의식적이든—어떤 "전승의 질 통제"가 틀림없이 있었

---

28 Larry W. Hurtado, "Oral Fixation and New Testament Studies? 'Orality', 'Performance' and Reading Texts in Early Christianity", *NTS* 60 (2014): pp. 321-340.
29 Idem., "The New Testament in the Second Century: Text, Collections and Canon", in *Transmission and Reception: New Testament Text-Critical and Exegetical Studies,* ed. J. W. Childers and D. C. Parker (Piscataway, NJ: Gorgias, 2006), pp. 3-27.
30 "How Long Were Late Antique Books in Use? Possible Implications for New Testament Textual Criticism", *BBR* 25, no. 1 (2015): pp. 23-37, 이 부분은 p. 36.

으리라는 데에 찬성하거나 반대하는 주장을 내놓았다. 생각건대, 이런 여러 통제 수단 가운데 하나 혹은 여럿을 밝혀내는 데 성공하면, 다양한 기독교 전통 사이에 존재하는 유사점과 차이점을 더 잘 설명할 수 있고, 예수 운동 태동기의 초창기 자료들에 더 가까이 다가갈 수 있으며, 결국 역사 속 예수를 더 정확히 이해할 수 있다. 예를 들면, 리처드 보컴은 "목격자"가 기독교 전승을 통제하는 수단이었다고 주장한다.[31] 제임스 던(James Dunn)은 "공동체가 공유하는 기억"이 통제 수단이었다고 주장한다.[32] 케네스 베일리(Kenneth Bailey)는 "암기"(기억)가 통제 수단이었다고 주장한다.[33] 앨런 밀러드는 "기록"이라고 주장한다.[34] 사무엘 뷔쉬코그는 "실연"이 통제 수단이었다고 주장한다.[35] 크리스 키스(Chris Keith)는 "예수-기억"(Jesus-Memory)을 통제 수단으로 본다.[36] 미카엘 텔베(Mikael Tellbe)는 "텍스트"를 지목한다.[37] 존 도미닉 크로산(John Dominic Crossan)은 "모방"을 강조한다.[38] 토미 바서만과 제니퍼 너스트(Jennifer Knust)는 "전례 때 노래 부르기"를 강조한다.[39] 물론,

---

[31] Bauckham, *Jesus and the Eyewitnesses*.

[32] *Jesus Remembered: Christianity in the Making*, vol. 1 (Grand Rapids: Eerdmans, 2003). 『예수와 기독교의 기원 상』(새물결플러스). 아울러 그가 신약학회(*Studiorum Novi Testamenti Societas*) 57차 연차총회에서 회장으로 취임하며 한 연설을 참고하라. 이 연설은 "Altering the Default Setting: Reenvisaging the Early Transmission of the Jesus Tradition", *NTS* 49 (2003), pp. 139-175에 실려 출간되었다.

[33] "Informal Controlled Oral Tradition and the Synoptic Gospels", *AJT* 5 (1991): pp. 34-54.

[34] *Reading and Writing in the Time of Jesus* (New York: New York University Press, 2000).

[35] *Story as History-History as Story: The Gospel Tradition in the Context of Ancient Oral History*, WUNT 123 (Tübingen: Mohr-Siebeck, 2000).

[36] *Jesus' Literacy: Scribal Culture and the Teacher from Galilee*, repr. ed., LNTS 413/LHJS 8 (New York: T&T Clark, 2013).

[37] *Christ-Believers in Ephesus*, WUNT 242 (Tübingen: Mohr Siebeck, 2009).

[38] "Itinerants and Householders in the Earliest Jesus Movement", in *Whose Historical Jesus?* ed. William E. Arnal and Michael R. Desjardins, SCJ 7 (Waterloo, ON: Wilfred Laurier University Press, 1997), pp. 7-24.

[39] "The Biblical Odes and the Text of the Christian Bible: A Reconsideration of the Impact of Liturgical Singing on the Transmission of the Gospel of Luke", *JBL* 133, no. 2 (2014): pp. 341-365.

열거하려고만 한다면 몇몇 사람을 더 열거할 수도 있다.[40]

하지만 토론은 거기서 끝나지 않는다. 각 통제 범주 안에서도 전승 전달의 질이 상이했는가를 놓고 또 다른 토론이 이루어지고 있다. 그런 전승 전달은 유연했는가, 다소 유연했는가, 아니면 철저히 유연했는가? 루돌프 불트만(Rudolf Bultmann)은 초창기 예수 전승 전달이 유동성을 지니고 있었다(이런 유동적 전승 전달에는 **형식이 없고 통제받지 않는** 전달이라는 이름을 붙일 때가 종종 있다)고 암시하는 것 같다.[41] 케네스 베일리는 **형식은 없으나 통제받는**(즉, 공동체가 전승 전달을 통제했다) 전승 전달이 있었다고 제시한다.[42] 비르예르 에르핫손(Birger Gerhardsson)은 **형식이 있고 통제받는 전승 전달**을 주장한다.[43] 리처드 보컴은 전승 전달이 연속하여 이루어지게 만들었던 요인으

---

[40] 예를 들면, Michael Bird는, 목격자처럼, 방금 언급했던 몇몇 평범한 범주에 "교육 도구와 수사 도구", "보호자인 교사", "예수에 대한 관심", "아람어 자료"를 포함하여 또 다른 실현 가능한 몇몇 통제 수단을 덧붙임으로써 "어떤 요인이나 통제 수단이 [예수] 전승을 효과 있게 보존할 수 있게 해 주었을지" 더 잘 밝혀내려 한다. "The Purpose and Preservation of the Jesus Tradition: Moderate Evidence for a Conserving Force in Its Transmission", *BBR* 15, no. 2 (2005): pp. 161-185. 이보다 숫자는 더 적고 범위도 좀 다르지만, 그럼에도 달리 고찰할 거리를 일러 주는 것이 "장르"이며, 현재 학자들은 "장르"를 통제의 한 유형으로서 더 빈번히 논의하고 있다. 예를 들면, Mark Goodacre가 "Did Thomas Know the Synoptic Gospels? A Response to Denzey Lewis, Kloppenborg, and Patterson", *JSNT* 36, no. 3 (2014): pp. 282-293(이 부분은 pp. 287-288)에서 John S. Kloppenborg에게 제시한 대답 부분을 보라. 마찬가지로, 사회에 존재했던 다른 통제 수단에 관하여 서술한 예도 있지만—가령 Robert A. Kaster는 그의 책 *Guardians of Language: The Grammarian and Society in Late Antiquity*, The Transformation of the Classical Heritage 11 (Los Angeles: University of California Press, 1988), p. 17에서 더 어린 세대를 가르치는 문법학자를 "명확한 말의 수호자"로 묘사하지만—문법 학자는 우리가 현재 진행하는 연구와 직접 관련이 없다.

[41] Rudolf Bultmann, *Jesus and the Word* (New York: Scribners, 1934).

[42] Bailey, "Informal Controlled Oral Tradition." 아울러 Weeden이 Bailey 이론의 방법론을 비판한 글인 "Kenneth Bailey's Theory of Oral Tradition: A Theory Contested by Its Evidence", *JSNT* 7 (2009), pp. 3-43, 그리고 Eric Eve가 *Behind the Gospels: Understanding the Oral Tradition* (Minneapolis: Fortress Press, 2014)에서 학자들이 구술 전승과 관련하여 펼치는 이런 유형의 논의들에 제시한 비평을 보라. 『예수에서 복음서까지』(좋은씨앗).

[43] Birger Gerhardsson, *Memory and Manuscript: Oral Tradition and Written Transmission in Rabbinic Judaism and Early Christianity*, ASNU 22 (Lund: Munksgaard, 1961); 더 근래에 나온 글을 보려면, idem., "The Secret of the Transmission of the Unwritten Jesus Tradition",

로 학자들이 고려해야 할 또 다른 요인, 곧 **안정성-유연성**을 이 논의에 결합시킨다.[44]

이 모든 통제 수단과 각 통제 수단의 다양한 통제 정도는 전체 그림 안에서 그들 나름의 위치를 갖고 있지만(지금 살펴보면, 각 수단마다 나름대로 강점과 약점을 나란히 갖고 있다), 학자들이 분명히 제시한 적도 없고 학계의 충분한 조사와 검토도 이루어지지 않은 통제 수단이 바로 공동 읽기 사건이다. 따라서 우리가 이 책에서 이루고자 하는 주된 목표는 공동 읽기와 관련된 일련의 중요한 역사 문제 가운데 첫 번째 문제, 곧 공동 읽기 사건이 기원후 1세기에 널리 퍼져 있던 현상임을 일러 줄 만한 증거로 무엇이 존재하는가라는 물음을 던져 보고 이 물음에 대답하는 것이다. 우리 목표는 어떤 곳에서 공동 읽기 사건이 얼마나 많이 일어났는지 밝혀내는 게 아니라, 공동 읽기 사건이 지리상 넓은 지역에 퍼져 있었는지 여부를 밝혀내는 것이다.

이것이 가장 먼저 대답해야 할 역사 문제다. 이 문제를 먼저 대답해야 뒤이어 이와 관련된 다른 중요한 많은 역사 문제, 특히 다양한 통제 요소와 연관이 있는 역사 문제를 적절히 다룰 수 있다. 예를 들면, 이런 문제들이다. 기원후 1세기에 공동 읽기 사건은 기독교 전승 전달을 얼마만큼 통제했는가? 공동 읽기는 언제 처음으로 텍스트의 유효(정당함) 혹은 무효(정당하지 않음)를 가리고 결정하는 수단이 되었는가? 공동체는 공동으로 텍스트를 낭독하는 것을 왜 그렇게 강조했는가? 공동체는 수정된 전승을 알아차리고, 이를 토론했는가? 그리고/또는 그 수정된 전승을 읽거나 듣는 것에 반응을 보였는가? 공동체가 성경이 아닌 텍스트를 공동으로 읽은 사건과 성경을 공동으로 읽은 사건 사이에는 어떤 공통점이 있고 어떤 차이점이 있

NTS 51 (2005): pp. 1-18를 보라.
44 Bauckham, *Jesus and the Eyewitnesses*, pp. 257-260.

는가?

우리는 이런 문제를 고찰해 나가는 동안 이런 문제 가운데 몇몇 사례 그리고 이런 문제 중 몇 문제에 대한 부분적 대답을 언급하겠지만, 우리의 주된 주장은 기원후 1세기의 증거를 살펴보면 공동 읽기 사건이 널리 퍼져 있었다는 게 증명되리라는 것이다. 그런 사실이 밝혀진다면 예수 전승 형성, 초기 기독교의 책 문화가 지닌 여러 윤곽, 그리고 신약 본문 전승을 형성한 요인 연구에서 새로운 전망이 활짝 열릴 것이다.

2장

예수 시대 공동 읽기 사건 발견하기

그는 매일 읽고, 쓰고, 낭독했다고 한다.…그는 자신이 해야 할 말을 잊어버리거나 그 말을 기억하는 데 시간을 낭비할 위험을 피하고자, 모든 것을 필사본을 보고 읽는 습관을 택했다. 심지어 그는 여느 개인과 나누는 대화 그리고 자신의 아내인 리비아와 나누는 중요한 대화도 늘 공책에 기록한 뒤 읽었다.
_수에토니우스, 『아우구스투스』 84(기원후 69-140년경)

[리쿠르고스는] 그들의 비극을 기록하여 공문서 보관소에 보관해야 하고, 국가 서기는 그 비극을 연극으로 공연할 배우들에게 읽어 주어 그 텍스트를 비교하게 해야 하며, 연기할 때 공인 텍스트에서 벗어나면 불법이 되는 [법을 도입했다].
_플루타르코스, 『리쿠르고스의 생애』 841(기원후 46-120년경)

공동 읽기 사건은 분명 1세기 그리스-로마의 사회-역사 정황의 일부였다. 하지만 이런 사건을 확인하고 찾아내는 일은 복잡하다. 많은 종류의 증거가 존재한다. 이런 증거의 연대를 정하는 일은 논쟁거리가 될 수 있다. 증거의 기원을 확실히 밝혀 증명하는 일이 불가능하지는 않아도 쉽지 않을 때가 잦다. 공동체와 개인이 달라지면 용어도 상당히 변했다.

따라서 이 연구에 더 깊이 들어가기 전에, 우선 이런 세부 내용을 짚고 넘어가야 한다. 마찬가지로, 대다수 현대 번역과 학술서가 더 흔히 사용하는 말인 공동체의 "공적 읽기"(public reading)라는 말은 **공적**(public)이라는 말이 자주 초래하는(혹은 초래할 수도 있는) 혼란 때문에 이 책에서는 쓰지 않겠다는 것을 처음부터 말해 두어야겠다. 내가 "**공동**"(communal)이라는 말을 선호하는 이유는 이 말이 읽기의 사회적 측면을 부각시켜 주며 읽기 사건이 둘 이상의 사람들이 참여했던 사건임을 정의해 주기 때문이다. 다시 말해, "공동 읽기"는 공적 읽기이거나 사사로운 읽기일 수 있지만, 그렇다고 개별 읽기는 아니다.

몇 가지 주의 사항

내가 다룰 시기는 기원후 1세기다. 그럼에도 분명 그 세기의 처음과 끝에는 유연성이라 할 것이 존재했다. 이 연구서가 아우르는 모든 저자가 기원후 1세기에만 국한되지는 않기 때문이다. 아마세이아의 스트라본(Strabo of Amaseia)은 기원후 1세기보다 앞선 시대에 그의 생애 대부분을 살았다. 그러나 나는 5장에 그를 포함시켰다. 내가 골라 뽑은 텍스트가 십중팔구는 그의 생애 말기인 기원후 18년에서 19년에 기록되었기 때문이다.

여기에서는 그 점을 염두에 두고, 증거와 관련하여 세 넓은 범주인 유형, 시기, 장소를 강조하고자 한다. 이어 공동 읽기 사건을 분명하게 시사하는 몇몇 핵심 용어를 살펴보겠다.

증거 유형

우리가 살펴볼 첫 번째 증거 유형은 글(literary)이다. 이를 미리 천명하는 주된 이유는 우리 연구가 이것으로 끝이 아니기 때문이다. 공동체가 공동으로 읽었을 법한 "글"의 범주를 모두 망라하면, 우리가 살펴볼 수 있는 자료가 상당히 많고 그 유형도 다양하다(법률, 문법, 천문, 점성술, 종교, 요리, 지리, 농사, 의약 등등). 이 연구 전체의 균형 잡힌 평가에 도움을 주고 학자들이 재구성하여 제시한 역사를 더 분명히 밝히려 한다면, 고대의 여러 지역을 두루 망라하여 금석학 및 고고학 관련 증거 같은 다른 유형의 증거까지 더 살펴봐야 한다.[1] 아주 중요한 예를 딱 하나만 들어 보면, 살라리아 가도(Via Salaria: 로마에서 아드리아해 연안 카스트룸 트루엔티눔까지 뻗어 있던 로마 시대 도로로, 거리는 242킬로미터나 되었다―옮긴이)를 마주보고 서 있는 1세기 장제단(葬祭壇, funerary altar)이 하나 있는데, 이 장제단에는 열한 살 소년을 60센티미터 높이로 조각한 상(像)이 있는 벽감(壁龕, niche)이 있다. 이 상은 이 소년을 토가(toga)를 입은 어른 웅변가로 표현한다. 그는 마치 자기 시를 낭송하는 시인 같은 자세를 잡고 서 있다. 왼손에는 펼쳐진 두루마리가 있고, 오른손은 그의 가슴 위에 있으며, 왼쪽으로 살짝 돌린 얼굴은 위를 바라보고 있다. 벽감의 왼쪽과 오른쪽에 있는 헬라어 명문(새김글)은 간단한 소개 그리고 이 소년이 94년에 열린 제3회 카피톨리누스 경기대회 동안에 공동체 앞에서 읽은 시로 구성되어 있다.[2]

---

1 William Tabbernee는 그가 근래에 내놓은 연구 결과인 "Material Evidence for Early Christian Groups during the First Two Centuries C. E.", *ASE* 30, no. 2 (2013): pp. 287-301에서 다양한 유형의 증거가 몇몇 지역에서 나왔음을 지적한다.

2 이 기념비에 관하여 더 자세히 알아보려면, 내 논문 "Ancient Literacy in New Testament Research: Incorporating a Few More Lines of Enquiry", *TrinJ* 36, no. 2 (2015): pp. 161-189; 그

더불어 우리는 어떤 고대 증거를 일반화하여 일반 이론으로 만들려 할 때는 신중해야 한다는 점을 인식해야 한다. 주로 혹은 오로지 한 유형의 증거(대개 파피루스)만을 근거로 삼아, 혹은 한 지역에서 나온 증거만을 근거로 삼아 강한 결론을 제시하면서, 어떤 단서도 달지 않은 채 마치 그것이 모든 자료와 모든 장소를 대표하는 것처럼 추정하는 연구서가 많다. 예를 들면, 로저 배그놀(Roger Bagnall)은 발견된 파피루스들이 모든 증거를 대표할 수는 없다고 강조하면서, 대표성이 없는 데이터로 만든 일반 이론에 근거하여 역사를 재구성하는 것은 위험하다고 지적한다.[3] 토드 히키(Todd Hickey)도 비슷한 말을 한다. "파피루스는 문화 변화가 일어났다는 증언을 분명하게 제공하나, 그런 변화가 왜 일어났는가는 또 다른 문제다."[4] 동시에, 만일 한 유형의 증거가 이 경우에는 글이, 넓은 지역에 걸쳐 일어난 공동 읽기 사건을 드러낸다면, 공동 읽기 사건이 넓게 퍼져 있었고 늘 일어났던 일일 개연성은 당연히 커진다.

더구나, 우리 연구의 주된 초점에 집중하다 보면 몇몇 중요한 문제는 폭넓게 살펴보지 못할 것이다. 예를 들면, 우리는 어떤 저자나 공동체가 그들의 전승을 보존하길 원했을 법한 이유를 직접 다루지 않을 것이다. 저자가 자신의 작품이 공중 앞에서 읽히도록 했을 때, 그 동기가 되었을 법한 것도 검토하지 않을 것이다.[5] 또 우리는 구술(성)을 다룬 다양한 이론이 이 책

리고 "The First-Century Inscription of Quintus Sulpicius Maximus: An Initial Catalogue of Lexical Parallels with the New Testament", *BBR* 27.1 (2017): pp. 53-63를 보라.
3 *Everyday Writing in the Graeco-Roman East* (Berkeley: University of California, 2011).
4 Todd M. Hickey, "Writing Histories from the Papyri", in *The Oxford Handbook of Papyrology*, ed. Roger S. Bagnall (Oxford: Oxford University Press, 2009), pp. 495-520, 이 부분은 p. 506.
5 Bruce Metzger는 어떤 작품이 어떤 제목을 달고 출간되었을 법한 이유에 해당하는 동기로 최소한 여덟 가지를 지적한다. (1) 재정 이득, (2) 순전한 악의(원한), (3) 사랑과 존경, (4) 겸손, (5) 드라마 저작과 관련된 관심, (6) 가짜 서신을 조작함, (7) 베껴 쓰기 사고, (8) 고대의 중요한/명망 있는 인물. "Literary Forgeries and Canonical Pseudepigrapha", *JBL* 91, no. 1 (1972): pp. 3-24를 보라.

의 주된 논지와 서로 어떻게 이야기를 주고받는가(상호 작용하는가)도 다루지 않을 것이다. 사건(공동 읽기 사건)이나 공동체를 서로 비교하는 일도 하지 않을 것이다. 어떤 공동체의 공동 읽기 사건이 사회에서 그 그룹이 형성되는 데 어떻게 도움을 주었는가도 탐구하지 않을 것이다. 아울러 어떤 사본에서 발견되는 성구 낭독 표시처럼, 공동 읽기 사건을 은연중에 가리키는 수많은 중요한 표지도 탐구하지 않을 것이다.[6] 마찬가지로, 우리는 우리 탐구가 정경성(canonicity), 신약 본문비평, 자료비평, 구술성, 역사 속 예수, 사회 내 정체성, 실연비평(performance criticism) 같은 다른 많은 분야나 하위 분야에 암시하는 의미도 전혀 거론하지 않을 것이다. 다시 말하지만, 우리의 유일한 목표는 1세기에 공동 읽기 사건이 일어난 장소를 밝혀냄으로써

---

6 여기서 다양한 학자가 다양한 용어를 사용한다[예를 들면, 독자 보조 표시(reader's aids), 독서 보조 표시(reading aids), 독서를 도와주는 표시(aids for reading), 독자 돕기(helps for the reader)]. 이런 예를 잘 알 수 있게 추려 모아 놓은 글을 보려면, Dan Nässelqvist, *Public Reading in Early Christianity: Lectors, Manuscripts, and Sound in the Oral Delivery of John 1-4*, NovTSup 163 (Leiden: Brill, 2016), p. 23 n. 17을 보라. 더불어, 주로 공용(公用) 목적으로 혹은 사용(私用) 목적으로 만들어진 사본들을 더 자세히 살펴보고 가려낸 연구 결과를 보려면, Scott D. Charlesworth, "Public and Private: Second-and Third-Century Gospel Manuscripts", in *Jewish and Christian Scripture as Artifact and Canon*, ed. Craig A. Evans and H. Daniel Zacharias (London: T&T Clark, 2009), pp. 148-175를 보라. 더불어, 다른 물리적 특징들을 더 자세히 논한 글을 보려면, 다른 자료도 있지만, 특히 William A. Johnson, *Bookrolls and Scribes in Oxyrhynchus*, repr. paperback (Toronto: University of Toronto Press, 2013); Larry W. Hurtado, *The Earliest Christian Artifacts: Manuscripts and Christian Origins* (Grand Rapids: Eerdmans, 2006); Zeev Elizur, "The Book and the Holy: Chapters in the History of the Concept of Holy Book from the Second Temple Period to Late Antiquity" [PhD diss., Ben Gurion University, 2012 (Hebrew)]; Jean-Marie Carrié, "Le livre comme objet d'usage, le livre comme valeur symbolique", *Antiquité Tardive* 18 (2010): pp. 181-190를 보라. 분명 다른 표시도 있다. 기억을 돕는 구소, 중복, 부가 접속사처럼, Stephen Young이 "구술성을 나타내는 표시"(markers of orality)라 부르는 것들도 그런 것일 가능성이 있다. 이런 표지의 세부 내용과 범주, 그리고 사례를 더 자세히 다룬 글들을 보려면, 다른 무엇보다 특히 Stephen E. Young, *Jesus Tradition in the Apostolic Fathers*, WUNT 311 (Tübingen: Mohr Siebeck, 2011), pp. 81-97를 보라. 그러나 그와 동시에, 그가 강조하는 방법론은 적절치 않다. 그가 구술 실연이 주로 기록된 텍스트 없이 발생했다고 믿기 때문이다. Larry W. Hurtado, "Oral Fixation and New Testament Studies? 'Orality', 'Performance' and Reading Texts in Early Christianity", *NTS* 60 (2014): pp. 321-340를 보라.

초창기 기독교 전승을 통제한 것을 고찰하는 데 필요한 변수(요인)를 더 제시하는 것이다.

증거가 어느 시기 것인지 밝혀내기

고대의 증거는 대부분 그 시기를 정확히 밝혀내기가 어렵다.[7] 이는 여러 이유가 있지만, 학자들이 종종 통제된(제한된) 범위 안에서 연구하면서, 가능하면 가장 오래된 연대(연대 상한선, *terminus post quem*)와 가장 가까운 연대(연대 하한선, *terminus ante quem*)를 함께 제시(증명)하는 것도 그 이유 중 하나다. 우리 연구도 가능하면 학계의 이런 패턴을 따를 것이다. 마이클 홈스도 특정 사본의 기록 시기가 그 사본이 담고 있는 본문만큼 오래되지 않았을 수도 있음을 올바로 지적한다.[8] 이것이 곧 그 사본의 기록 시기―또는 다른 요인―가 중요하지 않다는 뜻은 아니다. 오히려 그것은 그 증거를 살펴볼 때 숙고해야 할 복잡한 층위가 더 많다는 의미다. 이를 잘 보여 주는 한 예가 『디다케』(*Didache*)다. 학자들은 보통 이 텍스트를 1세기나 2세기 기록으로 여기지만, 1세기나 2세기에 만들어진 『디다케』 사본은 존재하지 않는다. 사실, 『디다케』 사본은 단 둘만 남아 있다. 그중 하나가 비레니오스 사본(Byrennios manuscript, 약칭은 H: 교회사 학자요 그리스 정교회 니코메디아 대

---

[7] 글을 담고 있는 파피루스가 특히 그렇다. 다른 자료도 있지만, 특히 Pasquale Orsini and Willy Clarysse, "Early New Testament Manuscripts and Their Dates: A Critique of Theological Palaeography", *ETL* (2012): pp. 443-474를 보라.

[8] Michael W. Holmes, "Working with an Open Textual Tradition: Challenges in Theory and Practice", in *The Textual History of the Greek New Testament: Changing Views in Contemporary Research*, ed. Klaus Wachtel and Michael W. Holmes, Text-Critical Studies 8 (Atlanta: SBL, 2011), pp. 65-78. 아울러 근래에 Konrad Martin Heide가 신약성경 본문을 「헤르마스의 목자」와 비교함으로써 신약 본문의 신빙성을 더 정확히 평가해 보고자 콘스탄티누스 시대보다 앞서 기록된 몇몇 파피루스 사본과 콘스탄티누스 치세기 뒤에 나온 몇몇 소문자 사본을 비교하여 내놓은 연구 결과를 보라: "Labilität und Festigkeit des überlieferten Textes des Neuen Testaments und des *Pastor Hermae*: Demonstriert an wichtigen Textzeugen", *Sacra Scripta* 7, no. 1 (2009): pp. 65-97.

주교인 필로테오스 비레니오스가 1873년에 콘스탄티노폴리스 성묘 수도원에서 발견한 사본이다—옮긴이)이다. 이 사본은 공증인이자 죄인인 레온(Λέων νοτάϱιος ϰαὶ ἀλείτης)이라는 필사자가 1056년 6월 11일 화요일에 기록을 마쳤다고 스스로 기록 시기를 밝힌 사본이다. 또 다른 사본은 옥시링쿠스 사본[P. Oxy. 1782 (P): 영국 파피루스 학자 버나드 그렌펠과 아서 헌트가 19세기 말부터 20세기 초에 걸쳐 이집트 옥시링쿠스에서 펼친 파피루스 발굴 작업에서 나온 고대 파피루스 가운데 『디다케』 사본도 들어 있었다—옮긴이]인데, 이는 4세기나 5세기에 기록되었을 가능성이 크다. 이것이 바로 초기 저자들의 『디다케』 인용문을 이 기록 시기 논의에 포함시켜 다뤄야 할 이유다.[9]

따라서 어떤 저자가 한 텍스트의 기록 시기를 특정했을지라도, 그의 그런 기록 시기 특정이 그가 제시하는 주된 논지에 따른 결과들에 큰 영향을 미칠 때만, 그런 기록 시기 특정과 관련한 논의와 참고 문서(자료) 조사를 더 깊이 진행할 것이며, 그렇게 기록 시기를 특정하는 것이 정당한지 더 깊이 논의할 것이다. 더불어, 텍스트와 사본 사이에 중대한 논쟁이 있는 것으로 보이면, 관련된 논쟁과 참고 문헌을 추가로 제시할 것이다. 더 간단히 말하면, 이 연구서는 이처럼 기록 시기를 고찰한 결과를 염두에 두고서 사례별 연구 방식으로 진행될 것이다.

증거가 만들어진 장소를 밝혀내기

한 유형의 증거가 내내 일관성을 갖고 있을지라도, 그 증거가 어느 시기 것인지 정확히 밝혀냈을지라도, 그 증거가 만들어진 장소를 대충이나마 밝혀

---

9 『디다케』의 역사와 자료, 기록 시기를 알아보려면, 다른 무엇보다도 Kurt Niederwimmer, *The Didache: A Commentary*, trans. Linda M. Maloney (Minneapolis: Fortress Press, 1998), pp. 19-20; Aaron Milavec, *The* Didache: *Faith, Hope, and Life of the Earliest Christian Communities, 50-70 CE* (New York: Newman, 2003), pp. 3-5를 보라.

내는 일이 여전히 남아 있다. 이 연구서가 지리상 다루는 범위는 우선 기독교가 1세기에 주로 활동했던 지역, 그러니까 팔레스타인, 그리스, 시리아, 소아시아 지역, 이탈리아, 골(Gaul), 북아프리카 지역에 초점을 맞추고 있다.

증거가 특정 지역에서 발견된 시기가 언제이든, 그것이 꼭 그 인공물이 거기서 본디 나왔다거나 거기에 있었으리라고 추정된다는 의미는 아니다. 더 간단히 말하면, 전승 자료는 발견 장소가 어디냐에 따라 달라질 수 있다. 예를 들면, 서신은 종종 저자(보낸 이)가 살던 곳이 아니라 받는 이가 살던 곳에서 발견되기도 한다. 따라서 증거의 출처를 근거 삼아 무턱대고 결론을 끌어내지 않도록 대단히 조심해야 한다. 이것의 주요 사례는 뜨거운 논쟁의 대상인 쿰란 지역에서 볼 수 있다.[10] 고고학자들이 거기서 두루마리들을 발견했다는 것을 의심하는 이는 아무도 없다. 그렇다면 그 두루마리들은 다른 곳에서 쿰란으로 가져온 것이었을까?

이 연구서에서는 증거가 언급하거나 암시하는 일반 영역을 다룰 때는 가능하면 학자들이 공감대를 형성하고 있는 통설을 따를 것이다. 학자들 사이에 전혀 공감대가 존재하지 않은 것으로 보이거나 학자들의 의견을 식별할 표지가 존재하지 않는 것으로 보이는 경우에만 증거 출처와 관련한 추가 정보를 제시하겠다. 이런 접근법은 분명 다른 접근법보다 주관성의 정도가 높다. 그럼에도 이 연구서는 공동 읽기를 가리키는 증거가 리쿠스 계곡(Lycus

---

[10] 다른 자료도 있지만, 특히 Robert R. Cargill, "The State of the Archaeological Debate at Qumran", *CBR* 10, no. 1 (2011): pp. 101-118를 보라. 개개 텍스트의 목적과 그 텍스트가 나온 지방을 둘러싼 논쟁을 살펴보려면, 특히 S. J. Hultgren, *From the Damascus Covenant to the Covenant of the Community: Literary, Historical, and Theological Studies in the Dead Sea Scrolls*, STDJ 66 (Leiden: Brill, 2007); Daniel Stökl Ben Ezra, "Old Caves and Young Caves: A Statistical Reevaluation of a Qumran Consensus", *DSD* 14, no. 3 (2007): pp. 313-333; John J. Collins, "The Site of Qumran and the Sectarian Communities in the Dead Sea Scrolls", in *The World of Jesus and the Early Church: Identity and Interpretation in Early Communities of Faith*, ed. Craig A. Evans (Peabody, MA: Hendrickson, 2011), pp. 9-22를 보라.

Valley)¹¹처럼 큰 지역의 특정 장소에 초점을 맞추기보다 소아시아와 같은 큰 지역 전체에 얼마나 널리 퍼져 있었는가에 초점을 맞추려 한다.

핵심 용어 몇 가지

탐구 대상인 용어나 문구를 정리해 놓은 목록은 존재하지 않는다. 우리 연구서를 통틀어 공동 읽기 사건을 강하게 암시하면서도 그 사건을 가리키는 분명한 용어를 결코 사용하지 않는 증거가 등장하는 때가 (그리고 그 반대인 경우도) 여러 번 있을 것이다. 예를 들면, 「마카베오3서」는 읽기나 낭송이나 듣기나 경청이나 책을 분명하게 언급하는 말을 전혀 담고 있지 않다. 혹자는 이 책 말미에 나오는 "아멘"(αμην)처럼(7:23), 이 책의 많은 특징이 「마카베오3서」가 묘사하는 바로 그 절기에 이 책을 (마치 부림절에 에스더서를 공중 앞에서 읽은 것과 비슷하게) 공동체가 함께 읽었음을 암시한다고 주장할지 모르겠다. 마찬가지로, 공동 읽기 사건은 실행할 계획은 짜 놓고도 사실은 고려해야 할 몇몇 상황 때문에 실행하지 않았을 수도 있다. 아피아노스(Appian)는 저자가 죽지 않았다면 함께 모인 사람들에게 읽어 주었을 텍스트에 관하여 이렇게 써 놓았다. "[한 사람의 수수께끼 같은 죽음과 관련된] 이 고발을 들은 사람들은, 스키피오가 상처 하나 없이 그의 침대에서 죽은 채로 발견될 때까지 놀란 상태로 있었다. 스키피오는 어느 날 저녁 자신이 그 밤에 사람들 앞에서 하려던 연설을 적은 서판을 집에 있는 그의 의자 옆에 놓아둔 뒤에 침대에서 그렇게 죽은 채 발견되었다"(*Hist. Rom.* 3.1.20). 이 둘과 같은 사례는 우리가 검토하고 평가하면서 그것을 가리키는 분명한

---

11 Ulrich Huttner, *Early Christianity in the Lycus Valley*, trans, David Green, AJEC 85 (Leiden: Brill, 2013).

용어를 밝혀내려 하는 정황 유형에 관하여 알 수 있는 실마리를 하나 제공한다.[12]

동시에, 우리가 지금 다루지 않는 것이 무엇인지 명확히 밝히는 게 더 쉬울 것이다. 우리는 조용히 읽기나 개인 읽기(개인이 혼자 읽기)는 다루지 않을 것이다.[13] 마찬가지로, 일부 학자들이 "2차 구술성"[secondary orality, 또는 재구술(re-oralization)]이라 부르는 것도 다루지 않을 것이다. 이 연구서는 이런 용어가 도움을 주기보다 혼란만 부추긴다고 보는 마크 구데이커 및 다른 학자들과 대체로 의견이 같다.[14] 초기 기독교 시대에는 전승 전달이 구술로만 이루어진 적은 한 번도 없었다. 더욱이 홀트 파커(Holt Parker)도 이렇게

---

12 다시 말하지만, 다른 분명한 용어가 존재하며, 특히—텍스트를 사람들에게 읽어 주는 사람들을 가리키는 용어뿐 아니라—누군가가 읽어 주는 텍스트를 듣는 사람들을 가리키는 용어가 존재한다. 사실, 논쟁 여지가 있긴 하지만, 적어도 한 용어는 신약성경의 일부 사람들에게 부여한 명칭 목록에 추가할 수 있을 것 같다: ἀκροατής("듣는 이", 이 용어는 가령 롬 2:13, 약 1:22-25에 나온다). 참고. 다른 이도 있지만, 특히 Paul Trebilco, *Self-Designations and Group Identity in the New Testament* (Cambridge: Cambridge University Press, 2012)는 자신을 가리키는 명칭으로 널리 사용했던 일곱 가지를 지적한다.

13 다른 자료도 있지만, 특히 Paul J. Achtemeier, "*Omne verbum sonat*: The New Testament and the Oral Environment of Late Western Antiquity", *JBL* 109 (1990): pp. 3-27; G. L. Hendrickson, "Ancient Reading", *CJ* 25, no. 3 (1929): pp. 182-196; Raymond J. Starr, "Reading Aloud: Lectores and Roman Reading", *CJ* 86, no. 4 (1991): pp. 337-343; Frank D. Gilliard, "More Silent Reading in Antiquity: *Non Omne Verbum Sonabat*", *JBL* 112, no. 4 (1993): pp. 689-696; A. K. Gavrilov, "Techniques of Reading in Classical Antiquity", *CQ* 47, no. 1 (1997): pp. 56-73; William A. Johnson, "Toward a Sociology of Reading in Classical Antiquity", *AJP* 121, no. 4 (2000): pp. 593-627를 보라.

14 Mark Goodacre는 2차 구술성에 관한 그의 견해를 그의 책 *Thomas and the Gospels: The Making of an Apocryphal Text* (Grand Rapids: Eerdmans, 2012), pp. 135-140에서 처음 밝혔다. 2년 뒤, (다른 이들 가운데서도 특히) John Kloppenborg가 Goodacre의 책(과 도마복음을 다룬 Simon Gathercole의 책)과 관련하여 많은 점에 이의를 제기했는데, Goodacre가 2차 구술성을 다룬 부분에도 이의를 제기했다. John S. Kloppenborg, "A New Synoptic Problem: Mark Goodacre and Simon Gathercole on *Thomas*", *JSNT* 36, no. 3 (2014): pp. 199-239, 특히 pp. 201-205를 보라. Goodacre(와 Gathercole)는 같은 저널 같은 호에서 Kloppenborg(와 다른 이들)가 Goodacre 자신의 책을 평한 글에 답변을 제시했다. Mark Goodacre, "Did Thomas Know the Synoptic Gospels? A Response to Denzey Lewis, Kloppenborg and Patterson", *JSNT* 36, no. 3 (2014): pp. 282-293, 특히 pp. 286-287를 보라.

써 놓았다. "내가 알기에 어떤 사람이 라틴어 시나 연설을 다른 사람 앞에서 읊거나 하면, 그 다른 사람이 다시 구술로 그것을 세 번째 사람에게 전달했음을 가리키는 사례는 존재하지 않는다."[15] 기록된 텍스트와 구술 전승은 역동성이 넘치는 여러 방식을 통해 서로 영향을 주고받았다(살후 2:15; 아울러 전 12:9-14을 보라). 눈과 귀가 모두 이런 과정에 관여했다. 쓰는 자와 말하는 자가 모두 하나님의 사자였다. 어쨌든, 어떤 전승을 전달하는 구술이라는 경로와 기록이라는 경로 안에서 전달자가 행사할 수 있는 유연성 범위가 본질상 줄어들면, 전승의 안정성은 늘어나며, 그런 경우에 구술로 전달된 전승과 기록을 통해 전달된 전승은 빈번히 접촉한다.

그럼에도 몇몇 용어는 공동 읽기 사건을 가리키는 공통 표지일 때가 잦다. 용어들을 간략하게 정의한 것은 용어의 의미를 그것에 국한하거나 그것으로 정의는 충분하다는 뜻이 아니라, 오히려 말 그대로 우리 연구의 출발점으로서 살아 움직이는 정의로 활용한다는 뜻이다. 여기에서는 일부러 변수를 확장하여 기원후 첫 몇 세기를 포함시켰다. 덕분에 우리는 시간 틀을 좁게 잡지 않고 넓게 잡은 몇몇 현대 저작을 우리 연구서에서 다룰 수 있게 되었다.

낭독(ἈΝΑΓΙΝΏΣΚΩ)

공동 읽기 사건을 가리키는 가장 흔하면서도 분명하게 나타내는 헬라어 용어 가운데 하나가 ἀναγινώσκω("크게 소리 내어 읽다"—옮긴이)다. 이 단어는 기원후 1세기 전에도 사용되었던 오랜 역사를 갖고 있다. 70인역은 히브리어 단어 קרא("외치다, 소리 내어 읽어 사람들이 다 알게 하다")를 번역할 때 이 용

---

15 "Books and Reading Latin Poetry", in *Ancient Literacies: The Culture of Reading in Greece and Rome*, ed. William A. Johnson and Holt N. Parker (Oxford: Oxford University Press, 2009), pp. 186-229, 이 부분은 p. 193.

어를 때때로 사용했는데, 예레미야 3:12 "너는 가서 이 말을 북을 향해 읽어라(ἀνάγνωθι)"가 그 한 예다. 이 본문은 이 단어가 지닌 기본 의미 가운데 하나—공동체가 함께 읽다/공동체 앞에서 큰 소리로 읽다—를 그대로 유지하고 있는 것으로 보인다.[16] 사실, 이 단어의 명사형은 기원후 1세기 예루살렘의 한 회당에 있었다는 "테오도토스 명문"(Theodotus inscription)에 이렇게 나온다. "테오도토스가[…]율법을 낭독[ἀνάγνωσιν]하게 하려고 이 회당을 재건했다"(CIJ 1404).[17] 마찬가지로 쿰란에서 나온 헬라어 사본에도 이 용어를 썼다는 증거가 있다.[18] 따라서 ἀναγινώσκω는 이 연구서에서도 흔하게 등장하고 중요한 의미를 가진 용어이며, 공동 읽기 사건을 종종 직접 가리킨다. 그러나 동시에, 설령 그런 용어(들)를 일관되게 번역할지라도 공동체라는 배경을 가정하고자 할 때는 신중을 기해야 한다. ἀναγινώσκω와 그 동족어 연구에서 기준이 된다 할 논문 가운데 하나를 쓴 도널드 앨런(Donald Allan)은 독자에게 이렇게 경고한다. "이 말의 의미를 판단할 때는 이 말이 다른 한 사람 혹은 더 많은 다른 사람에게 글을 읽어 주는 정황에서 등장하는지, 아니면 사사로이 혼자 글을 읽는 정황에서 등장하는지 살펴보고 판단해야 한다."[19]

---

16 LEH, p. 36; *TDNT*, 1.343-344; *NIDNTTE*, pp. 278-279; BDAG, p. 60; LSJ, s.v. "ἀναγινώσκω."
17 회당이 여럿이었을 가능성을 살펴보려면, 다른 자료보다도 특히 Matthew J. Martin, "Interpreting the Theodotos Inscription: Some Reflections on a First Century Jerusalem Synagogue Inscription and E. P. Sanders 'Common Judaism'", *ANES* 39 (2002): pp. 160-181를 보라.
18 8HevXIIgr 17:25 (합 2:2): [ὅπως τρέχ]ῃ ἀναγεινώσκων [ἐν αὐτῇ].
19 Donald J. Allan, "ΑΝΑΓΙΝΩΣΚΩ and Some Cognate Words", *CQ* 30, no. 1 (1980): pp. 244-251, 이 부분은 p. 244. 아울러 T. C. Skeat, "The Use of Dictation in Ancient Book-Production", *Proceedings of the British Academy* 42 (1956): pp. 179-208, 특히 p. 180이 제시하는 비슷한 경고, 혹은 William J. Johnson, "Toward a Sociology of Reading in Classical Antiquity", *AJP* 121, no. 4 (2000): pp. 593-627이 주의하라고 당부하는 말을 보라. 더 근래에 나온 또 다른 ἀναγινώσκω 연구 결과를 보려면, Claire S. Smith, *Pauline Communities as 'Scholastic Communities': A Study of the Vocabulary of 'Teaching' in 1 Corinthians, 1 and 2 Timothy and Titus*, WUNT 335 (Tübingen: Mohr Siebeck, 2012), 특히 pp. 157-159를 보라. 그러나 Claire의 논문은 (방금 언급한 Allan의 논문처럼) 이 용어를 다룬 몇몇 고전 연구 결과물을

게다가, 이 연구서는 "읽기"를 실제로 읽는 행위를 넘어 아예 듣기와 경청까지 의미하는 넓은 의미로 정의하지 않으려 한다.[20] 마찬가지로, 이 연구서는 읽기에서 텍스트라는 측면을 떼어 내고 ἀναγινώσκω를 암기에 의존한 구술 실연을 통해 "공중 앞에서 성경을 실연하는(perform) 것" 같은 행위로 번역하는 이들[21]에게도 동조하지 않는다.

낭독(RECITATIO)

공동 읽기 사건을 가리키는 가장 흔하면서도 분명하게 나타내는 라틴어 용어 가운데 하나가 recitatio("공중 앞에서 큰 소리로 읽다"—옮긴이)다. 이 단어도 기원후 1세기에 앞서 사용되었던 긴 역사를 갖고 있으며, 기록된 텍스트를 공동체 앞에서 기억에 의지하여 읽거나 되새겨 준다는 기본 의미를 거의 그대로 유지했다.[22] 파커는 간단히 이렇게 말한다. "기록된 것 가운데도 낭독되지 않은 것이 많았으며, 기록되지 않은 것은 전혀 낭독되지 않았

검토하지 않았다.

20 Andrew McGowan도, 딱히 ἀναγινώσκω를 논하지는 않지만, 이렇게 말한다. "나는 물론 '읽기'를 다소 느슨한 의미로 사용한다. 어떤 식으로든 이 텍스트를 사용했고 들었던 많은 이가 이 텍스트를 실제로 읽지는 않았으리라고 추측할 수 있기 때문이다." Andrew Brian McGowan, "'Is There a Liturgical Text in This Gospel?': The Institution Narratives and Their Early Interpretive Communities", *JBL* 118, no. 1 (1999), pp. 73-87, 이 부분은 p. 76 n. 11.

21 Richard F. Ward and David J. Trobisch, *Bringing the Word to Life: Engaging the New Testament through Performing It* (Grand Rapids: Eerdmans, 2013): p. xi를 보라.

22 Giovanni B. Funaioli, "Recitationes", in *Paulys Realencyclopädie der classischen Altertumswissenschaft* (Stuttgart: Druckenmüller, 1949), pp. 435-446. 참고. *Brill's New Pauly* online platform; Michael Winterbottom, "*Recitatio*", in *The Oxford Classical Dictionary* (fourth edition; eds. Simon Hornblower, Antony Spawforth, and Esther Eidinow; Oxford: Oxford University Press, 2012), p. 1258. 그러나 Winterbottom도 C. Asinius Pollio가 자신이 쓴 것을 초대받은 청중에게 낭독한 첫 로마인이었다고 주장한 다른 많은 학자의 잘못을 되풀이하는 실수를 저지른다. 수에토니우스에 따르면(*De Grammaticis et Rhetoribus* 2), 크라테스가 시 읽기를 기원전 2세기에 로마에 들여왔다고 한다. 다른 자료도 있지만, 특히 A. Dalzell, "C. Asinius Pollio and the Early History of Public Recitation at Rome", *Hermathena* 86 (1955): pp. 20-28을 보라.

다."²³

공동체 앞에서 낭독한 것에는 글로 적어 놓은 비극, 희극, 비가(elegies), 역사, 시, 심지어 개인과 개인이 주고받은 서신처럼, 형식을 덜 갖추었고 하찮은 글도 있었다. 때로는 부유한 저자가 공동체 앞에서 자신이 쓴 글을 읽기도 했으며(호라티우스), 저자가 노예를 고용하여 글을 읽게 함으로써 공동체에 즐거움을 제공한 경우도 있었다(키케로). 그런 낭독이 사사로운 사건일 때도 있었고, 공적 사건일 때도 있었다.²⁴ 여기에서는 모든 세세한 내용을 다루지 않겠지만, 중요한 점은 이 용어 역시 우리 연구에 중요하고, 늘 공동 읽기 사건과 연결되어 있던 용어이며, "사람들 앞에서 읽게 될 어떤 기록 텍스트의 존재를 당연히 전제한다"²⁵는 점이다.

접근(ἘΝΤΥΓΧΆΝΩ)과 보고(ἘΞΗΓΈΟΜΑΙ)

이 두 용어는 흔히 쓴 말이 아니었으니, 함께 묶어 살펴보겠다.²⁶ Ἐντυγχάνω("우연히 만나다, 간청하다"—옮긴이)는 보통 "누구에게(무언가에) 다가가다"라는 뜻이다. 하지만 이 말은 때로 "어떤 책을 '우연히 만나다' 혹은 '만

---

23 Holt N. Parker, "Books and Reading Latin Poetry", in *Ancient Literacies: The Culture of Reading in Greece and Rome*, ed. William A. Johnson and Holt N. Parker (Oxford: Oxford University Press, 2009), pp. 186-229, 이 부분은 p. 217. 아울러 Alessandro Vatri, "Ancient Greek Writing for Memory: Textual Features at Mnemonic Facilitators", *Mnemosyne* 68 (2015): pp. 750-773를 보라.
24 다른 자료도 있지만, 특히 Florence Dupont, "*Recitatio* and the Space of Public Discourse", in *The Roman Cultural Revolution* (eds. T. Habinek and A. Schiesaro; Cambridge: Cambridge University Press, 1997), pp. 44-59를 보라. 참고. José Miguel González, "*Rhapsōidos, Prophētēs,* and *Hypokritēs*: A Diachronic Study of the Performance of Homeric Poetry in Ancient Greece" (PhD diss., Harvard University, 2005).
25 Dupont, *Recitatio*, p. 52.
26 살펴볼 다른 용어들이 분명 더 있지만, "읽다"라는 의미로 해석하는 것이 정당하려면 그 용어를 보충하는 용어(들)이 있어야 하는 경우가 많은 것 같다. Dirk M. Schenkeveld, "Prose Usagers of Ἀκούειν 'To Read'", *CQ* 42.1 (1992): pp. 129-141, 특히 p. 135를 보라.

나다'라는 뜻으로서" 무언가를 읽음을 가리킬 수도 있다.[27] 이런 용법에 해당하는 사례를 플루타르코스, 필론, 요세푸스, 순교자 유스티누스 등의 글에서 볼 수 있다. 여기에서는 중요한 예 셋만 들어 보겠다.

「마카베오2서」 2:25 = 우리 목표는 이를 읽기[ἀναγινώσκειν] 원하는 이들을 즐겁게 해 주고, 이를 외워[μνήμης] 이를 우연히 만나는(즉, 읽는) [ἐντυγχάνουσιν] 모든 이에게 유익을 주고 싶은 생각을 가진 이들을 편리하게 해 주는 것이다.

요세푸스, 『유대고대사』 1.15 = 따라서 나는 처음부터 이 책들을 읽으려는 [ἐντευξόμενος] 이들에게 그 생각을 하나님께 고정시키라고 간청한다.

필론, 『특별한 율법』 4.161 = 그는 쓴 뒤에도 매일 그가 쓴 것을 읽고 [ἐντυγχάνειν] 익히려고[ἀναγινώσκειν] 노력해야 한다. 그러면 그는 모든 이에게 아주 선하고 유익한 법령을 언제나 중단 없이 기억할 수 있을 것이다.

Ἐξηγέομαι는 보통 "보고하다, 설명하다, 또는 묘사하다"라는 뜻이지만, "[기록된 텍스트를] 자세히 설명하다(해석하다)"로 번역할 수도 있다.[28] 이런 용법에 해당하는 사례를 점쟁이들, 이레나이우스(Irenaeus), 순교자 유스티누스 등의 글에서 발견할 수 있다. 이런 용법에 해당하는 사례는 둘만 살펴보면 충분하겠다.

---

[27] LEH, p. 208; *TDNT*, 8.242-243; *NIDNTTE*, pp. 207-211; BDAG, p. 341; LSJ, s.v. "ἐντυγχάνω."
[28] LEH, p. 214; *NIDNTTE*, pp. 212-216; BDAG, p. 349; LSJ, s.v. "ἐξηγέομαι."

「트리포와 나눈 대화」 71 = 그러나 나는 이집트인의 프톨레마이오스와 함께 했던 70 장로들이 만든 설명(혹은 해석)[ἐξηγεῖσθαι]이 올바른 것이라고 인정하길 거부하는 당신 스승들을 신뢰하지 않는다. 그들은 다른 것을 설명하려 [ἐξηγεῖσθαι] 한다.

「빌라도행전」(니고데모복음) 16:3 = 회당을 다스리는 이들, 제사장들과 레위인은 그들끼리 이렇게 말했다. "자, 갈릴리로 사람을 보내 그의 가르침과 그가 올림을 받은 것을 설명한[ἐξηγησαμένους] 세 사람을 우리에게 데려다가, 그들이 그가 올림을 받는 것을 본 내력을 우리에게 말하게 합시다."

요약

이번 장에서는 증거 유형, 증거가 나온 시기를 밝혀내기, 증거의 출처, 용어와 관련하여 몇 가지 조심할 것을 적어 보았다. 증거가 나온 시기, 출처, 용어가 늘 분명하지는 않지만, 1세기 그리스-로마 세계에 공동 읽기 사건이 존재했음을 가리키는 증거는 분명 존재한다. 아울러 나는 우리가 무엇보다 기원후 1세기에 저작했으리라 추측하는 저자들의 글에서 골라 뽑은 증거를 검토하겠다는 것을 분명히 밝혔다. 저작 시기가 들어 있을 법한 기간의 범위는 사례별로 밝히겠지만, 주로 초점을 맞출 영역은 1세기에 기독교가 활동하던 때다. 각 저자와 글 작품(literary work)이 대체로 어느 지방에 속해 있는가는 가능하면 학자들이 공감대를 형성하고 있는 견해를 따르겠으나, 그 지방이 속한 더 큰 지역에도 함께 초점을 맞춰 보겠다. 아울러 우리는 단순히 일련의 용어나 문구를 식별하는 차원을 넘어 연구를 진행하겠지만, 다른 용어 및 문구보다 자주 등장하는 용어 및 문구도 일부 있다. 다음 몇 장에서는 공동 읽기 사건 확산을 방해하거나 가능하게 했을 몇몇 핵심 요인을 살펴보겠다.

3장

경제 요인과 정치 요인

요전 날 [레굴루스는] 그가 그 아들을 회상하는 글을 읽는 것을 들으려는 청중을 엄청나게 모았다. 그건 그저 한 소년의 삶에 관한 이야기였지만, 그럼에도 그는 그것을 읽었으며, 그것을 수도 없이 필사하여 온 이탈리아 속주들에 배포했다.
_플리니우스, 『서신』 4.7.2(기원후 61-113년경)

호르데오니우스는 도움을 요청하고자 골과 브리타니아 그리고 히스파니아 전역에 부친 모든 서신을 병사들에게 읽어 주었다.
_타키투스, 『역사』 4.25(기원후 56-120년경)

경제 현실

경제가 번영하려면, 다양한 영역이 성장해야 한다. 현대 관점에서 보면, 그렇게 성장해야 하는 영역에는 일자리, 정부 재정 지출, 사회 간접 자본(사회 인프라 구조), 총수요, 점점 늘어나는 발명이 포함될 것이다.[1] 따라서 기원후 첫 몇 세기를 살펴볼 때,[2] 그때도 핵심 경제가 꾸준히 번영했다면, 틀림없이 이런 몇몇 범주 유형에서 발전이 있었던 셈이다.[3] 우리가 현재 다루는 주제와 관련지어 생각할 때, 만일 많은 지역의 핵심 경제가 적어도 안정되어 있었다면, 경제 상황이 공동 읽기 사건을 크게 방해하지는 않았으리라고 보는 것이 합당하다. 논쟁 여지가 있지만, 오히려 경제 상황이 공동 읽기 사건을 더 널리 퍼뜨렸을 수도 있다.[4] 어느 시대를 막론하고, 당시 경제가 어떻게 돌아가고 있느냐를 떠나, 사람들이 혼자서 그리고 여럿이 공동으로 글을 읽는 것이 분명 사실이긴 하지만, 이런 읽기 사건들이—개인 차원 혹은 공동체 차원에서—일어난 범위는 가처분 소득, 여가 시간, 물품 생산과 같은 사회 경제 상황과 여러 관련이 있었다. 마찬가지로, 지중해 세계 전체를 살펴볼 때 몇몇 특별한 지역은 일반 사회 경제 규범이 적용되던 지역 바깥에 남

---

1 근래에 로마 소비 시장과 경제 활동을 고찰한 연구가 여럿 있지만, 그 가운데 특히 Walter Scheidel and Steven J. Friesen, "The Size of the Economy and the Distribution of Income in the Roman Empire", *JRS* 99 (2009): pp. 61-91; David J. Downs, "Economics, Taxes, and Tithes", in *The World of the New Testament: Cultural, Social, and Historical Contexts*, ed. Joel B. Green and Lee Martin McDonald (Grand Rapids: Baker Academic, 2013), pp. 156-168를 보라.
2 모든 연구가 오로지 1세기에만 초점을 맞추지는 않는다. 따라서 이 책도 더 넓은 범위에 걸친 연구 결과를 아우르고자 기원후 첫 몇 세기를 포함시켜 다뤄 보겠다.
3 어느 한 경제가 고대 경제 "전체"를 대표한다는 것을 증명하거나 밑받침하고자 할 때는 신중을 기하는 게 중요하다. 분명 지중해 세계 전역에는 다양한 경제가 있었다. 동시에, 고대의 다양한 지역에서 이루어진 경제 발전의 패턴을 식별해 내면, 어느 한 핵심 경제를 역사의 관점에서—비록 절대적이지는 않아도—상당히 의미 있게 재구성해 내는 데도 도움이 될 수 있다.
4 구체적 사회 경제 상황이 공동 읽기 사건 전반에 끼친 영향을 검토하는 것은 이 연구서가 다루는 범위를 벗어난다. 우리는 핵심 경제 자체에 넓은 그물을 던져 그것을 넓게 살펴보겠다. 우리의 주요 목표는 공동 읽기 사건이 대체로 얼마나 넓게 퍼져 있었는지 알아보는 것이기 때문이다.

아 있었지만, 그런 특별한 경우들도 지중해 세계가 누리던 안정, 심지어 번영을 완전히 무너뜨리지는 못했을 것이다. 기원후 첫 몇 세기 동안에 이처럼 비교적 경제 번영을 누리던 몇몇 사례만 살펴봐도 충분하다. 다시 말하지만, 여기서 우리는 우리 연구에 의미 있는 시사점을 제공할 수 있는 개관 결과를 제시하고자 우리 연구 범위를 기존 연구 결과를 두루 살펴보는 것에 국한할 것이다. 특별히 고고학계의 발견 결과에 초점을 맞춰 보겠다.

근래의 연구 결과는 비단 로마뿐 아니라 지중해 세계 전 지역의 고대 경제 상태를 점점 바꿔 놓고 있다. 도로와 정교한 물레방아 체계 같은 사회 간접 자본의 확충,[5] 아주 많이 이루어진 납 수출입 같은 엄청난 총수요의 존재, 수력을 활용한 광산 채굴 같은 발명의 증가를 가리키는 증거가 폭넓게 존재한다. 예를 들면, 어느 누구도 데이비드 도시(David Dorsey)의 연구 결과를 뒤집지 못했다. 도시는 갈릴리 같은 시골 지역조차도 다른 소도시, 마을, 속주와 이어진 정교한 도로망을 갖고 있었음을 설득력 있게 논증했다.[6] 학자들이 이런 연구 결과에 내린 평가는 분명 그리 호의적이지 않았다. 데이비드 핀지(David Fiensy)는 근래 아래 갈릴리(Lower Galilee)를 다룬 논문에서 이런 결론을 내린다. "만일 독자가 기원후 1세기에 아래 갈릴리에 살았다면, 그는 필시 주민이 2천도 되지 않는 마을에 살았을 것이다. 그 마

---

[5] 학자들은 물레방아가 십중팔구 기원후 첫 몇 세기에도 이미 활용할 수 있었던 기술이지만 중세에 가서야 널리 퍼졌다는 데에 공감대를 형성하고 있다. 학자들이 이런 공감대를 형성한 큰 이유는 기원후 첫 수 세기에 나온 문헌이 물레방아를 언급한 경우는 한정되어 있으나, 중세 문헌에서는 물레방아를 언급하는 말이 훨씬 빈번히 등장하기 때문이다. 옥스퍼드 로마 경제 프로젝트(OREP)에 따르면, 이런 공감대는 1984년에 이르러 Örjan Wikander의 연구 결과로 말미암아 막을 내렸다. 이 연구 결과는, 기원후 첫 수 세기 동안에 보통 존재했던 글 장르들을 고려할 때, 그 시기에는 물레방아의 존재를 뒷받침하는 문헌 증거를 기대해서는 안 된다고 주장했다. 그의 연구 결과가 나온 뒤로, 당시의 경제상이 훨씬 더 분명하게 밝혀졌다. OREP 프로젝트에 관한 최근의 모든 정보를 알아보려면, 이런 정보를 빈번히 업데이트하고 있는 웹사이트 http://oxrep.classics.ox.ac.uk/home/을 보라 (2014년 8월 6일에 검색).
[6] *The Roads and Highways of Ancient Israel* (Baltimore: John Hopkins University Press, 1991).

을은 대부분 엉성하게 지은 집, 아무 계획 없이 되는 대로 만든 비포장도로, 어쩌면 하나나 둘 있었을 공공건물로 이뤄져 있었을 것이며, 장날에 쓰거나 유목민이 장막을 세우는 공간으로 썼을 트인 공간이 몇 곳 있었을 것이다."[7] 하지만 그의 연구는, 근래에 나온 브래들리 루트(Bradley Root)의 1세기 갈릴리 연구처럼, 우리가 이 대목에 결합해 놓은 많은 연구 결과가 나오기 전에 이루어진 것이라 이 많은 연구 결과가 베풀어 준 혜택을 입지 못했다. 루트는 이런 결론을 내린다. "대체로 보건대, 증거는 헤롯 대왕이 죽었을 때부터 유대 봉기가 일어나기까지의 갈릴리는 대체로 번영을 누렸으며 정치도 안정되어 있었음을 말해 준다. 이 동안에 이 지역은 큰 경제 성장, 도시화, 큰 인구 증가를 겪으면서도 이런 현상과 함께 일어나곤 하는 삶의 기준 저하 같은 것을 겪지 않는 특이한 상황을 경험했다."[8] 마찬가지로, 앤드루 오버맨(J. Andrew Overman)과 제에브 사프라이(Ze'ev Safrai)도 각기 그들이 발견한 것들을 토대로 갈릴리와 예루살렘 그리고 그 주위 지역이 인구가 늘어나고 경제 역시 안정과 활력을 누렸음을 가리키는 데이터를 근래 들어 제시했다.[9]

아울러 일자리와 정부 지출이 늘어났음을 가리키는 증거가 폭넓게 존재

---

7 "The Galilean Village in the Late Second Temple and Mishnaic Periods", in *Galilee in the Late Second Temple and Mishnaic Periods*, vol.1, *Life, Culture, and Society*, ed. David A. Fiensy and James Riley Strange (Minneapolis: Fortress Press, 2014), pp. 177-207, 이 부분은 p. 201.

8 *First Century Galilee: A Fresh Examination of the Sources*, WUNT 2.378 (Tübingen: Mohr Siebeck, 2014), p. 182.

9 J. Andrew Overman, "The Destruction of the Temple and the Conformation of Judaism and Christianity", in *Jews and Christians in the First and Second Centuries: How to Write Their History*, ed. Peter J. Tomson and Joshua J. Schwartz, Compendia Rerum Iudaicarum and Novum Testamentum 13 (Leiden: Brill, 2014), pp. 251-277; Ze'ev Safrai, "Socio-Economic and Cultural Developments in the Galilees from the Late First to the Early Third Century CE", in Tomson and Schwartz, *Jews and Christians in the First and Second Centuries*, pp. 278-310.

한다. 위르겐 창언베르크(Jürgen Zangenberg)는 이렇게 보고한다.

> 근래 몇 년 동안 (디베랴와 막달라 같은 곳에서) 이루어진 대규모 발굴 작업은 갈릴리 지역 대도시들의 그리스화(Hellenization) 정도가 높았음을 일러 주는 중요한 증거를 제공했다. 이와 동시에 (막달라 회당 같은 곳에서 이뤄진) 우연한 발견이나 여러 농촌 지역에서 이뤄진 발굴도 기원후 첫 몇 세기의 유대 물질문화에 관하여 중요한 정보를 추가로 알려 주었다. 아마도 이것이 가장 중요한 새 흐름이지 않을까 생각하는데, 갈릴리 농촌 지역이 새로운 관심 대상이 되면서, 소도시와 도시 사이에 존재하는 많은 '빈 공간'을 채우고 초창기 예수 전승에서 주요한 요인이었던 갈릴리 농촌 공동체의 일상생활을 더 정확히 묘사하는 데 도움이 되고 있다.[10]

창언베르크는 기원후 19년경에 시작된 디베랴의 "로마 대극장" 같은 새 건설 공사를 논한 뒤에, "대규모 자본 재분배와 자본 유입(그 자본 가운데는 틀림없이 갈릴리 밖에서 흘러들어 온 것이 많았을 것이다)"이 지역 인구를 늘리고 정착을 늘렸다고 주장한다.[11] 그는 막달라도 마찬가지였다고 주장한다. "막달라도 그리스나 소아시아에 있던 그리스풍 대도시와 같은 범주로 보는 것이 온전히 타당하다."[12] 그는 갈릴리 농촌 마을에 관하여 현재 학계가 형

---

10 Jürgen K. Zangenberg, "Archaeological News from the Galilee: Tiberias, Magdala and Rural Galilee", *EC* 1 (2010): pp. 471-484. 아울러 idem., "Jesus der Galiläer und die Archäologie: Beobachtungen zur Bedeutung der Archäologie für die historische Jesusforschung", *MTZ* 64, no. 2 (2013): pp. 123-156; idem., "Climate, Droughts, Wars, and Famines in Galilee as a Background for Understanding the Historical Jesus", *JBL* 131, no. 2 (2012): pp. 307-324; Uzi Leibner, *Settlement and History in Hellenistic, Roman, and Byzantine Galilee: An Archaeological Survey of the Eastern Galilee*, TSAJ 127 (Tübingen: Mohr Siebeck, 2009).

11 Zangenberg, "Archaeological News from the Galilee", pp. 473-475.

12 Ibid., p. 475.

성하고 있는 공감대에도 이의를 제기한다. "나는 갈릴리 시골 마을을 인습에 매이고 시대에 뒤떨어진 곳이었다고 보지 않는다. 오히려 그 마을 가운데 많은 곳이 사실은 문화 발전이 아주 활발히 이뤄지던 곳이었다."[13] 창언베르크는 가난이 철저히 지배했다면 고고학이 그려낸 이런 그림이 말이 되지 않을 것이라고 결론짓는다. 스테파노 데 루카(Stefano De Luca)와 안나 레나(Anna Lena)도 잘 지어진 온천탕과 같은 추가 증거를 언급하며, 고고학이 밝혀낸 막달라의 정황에서 비슷한 결론을 끌어낸다.[14]

물론, 더 근래에 또 다른 이들은 학계가 고고학계의 발굴 결과를 이렇게 다루는 데 반대하면서, 이런 주장은 갈릴리의 다른 지역은 고려하지 않고 세포리스 및 디베랴 같은 몇몇 지역만 고려한 결과라고 주장했다.[15] 그러나 그 주위 지역에서도 비슷한 모습이 펼쳐졌던 것 같다. 리처드 보컴과 스테파노 데 루카는 이렇게 말한다.

막달라의 중요성은 비단 그 자체에 국한되지 않는다. 우리는 이제 와디 하맘 계곡과 게네사렛 평야를 비롯하여 막달라에서 가버나움에 이르기까지 갈릴리 호수 서북 호안(湖岸) 주변 지역의 모습을 훨씬 분명하게 구성하기 시작할 수 있다. 우리가 만일 막달라 자체뿐 아니라 아르벨, 키르벳 와디 하맘, 아부

---

13 Ibid., p. 481.
14 Stefano De Luca and Anna Lena, "The Mosaic of the Thermal Bath Complex of Magdala Reconsidered: Archaeological Context, Epigraphy and Iconography", in *Knowledge and Wisdom: Archaeological and Historical Essays in Honour of Leah Di Segni*, ed. G. C. Bottini, L. D. Crupcala, and J. Pattrich, SBF Collectio Maior 54 (Milan: Terra Santa, 2014), pp. 1-33.
15 John Dominic Crossan and Jonathan L. Reed, *Excavating Jesus: Beneath the Stones, behind the Texts* (San Francisco: HarperCollins, 2001); Richard A. Horsley, *Archaeology, History and Society in Galilee: The Social Contexts of Jesus and the Rabbis* (Harrisburg, PA: Trinity Press International, 1996); Douglas E. Oakman, "Models and Archaeology in the Social Interpretation of Jesus", in *Social Scientific Models for Interpreting the Bible*, ed. John J. Pilch (Leiden: Brill, 2001), pp. 102-131.

슈세 그리고 호르밧 쿠르의 정착지는 물론이요, 막달라 북부 지역에 거주 흔적이 있었다는 켄 다크(Ken Dark)의 연구 결과까지 고려한다면, 예수 시대에 이 지역 전체에는 **많은 사람이 살았던** 게 분명하며, 이는 틀림없이 게네사렛 평야의 **유명한 비옥함** 덕택이요 막달라가 그 중심지였고 가버나움도 한 부분을 담당했던 **융성한 어업** 덕택이었다. 이 지역의 **많은 인구**는 예수가 가버나움을 그의 사역 기지로 택한 여러 이유 가운데 하나였을 수도 있다.[16]

보컴, 데 루카, 창언베르크, 레나만 이런 말을 하는 게 아니다. 모르텐 옌센(Morten Jensen)은 2006년에 이렇게 썼다. "[갈릴리] 농촌 지역이 이 시기에 거기 사는 이들의 생활을 지탱할 수 있었고 심지어 그 생활을 향상시켜 줄 수 있었다는 데는 다툼의 여지가 없어 보인다."[17] 옌센은 2012년에 많은 발굴 결과와 지표 조사를 토대로 더 상세한 몇몇 연구 결과를 보고한 뒤, 같은 결론을 뒷받침하는 증거를 더 밝혔다. "이 모든 결과를 종합할 때, 우리가 얻는 그림은 갈릴리 농촌 지역의 경제 상황이 번영을 구가했음을 보여 주는 모습이다. 이는 도시의 엘리트(지배 집단)가 하나같이 가난한 농부들을 철저히 짓밟고 착취했다는 이전의 주장들과 일치하지 않는다."[18] 예술, 언어,

---

16 "Magdala as We Know It", *EC* 6 (2015): pp. 91-118, 이 부분은 pp. 114-115 (강조 추가).
17 Morten Hørning Jensen, *Herod Antipas in Galilee: The Literary and Archaeological Sources on the Reign of Herod Antipas and Its Socio-economic Impact on Galilee*, WUNT 2.215 (Tübingen: Mohr Siebeck, 2006), p. 247.
18 Morten Hørning Jensen, "Antipas: The Herod Jesus Knew", *BAR* 38, no. 5 (2012): pp. 42-46, 이 부분은 p. 45. 아울러 idem., "Rural Galilee and Rapid Changes: An Investigation of the Socio-economic Dynamics and Developments in Roman Galiless", *Biblica* 93, no. 1 (2012): pp. 43-67; K. R. Dark, "Archaeological Evidence for a Previously Unrecognised Roman Town Near the Sea of Galilee", *PEQ* 145, no. 3 (2013): pp. 185-202; James H. Charlesworth and Mordechai Aviam, "Reconstructing First-Century Galilee: Reflections on Ten Major Problems", in *Jesus Research: New Methodologies and Perceptions*, ed. James H. Charlesworth and Brian Rhea, The Second Princeton-Prague Symposium on Jesus Research, Princeton 2007 (Grand Rapids: Eerdmans, 2014), pp. 103-137를 보라.

고고학 분야의 증거는 갈릴리 지역 농촌이 철저히 가난했다는 기존 견해와 반대 방향을 가리킨다.

아울러 도시에서도—가령 로마뿐 아니라 다른 곳에서도—겨우 목구멍에 풀칠하고 사는 수준의 가정이 상당히 많은 수를 차지했던 것으로 보인다.[19] 소아시아 남부의 이사우리아(Isauria) 지방을 예로 들어 보자. 노엘 렌스키(Noel Lenski)는 로마인이 결국 기원후 1세기 중엽에 이르러 이 지역을 지배하게 되었다고 주장한 뒤, 이렇게 결론짓는다. "이사우리아는 도시화의 현저한 진전을 보여 주었으며, 3세기 중엽까지 지속된 로마 국가 구조의 일부를 이루었음을 보여 주었다."[20] 마찬가지로, 사람들은 종종 예루살렘 하부(Lower City of Jerusalem)를 빈민 거주지로 여겼다. 하부 지역에는 부유한 건축물이 없는 것처럼 보였기 때문이다. 하지만 더 근래에 이루어진 발굴 결과는 이런 관념에 강력한 도전을 던진다. 예를 들면, 도론 벤 아미(Doron Ben-Ami)와 야나 체카보네츠(Yana Tchekhanovets)는 이런 결론을 내린다. "따라서 기원후 1세기에 예루살렘 하부는 그 지역을 활력이 넘치는 이웃으로 탈바꿈시킨 대규모 건축 활동으로 말미암아 그 외관에 분명한 변화를 겪었다. 이 현상은 이 시기 예루살렘 **전체가 누린 경제 번영** 때문이며, 이런 경제 번영은 성전 순례 증가 현상이 직접 가져온 결과였다고 설명할 수 있다."[21] 에얄 레게브(Eyal Regev)도 이렇게 비슷한 결론을 내린다. "우리는 기

---

19 P. Erdkamp, "Beyond the Limits of the 'Consumer City': A Model of the Urban and Rural Economy in the Roman World", *Historia* 50 (2001): pp. 332-356. 참고. Edwin A. Judge, *The First Christians in the Roman World: Augustan and New Testament Essays*, ed. James R. Harrison, WUNT 229 (Tübingen: Mohr Siebeck, 2008); Wayne Meeks, *The First Urban Christians: The Social World of the Apostle Paul*, 2nd ed. (New Haven, CT: Yale University Press, 2003).

20 "Assimilation and Revolt in the Territory of Isauria, from the 1st Century BC to the 6th Century AD", *JESHO* 42, no. 4 (1999): pp. 413-465, 이 부분은 p. 455.

21 Doron Ben-Ami and Yana Tchekhanovets, "The Lower City of Jerusalem on the Eve of Its Destruction, 70 C.E.: A View from Hanyon Givati", *BASOR* 364 (2011): p. 81 (강조 추가).

원후 1세기 초중반에 예루살렘 사회가 다양한 사회 그룹, 학파, 정파, 종교 인식, 카리스마가 넘치는 인물들을 담고 있었음을 보았다. 그곳의 경제는 번영했으며, 그 거리에서는 히브리어, 아람어, 헬라어, 라틴어가 들렸다."[22] 게다가 유대인은 66-70년에 있었던 1차 유대 봉기 때 그들만의 주화를 주조했는데, 이는 그들 대다수가 빈곤층이었다면 있기 힘든 일이었을 것이다.[23]

거시 차원의 사례뿐 아니라, 이런 모습과 일치하는 미시 차원의 사례도 있다. 스트라본은 고린도의 엄청난 부를 강조하고, 부자가 된 이들이 많았음을 강조한다(*Geogr.* 8.6.20-23).[24] 파우사니아스는 기원후 2세기에 그리스의 여러 성역(聖域)과 고을이 부를 과시하는 모습을 보았다고 이야기한다.[25] 에픽테토스는 가설에 근거한 논증을 읽는(ἀναγιγνώσκοντος) 사람들을 논한 뒤, 계속하여 이런 내용이 철학이 그 자녀들에게 도통 쓸모가 없다는 점에 실망하는 부모들과 어떤 연관이 있는지 이야기한다.

그는 다만 누가 그런 정신으로 철학에 몰두했는가를 그렇게 이야기할 수 있을 뿐이다. 그러나 어떤 사람이 그 주제를 읽고[ἀναγιγνώσκει] 그저 잔치 자리에서 가설에 바탕을 둔 논증에 관한 그의 지식을 과시하고 싶어 철학자들을 찾아간다면, 그의 옆에 있는 원로원 의원의 칭송을 들으려고 발버둥치

---

22 "Flourishing before the Crisis: Mapping Judaean Society in the First Century CE", in *Jews and Christians in the First and Second Centuries*, pp. 52-79, 이 부분은 p. 68.
23 R. Deutsch, "Roman Coins Boast 'Judaea Capta'", *BAR* 36, no. 1 (2010): pp. 51-53.
24 George Guthrie는 근래 내놓은 그의 주석에서 고린도시(市)에 관한 몇몇 연구 결과를 대략 살펴본 다음, 회당과 신전, 1만 5천 개의 좌석을 갖고 있던 극장처럼 깊은 인상을 남기는 건물들이 그 도시에 있었으며, 그 도시에서 얻을 수 있었던 직업의 숫자와 유형, 가용 재화와 용역의 숫자와 유형에서 볼 수 있듯이, 그 도시가 막대한 부를 과시했다고 강조한다.
25 K. W. Arafat, "Treasure, Treasuries and Value in Pausanias", *CQ* 59, no. 2 (2009), pp. 578-592. 아울러 Elfriede R. Knauer, "Roman Wall Paintings from Boscotrecase: Three Studies in the Relationship between Writing and Painting", *Metropolitan Museum Journal* 28 (1993): pp. 13-46를 보라.

는 꼴밖에 더 되는가? 이는 바로 로마에서는 사람들이 진리 안에서 큰 자원들을 찾아내지만, 니코폴리스의 부자들은 그런 자원들을 그저 어린아이 장난하듯이 찾기 때문이다. (Epic., *Diatr.* 1.26.8-10)

에픽테토스가 말하는 요지는 로마의 많은 이가 철학자들의 글을 읽되, 로마에서 얻을 수 있었던 다양한 문헌 자료에 비춰 읽었으며,[26] 그들이 이렇게 읽은 목적은 그렇게 읽은 것을 나중에 공동체가 함께 모여 글을 읽는 동안에 사람들에게 낭송하여 들려주거나 참고 자료로 인용함으로써 어떤 사회 지위를 얻으려 했기 때문이었다는 것이다. 피터 화이트(Peter White)는 사람들이 입수할 수 있었던 문헌 자료가 다양했음을 강조하며 이렇게 써 놓았다. "로마에서는 헬라어 책과 라틴어 책, 새로 저작된 작품과 새로운 제목이 붙은 작품, 근래에 필사된 사본과 고서(古書), 주문을 받아 쓴 책과 이미 만들어진 책을 살 수 있었으며, 마르티알리스 때에 이르면 두루마리 책뿐 아니라 코덱스 책도 구입할 수 있었다."[27] 이와 달리, 에픽테토스만 놓고 본다면, 니코폴리스는 로마만큼 매력이 넘치는 곳이 아니다.

추려 뽑아 제시한 이 사례들은 복잡한 경제 정황을 지나치게 단순화하려고 제시한 게 아니다. 도리어 이 사례들은 우리가 대체로 제시한 논지를 뒷받침하는 거시적 흐름과 미시적 흐름이 몇몇 지역에 걸쳐 나타났음을 분명하게 보여 주며, 당시 경제가 안정되고 더 튼튼했다는 추측을 일관되고

---

26 Florence Dupont은 "공화정 말에 이르자, 로마는 책으로 가득 찼다"고 써 놓았다. Dupont, "The Corrupted Boy and the Crowned Poet: or, The Material Reality and the Symbolic Status of the Literary Book at Rome", in *Ancient Literacies: The Culture of Reading in Greece and Rome*, ed. William A. Johnson and Holt N. Parker, trans. Holt N. Parker (Oxford: Oxford University Press, 2009), pp. 143-163, 이 부분은 p. 144.
27 "Bookshops in the Literary Culture of Rome", in Johnson and Parker, *Ancient Literacies*, pp. 268-287, 이 부분은 p. 271.

절도 있게 제시한다.[28] 당시 사회를 지나치게 단순화하여 "부자"와 "빈자", 혹은 "엘리트"(지배층)와 "엘리트 아래 계층"(피지배층)으로 나누는 것은 적절치 않아 보인다. 사회 전체의 피라미드 구조를 구성하는 모든 계층을 살펴보면, 설령 대다수 사람이 빈곤층보다 위일지라도, 그 계층 구성이 더 복잡하다. 이것이 바로 위에서 언급한 것 같은 단순한 구분을 넘어 경제 계층을 구분하는 척도를 구성하려는 브루스 롱네커(Bruce Longenecker)와 스티븐 프리젠(Steven Friesen) 같은 학자들의 시도를 신중히 고려해야 하는 이유다.[29] 설령 그런 시도가 더 미묘한 뉘앙스를 갖고 있을지라도, 그런 시도는 분명 신중히 고려해야 한다.[30] 하지만 여기서 우리가 말하고자 하는 요지는 로마 제국 전역에 걸쳐 핵심 경제가 적어도 안정되어 있었으며, 사람에 따라 이견이 있을 수도 있지만, 번영을 구가하고 있었다는 것이다. 사람에 따라선 분명 이 범주들에 속하는 각각의 사례에 관하여 예외를 지적할 수도 있고, 그 사례들을 반박할 수 있는 반대 사례를 몇 개 추려 뽑을 수도 있다. 예를 들어, 요세푸스를 제외하면, 갈릴리와 같은 다양한 지역의 경제에 초점을 맞춰 저술한 로마 저술가는 극소수에 불과하다. 그렇긴 해도, 이런 제약, 예외, 그리고 반대 사례들은 일관성이 있다기보다 여기저기 드문드문 나타난 사례로 보이기 때문에, 그것들을 더 이상 규범으로 여겨서는 안 된다.

여기에서는 다만 몇 가지 요인만 검토해 보았다. 하지만 경제 수준의 상승이 우리가 살펴보는 시대에 로마의 경제 상황이 튼튼했다는 주장을 정당

---

28 분명한 것은, 남아 있는 증거가 모든 것을 대표하는 증거는 아니라는 것이다. 하지만 이것 하나 때문에 명백한 정황을 평가하고 역사 배경을 판단하려는 우리 시도가 방해받아서는 안 된다.
29 Bruce Longenecker, "Exposing the Economic Middle: A Revised Economy Scale for the Study of Early Urban Christianity", *JSNT* 31, no. 3 (2013): pp. 243-278; Steven Friesen, "Poverty in Pauline Studies: Beyond the So-Called New Consensus", *JSNT* 26 (2004): pp. 323-361.
30 Peter Oakes, "Constructing Poverty Scales for Graeco-Roman Society: A Response to Steve Friesen's 'Poverty in Pauline Studies'", *JSNT* 26, no. 3 (2004): pp. 367-371.

화하는 데 도움이 된다면, 다른 요인들도 함께 망라하여 다뤄 봐야만 한다. 우리의 고찰과 적절한 관련이 있을 법한 한 사례가, 필기 재료와 사본처럼, 공동 읽기 사건과 관련된 재료의 가격일 것이다(Pliny, *Letters* 5.8). 그러나 다시 말하지만, 근래 나온 연구 결과는 이전에 학자들이 내놓은 판단에 조심스레 이의를 제기하고 있다. 에마누엘 토브(Emanuel Tov)는 이렇게 말한다. "두루마리(scroll) 생산이 정점에 이른 해는, 적어도 쿰란에서 발견되는 두루마리를 고려할 때, 기원전 100년부터 기원후 50년에 이르는 기간이었으며, 계속 그 생산량이 늘어 갔다."[31] 스탠리 포터(Stanley Porter)와 앤드루 피츠(Andrew Pitts)는 "고대 세계의 종이였던 파피루스는 널리 구할 수 있었고 비싸지 않았다"고 주장한다.[32] 킴 헤인스-아이츤(Kim Haines-Eitzen)은 특히 그리스도인과 관련하여 이렇게 말한다. "글을 읽을 줄 알아 문헌 사본을 구해 보길 원했던 그리스도인들이 글을 읽을 줄 알던 제국 안의 다른 사람들이 보던 자료와 내용이 상당히 다른 자료를 갖고 있었다고 추측할 이유가 전혀 없다."[33]

요컨대, 기원후 첫 두 세기 동안 지중해 세계의 경제 상태는 널리 번영을 누렸다고 볼 수 있으며, 지방은 물론 제국 전체가 인플레이션율도 낮아 경제가 안정되어 있었다고 볼 수 있다. 이런 전반적 묘사의 예외가 존재하던 몇몇 도시 국가나 촌락 같은 곳도, 앞서 언급한 패턴들의 장점을 생각할 때, 그런 전반적 묘사와 완전히 다른 상황이었다고 말하기보다는 예외라고 설

---

[31] *Textual Criticism of the Hebrew Bible, Qumran, Septuagint: Collected Essays*, VTSup 167 (Leiden: Brill, 2015), 3:61.
[32] "Paul's Bible, His Education and His Access to the Scriptures of Israel", *JGRChJ* 5 (2008): pp. 9-41, 이 부분은 p. 24.
[33] *Guardians of Letters: Literacy, Power, and the Transmission of Early Christian Literature* (Oxford: Oxford University Press, 2000), p. 40. 아울러 Jon W. Iddeng, "*Publica aut Peri!* The Releasing and Distribution of Roman Books", *Symbolae Osloenses* 81 (2006): pp. 58-84, 특히 pp. 72-73를 보라.

명하는 것이 더 쉽다. 이런 상당한 번영도 2세기 말에 가까이 이르렀을 때는 기운 것으로 보이지만, 3세기의 쇠락을 가져온 모든 요인은 여전히 논쟁 대상이 되고 있다.[34]

따라서 볼프강 슈테게만(Wolfgang Stegemann) 같은 학자들은 "고대에는 농촌 인구 대다수가 생존과 굶주림 사이에서 겨우겨우 연명하며…기초 생계를 꾸릴 수입을 벌 수 있을지 늘 걱정하는 삶을 살았다"[35]고 주장하지만, 나는 그런 학자들과 견해를 달리한다. 그러나 나는 동시에 "이런 종류의 요약은 모두 주관적이며…바로 이 분야에서는 학자들이 서로 사뭇 다른 결론에 이를 수 있다"[36]는 슈테게만의 말에 완전히 공감한다. 나는 그런 단서를 달고, 지중해 지역의 핵심 경제가 이전에 인식했던 것보다 튼튼했음을 가리키는 증거가 늘어나고 있다는 주장을 조심스럽게 제시하고자 한다. 경제 정황 전반이 이러했다는 것은 공동 읽기 사건이 널리 퍼져 있었을 가능성에 힘을 실어 주며, 우리 연구의 주요 논지가 더 깊이 연구해 볼 가치가 있음을 말해 준다.

---

34 예를 들면, Walter Scheidel이 안토니누스 피우스 황제(재위 138-161년) 치세기에 이집트 여러 곳에서 일어난 역병이 경제 상황에 미친 영향에 관하여 펼친 주장에 Roger S, Bagnall이 대답한 글을 보라. Bagnall, "The Effects of Plague: Model and Evidence", *JRA* 15 (2002): pp. 114-120.

35 Wolfgang Stegemann, "Background III: The Social and Political Climate in Which Jesus of Nazareth Preached", in *Handbook for the Study of the Historical Jesus: How to Study the Historical Jesus*, ed. Tom Holmén and Stanley E. Porter (Leiden: Brill, 2011), 3:2291-2314, 이 부분은 3:2312. 시발점이라 할 Gerhard Lenski의 작품처럼, 이전의 경제 모델에 관한 근래 학자들의 평가, 그리고 당시 로마의 사회 계층 구분을 논한 요 근래 이론들을 살펴보려면, Lee A. Johnson, "Social Stratification", *BTB* 43, no. 3 (2013): pp. 155-168를 보라.

36 Stegemann, "Background III", pp. 2313. 우리가 입수할 수 있는 광범위한 연구 결과와 주장들은 당시 경제가 어려웠다고 강조하려 하거나 반대로 경제가 성장했다고 강조하려 한다. 이런 광범위한 연구 결과와 주장에 관하여 Stegemann과 비슷한 평가를 내린 글을 보려면, Mark A. Chancey, "Disputed Issues in the Study of Cities, Villages, and the Economy in Jesus' Galilee", in *The World of Jesus and the Early Church: Identity and Interpretation in Early Communities of Faith*, ed. Craig A. Evans (Peabody, MA: Hendrickson, 2011), pp. 53-68를 보라.

정치 분위기

우리는 지금까지 재정 정황을 살펴보고, 당시 경제가 적어도, 공동 읽기 사건 확산을 가능케 했던 직접 요인은 아니었지만, 그런 확산을 뒷받침하는 데 충분할 만큼 튼튼했다고 주장했다. 이제 우리는 당시의 정치 정황을 살펴보려 한다. 다시 말하지만, 우리는 탐구 범위를 지중해 세계 전역에 걸쳐 공동 읽기 사건이 일어나게 도와주었던 정치 분위기와 관련된 두 주요 주제, 곧 (1) **로마의 평화**(Pax Romana), 그리고 (2) 여행과 이동 가능성을 다루는 데 국한하려 한다.

로마의 평화(PAX ROMANA)

우리가 탐구하는 기간 전체(기원전 31년경-기원후 180년)를 아우르는 시기는 역사가들이 종종 **로마의 평화**라는 이름표를 붙이고 그 이름으로 묘사하는 때다. **로마의 평화**라는 개념은 순전히 근대에 지어낸 개념도 아니요, 근대에 만든 단어도 아니다. 이 개념과 단어는 아우구스투스가 자기 업적을 과시한 기록인 『위업록』(偉業錄, Res Gestae)을 새겨 놓은 유명한 기념비 명문(銘文)에 나온다(예를 들면, 13행에 나온다). 마이클 그랜트(Michael Grant)는 로마의 평화를 이렇게 설명한다. "**로마의 평화 혹은 아우구스투스의 평화**(Pax Augusta) 덕분에 그리스와 로마의 고전 유산이 확실히 살아남아 결국 후대에 전해졌고, 기독교가 널리 퍼질 수 있었으며, 기독교 창시자인 예수도 이 통치 기간에 태어났다."[37]

우리가 제시하려는 논지에 비춰 볼 때, **로마의 평화**는 공동 읽기 사건

---

[37] Michael Grant, *History of Rome* (New York: Scribner's, 1978), p. 258. 아울러 Eckhard J. Schnabel, *Early Christian Mission: Paul and the Early Church* (Downers Grove: InterVarsity, 2004), 2:1551, 1556, 1585를 보라.

은 물론이요 다른 공연(performances)과 경주(competitions) 같은 것이 널리 퍼질 유일무이한 호기가 도래하리라는 것을 알려 주었다. 안나 얀첸(Anna Janzen)은 그것을 이렇게 요약한다. "로마의 평화 덕분에 엄청난 경제 성장이 일어날 수 있었다. 재화 거래가 왕성했으며, 사회 간접 자본이 개선되고 새 영토가 개발됨에 따라 일자리가 만들어졌다. 속주 정복으로 세금이 국고로 흘러들어 갔으며, 제국 영토가 넓어지면서 지주들도 그들의 소유지를 넓힐 수 있었다."38 이런 요인과 다른 주요 요인들 덕분에, 군사력을 동원한 영토 확장은 최소로 줄이면서 다른 시기보다 평화를 구가했다. 이렇게 사회와 정치가 상당히 평온해지고 안정되면서, 공적 영역과 사적 영역에서 여가 활동과 오락이 늘어난 것도 단지 우연의 일치만은 아니었던 것 같다. 제브 바이스(Zeev Weiss)는 이렇게 써 놓았다. "로마 시대에 축제 날짜 수가 늘어나고, 특히 기원후 1세기부터 3세기에 이르는 기간에 제국 전역에 걸쳐 극장, 전차 경기장, 원형 극장 같은 대형 건축물 건축이 이루어진 것은 이 시기에 이런 것들이 인기가 있었음을 가리키는 풍부한 증거다.…기원후 1세기 말에는, 특히 기원후 2세기와 3세기에는 무엇보다 로마의 팔레스타인 속주 지역 주민들에게 오락을 제공할 목적으로 그 지역에 많은 건물을 세웠다."39 실제로, 한 참고서는 고대 저술가들이 공적 행사로 언급한 28개 **주요** 경기

---

38 "Die Pax Romana könnte ein enormes Wirtschaftswachstum verzeichnen: Warenumtausch florierte, durch die Aufbesserung der Infrastruktur und der Erschließung neuer Gebiete wurden Arbeitsplätze geschaffen, durch die Eroberung der Provinzen flössen Steuereinnahmen in die Staatskasse, und aufgrund der Erweiterung der Reichs konnten die Grundbesitzer ihre Ländereien vergrößern." Anna Janzen, "Der Friede im LukanischenDoppelwerk vor dem Hintergrund der Pax Romana" (PhD diss., Toronto School of Theology, 2001), p. 154. 특히 Janzen의 논문 3장의 첫 항목(pp. 112-154)을 보라. 거기서 Janzen은 사람들이 **로마의 평화**라 여기는 시기의 경제·사회 상황을 논한다.
39 Zeev Weiss, "Theatres, Hippodromes, Amphitheaters, and Performances", in *The Oxford Handbook of Jewish Daily Life in Roman Palestine*, ed. Catherine Hezser (Oxford: Oxford University Press, 2010), pp. 623-640, 이 부분은 p. 623.

대회를 자세히 열거했는데, 그 가운데 몇몇은 로마가 국가 차원에서 해마다 후원했다.[40]

실제로 일어난 사건들을 언급한 사례가 많을 뿐 아니라, 설립된 모든 협회(단체), 그리고 운동선수,[41] 공연자,[42] 가수,[43] 관리,[44] 스포츠 애호자[45] 및 검투사 집안[46]처럼, 이런 사건들과 연관이 있는 이들에게만 수여했던 영예가 있었음을 가리키는 증거도 존재한다. 이 시기의 고대 기록은 이런 경기대회, 협회, 영예를 아주 폭넓게 언급할 뿐 아니라, 특별한 개개인을 자주 부각시키기도 한다. 마르티알리스는 콜리누스(Collinus; 4.54)와 스카이부스 메모르(Scaevus Memor; 11.9-10)가 기원후 86년에 열린 카피톨리누스 경연 대회 라틴어 시 부문에서 우승했다고 기록해 놓았다.[47] 그런가 하면 기원후 106년에는 발레리우스 푸덴스(L. Valerius Pudens)가 열세 살이라는 나이에 라틴어 시 부문에서 심사위원들의 만장일치 찬성을 얻어 우승했다(CIL 9.2860). 하지만 우승자를 가리키는 증거만 있는 건 아니다. 수상하지 못한 몇몇 사람을 가리키는 증거도 있다. 기원후 90년에 알반(Alban) 경기대회 문예 경연 부문에서 우승한 스타티우스는 자신이 같은 해에 열린 다른 문예 경연 대

---

40 Harry Thurston Peck, ed., *Harper's Dictionary of Classical Literature and Antiquities* (New York: Cooper Square, 1965), pp. 972-979. 참고. 다른 자료도 있지만, 그 가운데 특히 P. J. Davis, "Roman Games", in *The Oxford Encyclopedia of Ancient Greece & Rome*, ed. Michael Gagarin (Oxford: Oxford University Press, 2010), 3:264-271, 특히 pp. 268-269; Hartmut Leppin, "Between Marginality and Celebrity: Entertainers and Entertainments in Roman Society", in *Social Relations in the Roman World*, ed. Michael Peachin (Oxford: Oxford University Press, 2011), pp. 660-678, 특히 pp. 668-672.
41 기원후 194년에 상(上) 이집트에서 모아 놓은 기원후 46-47년과 69-79년의 서신들: AGRW, pp. 188-189를 보라.
42 기원후 1세기에서 2세기까지 밀레토스 지역(ibid., p. 110).
43 기원후 41-54년, 에베소 지역(ibid., pp. 100-101).
44 기원후 128년, 갈라디아(ibid., pp. 127-128).
45 기원후 100-150년경, 데살로니가(ibid., p. 49).
46 기원후 2세기 초, 에베소(ibid., p. 105).
47 J. P. Sullivan, *Martial: The Unexpected Classic* (Cambridge: Cambridge University Press, 1992), p. 146.

회, 곧 2회 카피톨리누스 경기대회 문예 부문에서 수상하지 못하자 얼마나 속이 뒤집혔는가를 글로 써 놓았다.[48]

여기에서는 이런 증거의 요지 및 이런 증거와 우리 연구의 관계를 밝히고자, 한 주요 사례, 곧 카피톨리누스 경기대회(*Ludi Capitolini*)의 역사를 선례로 간단히 적어 보겠다. 리비우스(Livy; 5.50.4)에 따르면, 이 독특한 공중 경연 전통은 기원전 387년에 골족(Gauls)을 격파한 뒤 시작되었다. 우리 연구서가 다루는 시기보다 훨씬 앞서 시작된 셈이다. 이 경기대회가 폐지된 때를 정확히 밝혀내기는 불가능하지만, 대회가 만들어진 뒤 한두 세대가 채 지나지 않아 폐지된 것 같으며, 기원후 86년에 도미티아누스 황제가 다시 이 대회를 열 때까지 상당 기간 대회가 열리지 않았던 것 같다. 대회 재창설과 관련된 몇몇 세부 사실은 수에토니우스의 글에서 발견할 수 있다. 수에토니우스는 이렇게 말한다. "그[도미티아누스]는 아울러 3중 인격을 가진 유피테르 카피톨리누스(Jupiter Capitolinus)를 기려, 5년마다 음악, 승마, 체조 세 부문을 겨루는 경연 대회를 창설했다. 이 대회는 요즘에 수여하는 상보다 상당히 많은 상을 수여했다. 이는 산문 낭독 경연을 실시할 때, 헬라어 부문과 라틴어 부문을 모두 실시했기 때문이다"(Sue., *Dom.* 8.4.4). 현재 입수할 수 있는 증거만 놓고 보면, 이 경기대회들은 테오도시우스 황제가 가장 유명한 올림픽 경기대회를 포함하여 이런 유형의 경기대회와 축제를 억압한 기원후 389년경까지 중단되지 않고 계속되었다.[49]

한 사례만 들었지만, 이 시범 사례는 **로마의 평화**라는 이름 아래 평화를 누리던 이 시기 동안 공동 읽기 사건이 널리 퍼지기에 적합한 상태가 존재

---

[48] 배경과 이 증거가 나온 시기를 간단히 논한 글을 보려면, Harm-Jan Van Dam, *P. Papinius Statius, Silvae, Book II: A Commentary* (Leiden: Brill, 1984), p. 14 n. 16을 보라.

[49] P. J. Davis, "Roman Games", in *The Oxford Encyclopedia of Ancient Greece and Rome*, ed. Michael Gagarin (Oxford: Oxford University Press, 2010), 3:269-270.

했다는 우리의 주된 논지를 밑받침한다. 브래들리 루트는 **로마의 평화** 그리고 **로마의 평화**가 갈릴리 경제에 미친 영향에 관하여 이렇게 말한다. "**로마의 평화**는 역사에서 보기 드물었던 시기 가운데 하나였다. 이 시기에는 일개 지역을 넘어 많은 지역에서 경제가 성장하고, 인구가 증가했으며, 생활 수준이 향상되었다."[50] 다시 말하지만, 앞서 다룬 경제 상황과 마찬가지로, 이것도 역시 공동 읽기 사건이 **로마의 평화** 전에는 존재하지 않았다는 뜻이 아니며, 불확실성이나 분쟁이 존재했던 다른 시대나 장소에는 그런 읽기 사건이 존재하지 않았다는 뜻도 아니다. 오히려 기원후 1세기는 사회와 정치가 상당히 안정되어 있었기 때문에, 공동 읽기 사건 자체가 방해를 받지 않고 더 활발히 이뤄질 기회가 당연히 많을 수밖에 없었다. 공동 읽기 확산에 영향을 미친 이 추가 요인도 우리 연구서가 주장하는 주된 논지가 설득력을 얻을 전망을 높여준다.

여행과 이동 가능성

사람들이 종종 **로마의 평화**라 부르는 시대에는 경제가 상당히 튼튼했고 군사 면에서도 전쟁이 없어 평화로웠다. 덕분에 여행도 사람들이 종종 생각해 왔던 것보다 빈번했으며 수월했다. 프랑수아 보봉(François Bovon)은 학계가 근래에 이르기까지, 특히 초기 그리스도인 가운데서 이런 "여행의 활발한 발생"이라는 측면을 "크게 무시"해 왔다고 주장했다.[51] 파올로 시니스칼코(Paolo Siniscalco)도 기원후 2세기에는 "통신망과 교통망이 최대로 넓게

---

50 Root, *Galilee*, p. 155.
51 François Bovon, "The Emergence of Christianity", *ASE* 24, no. 1 (2007): pp. 13-29, 이 부분은 p. 23. 참고. Philip A. Harland, "Pausing at the Intersection of Religion and Travel", in *Travel and Religion in Antiquity*, ed. Philip A. Harland, SCJ 21 (Waterloo: Wilfrid Laurier University Press, 2011), pp. 1-26.

퍼지고 그 효율도 최고 수준에 이르렀다"고 지적한다.[52] 더구나, 레베카 베니필(Rebecca Benefiel)은 글, 명문(새김글), 그리고 고고학 증거를 사용하여 로마제국 초기에 캄파니아 지방의 상황을 살펴본다. 레베카는 그 지역의 다양한 엘리트 및 비(非)엘리트 공동체 가운데서 이루어진 사회, 문화, 경제 부문의 상호 작용을 살펴본 뒤, 이렇게 결론을 내린다.

우리는 따라서 기원후 1세기 동안에 캄파니아 사람들이 아주 잘 결속되어 있었고 자유로이 이동할 수 있었음을 알 수 있다. 넓게 펼쳐진 도로망이 제공하는 평원인 이 지방 지리는 단거리 여행과 장거리 여행을 도와주었다. 나폴리만(灣)을 따라 자리한 도시들은 도시와 도시 사이 거리가 배로 금세 다다를 수 있을 만큼 짧았다. 도시 밀도가 높았던 것도 도시 간의 상호 작용을 촉진했다. 도시들이 서로 소통할 수 있는 거리 안에 자리하고 있었기 때문이다. 이 틀 안에서, 지역과 지역을 잇는 네트워크가 존재했고, 이 네트워크는 재화, 사상, 사람의 이동을 촉진했다. 회로처럼 얽힌 여러 시장은 그 지방의 여러 고을을 이어 주면서, 생산자와 소비자에게 2-3일마다 필요한 것을 교환할 기회를 제공했다. 문화 오락을 위한 네트워크도 존재했는데, 이 네트워크는 다른 이보다 큰 특권을 갖고 그 지방에서 명성을 누리던 후원자와 구경꾼에게 대중이 좋아하는 스포츠 행사를 관람할 기회도 더불어 제공했다.[53]

여행과 이동 가능성이 늘어났다면 문헌과 사상, 읽을 수 있는 자료도 덩달아 아주 많이 이동했을 가능성이 커진다. 이는 공동 읽기도 늘어나는 결과

---

[52] Paolo Siniscalco, "Travel-Means of Communication", in *Encyclopedia of Ancient Christianity* (Downers Grove: InterVarsity, 2014), 3:831-882, 이 부분은 p. 831.

[53] Rebecca R. Benefiel, "*Litora mundi hospita*: Mobility and Social Interaction in Roman Campania" (PhD diss., Harvard University, 2005), p. 188.

로 이어졌을 것이며, 적어도 한 서신이 공동체에 처음 전달되었을 때에는 특히 공동 읽기가 늘어났을 것이다. 라헬 젤닉-아브라모비츠(Rachel Zelnick-Abramovitz)는 다른 이 가운데서도 특히 역사가들이 그리스-로마 세계를 두루 여행하면서, 그들이 글로 써낸 작품(들)을 광범위한 청중에게 어떻게 실연해 보였는지 묘사한다.[54] 라헬이 고찰한 대상에는, 루키아노스의 글처럼, 1차 텍스트에서 분명하게 발견할 수 있는 이런 말도 들어 있다. "내 가장 간절한 바람은 내가 여러분 모두에게 알려지고, 할 수만 있다면 마케도니아에서 그랬던 것만큼 많은 사람에게 내 작품을 소개하는 것이었습니다"(*Herodotus* 7).

더욱이, 엘리트 계층 저자는 물론이요 비엘리트 계층 저자도 그들 작품이 여기저기서 널리 읽히고 있음을 분명히 말함으로써 이런 유형의 글 읽기가 널리 퍼져 있었을 개연성을 인정한다. 프로페르티우스(Propertius)는 자기 글이 온 세상에서 명성을 얻고 있다고 주장하며 "명성이 황량한 북쪽 땅까지 뻗어 나갔다"고 말한다. 대(大) 플리니우스(Pliny the Elder)는 마르쿠스 바로(Marcus Varro)가 책을 써서 "온 세상에 보냄으로써, 그가 말하려는 주제들이 마치 신들처럼 어디에나 있을 수 있게 만들었다"고 주장했다. 비엘리트 계층에 속했던 마르티알리스는 그의 작품이 "온 세상에서 유명하여", 심지어 먼 변경을 지키는 군인들도 그의 작품을 읽는다고 주장한다. 오비디우스는 "땅을 지나고 깊은 물을 건너…세상이 미치는 곳이면 어디든" 사람들이 그의 작품을 읽는다고 주장하면서, 그가 동쪽으로 유배를 당했을 때도 그러했다고 주장한다. 실제로 그는 자신의 독자가 온 세상에 걸쳐 두루 존재하기 때문에 자신의 명성은 결코 사라지지 않을 것이며, 자기가 죽은 뒤

---

54 "Look and Listen: History Performed and Inscribed", in *Between Orality and Literacy: Communication and Adaptation in Antiquity*, ed. Ruth Scodel, MnS 367 (Leiden: Brill, 2014), 10:175-196.

에도 그러할 것이라고 장담한다. 이 때문에 그는 그의 모든 독자에게 이렇게 감사한다. "그러나 내가 이런 명성을 얻은 것이 여러분의 호의 때문이든 아니면 내 시 자체 때문이든, 친절하신 독자인 여러분에게 감사함이 당연하도다"(Ovid, *Tristia* 4.130).

이 저자들이 그려 보이는 그림은 우리가 여행과 이동 가능성을 증명해 주는 증거로 갖고 있는 다른 증거와 잘 들어맞는 것 같다. 읽을 수 있는 글이 퍼진 범위가 넓었다면, 공동 읽기 사건도 널리 퍼져 있었을 개연성이 커진다. 사실, 이런 유형의 말은 비단 그들 자신의 명성을 내세우는 저자들만 한 게 아니었다. 소(小) 플리니우스도 문헌이 널리 퍼진 세계에서나 타당할 법한 이야기를 똑같이 들려준다. 그는 이렇게 써 놓았다. "그대들은 가데스(Gades)에서 온 그 서반아 사람 이야기를 들어 본 적이 없는가? 그는 리비우스의 명성에 감동하여 리비우스를 한 번 만나 보겠다고 저 멀고 먼 땅끝에서 왔다가 다시 돌아갔다오"(*Letters* 2.3.8).

더구나 많은 학자는 이교의 제의(숭배 행위)가 아무런 제약도 없이 널리 퍼진 데는 여행과 이동 가능성의 확산도 한몫했다고 지적한다.[55] 사상과 종교가 널리 퍼지면, 사람과 공동체의 이동이 나타날 수밖에 없다. 사람들이 여행하면서, 문헌 그리고 문헌을 쓰고 읽을 기회도 사람을 따라 이동했다.[56] 바로 이런 이유 때문에 이제는 많은 연구서가 이렇게 이동 가능한 사회 환

---

55 다른 자료도 있지만, 특히 *La Méditerranée d'une rive à l'autre: culture classique et cultures périphériques*, ed. André Laronde and Jean Leclant (Paris: Académie des Inscriptions et Belles-Lettres, 2007); *Settlement, Urbanisation and Population: Oxford Studies in the Roman Economy*, vol. 2, ed. A. K. Bowman and A. Wilson (Oxford: Oxford University Press, 2011); Simon Price, "Religious Mobility in the Roman Empire", *JRS* 102 (2012): pp. 1-19; Anna Collar, *Religious Networks in the Roman Empire* (Cambridge: Cambridge University Press, 2013)를 보라.
56 Ornella Rossi, "Letters from Far Away: Ancient Epistolary Travel Writing and the Case of Cicero's Correspondence" (PhD diss., Yale University, 2010).

경이 조성되었음을 전제로 초창기 교회가 방대한 사회 네트워크를 구성할 수 있었음을 강조한다.[57] 티모시 마퀴스(Timothy Marquis)는 심지어 바울 문헌의 한 부분에서 일련의 여행 동기를 밝혀내려고 한다.[58]

사족이지만, 모든 이동이 사상과 경제적 기회를 확장하거나, 문헌을 널리 퍼뜨리거나, 사회 네트워크를 구축하거나, 공동 읽기 사건에 참여하는 것과 같이 좋은 이유만으로 이루어진 것은 아니었다. 일부 사람들은 그저 병사로 징집당하는 것을 피하거나, 노예로 사는 처지에서 도망치거나, 지역의 여러 규제를 피하고 싶어 이동하기도 했다. 하지만 여기서 중요하게 강조해 두고픈 두 가지 핵심은 모든 인구 통계가 여행과 이동 가능성을 지지하는 증거를 풍부하게 제시한다는 점이다.[59] 여행과 이동의 확산은 공동체의 공동 읽기 사건이 기원후 첫 수 세기 안에 전승을 통제할 수 있는 수단으로 충분히 자리 잡을 만큼 확산되었을 확률도 늘려 준다.

요약

우리는 이번 장에서 우리가 당시의 전체 정황을 평가할 때 고려해야 할 요소를 몇 가지 더 제시했다. 넓게 이야기하자면, 공동 읽기 사건이 일어난 경

---

57 다른 연구서도 있지만, 특히 Michael B. Thompson, "The Holy Internet: Communication between Churches in the First Christian Generation", in *The Gospels for All Christians: Rethinking the Gospel Audiences*, ed. Richard Bauckham (Edinburgh: T&T Clark, 1998), pp. 49-70를 보라. 하지만 Reidar Hvalvik은 Thompson이 사용한 용어 "Internet"을 "intranet"으로 고치자고 올바로 제안했다. "All Those Who in Every Place Call on the Name of Our Lord Jesus Christ: The Unity of the Pauline Churches", in *The Formation of the Early Church*, ed. Jostein Ådna, WUNT 183 (Tübingen: Mohr Siebeck, 2005), p. 143.
58 "At Home or Away: Travel and Death in 2 Corinthians 1-9" (PhD diss., Yale University, 2008).
59 Agnes Choi, "Urban-Rural Interaction and the Economy of Lower Galilee" (PhD diss., University of St. Michael's College, 2010).

제 및 정치 정황은 이런 사건이 우리가 예상치 못했던 여러 방식으로 확산되게끔 도와주었을 가능성이 다분하다. 확실히 고대 지중해 전역의 핵심 경제는 적어도 2세기 말까지 안정을 구가하면서 넓은 지역에 걸쳐 번영을 누렸다. 이렇게 추론해 본 큰 그림은 공동 읽기 사건이 핵심 경제라는 요인 때문에 큰 방해를 받지 않았다는 것을 일부 증명해 주었다. 더구나 **로마의 평화** 시기에 사회와 정치 전반이 평온과 안정을 누리고 여행과 이동 가능성이 늘어난 것 역시 공동 읽기 사건이 널리 퍼졌다는 주장에 걸림돌이 되지 않았다. 따라서 당시의 전반 상황은 공동 읽기 사건이 방해받지 않고 널리 퍼지는 데 유리한 조건이 되었다.

4장

사회 정황

나는 그저 어여쁜 미모의 찬미자나 유명한 조상을 자랑하는 여인의 찬미자가
아니다. 학문을 좋아하는 소녀의 귓불에 내 시구(詩句)를 읊어 주고 그 귀의
순결한 기호(嗜好)가 그 시구를 인정케 하는 것이 내 기쁨이 될지어다.
_프로페르티우스,「서정시집」2.13(기원전 48-15년경)

그녀는 지성이 아주 빼어나답니다…게다가 이 사랑은 그녀가 문헌에 관심을
갖게 해 주었습니다. 그녀는 내 작품을 베낀 뒤, 읽고 또 읽더니 아예 외워 버
렸습니다…내가 그녀에게 읽을거리를 주면, 그녀는 가까이 있는 커튼 뒤에 앉
아서 모든 감사의 말을 아주 꿀떡꿀떡 들이마십니다.
_플리니우스,「서신」4.19(기원후 61-113년경)

예수와 첫 제자들이 활동했던 역동적 환경을 개관하다

프랑스 역사가 제롬 카르코피노(Jérôme Carcopino)는 고대 로마인의 삶을 다룬 한 고전을 집필하면서,[1] 그 책의 한 대목을 공동 읽기와 낭송 사건에 전부 할애했다. 하지만 이 주제를 논하는 현대 저작들은 그의 작품을 종종 빼먹고 다루지 않는다.[2] 이는 불행이다. 그가 우리에게 줄 것이 아직도 많기 때문이다. 그는 공동 읽기 사건에 관하여 이렇게 써 놓았다.

[그의 작품을 그 친구들 앞에서 읽어 주는 아시니우스 폴리오의] 이런 습관은 저자의 조건은 물론이요 이런 일이 빨리 유행되지 않게 하려는 정부의 욕구에도 잘 들어맞았다. 이렇게 전능한 출판자와 노예처럼 구는 도서관이 결합하여 공적 낭송(recitatio)이라는 괴물을 탄생시켰으며, 이 괴물은 이내 문학에 재앙을 안겨 줄 골칫거리로 자라 갔다. 정치인의 계산속과 저자의 허영심이 이런 유행을 만들어 냈다. 그 뒤에는 아무것도 이 유행을 막지 못했다.[3]

그는 계속하여 공동 읽기 사건이 심지어 사회의 여러 경계까지 넘어갔다고 말한다. "당시 문헌을 검토해 보면, 모든 이가, 공중이 모인 자리에서, 아침이나 저녁이나, 겨울이나 여름이나, 늘 무엇이든 가리지 않고 무언가를 소리

---

1 *La Vie quotidienne à Rome à l'apogée de l'Empire* (Paris: Hachette, 1939).
2 Ludwig Friedländer의 저작인 *Roman Life and Manners under the Early Empire*의 경우에도 같은 말을 할 수 있겠다. Friedländer의 저작 *Sittengeschichte Roms*의 번역본으로서 누구에게나 인정받는 이 책(7th ed., vol. 3, trans. J. H. Freese, New York: E. P. Dutton, 1910)은 동일한 결론을 많이 내리고 있다.
3 Jérôme Carcopino, *Daily Life in Ancient Rome: The People and the City at the Height of the Empire*, ed. Henry T. Rowell, trans. E. O. Lorimer (Mitcham, Victoria, Australia: Penguin, 1956), p. 197. 아울러 Keith Bradley가 근래에 여러 저자가 저술한 *The Oxford Handbook of Social Relations in the Roman World*를 상대로 내놓은 예리한 비평을 보라. Keith Bradley, "Roman Society: A Review", *CJ* 107, no. 2 (2011), pp. 230-236.

내어 읽고 있었다는 인상을 이내 받는다."[4]

대체로 보아, 카르코피노는 "공적 읽기에 미쳐버린 사람들"[5]이 "사람 귀를 멀게 하는 소음의 혼돈"[6]을 불러왔으며, 이 사람들 때문에 결국 이런 공동 읽기 사건이 로마 제국의 도덕 구조와 지식 구조를 갉아먹었다고 비판한다. 그는 심지어 공동 읽기 사건이 암과 같은 것이 되었다며 이렇게 말한다. "듣는 이만큼이나 많은 글쓴이가 있었을 때, 아니, 바로 말하자면, 독자만큼 많은 저자가 있었을 때, 그리하여 두 역할을 서로 구분할 수 없게 되었을 때, 문학은 치료할 수 없는 악성 종양으로 고통을 겪었다."[7]

얼핏 보면, 카르코피노가 지나친 것처럼 보일지도 모르겠다. 그러나 그는 다만 공동 읽기 사건이 엄청나게 많이 이뤄지면서 자신이 부서진다는 느낌을 받았던 수많은 로마 저술가의 정서를 집약하고 있을 뿐이다. 이런 여러 유형의 공동 읽기 사건을 "그 시대의 흐름"이라 묘사한 이는 카르코피노만이 아니다.[8] 플리니우스는 소시우스 세네키오(Sosius Senecio)에게 이런 서신을 써 보냈다. "올해는 시인들을 풍성히 수확했습니다. 4월 한 달 내내 누군가가 공중 앞에서 글을 읽지 않는 날이 거의 없었습니다"(*Letters* 1.13.1). 플리니우스는 같은 작품에서, 자기 벗들이 그에게 와서 여러 날 동안 그가 읽는 글을 들어준 것에 큰 기쁨을 얻었다고 이야기한 뒤, 이렇게 회고한다. "나는 이를 내 자신이나 내 웅변술에 보내는 찬사로 받아들여야 할까요? 나는 후자이길 바랍니다. 내 웅변술이 이전에는 거의 죽었다가 이제 다시 살아나고 있으니까요"(*Letters* 3.18.5-6). 그는 계속하여 자기에겐 궁극의 청중

4　Carcopino, *Daily Life*, p. 199.
5　Ibid., p. 203.
6　Ibid., p. 201.
7　Ibid., p. 203.
8　Zelnick-Abramovitz, "Look and Listen", p. 183. Zelnick-Abramovitz는 카르코피노가 다루지 않은 또 다른 주요 텍스트, 가령 Lucian, *Quomodo Historia Conscribenda Sit*, pp. 5-51, 특히 p. 7를 고찰한 뒤, 이런 결론을 내린다.

이 대중임을 이렇게 알린다. "나는 내가 **일반 공중**을 염두에 두고 썼던 것을 읽을 때 이를 듣는 이가 겨우 몇몇 친구라는 것을 잊어버렸습니다. 그러나 그렇다 할지라도, 나는 그 친구들이 열심히 귀를 기울여 준 것이 기뻤으며, 이런 기쁨 때문에 **공중의 의견**도 내 친구들의 의견과 일치하리라는 희망을 갖게 되었습니다"(*Letters* 3.18.9; 강조 추가).[9] 페트로니우스(Petronius)는 『사티리카』(*Satyrica*: 네로 시대 황제와 주변 관리들의 행실을 풍자한 소설—옮긴이)에서 나쁜 시인을 다루며 이렇게 써 놓았다.

> 주랑(柱廊)을 걷던 몇몇 사람이 에우몰푸스(Eumolpus)가 낭송하는 소리를 듣고 그에게 돌을 던졌다…[그는 나중에 내게 이렇게 말했다] '내가 무언가를 낭송하러 극장에 갈 때마다, 그 집에는 늘 당신이 원하시면 언제라도 오셔도 된다며 나를 반가이 맞아 주는 무리가 이렇게 있답니다.'…우리는 에우몰푸스를 남겨 두고 떠났다. 그가 목욕탕에서 시를 낭송하고 있었기 때문이다…[그는 나중에 우리를 발견하고 이렇게 설명했다] 그는 울며 이렇게 외쳤다. '아, 글쎄, 나는 씻는 동안에 거의 맞을 뻔했습니다. 내가 목욕탕을 돌아다니며 거기 앉아 있는 이들에게 시를 낭송하려 했거든요. 나는 극장에서 그랬던 것처럼 목욕탕에서도 쫓겨났지요. 그러나 나는 동네 구석구석을 돌아다니며, 큰 소리로 엔콜피우스(Encolpius)를 위해 외쳤지요.' (*Sat.* 90-92)

마르티알리스는 리구리누스라는 사람에게 왜 사람들이 아무도 리구리누스와 시간을 보내려 하지 않는지, 심지어 리구리누스가 오는 모습만 보이면

---

[9] 널리 청중에게 큰 소리로 낭독했던 것에 관하여 알아보려면, Timothy P. Wiseman, "Practice and Theory in Roman Historiography", in *Roman Studies: Literary and Historical*, vol. 1 of *Collected Classical Papers* (Liverpool: Francis Cairns, 1987), pp. 244-262, 특히 pp. 253-256를 보라.

사람들이 그 자리를 떠나는지 이렇게 설명하려고 한다. "그대는 시인다운 구석이 거의 없소." 그러면서 마르티알리스는 그에게 이렇게 말한다. "그대는 내가 서 있는 동안에도 내게 글을 읽고 내가 앉아 있는 동안에도 내게 글을 읽소. 내가 달리고 있을 때도 내게 글을 읽고 내가 변을 눌 때도 읽소" (*Epi.* 1.3.44). 아이러니하게도, 갈레노스와 같은 이 시기의 몇몇 저술가는 공중에게 말하는 것이 허용되지 않은 사람들이 있었다고 말한다(가령 *On the Therapeutic Method* 1.2.3). 그러나 갈레노스의 말이 들어 있는 맥락(예를 들어, 수준 미달인 의사가 사람들 사이에서 인기를 얻게 된 것에 불만을 토로함)은 카리코피노의 평가에 훨씬 더 큰 힘을 실어 주는 것 같다. 갈레노스는 다만 경쟁자를 질시하면서, 실상 아무런 정당한 근거도 없는 말로 그 경쟁자를 깎아내리려 한다. 다시 말해, 공동 읽기는 널리 퍼져 있었으며, 자격 없는 사람들조차도 일부 엘리트가 그들의 글을 통해 반응을 보일 정도로 공중 앞에서 글을 읽는 행위를 하고 있었다.

카르코피노에 따르면, 도서관과 출판사의 증가는 일찍부터 이런 공동 읽기 사건을 널리 퍼지게 한 자극제가 되었다. 거기서 유명인, 그리고 그들의 경쟁자들이 만들어졌다. 일단 책을 파는 이들이 필사(筆寫) 노예들과 팀을 이뤄 이윤을 챙길 기회를 만들어 내면, 출판사와 저자가 빠른 속도로 늘어난다. 그러나 대다수 저자는 다른 이와 비교할 때 여전히 가난했다. 자격이 **없는** 이들도 재정과 사회 지위 면에서 기회를 잡느냐는 단지 시간 문제였다. 그는 다음과 같이 요약하고 결론을 맺는다.

일단 공적 읽기가 로마에서 유행으로 확실히 자리를 잡고, 사람들이 이런 공적 읽기를 글 쓰는 이들의 주요 일거리 혹은 그런 이들이 거의 독점하는 일거리로 인식하게 되자, 문학은 품위와 진지한 목적을 모두 잃어버렸다. 이 유행을 따르는 아마추어 무리가 커지면서 이런 유행의 질도 더욱더 떨어졌지만,

사교계는 이런 유행을 받아들였다. 다른 이에게 초대를 받은 이들은 다시 다른 이를 초대하는 이가 되고 싶어했다. 모든 이가 돌아가며 연단에 올라가면서, 결국 청중 하나하나가 다 저자가 된 뒤에야 비로소 모든 이가 연단에 올라가는 일이 끝났다. 겉으로 보면, 이는 문학의 승리였다. 그러나 그것은 피로스의 승리요, 몰지각한 인플레이션으로서 앞날의 파산을 예고하는 것이었다.[10]

카르코피노의 해석이 대체로 정확하다면(나도 그의 해석이 대체로 정확하다고 생각한다), 이 역시 학자들이 어떤 고대 텍스트를 더 잘 이해하고 해석하게 도와준다. 루키아노스가 쓴 『언변 선생』(Rhetorum Praeceptor)은 분명 전통 교육 체계는 제쳐버리고 공적 읽기라는 미친 유행에 참여하는 데 필요한 언변을 이전보다 빨리 터득할 새 방법만 찾아내려 하는 그의 시대 학생들을 풍자한 반응일 수도 있다.[11]

단순히 공동 읽기 사건이 **아주 많았음**을 넘어 확실히 많은 요인이 존재한다. 따라서 오로지 카르코피노의 해석에 의존하기보다, 그리고 이 책 5장과 6장에서 더 폭넓은 내용을 다루기 전에, 카르코피노가 인용하는 증거 외에 다른 1차 증거를 토대로 여기서 몇 가지를 잠정적이나마 고찰해 보고 가겠다. 이어지는 내용은 단지 추려 뽑은 표본이지, 주석이나 조건을 제시하는 게 아니다.[12] 그 대신, 이 표본 사례들은 고대 책 문화 및 공동 읽기 사건과 관련된 사회 정황의 자리를 정하고 그 정황을 생생히 표현하는 데 도

10　Carcopino, *Daily Life*, p. 203.
11　근래에 이 텍스트와 주제를 다룬 Craig Gibson, "How (Not) to Learn Rhetoric: Lucian's *Rhetorum Praeceptor* as Rebuttal of a School Exercise", *GRBS* 52 (2012): pp. 89-110를 보라. 그러나 Gibson은 카르코피노나 공동체의 공동 읽기 사건을 언급하지 않는다.
12　나는 이 표본 텍스트 가운데 몇 개를 Donka D. Markus의 탁월한 연구 결과인 "Performing the Book: The Recital of Epic in First-Century C.E. Rome", *Classical Antiquity* 19, no. 1 (2000): pp. 138-179에서 인용했다. 그런 표본 텍스트를 폭넓게 많이 다룬 것을 보려면, Markus의 연구 결과를 참고하라.

움을 주려고 제시하는 것이다.[13]

고대 책 문화라는 정황 속에서 일어난 공동 읽기 사건은 사회 네트워크(관계망) 구축의 도구였다(Pliny, *Letters* 1.13). 누군가가 누군가에게 초청장을 보냈다(P. Oxy. 2592). 어린이가 얽혀 있었고(Fronto, *Ad M. Caes.* 1.7.2), 여자들이 얽혀 있었다(P. Oxy. VIII 1148/1149). 문예 경연 대회가 있었다(Martial, *Epi.* 4.54; *CIL* IX 2860). 어떤 저자들은 공동체의 공동 읽기 사건을 대중 인기에 영합하는 짓에 불과하다고 힐난했다(Persius, *Satires* 1.13-23). 다른 저자들은 이런 공동 읽기 사건의 본질이 귀족적이라고(고상하다고) 옹호했다(Statius, *Silv.* 5.3.215). 어떤 저자들은 공동체 앞에서 자신들의 글을 읽지 않으면 자신들이 그 사회에서 완전히 잘려 나간 사람이라고 느꼈다(Ovid, *Ex Ponto* 4.25). 또 다른 저자들은 자기 작품을 다른 이들에게 읽어 줄 대리인을 보내는 것으로 만족했다(Lucian, *Symp.* 21).[14] 그렇지만 이리저리 돌아다

---

[13] 고대 책 문화와 관련하여 더 자세한 세부 사항을 살펴보려면, 여러 자료 가운데 특히 Frederic G. Kenyon, *Book and Readers in Ancient Greece and Rome* (Chicago: Ares, 1980); Edward J. Kenney, "Books and Readers in the Roman World", in *The Cambridge History of Classical Literature*, vol. 2, *Latin Literature, Part 1: The Early Republic*, ed. W. V. Clausen and E. J. Kenney (Cambridge: Cambridge University Press, 1983), pp. 3-31; Raymond J. Starr, "The Circulation of Literary Texts in the Roman World", *CQ* 37 (1987): pp. 213-223; Harry Y. Gamble, "The Book Trade in the Roman Empire", in *The Early Text of the New Testament*, ed. Charles E. Hill and Michael J. Kruger (New York: Oxford University Press, 2012): pp. 23-36; idem., *Books and Readers in the Early Church: A History of Early Christian Texts* (New Haven: Yale University Press, 1995); Michael J. Kruger, "Manuscripts, Scribes, and Book Production within Early Christianity", in *Christian Origins and Classical Culture: Social and Literary Contexts for the New Testament*, ed. Stanley E. Porter and Andrew W. Pitts (Leiden: Brill, 2012), pp. 15-40; Loveday Alexander, "Ancient Book Production and the Circulation of the Gospels", in *The Gospels for All Christians: Rethinking the Gospel Audiences*, ed. Richard Bauckham (Grand Rapids: Eerdmans, 1998), pp. 71-112를 보라. 사진 포함.

[14] 이 기록을 보면, 헤토에모클레스라는 사람이 자신의 노예를 자기 친구들이 모인 심포지움에 보내 자신이 노예에게 들려 보낸 작은 서판을 읽어 주게 한다. 기록은 이렇게 전한다. "한 종이 우리 가운데 오더니, 자신은 스토아학인 헤토에모클레스가 보낸 이라고 말했다. 그는 그의 주인이 사람들 앞에서 읽어 주어 모든 이가 듣게 하고 다시 가져오라 했다는 한 서물(書物, γραμματίδιον)을 갖고 있었다. 그 종은 아리스타이네투스의 승낙을 받은 뒤, 등잔 쪽으로 다가가 그것을 읽기 시작했다."

니며 공동 읽기 사건을 조롱하는 저술가들도 있었다(Juvenal, *Sat.* 1.1-14). 풍자작가들은 공동 읽기 사건을 비판했다(Persius, *Sat.* 1.67-70). 속기사는 그들이 들은 것을 모두 받아 적으려 했다(Seneca, *Apoc.* 9.1).[15] 지역에서 나온 출판물들도 공동 읽기 사건을 다루었다(*Acta Diurna*). "대필"(代筆) 서비스를 활용할 수 있었다[이런 서비스는 안티폰(Antiphon)까지 줄곧 거슬러 올라갈 수 있다]. "역사 리포터"가 있었다(Dionysius, *Roman Antiquities* 1.1.4). 공동 읽기 사건을 표현한 예술 작품이 있었다(*IGUR* 1228). 공동 읽기 사건이 벌어지는 동안 그 사건에 참여한 이들이 즉석에서 그들의 글을 지을(또는 이미 쓴 글을 다시 쓸) 때도 있었다(Suet. *Poet. Vir.* 34; 참고. Tacitus, *Ann.* 13:15). 쓴 텍스트를 실연하거나 출판하기 전에 그 텍스트를 일일이 통제하는 또 다른 방법이 있었다(Tertullian, *Marc.* 1:1). 배우에게 파는 대본이 있었다(Juvenal, *Sat.* 7.87). 어떤 공동 읽기 사건은 팸플릿 회람을 통해 이루어졌다(Lysias, *Eratosthenes* 12). 청중으로 참여했던 이가 공동 읽기 때 글을 발표하는 이의 작품을 필기했다가 나중에 그 공동 읽기 사건이 끝난 뒤 그 작품을 표절하려 한 때도 있었다(Quintilian, *Inst.* 1.7-8). 위조도 있었다(Lucian, *Pseud.* 30). 책 판매상이 있었고(P. Oxy 2192), 서점이 있었다(Catullus, *Carm.* 14:17-20). 저자들은 사람들을 위해 다양한 읽을거리 목록을 만들어 다른 이들에게 읽으라고 요청했다(Quintilian, *Inst.* 1.8.2; Lucian, *Ind.* 27). 요청이 있으면 참고 문헌도 제공했다(Pliny, *Letters* 3.5). 편집과 관련된 여러 목적 때문에 아직 출판하지 않은 초고를 모인 이들에게 들려줄 때도 있었다(Horace, *Ars* 438). 독자들을 도와줄 문법책[1세기 학교 교사인 퀸투스 레미우스 팔라이몬(Quintus Remmius

---

15 여기서 언급한 저자처럼, 몇몇 저자가 담화를 나눈 뒤에는 기록한 보고서를 검토하게 시키는 것이 보통이었다고 생각한 것도 흥미로운 점이다. 세네카는 이렇게 말한다. "그는 거침없이 열변을 토했다. 그의 그런 웅변 솜씨는 광장(forum)에서 그의 삶을 보낸 덕택이었다. 그러나 그 열변은 너무나 빨라서 공증인이 받아 적을 수가 없었다. 그가 쓴 말을 단어 하나도 바꾸지 않고 옮기고 싶건만, 그의 열변을 전부 보고하지 못하는 건 그 때문이다"(*Apol.* 9).

Palaemon)이 유명한 문법책을 썼다; Juvenal, Sat. 6.452]과 사전[아일리오스 디오뉘시오스(Aelius Dionysius)와 파우사니아스(Pausanias)가 사전을 썼다]이 있었다. 고금을 아울러 다양한 종류의 공동 도서관이 있었다(Suet., *Dom.* 8.20). 상당한 규모를 갖춘 사설 도서관도 있었다(Strabo, *Geogr.* 13.1.54). 벗에게 종종 책을 선물로 주기도 했다(Martial, *Epigrams* 14.183-196). 사회 엘리트들은 자신이 실제로 받은 교육보다 높은 교육을 받은 것처럼 행세할 때도 있었다(Seneca, *Epi.* 27.5-7). 어떤 사람들은 글로 기록된 텍스트를 갖고 있다 하여 암기를 시간 낭비라 생각하기도 했다(Suet. *Aug.* 84).

이런 목록은 계속 열거하려면 할 수도 있겠지만, 진짜 토론할 주제는 이런 진술에 있지 않다. 특히 각 진술이 제시하는 사례가 단 하나뿐이라는 걸 봐도 그렇다. 오히려 우리가 토론할 주제는 각 진술이 말하는 내용의 범위와 각 진술에 붙은 조건(단서)이다. 당시에도 도서관이 있었다는 것은 아무도 다투지 않지만, 그럼 대체 도서관은 얼마만큼 있었는가?[16] 공동 읽기 사건이 존재하지 않았다고 주장하는 이는 아무도 없지만, 사람들의 견해 속으로 널리 파고든 공동 읽기 사건은 셋뿐이었다고 말하는 세네카의 말(Cic. *Sest.* 106) 같은 진술과 조화시킬 수 있을까?[17] 근·현대는 역사를 재구성할 때 정확성을 높이고자 아주 상세한 서술을 요구하지만, 고대 저자들은 그런

---

16 Marshall은 이렇게 주장한다. "기원후 1세기 말에 이르자, 보통 책방에서 찾아볼 수 있는 저자 수가 엄청나게 많아졌고 계속 늘어 갔다. 상당히 많은 장서에 접근할 수 있음이 가지는 중요성도 커질 수밖에 없다." Anthony J. Marshall, "Library Resources and Creative Writing at Rome", *Phoenix* 30, no. 3 (1976). pp. 252-264, 이 부분은 p. 264. 이런 문제들을 더 소상히 논한 자료를 보려면, 다른 자료도 있지만 그 가운데서도 ibid.; Christopher Jones, "Books and Libraries in a Newly-Discovered Treatise of Galen", *JRA* 22 (2009): pp. 390-397; Matthew C. Nicholls, "Galen and Libraries in the *Peri Alupias*", *JRS* 101 (2011): pp. 123-142를 보라.
17 근래 이 문제를 논한 글을 읽어 보려면, Gesine Manuwald, "The Speeches to the People in Cicero's Oratorical Corpora", *Rhetorica* 30, no. 2 (2012): pp. 153-175를 보라. 참고. Anthony L. Hollingsworth, "Recitation and the Stage: The Performance of Senecan Tragedy" (PhD diss., Brown University, 1998).

상세한 서술을 하지 않았다.[18] 아울러 우리는 고대 책 문화 및 공동 읽기 사건과 관련된 사회 정황을 강조함으로써, 공동 읽기 사건이 사회 조직 안에 깊이 뿌리내렸음을 옛날 사람보다 잘 제시할 수 있는 유리한 위치에 있다. 따라서 이제 우리는 위에서 제시한 어떤 증거도 원칙의 예외가 되지 못한다고 (아주 쉽게) 주장할 수 있다.

아직 자세히 다루지 않았지만 여기서 우리가 다루는 문제와 관련이 있는 것이 하나 더 있다. 공동 읽기 사건은 누구를 위해 열렸을까? 그 대답은 간단하지도 않고, 우리 탐구의 초점도 아니다. 엘리트 계층뿐 아니라 대중도 소비할 수 있는 텍스트가 많이 만들어지고 그런 공동 읽기 사건 역시 많이 열렸던 것 같다. 이런 일이 가능했던 이유는 그런 텍스트와 공동 읽기의 호소력이 미치는 범위가 넓었기 때문이다(몇몇 사례를 살펴보려면, 이 연구서 5장과 6장을 보라).[19] 그래도 많은 증거가 엘리트들에게서 나오는 것은 당연한 일이다. 엘리트 계층이 대다수 사람보다 공동 읽기 사건을 활용할 수 있는 기회가 분명 많았는데, 엘리트 계층이 읽거나 받아쓰거나 두 일을 다 할 수 있는 노예를 여럿 고용할 수 있었기 때문이다. 니콜라스 호스폴(Nicholas Horsfall)은 많은 사례를 언급한 뒤 이 문제를 이렇게 말한다. "독사(lector)와 속기사(notarius)는 그들의 주인이 원하면 하루 24시간 내내 부릴 수 있는 사람을 뜻한다."[20] 더구나 고대나 현대 자료들은 비(非)엘리트 계층 사람들

---

18 다른 자료도 있지만, 특히 David E. Aune, "Prolegomena to the Study of Oral Tradition in the Hellenistic World", in *Jesus, Gospel Tradition and Paul in the Context of Jewish and Greco-Roman Antiquity*, WUNT 303 (Tübingen: Mohr Siebeck, 2013), pp. 220-255를 보라.
19 나는 Jerry Toner가 대중문화를 간단히 정의한 말에 본질상 동의한다. 그는 이렇게 정의했다. "대중문화는 부정어를 사용하여 엘리트가 아닌 이들[곧, 농부, 수공업자, 상인, 노예, 대다수 여자와 어린이]의 문화라고 정의하는 것이 십중팔구는 가장 좋을 것이다." *Popular Culture in Ancient Rome* (Cambridge: Polity, 2009), p. 1. 다시 말해, 로마 사회에서의 대중은 모든 가지지 않은 자들로 구성되어 있다.
20 Nicholas Horsfall, "Rome without Spectacles", *Greece and Rome* 42, no. 1 (1995): pp. 49-56, 이 부분은 p. 54.

에 관한 것은 많이 기록하지 않았다. 고대 문헌 자료가 하층 계급을 언급할 때는 그 계층 사람들이 사회의 골칫거리가 되었거나[21] 문헌을 읽어야 할 때처럼 특별한 일에 필요할 때뿐이었다. 오비디우스는 이렇게 써 놓았다. "그대 평민들의 손도, 할 수 있다면, 그들의 거부에 따른 치욕 때문에 실망한 우리 시구(詩句)들을 받으라"(Ovid, Tristia 1.1.82). 몇몇 지역 도서관이 오비디우스의 작품을 거부했던 것 같다(아폴론 신전, 오비디우스 열주, 리베르타스 신전). 이 때문에 오비디우스는 "평민의 손"에게 그의 책을 골라 읽어 달라고 호소한다. "엘리트" 계층의 문헌 문화가 이런 유형의 독자들에게 간청하거나 그런 독자들을 인정하는 예가 거의 없었을지라도, 이와 같은 증거는 그런 유형의 독자가 충분히 간청 대상이 될 만큼 많이 있었음을 확인해 준다.

지금 남아 있는 것은 단지 "고대 말의 '베스트셀러 목록'"[22]이거나 주로 사회의 한 계층만이 쓴 작품일 수 있지만, 그 가운데 어느 것도 모든 것

---

[21] "피레아스에 있던 두 아테네 노예―이들이 거기 있었던 이유는 로마인을 좋아했기 때문이거나 위급할 때 그들 자신의 안전을 도모할 방책을 찾고 있었기 때문이다―는 거기서 일어난 모든 일을 받아 적은 뒤, 그것을 납으로 만든 공에 새겨, 투석기로 로마인에게 쐈다"(Appian, *Rom. Hist.* 12.5.31). 아울러 Seneca *Epi.* 56:2와 Martial 12:57을 보라. 아리스토파네스, 메난드로스, 플라우투스, 테렌티우스를 포함하여 더 앞선 시대의 사례들을 보려면, 다른 자료도 있지만, 특히 Erin Kristine Moodie, "Metatheater, Pretense Disruption, and Social Class in Greek and Roman Comedy" (PhD diss., University of Pennsylvania, 2007)를 보라. 아울러 James C. Scott가 두 번에 걸쳐 연속으로 쓴 논문을 보라. 그는 "작은" 전승과 "큰" 전승을 논한 뒤, 이렇게 결론짓는다. "작은 전승은 그것이 지배 엘리트들에게 직접 위협을 가하는 반대 운동 속에 들어간 순간에만 역사 속에서 눈으로 볼 수 있게 된다." "Protest and Profanation: Agrarian Revolt and the Little Tradition, Part I", *Theory and Society* 4, no. 1 (1977): pp. 1-38; "Protest and Profanation: Agrarian Revolt and the Little Tradition, Part II", *Theory and Society* 4, no. 2 (1977): pp. 211-246, 이 부분은 p. 240를 보라.

[22] Daniel Stökl Ben Ezra는 루뱅 고대서 데이터베이스(Leuven Database of Ancient Books)에서 발견할 수 있는 "13,058 헬라어, 라틴어, 콥트어, 이집트 민중 문자 문헌 텍스트"에서 인용한 수많은 이집트 기독교 파피루스들을 논할 때 이 문구를 사용한다. Daniel Stökl Ben Ezra, "Canonization-a Non-Linear Process? Observing the Process of Canonization through the Christian (and Jewish) Papyri from Egypt", *ZAC* 12 (2008): pp. 193-214, 이 부분은 p. 194. 아울러 Gregory Goswell, "Titles without Texts: What the Lost Books of the Bible Tell Us about the Books We Have", *Colloq* 41, no. 1 (2009): pp. 73-93를 보라.

을 대표하는 그림을 제공하지는 않는다.[23] 그러나 그것도 대중문화의 관여를 부정하지는 않는다. 예를 들면, 킴 헤인스-아이츤은, 고대 세계 여성이 기록한 증거나 고대 여성을 다룬 증거로 남아 있는 것이 아주 적긴 하지만, 그래도 이렇게 말한다. "여자들은 (경우에 따라? 드물게? 때때로?) 여러 다양한 단계에 걸쳐 이루어진 초기 기독교 문헌의 생산, 재생, 보급에 관여했다…문서, 비문(碑文), 문헌 증거를 조합한 결과는 고대 책 세계가 철저히 남성의 세계였다는 우리 생각을 재고해야 함을 일러 준다."[24] 혹은 이보다 훨씬 단순하게 고대 세계에서 여성이 남성보다 담당하는 부분이 적었으리라고 생각하는 사람은 창녀가 자기 묘비에 자기 직업을 남기지는 않았을 것이라고 추론할 수도 있다. 그러나 현존 증거는 폼페이에 자기 손으로 벽에 쓴 낙서를 통해 자신을 광고한 창녀들이 있었음을 보여 준다(4.1969, 4.4023, 4.4150, 4.4439, 4.2450, 4.5203, 4.5127, 4.2193, 등등). 실제로 벤 위더링턴(Ben Witherington)은 폼페이에 낙서가 엄청나게 많이 있었으며 그 많은 낙서의 맨 위에는 약 만 개나 되는 정치 선전이 있었고, 그 아래에는 성매매, 부동산 거래, 검투 경기를 알리는 광고가 있었다고 언급한 뒤, 이런 추론을 제시했다. "벽에는 거기에 거주하는 이들보다 많은 글(낙서)이 있었던 것 같다.…[이는] 이전에 막연히 추측했던 것보다 그리스-로마 세계의 문해력이 높았다는 것을 암시하는 것인지도 모른다."[25]

---

[23] Neville Morley도 고대 여성에 관한 자신의 연구, 특히 Prema Vakayil의 「외경 사도행전」(Apocryphal Acts)에 나오는 여자들 이야기를 다룰 때 대체로 이와 비슷한 결론을 끌어낸다. Morley, *Theories, Models and Concepts in Ancient History* (London: Routledge, 2004), p. 90; Vakayil, "'Go and Teach the Word of God': Paul's Missionary Command to Thecla", *Indian Theological Studies* 49 (2012): pp. 23-29.

[24] Kim Haines-Eitzen, *The Gendered Palimpsest: Women, Writing, and Representation in Early Christianity* (Oxford: Oxford University Press, 2012), pp. 37-38.

[25] "Graffiti at the SBL!" 벤 위더링턴이 제목 없이 쓴 블로그 글, 2008년 12월 16일, http://ben-witherington.blogspot.com/2008/12/graffiti-at-sbl.html.

이 모든 사례뿐 아니라, 램지 맥멀런(Ramsay MacMullen)이 현대의 증거 탐구와 관련하여 했던 이 말이 지금도 진실로서 널리 울려 퍼지고 있다. "고고학은 [비엘리트 계층과 관련하여] 우리에게 잘못된 정보를 말해 준다. 어느 누구도 슬럼(slum)을 발굴하여 영예를 얻으려 하지 않았기 때문이다."[26] 이를 또 다른 말로 표현해 본다면, 역사를 재구성해 낸 결과들은 대중에게 충분한 인기를 얻었고, 사람들이 널리 베꼈으며, 사람들 사이에 널리 회람되었던 텍스트에서 끌어낸 것이 더 많다. 그런 일이 일어나게 할 수 있는 자원은 당연히 그 사회 엘리트들이 갖고 있었을 것이다.

배경

데이비드 로즈(David Rhoads)는 공동 읽기 사건이 일어났을 법한 장소를 이렇게 많이 열거한다. "시골 장터, 공회당, 영빈관, 회당, 극장, 가난한 사람의 집, 엘리트 계층에 속하는 사람의 집, 도시의 공동 주택 건물, 마을과 마을 사이의 빈터."[27] 마찬가지로, 이런 무대에서 펼쳐진 공동 읽기 사건이 개인과 공동체 그리고 지역에 미친 영향을 살펴보고자 한다면, 더 깊은 탐구를 가능케 해 줄 다른 길이 많이 열릴 것이다.[28] 우리 연구의 주된 초점은 배경도 아니요 "영향사"(*Wirkungsgeschichte*)도 아니지만, 공동 읽기에 참여한 그

---

[26] Ramsay MacMullen, *Roman Social Relations: 50 B.C. to A.D. 284* (New Haven: Yale University Press, 1974), p. 93. 비엘리트 계층을 다룬 작품 가운데, 특히 Peter O'Neill, "A Culture of Sociability: Popular Speech in Ancient Rome" (PhD diss., University of California, 2001); Robert Knapp, *Invisible Romans: Prostitutes, Outlaws, Slaves, Gladiators, Ordinary Men and Women ... the Romans That History Forgot* (London: Profile, 2011)을 보라.

[27] David Rhoads, "Performance Events in Early Christianity: New Testament Writings in an Oral Context", in *The Interface of Orality and Writing*, ed. Annette Weissenrieder and Robert B. Coote, WUNT 260 (Tübingen: Mohr Siebeck, 2010), p. 188.

[28] 유대인 공동체와 그리스도인 공동체가 헬레니즘-로마 세계의 엘리트 계층에게 필시 미쳤을 활발한 영향에 관하여 근래 나온 연구 결과를 보려면, Johann Maier, "Jüdisch-christliches Milieu als Magnet für Intellektuelle in der Antike", *ThPQ* 158, no. 1 (2010): pp. 39-49를 보라.

룹들의 사회 정황(배경)과 범위를 더 잘 이해하려면 여기에도 분명 주목해야 할 요소들이 있다.

윌리엄 쉴(William Shiell)은 그리스-로마 세계에서 공동 읽기 사건이 이루어졌을 사회 무대(배경)—대중 심포지움 외—일곱 가지를 열거한다. 그 일곱 가지는 서신을 받음, 사사로운 자리의 실연(實演), 지은 작품 개정, 공중 앞에서 펼치는 경연, 저자의 비(非)드라마 실연, 전문 독사(낭독자)가 공중 앞에서 펼치는 실연, 그리고 저자의 드라마 실연이다.[29] 우리는 쉴이 말한 범주 하나하나를 되풀이하거나 다시 다루지는 않을 것이다. 그러나 그가 말하는 요지는 공동 읽기 사건이 일어난 무대가 다양했으며, 공동 읽기 사건이 일어난 각 현장을 지배한 나름의 법과 규칙이, 그 법과 규칙이 불문 규칙이었든, 기록된 것이든, 아니면 사람들이 당연시하는 전제였든 상관없이, 있었다는 것이다. 이것 역시 타당한 견해다. 공동 읽기 사건이 일어난 무대가 대단히 다양했다는 것 역시, 고고학, 비문, 문헌 증거가 사적 무대와 공적 무대에서 공동 읽기 사건이 펼쳐졌음을 명백히 보여 준 것과 마찬가지로, 공동 읽기 사건이 고대 세계의 모든 도시에서 빈번히 일어난 일이었다는 우리의 주된 논지를 한층 더 뒷받침해 주기 때문이다. 공동 읽기 사건이 일어났던 무대가 다양했음을 증명하고자 널리 퍼져 있던 몇 가지 사례를 제시해 보겠다.

실내

실내에서 이루어진 공동 읽기 사건에 관한 한, 사람들이 보통 모인 장소는 가정집이었다. 식사 전후로 열 때가 잦았는데, 보통 저녁 식사였다. 사실, 이

---

29 Shiell, *Reading Acts: The Lector and the Early Christian Audience*, Biblical Interpretation Series 70 (Leiden: Brill, 2004), pp. 116-117 n. 36.

런 공동 읽기 사건은 많은 사회 구조 및 가정 구조에 뿌리를 내리고 있었다. 플리니우스는 종종 그가 공동 읽기를 열었던 정황을 언급하는데, 그 공동 읽기 사건은 보통 실내에서 열렸다. 플리니우스는 이렇게 설명한다. "나는 가장 적합한 시간과 장소를 골랐으며, 내 친구들이 식당에서 한가한 청중에게 환대를 받는 일에 지금부터 계속하여 익숙해지게끔, 내 친구들을 7월에 불러 모아(7월은 보통 법정이 조용해지는 때입니다) 소파 앞에 있는 의자에 앉게 했습니다"(*Letters* 8.21.2-3).

더 널리 살펴보면, 공동 읽기 사건에 활용한 다른 실내 장소가 많이 있었는데, 빌린 강의실, 시 평의회 회의실, 아트리움, 남는 방, 조상 신위를 모신 사당, 공방, 극장, 신전, 목욕탕이 그런 예다. 신약성경의 기록을 예로 들어 보자. 강의실(행 19:9)과 가정집(눅 1:40)에서 공동 읽기 사건이 열린 증거가 있다. 그러나 여기에서는 그런 예를 아주 길게 열거하지 않겠다. 중요한 것은, 이런 여러 유형의 공동 읽기 사건이 실내 장소에서 열렸음을 가리키는 증거가 폭넓게 존재하는 것으로 보아, 공동 읽기 사건이 널리 퍼져 있었다는 게 증명될 가능성이 커져 간다는 점이다.

실외

스펙트럼의 반대편 끝을 보면, 고대에는 사람들이 바깥에서 모여 공동 읽기 사건을 가질 수 있는 곳이 많이 있었다. 유베날리스(Juvenal)는 온갖 부류의

---

30 Edward Adams, *The Earliest Christian Meeting Places: Almost Exclusively Houses?*, LNTS 450 (London: T&T Clark, 2013), p. 196. 하지만 Adams는 기독교 형성기에 많은 그리스도인 공동체가 지하에 있었고 그들의 지위를 법이 인정하지 않았음을 고려할 때, 그리스도인들이 받았던 박해가 자신이 다루는 주제와 증거 탐색에 미친 영향을 그리 길게 숙고하지 않는 것 같다. 아울러 idem., "Placing the Corinthian Communal Meal", in *Text, Image, and Christians in the Graeco-Roman World: A Festschrift in Honor of David Lee Balch*, ed. Aliou Cissé Niang and Carolyn Osiek, PTMS 176 (Eugene, OR: Wipf and Stock, 2012), pp. 22-37; the collection of essays in *Contested Spaces: Houses and Temples in Roman Antiquity and the New Testament*, ed.

사람들이 "계속하여 낭송하는 말"을 듣고 있기가 지겨워 죽겠다며, "시인이 사방팔방에 다 있다"고 불평한다(*Sat.* 1:1-21). 실외 모임을 가질 수 있게 마련된 장소들이 더 있었다. 신약성경을 보면, 장터 같은 외부 공간이 있다(행 17:17). 에드워드 애덤스(Edward Adams)는 사람들이, 적어도 그리스도인들이 모였을 공간으로서 가장 개연성이 높은 외부 장소로 네 곳, 곧 "정원, 물가, 도시의 빈터, 무덤가"를 지목한다.[30] 그는 모든 장소를 망라한 목록을 제시하지 않으며, 우리도 그런 목록을 제시할 의사가 없다. 그러나 공동 읽기 사건이 외부 공간에서 열렸음을 가리키는 증거가 풍부하다는 사실―그런 공간의 숫자도 많았지만, 종류도 다양했다― 은 공동 읽기 사건이 널리 퍼져 있었을 개연성을 늘려 주는 것임에 틀림없다.

신성하지 않은 공동 읽기

오비디우스는 흑해 끄트머리에서 유배 생활을 하는 동안, 그가 품었던 근심 가운데 하나, 곧 사람들이 모인 자리에서 글을 읽을 수 없다는 것을 우리에게 털어놓는다. 오비디우스에 따르면, 이 문제는 사회의 저열화(低劣化)를 드러내는 것이다. 그는 심지어 극명한 유비를 인용하여 이렇게 말한다. "어둠 속에서 춤추는 것과 아무에게도 읽어 주지 못할 시를 쓰는 것은 같은 일이다."[31] 이는 다른 저자들이 사회에서(문학에서) 공동 읽기 사건이 차지하는 중요성에 관하여 말하는 것과 잘 들어맞는다. 플루타르코스는 사람들이 우정을 형성하는 다양한 방법을 논하는데, 그 가운데 하나가 "학식

David L. Balch and Annette Weissenrieder, WUNT 285 (Tübingen: Mohr Siebeck, 2012); Peter Richardson, "Towards a Typology of Levantine/Palestinian Houses", *JSNT* 27, no. 1 (2004): pp. 47-68를 보라.

31 더 상세한 내용과 정황, 그리고 텍스트를 알아보려면, Benjamin Stevens, "*Per gestum res est significanda mihi*: Ovid and Language in Exile", *CP* 104, no. 2 (2009): pp. 162-183, 이 부분은 p. 180를 보라.

있는 이들과 어울려 책을 읽기"다(φιλολόγοις συναναγιγνώσκοντος; *Mor.* 97).

게다가 많은 고대 저자가 수사(修辭)에 공을 들이고 그들 작품을 편집하느라 보낸 시간의 양은 그들이 자신들의 평판과 ㅡ구술로 전해 받든, 텍스트로 받든, 아니면 둘 모두를 통해 받든ㅡ 그들 작품을 받게 될 이들의 의견에 신경을 무척 많이 썼음을 시사한다. 미셸 케널리(Michele Kennerly)는 유명한 고대 저자 네 사람의 글 몇 부분에서 눈에 띄게 편집을 거친 단어를 살펴봄으로써 그 부분의 편집 과정을 규명했다. 미셸의 연구 결과는 몇몇 고대 저자들이 천명한 말을 토대로 이런 주장을 지지한다. 미셸은 이렇게 결론짓는다. "이소크라테스, 카툴루스, 호라티우스, 오비디우스는 여러 이유를 내세워 그들이 편집에 들인 수고를 드러내면서도, 하나같이 잘 정리된 텍스트가 우월한 내구력을 갖고 있다는 주장을 편다."[32]

신성한 공동 읽기

기원후 첫 2-3세기에는 신성하지 않은 공동 읽기 사건만 있었던 것은 아니었다. 그리스도인은 물론이요 비(非)그리스도인 가운데도 신성한 공동 읽기 사건이 있었다. 이 연구서에서는 한 부분을 할애하여 각각의 경우에 해당하는 사례를 몇 개 제시해 보겠다.

비그리스도인의 신성한 공동 읽기 사건에는, 델포이의 신탁[33]같은 공적

---

[32] Michele Jean Kennerly, "Editorial Bodies in Ancient Roman Rhetorical Culture" (PhD diss., Univsersity of Pittsburgh, 2010), p. 186. 참고. Sean Gurd, *Work in Progress: Literary Revision as Social Performance in Ancient Rome* (Oxford: Oxford University Press, 2012), 특히 p.49와 p. 105; J. Mira Seo, "Plagiarism and Poetic Identity in Martial", *AJP* 130, no. 4 (2009): pp. 567-593.

[33] 다른 자료도 있으나, 특히 Ferguson, *Backgrounds*, pp. 166-171; Joseph Fontenrose, *The Delphic Oracle: Its Response and Operations, with a Catalogue of Responses* (Berkeley: University of California Press, 1978); Herbert B. Huffmon, "The Oracular Process: Delphi and the Near East", *VT* 57 (2007): pp. 449-490를 보라.

공동 읽기가 있었는가 하면, 범주가 아주 넓었던 여러 신비주의 종교의 공동 읽기[34]같은 사적 공동 읽기 사건도 있었다. 우리 연구서는 이 부분에서 마티아스 클링하르트(Matthias Klinghardt)가 고대의 공적 기도에 관하여 제시한 연구 결과[35]를 강조함으로써 비그리스도인의 신성한 공동 읽기 사건과 관련이 있는 몇 사례를 언급하고 넘어가겠다. 그는 본질상, 그리스 마술 파피루스에서 나타나는 것처럼, 서로 다른 여러 지역에서 사람들이 공동으로 모여 낭송했던 기도의 용도와 기능을 살펴본다. 클링하르트는 이 연구서가 사용하는 용어와 동일한 용어를 사용하지는 않는다. 하지만 그가 드는 사례들이 널리 퍼져 있었고 종종 전승 통제 수단의 역할도 했다는 것은 누구나 금세 알아차릴 수 있다. 공동 기도를 올릴 때 그 기도가 유효하려면, 발음을 정확히 하는 것을 포함하며 기도를 올바로 낭독해야 했다. 클링하르트는 리비우스의 『로마사』(Hist. Rom.) 8.9.4 같은 텍스트를 예로 든다. 이 텍스트를 보면, 데키우스가 한 종교인에게 군대와 국가에 대한 기도를 낭독하라고 요청한다. 이 사례에서 무엇보다 강력한 점은 데키우스의 아들이 한 세대 뒤에 비슷한 상황에서 같은 기도를 되풀이한다는 점이다(Livy, Hist. Rom. 10.28.14). 하지만 이것은 단지 클링하르트의 예리한 관찰에 그치지 않는다. 그는 후대 저자들이 이런 사건들에 주목했고 이런 사건들을 토론했음을 지

---

34 Jan N. Bremmer, *Initiation into the Mysteries of the Ancient World* (Berlin: De Gruyter, 2014), p. 96, 105, 112, 113, 119, 등등.

35 Matthias Klinghardt, "Prayer Formularies for Public Recitation: Their Use and Function in Ancient Religion", *Numen* 46 (1999): pp. 1-52. 참고. Daniela Averna, "La suasoria nelle preghiere agli dei: percorso diacronico dalla commedia alla tragedia", *Rhetorica* 27, no. 1 (2009): pp. 19-46; Peter T. Struck, "Reading Symbols: Traces of the Gods in the Ancient Greek-Speaking World" (PhD diss., University of Chicago, 1997); Richard Lynn Phillips, "Invisibility Spells in the Greek Magical Papyri: Prolegomena, Texts, and Commentaries" (PhD diss., University of Illinois at Urbana-Champaign, 2002); Gerald Septimus, "On the Boundaries of Prayer: Talmudic Ritual Texts with Addresses Other than God" (PhD diss., Yale University, 2008).

적한다.³⁶ 또 다른 사례는 리키니우스 휘하 장교들이 휘하 병사들에게 공식 기도문을 베낀 것을 건네주었을 때, 이 기도가 효험을 발생하게끔 모든 이가 함께 이 기도를 세 번 읽어야 했다는 것이다(Lact., *Mort.* 46.10; 참고. Plut. *Cam.* 21; Suet. *Claud.* 22; Tacitus *Hist.* 1.50.3; 2 Macc 1:23-30).

로빈 길럼(Robyn Gillam)도 고대 이집트에서 펼쳐진 실연 행위들과 관련하여 비슷한 의견과 평가를 내놓는다. 그는 연구서의 한 지점에서 이렇게 말한다. "위에서 언급했듯이, 생생한 실연을 보여 주는 것 같은 텍스트들의 힘, 곧 텍스트들의 마력은 내세에서도 이 텍스트들의 효과를 확실히 보장해 주었다."³⁷ 그는 뒤에 가서 이렇게 결론짓는다. "분명한 것은 그런 실연이, 공식이든 비공식이든, 사교 목적이든 종교상 목적이든, 이집트 문화와 사회에서 그것이 존속하는 내내 중심 위치를 차지했다는 것이다."³⁸

언급할 수 있는 사례와 세부 내용이 분명 더 많이 있지만, 이미 제시한 것만으로도 지중해 세계 전역에 걸쳐 비그리스도인이 참여했던 신성한 공동 읽기 사건이 퍼져 있었다는 요지를 강조하는 데 충분하리라 본다. 이렇게 추가된 범주로 보아, 공동 읽기 사건이 도처에 널리 퍼져 있었을 개연성이 한층 더 커진다.

프랑수아 보봉은 기독교와 관련하여 이렇게 이야기한다. "믿음은 늘 사회 정황 속에서 표현되었으며, 지금도 여전히 사회 정황 속에서 표현된다."³⁹

---

36 가령 Seneca *Epi.* 67.9; Cicero *Nat. d.* 2.10; Pliny *Nat. hist.* 28.12.
37 *Performance and Drama in Ancient Egypt* (London: Duckworth, 2005), p. 66.
38 Ibid., p. 155.
39 François Bovon, "The Emergence of Christianity", *ASE* 24, no. 1 (2007): pp. 13-29, 이 부분은 p. 14. 사회 정황은 그리스도인이 종종 그 책의 "사람들"이라 불렸던 또 다른 이유일 수도 있다. 물론, 신성한 텍스트가 한 공동체 안에서 중심이라는 자리에 있다 하여, 그것이 꼭 우리가 규명하고자 하는 것처럼 공동 읽기 사건이 널리 퍼져 있었음을 증명해 주지는 않는다. 근래에 기독교 공동체와 성경의 여러 측면을 더 폭넓게 논의한 몇 작품을 살펴보려면, Rudolf Voderholzer, "Liest Du noch oder glaubst Du schon? Überlegungen zu Benennung des Christentums als 'Buchreligion'", *TTZ* 2 (2012): pp. 101-111; José Manuel Sánchez Caro, "La Biblia, libro de la Iglesia, libro de

이미 언급했듯이, 사회 정황의 일부가 공동 읽기 사건이었다. 분명 초기 기독교는 공동 읽기에 깊이 몰두했다. 교회 장로들은 공동 읽기를 **어떻게 할 것인가**라는 문제에서는 상당한 재량을 갖고 있었지만, 공동 읽기를 **할지 말지**라는 문제에서는 전혀 재량을 갖고 있지 않았다. "내가 이를 때까지 함께 모여 성경 읽기와 권면과 가르침에 전념하라"고 말하는 디모데전서 4:13을 살펴보라.[40] 이는 비단 히브리 성경뿐 아니라 사도서신과 복음서도 똑같이 이르는 말이다. 데살로니가전서 저자는 교회에게 이렇게 지시한다. "내가 주 앞에서 맹세하고 너희에게 명하니 이 서신을 모든 형제에게 읽어 주어라"(5:27). 골로새서 저자도 공동 읽기 관습을 당연하게 여기면서 이렇게 말한다. "이 편지를 너희 가운데서 읽었으면, 라오디게아인의 교회에서도 읽게 하고, 너희 역시 라오디게아에서 오는 서신을 읽어라"(4:16). 「클레멘스2서」 저자도 그의 회중에게 이렇게 권한다. "그러므로 형제자매들이여, 내가 진리의 하나님을 따라 기록된 것에 주목함으로써 너희 자신과 너희 독자를 모두 구원케 하라는 권면을 너희에게 읽어 주노라"(19:1).[41]

청중

청중과 그들이 보인 모든 다양한 반응을 완전히 이해하는 것은 우리가 현재 다루는 범위 밖이지만, 그래도 청중과 그들이 보인 반응이 공동 읽기 사건과 그들에게 제시된 다양한 전승을 보존하는 데 주요한 역할을 했다는 점은 주목할 만한 가치가 있다. 쉴은 청중이 독자 역할만큼이나 실연

---

la Humanidad", *Salm* 59 (2012): pp. 15-39를 보라.
40 여기에서는 내가 신약성경 기록에 등장하는 가르침과 설교와 복음 전도를 정확히 구분하기가 지극히 어려움을 인정한다는 것만 이야기해 두는 것으로 만족하겠다. 마찬가지로, "하나님 말씀"이나 "주의 말씀"처럼 여전히 정확하게 정의되지 못한 채 남아 있는 문구도 있을 수 있다. 따라서 이런 불확실함의 영향을 받는 몇몇 본문은 6장에서 언급하겠다.
41 참고. Justin, *1 Apol*, 66-67; Tertullian, *Praescr.* 36.5.

(performance)을 통제하는 역할을 할 때도 자주 있었음을 설득력 있게 논증한다.[42] 누군가가 청중에게 읽어 주거나 낭독하는 것의 이야기(줄거리)를 청중도 잘 알면, 청중이 때로는 그 이야기에서 잘못된 부분을 바로 잡을 수도 있었다. 오비디우스에 따르면, (필리아누스 네스토르라는) 한 이야기 낭독자(storyteller)가 청중과 나누던 이야기의 한 부분을 빠뜨린다. 낭독자가 그 부분을 빠뜨린 순간, 청중 가운데 한 사람이 낭독자가 그 이야기의 한 세부 내용을 빠뜨렸다고 꾸짖으면서, 그 부분은 그들의 아버지가 자주 함께 나누었던 대목임을 되새겨 준다(*Meta.* 12.539, 사연 전체를 보려면 536-579를 보라). 여기서 강조할 만한 것이 적어도 세 가지가 있다. 첫째, 이 이야기는 사람들이 받은 교육 가운데 일부는 가정에서 이루어졌으며, 그런 가정 교육 가운데는 공동 읽기 모임 자리의 낭독도 들어 있었음을 보여 준다(아마도 아버지였던 이가 이 사람들이 그 이야기의 세부 내용까지 정확히 기억할 정도로 그 이야기를 들려주고 또 들려주었던 것 같다). 둘째, 같은 이야기를 분명 일관된 방식으로 거푸 듣는 것은 청중이나 적어도 청중 가운데 어떤 사람이 그 이야기의 특정 버전을 아주 상세히 떠올릴 수 있는 가능성을 높여 주었다. 셋째, 이 이야기는, 어떤 이야기를 들으면 자기가 그것이 그 이야기의 어떤 한 버전이 아니라 **특정** 버전(*the* version)임을 알아차릴 수 있다고 믿는 사람들이 적어도 일부 있었음을 시사한다. 더구나, 오비디우스가 전해 주는 이 이야기는 청중 가운데 한 사람이 바로잡은 이야기 버전에 반대한 사람이 하나도 없었다고 언급한다.[43] 따라서 이런 공동 읽기 사건은 전승 전달이 제대로 이루

---

42 Shiell, *Reading Acts*. 아울러 idem., *Delivering from Memory: The Effect of Performance on the Early Christian Audience* (Eugene, OR: Pickwick, 2011)를 보라.

43 Greta Hawes는 우리 시대보다 앞선 저자와 글을 논하면서도, 이런 유형의 사고방식에 해당하는 몇 가지 사례를 제시하고, 이렇게 말한다. "지역의 정보 제공자들은 이처럼 과거와 관련하여 다른 곳에서 벌어지고 있는 실수와 과장을 반박할 힘을 갖고 진실한 기록을 모아 놓은 저장고를 수호하는 역할을 했다." "Story Time at the Library: Palaephatus and the Emergence of Highly Literate Mythology", in *Between Orality and Literacy: Communication and Adaptation in*

어지게 보존하는 힘으로 작동했다.

더욱이, 오늘날도 많은 증거가 존재하는 중요한 이유는 청중이 공동 읽기 사건을 통해 그들에게 주어진 전승들을 계속하여 함께 나누고, 다시 읽으며, 보존해 왔기 때문이다. 청중과 전승 사이에는 공생 관계가 있었으며,[44] 청중은 전승이 오랜 기간에 걸쳐 존속할 수 있는 잠재력을 증진하거나 파괴하는 데 기여했다.

마지막으로, 우리 연구서는 당장의 청중에 주된 초점을 맞추려 하지만,[45] 미래의 청중에 관한 인식도 있었다. 투키디데스(Thucydides)는 『펠로폰네소스 전쟁사』(History of the Peloponnesian War)에서 기원전 431년경에 일어난 스파르타와 아테네의 싸움을 기록하면서, 이렇게 분명히 말한다. "내 작품은 당장 이를 읽을 사람들의 입맛에 맞추려고 쓴 기록이 아니라, 영원히 남게 하려고 썼다"(1.22.4). 우리 시대에 더 가까운 사례를 살펴보면, 롱고스(Longus)는 목가인 『다프니스와 클로에』(Daphnis and Chloe)에서 그가 쓴 책 넷이 "온 인류가 기뻐하는 소유물"이 되길 소망한다(Prologue 3). 다시 말해, 그의 작품은 비단 그가 살던 시대의 특정 청중이나 사람들만 염두에 둔 것이 아니라, 모든 사람과 미래의 청중을 상대로 쓴 것이었다. 그는 계속하여 이 작품들이 "병자를 낫게 하고 낙심한 이를 격려하는" 작품, "사랑을 경험한 이들의 추억을 되살려 주고 그런 경험이 없는 이들에게 미래를 준비할 교훈이 될" 작품이 되게 해 달라는 소망을 피력한다(Prologue 3). 그는 심지어 신에게 그런 작품을 쓰게 도와 달라고 간구하며, 작품을 쓰는 동안 그

Antiquity, ed. Ruth Scodel, MnS 367 (Leiden: Brill, 2014), 10:125-147, 이 부분은 p. 137.

[44] Stanley Stowers는 Bauckham과 다른 이들이 사회 정황 형성 경위에 관하여 이해한 내용을 비판하려 하면서 이를 오해한 것 같다. "The Concept of 'Community' and the History of Early Christianity", MTSR 23 (2011): pp. 238-256.

[45] 1세기와 2세기의 다양한 저작들이 염두에 둔 청중을 평가한 근래의 연구 결과 가운데, 여러 논문을 모아 놓은 Edward W. Klink III, ed., The Audience of the Gospels: The Origin and Function of the Gospels in Early Christianity, LNTS 353 (London: T&T Clark, 2010)를 보라.

의 마음을 집중하게 해 달라고 간구한다. 필론은 문학 작품의 수명에 관하여 이런 말을 써 놓았다. "문학 작품이 지닌 미덕의 불꽃은 시나 산문으로 살아남은 기록들로 말미암아 계속 살아남아서 선이 영혼 속에서 자라게 하는 데 이바지한다"(*Abr.* 23). 이런 사례들을 또 다른 식으로 표현하면, 설령 한 낭독자와 청중이 같은 연설, 같은 친구, 같은 정황, 심지어 같은 읽기 습관을 공유하고 있더라도, 그 공동 읽기 사건의 일부만이 그 특별한 사회에 속할 뿐, 다른 나머지는 영원한 시간에 속한다고 표현할 수 있겠다.

유대교라는 배경

만일 역사가 유대인의 공동 읽기 사건이 기원후 1세기에 새로 나타난 현상이 아니었음을 보여 준다면, 그리고 그런 사건이 지중해 세계를 통틀어 어떤 지역에서만 특이하게 나타나거나 그 지역에 국한된 현상이 아니었음을 보여 준다면, 이런 증거는 공동 읽기 사건이 기원후 1세기에 널리 퍼져 있었을 개연성을 틀림없이 높여줄 것이다.[46]

유대인의 공동 읽기 사건

구약이 공동 읽기 사건을 맨 처음 언급하는 내용은 출애굽기 17:14-16에서 찾을 수 있다. 이 본문을 보면, 모세는 방금 일어난 사건을 기록하라는 명령을 받고, 기록한 글을 여호수아에게 읽어 준다(여호수와와 더불어 읽는다).[47]

---

[46] Lee Levine의 저작과 아래에서 언급하는 Carrie Duncan의 저작을 포함하여 요 근래에 회당을 다룬 몇몇 단행본에는 나와 있지 않지만, Stephen Spence의 저작은 특히 교회와 회당이 "서로 다른 길로 갈라섬"과 관련하여 탐구할 만한 가치가 있는 고찰 결과를 추가로 제시한다. Stephen Spence, "The Separation of the Church and the Synogogue in First-Century Rome" (PhD diss., Fuller Theological Seminary, 2001), 특히 pp. 379-406.

[47] 몇몇 학자는 출애굽기 24:1-18이 첫 번째 공동 읽기 사건이라 말하지만, 나는 그에 찬동하지 않는다. 기록한 텍스트를 직접 목적어로 삼아 동사 קרא를 처음 사용한 곳이 이곳이기 때문이다.

거기서부터 구약성경에는 수많은 공동 읽기 사건 사례가 나오며, 단 두 사람만 참여하지 않고 더 많은 사람이 참여한 그룹이 이 사건에 관여한 경우가 잦다(가령 수 8:30-35; 렘 36:6). 사실, 공동 읽기 사건은 종종 아주 중요한 역사의 순간에 강조점이 되기도 했다. 토라를 맺을 때(신 31:11-12)와 느헤미야서가 포로 공동체의 귀환의 이야기할 때(8:7-8)가 그러하며, 요시아 왕이 통치하던 시기에 한 공동체가 하나님께 돌아감을 이야기하는 장면에서도 그러했다(대하 34:18, 30). 구약성경이 이스라엘의 신성한 역사에서 아주 중요한 순간에 이스라엘 사람들로 이루어진 커다란 그룹과 총회 앞에서 토라를 낭독하는 바람직한 장면을 몇 차례 묘사하는 점을 볼 때, 유대인의 공동 읽기 사건은 랍비 시대 전부터, 기독교가 등장하기 전부터, 그리고 쿰란 공동체가 존재하기 전부터 있었다.[48]

회당

근래에 나온 몇몇 연구서는 초기 그리스도인의 공동 읽기 사건과 유대인의 공동 읽기 사건 사이에 강한 연속성이 존재하는지 의문을 제기했다. 헹크

Ronald Bloomfield는 קרא가 공동 읽기 사건과 직접 관련이 있는 20개 본문에서 46회 등장한다고 말한다(그중 39회는 히브리어이며, 7회는 아람어다). "Reading Sacred Texts Aloud in the Old Testament" (ThM thesis, Southern Baptist Theological Seminary, 1991). 이는 우리가 위에서 개관했던 방법론상 변수들을 한층 더 강조해 준다. 이는 또 다른 분명한 용어와 전체 맥락을 고찰해 봐야 한다는 점에서, 단지 어떤 용어나 문구를 찾는 것만이 중요한 일은 아님을 한층 더 강조해 주기 때문이다.

48 기원후 70년 전에 회당에서 성경을 공동으로 읽은 사례를 몇 가지 살펴보려면, 다른 자료도 있지만, 특히 Charles Perrot, "The Reading of the Bible in the Ancient Synogogue", in *Mikra: Text, Translation, Reading and Interpretation of the Hebrew Bible in Ancient Judaism and Early Christianity*, ed. Martin Jan Mulder (Assen, Netherlands: Van Gorcum, 1988), pp. 137-159를 보라. 참고. Matthew Barahal Schwartz, "Torah Reading in the Ancient Synagogues" (PhD diss., Wayne State University, 1975), 특히 pp. 117-259; Lawrence H. Schiffman, "The Early History of Public Reading of the Torah", in *Jews, Christians, and Polytheists in the Ancient Synagogue: Cultural Interaction during the Greco-Roman Period*, ed. Steven Fine (London: T&T Clark, 1999), pp. 44-56.

얀 더 용어(Henk Jan de Jonge)와 발레리 알리킨(Valeriy Alikin)은 모두 기원후 3세기 전에는 그리스도인이 율법을 공동으로 읽었다는 증거가 없지만,[49] 유대인의 경우, 유대인 예배의 첫 번째 특징이 율법을 공동으로 읽는 것이었다고 주장한다. 이런 유형의 주장은 6장에서 더 꼼꼼히 살펴보겠지만, 우선 알리킨이 둘 사이의 강한 연관 관계나 기독교 전례가 유대교 전례를 응용함으로 말미암아 발생한 두 전례 사이의 유사성을 시사하는 신약성경의 몇몇 핵심 본문을 고찰하지 않은 것 같다는 점—그리 생각하는 이유는 그가 이런 본문을 그의 논문에 포함시키지 않았기 때문이다—은 언급해 두어야겠다. 디모데후서 3:15에 나오는 [τὰ] ἱερὰ γράμματα("신성한 기록들"—옮긴이)를 고찰해 보라. 신약성경은 복음이 진정 구약을 통해 예언되고 성경으로 전해졌음을 증명하고자 이곳에서 저 헬라어 용어를 단 한 번 사용한다.[50] 여기서 말하고자 하는 요지는, 어떤 텍스트를 언제 공동으로 읽었느냐와 상관없이, 회당(synogogue)이라는 용어를 기원후 1세기에 널리 사람들의 모임 또는, 더 특정하여 말하면, 어떤 모임 장소를 가리키는 말로서 공동 읽기 사건과 분명하게 연관지어 자주 사용했다는 데는 의심의 여지가 전혀 없다. 회당이라는 구조(조직체)는 기원후 1세기에 활발히 사용되었다(주요 회당이 예루살렘 회당이었으며, 그 회당에 공회가 있었다).[51] 필론, 요세푸스, 그리스

---

49 Henk Jan de Jonge, "The Use of the Old Testament in Scripture Readings in Early Christian Assemblies", in *The Scriptures of Israel in Jewish and Christian Tradition: Essays in Honour of Maarten J. J. Menken*, ed. Steve Moyise, Bart J. Koet, and Joseph Verheyden, SNT 148 (Leiden: Brill, 2013), pp. 376-392, 특히 p. 392; Valeriy A. Alikin, *The Earliest History of the Christian Gathering: Origin, Development and Content of the Christian Gathering in the First to Third Centuries* (Leiden: Brill, 2010), p. 182.
50 다른 자료도 있지만, 특히 Hans-Jürgen van der Minde, *Schrift und Tradition bei Paulus* (Paderborn: Schöningh, 1976), p. 39.
51 James T. Burtchaell, *From Synagogue to Church: Public Services and Offices in the Earliest Christian Communities* (Cambridge: Cambridge University Press, 1992), p. 217; Michael Rand, "Fundamentals of the Study of Piyyut", in *Literature or Liturgy? Early Christian Hymns and Prayers in Their Literary and Liturgical Context in Antiquity*, ed. Clemens

도인들이 쓴 글, 이교도가 쓴 글, 명문(새김글), 파피루스, 사해 사본, 랍비 문서가 회당을 언급한 곳들을 발견할 수 있다. 더구나, 고고학계는 적어도 일곱 개나 되는 1세기 회당을 발굴했으며[마사다, 헤로디움, 감라(Gamla), 헤롯 때 여리고, 키리아트 세페르, 모디인(Modi'in), 막달라 회당],[52] 여덟 번째 회당은 벌써부터 학계의 큰 주목을 받고 있다.[53]

회당에서 공동 읽기를 할 때가 (아주) 잦았지만, 그 읽기 형태(들)가 어떠했는가를 놓고 논쟁이 이어지고 있다—설교, 강론 등등.[54] 이 그림은 고고학의 발굴 결과와 일치한다. 에마누엘 토브는 회당 바닥 아래에 손상된 두루마리들이 묻혀 있었음을 근거로 삼아, 공동 읽기가 있었을 가능성이 크다고 주장한다.

Leonhard and Hermut Lohr, WUNT 263 (Tübingen: Mohr Siebeck, 2014), 특히 pp. 107-109. 참고. Gerard A. M. Rouwhorst, "The Reading of Scripture in Early Christian Liturgy", in *What Athens Has to Do with Jerusalem: Essays on Classical, Jewish, and Early Christian Art and Archaeology in Honor of Gideon Foerster*, ed. Leonard V. Rutgers (Leuven: Peeters, 2002), pp. 305-331; Daniel K. Falk, *Daily, Sabbath, and Festival Prayers in the Dead Sea Scrolls*, ed. F. García Martínez and A. S. van der Woude, STDJ 27 (Leiden: Brill, 1998), 특히 pp. 46-57.

52 Joey Corbett, "New Synagogue Excavations in Israel and Beyond", *BAR* 37, no. 4 (2011): pp. 52-59. 참고. Anders Runesson, Donald D. Binder, and Birger Olsson, *The Ancient Synogogue from Its Origins to 200 C.E.: A Source Book*(Leiden: Brill, 2010).

53 Peter Richardson은 *Alexander to Constantine: Archaeology of the Land of the Bible* [*BASOR* 370 (2013): pp. 242-244, 이 부분은 p. 243]을 다룬 그의 서평(출간되었음)에서 고(故) Douglas Edwards가 발굴한 키르베트 카나(Khirbet Qana)가 또 하나의 1세기 회당일 가능성이 높다고 말한다. 이 증거를 밑받침해 주는 것이 최근에 Lee Levine이 제시한 이 설명이다. "1세기 회당을 확증해 주는 탄탄한 고고학 증거가 유대의 여덟 곳에서 확인되었다." Levine, "The Synagogues of Galilee", in *Galilee in the Late Second Temple and Mishnaic Periods*, vol. 1, *Life, Culture, and Society*, ed. David A. Fiensy and James Riley Strange (Minneapolis: Fortress Press, 2014), pp. 129-50, 이 부분은 p. 130.

54 비록 회당과 직접 관련은 없으나 이런 차이점을 잘 논증하여 비판한 글을 보려면, James A. Kelhoffer, "If *Second Clement* Really Were a 'Sermon,' How Would We Know, and Why Would We Care? Prolegomena to Analyses of the Writing's Genre and Community", in *Early Christian Communities between Ideal and Reality*, ed. Mark Grundeken and Joseph Vanheyden, WUNT 342 (Tübingen: Mohr Siebeck, 2015), pp. 83-108를 보라.

유일하게 밝혀진 확실한 정보는 성경을 기록한 두루마리 둘, 곧 신명기 두루마리와 에스겔 두루마리가 회당 바닥 아래에, 곧 서로 별개인 두 두루마리 보관소(genizot: 두루마리 보관소를 뜻하는 genizah의 복수형―옮긴이)에 묻혀 있었다는 것이다. 다른 두루마리는 없고 이 특별한 두루마리들만 거기 묻혀 있었던 이유는 여전히 모른다. 오직 두루마리 조각만이 보존되었기 때문이다. 하지만 이 두루마리들이, 혹은 이 두루마리 조각들이, 그 전 어느 시기에 손상을 입어 공중 앞에서 읽기에는 적합하지 않은 것이 되었으며, 결국 이를 특별한 보관소(genizah)에 경건히 보관해야만 했다고 보는 것이 타당하다.[55]

장식을 넣은 돌이 믹달(Migdal)의 한 회당에서 나왔는데, 이 돌을 다룬 주요 논문이 여러 편 나왔다. 그 논문 저자 가운데, 모디카이 아비암(Mordechai Aviam)은 그 돌이 유대 성경을 공동체에게 읽어 주었던 독서대 초석 역할을 했음을 훌륭히 논증했다.[56] 요 근래, 리처드 보컴과 스테파노 데 루카는 아비암이 여기서 제시한 요지에 동의하면서, 이렇게 덧붙인다. "그 돌이 했을 일은 그 회당에 모인 사람들이 그들이 하고 있던 일과 예루살렘 성전의 연관성을 그들 눈으로 계속하여 확인할 수 있게 해 주는 것이었다. 이런 이유 때문에 이 돌은 팔레스타인의 초기 회당에 관한 논의에 대단히 중요하고도 새로운 기여를 하게 되었다."[57] 게다가 에릭 마이어스(Eric Meyers)는 유대인의 일상생활이 공동 읽기에 계속 초점을 맞추었으며, 이런 점은 기원후 70년과 135년에 일어난 두 차례의 유대인 봉기 뒤에도 변함이

---

55 Emanuel Tov, "A Qumran Origin for the Masada Non-biblical Texts?", *DSD* 7, no. 1 (2000): pp. 58-63.
56 "The Decorated Stone from the Synagogue at Migdal: A Holistic Interpretation and a Glimpse into the Life of Galilean Jews at the Time of Jesus", *NovT* 55 (2013): pp. 205-220.
57 "Magdala as We Know It", *EC* 6 (2015): pp. 91-118, 이 부분은 p. 111.

없었다고 지적한다.[58]

『마가복음 비교 핸드북』(*A Comparative Handbook to the Gospel of Mark*) 편집자들은 이렇게 말한다. "성전에서 쓰던 집기는 나중에 회당과 결합되었다. 그러나 율법 두루마리를 담아 두었던 궤는 요세푸스가 인용하는 (*Antiquities* XVI § 164) 카이사르의 칙령만큼이나 이른 시기의 것임이 밝혀졌다. 느헤미야 8장이 묘사하는 장면 역시 율법을 읽고 해석하는 일이 중심이었음을 전해 준다. 나중에 탈무드 랍비는 이런 일을 성경을 낭독한 뒤 아람어로 해석해 주는 일과 결합했다(b. Megillah 3a; b. Nedarim 37b를 보라)."[59]

"민족별 읽기 처소"(a type of ethnic reading-house)[60]도 신약성경에서 나타나는 모습과 일치한다.[61] 누가복음 4:16은 예수가 회당에서 성경을 읽으셨다고 말한다.[62] 누가는 회당 지도자들이 회당에서 성경을 읽은 다음에 바울이 서서 회중에게 강설한 일을 이야기한다(행 13:14-16). 아울러 누가는

---

58 Eric M. Meyers, "Early and Late Synagogues at Nabratein in Upper Galilee: Regional and Other Considerations", in *A Wandering Galilean: Essays in Honour of Seán Freyne*, ed. Zuleika Rodgers, Margaret Daly-Denton, and Anne Fitzpatrick McKinley, SJSJ 132 (Leiden: Brill, 2009), pp. 257-278, 이 부분은 p. 271.
59 Bruce Chilton, Darrell Bock, Daniel M. Gurtner, Jacob Neusner, Lawrence H. Schiffman, and Daniel Oden, eds., *A Comparative Handbook to the Gospel of Mark: Comparisons with Pseudepigrapha, the Qumran Scrolls, and Rabbinic Literature*, NTGJC 1 (Leiden: Brill, 2010), p. 570.
60 Paula Fredriksen, "How Later Contexts Affect Pauline Content, or: Retrospect is the Mother of Anachronism", in *Jews and Christians in the First and Second Centuries* (Leiden: Brill, 2015), pp. 17-51, 이 부분은 p. 23.
61 James Dunn은 예수가 자라 가면서 제2성전기의 회당들에 출석하셨다는 생각을 옹호한다. "Did Jesus Attend the Synogogue?", in *Jesus and Archaeology*, ed. James H. Charlesworth (Grand Rapids: Eerdmans, 2006), pp. 206-222를 보라.
62 예수가 공생애 사역을 펼치시던 기간에 회당(들)을 언급한 주요 본문을 논한 글을 보려면, 다른 자료도 있지만, 특히 Herold Weiss, "The Sabbath in the Synoptic Gospels", *JSNT* 38 (1990): pp. 13-27; idem., "The Sabbath in the Fourth Gospel", *JBL* 110, no. 2 (1991): pp. 311-321; Christopher Tuckett, "Jesus and the Sabbath", in *Jesus in Continuum*, ed. Tom Holmén, WUNT 289 (Tübingen: Mohr Siebeck, 2012), pp. 411-442, 이 부분은 p. 442; John P. Meier, "Jesus and the Sabbath", in *A Marginal Jew: Rethinking the Historical Jesus*, vol. 4, *Law and Love* (New Haven: Yale University Press, 2009), pp. 235-341를 보라.

야고보가 예루살렘 교회에게 공동체가 안식일마다 함께 모여 모세의 글을 여전히 읽는다는 말을 했다고 기록해 놓았다(행 15:21). 야고보서 저자는 συναγωγή(회당, 2:2)라는 말과 ἐκκλησία(교회, 5:14)라는 말을 모두 사용하지만, 이 둘을 구분하는 것 같지는 않다. 몇몇 학자는 사도행전 18:7 끝에서 사용하는 문구가 그리스도인 및 회당과 관련하여 중요한 의미를 가진다고 주장한다(예를 들어, οὗ ἡ οἰκία ἦν συνομοροῦσα τῇ συναγωγῇ; "그 집은 회당 옆에 있었다"—옮긴이).[63] 마르틴 헹엘(Martin Hengel)은 초기 그리스도인 공동체의 공동 읽기를 논하면서, 이렇게 결론짓는다.

우리는 1세기 말부터 많은 공동체가 바울 서신을 읽었으리라고 추측해 볼 수 있다. 바울 서신에 들어 있는 규정과 결말은 일부러 전례에 사용하려고 신중히 만들어 낸 것이다. 서신 끝에 나오는 '거룩한 입맞춤'은…서신 읽기를 마치고 주의 만찬으로 넘어감을 나타낸다.…나는 원시 기독교 예배의 기본 형태가 오늘날 보통 추측하는 것보다 통일성을 갖고 있었다고 말하고 싶다.[64]

요컨대, "예수 운동은 제2성전기 회당 안에서 태어나고 자라났다."[65] 아울러

---

[63] David Peterson은 이렇게 써 놓았다. "회당 옆집에서 회당과 경쟁하는 그리스도인 모임이 열린다는 것은 회당에겐 틀림없이 아주 당혹스러운 일이었을 것이다." David G. Peterson, *The Acts of the Apostles* (Grand Rapids: Eerdmans, 2009), p. 512.

[64] Martin Hengel, *Studies in the Gospel of Mark* (London: SCM, 1985), pp. 176-177 n. 80. 참고. Harry Y. Gamble, "The Book Trade in the Roman Empire", in *The Early Text of the New Testament*, ed. Charles E. Hill and Michael J. Kruger (New York: Oxford University Press, 2012), pp. 23-36, 특히 p. 34 n. 38.

[65] Car Mosser, "Torah Instruction, Discussion, and Prophecy in First-Century Synagogues", in *Christian Origins and Hellenistic Judaism: Social and Literary Contexts for the New Testament*, ed. Stanley E. Porter and Wendy J. Porter (Leiden: Brill, 2013), 2:523-551, 이 부분은 p. 523. 이 말이 꼭 예수 운동이 "오직" 혹은 "거의 대부분" 회당 안에서 자라났다는 뜻은 아니다. 많은 연구서는 아직도 다섯 권짜리 시리즈 *Corpus Basilicarum Christianarum Romae* (Rome: Pontifical Gregorian Institute, 1937-1977)가 제시하는 큰 세 단계에 동의하는 것 같다. 아울러 Graham Twelftree, "Jesus and Synagogue", in *Handbook for the Study of the*

예수 운동은 책 문화, 읽기 공동체, 글쓰기(문헌)와 관련된 관습과 관련하여 회당의 관습을 적어도 일부분 물려받았다. 초기 그리스도인 공동체는 그런 관습을 물려받으면서, 그것을 다양한 방식으로 변형하거나 바꾸었다.

요약

사회 정황을 살펴보면, 특히 공동 읽기 사건과 관련하여 살펴보면, 이 시기에는 사실상 모든 문헌이 공동으로 읽을 목적으로 저작되었다고 해도 과언이 아닐 것이다. 우리는 공동 읽기 사건이 사회의 여러 경계를 넘어 이루어졌음을 발견했다. 공동 읽기 사건은 전인구 가운데 수많은 계층과 관련이 있었는데, 가장 중요한 것은 이 사건이 비단 엘리트 계층에서만 이루어진 것은 아니라는 점이다. 이 사건은 실내와 실외를 불문하고 많은 곳에서 이루어졌다. 공동 읽기 사건은 신성할 수도 있었고 신성함과 거리가 멀 수도 있었으며, 그리스도인과 관련이 있을 수도 있었고 그렇지 않을 수도 있었다. 이런 사건이 사람들을 끌어모을 수 있었음을 고려할 때, 이런 사건은 지식과 텍스트를 공유하는 공동체를 만들어 낼 잠재력을 갖고 있었다.

나아가, 유대교라는 배경이 특히 그리스도인의 공동 읽기 사건을 다루는 데 대부분을 할애한 이 연구서를 더 잘 이해하는 데 적절한 도움을 제

Historical Jesus: How to Study the Historical Jesus, ed. Tom Holmén and Stanley E. Porter (Leiden: Brill, 2011), 3:3105-3134; Michael Graves, "The Public Reading of Scripture in Early Judaism", *JETS* 50, no. 3 (2007): pp. 467-487; Mayer Gruber, "Review Essay: The Tannaitic Synagogue Revisited", *RRJ* 5, no. 1 (2002): pp. 113-125; Edward Adams, *The Earliest Christian Meeting Places: Almost Exclusively Houses?*, LNTS 450 (London: T&T Clark, 2013); David Horrell, "Domestic Space and Christian Meetings at Corinth: Imagining New Contexts and the Buildings East of the Theatre", *NTS* 50 (2004): pp. 349-369; Carmelo Pappalardo, "Synagogue", in *Encyclopedia of Ancient Christianity* (Downers Grove: InterVarsity, 2014), 3:670-678를 참고하라.

공하는(적절한 관련성이 있는) 원천임을 살펴보았다(6장을 보라). 그리스도인의 공동 읽기 사건이 새로 나타난 신성한 현상이 결코 아니었다는 점도 제시했다. 초기 기독교 운동은 대체로 유대교의 책 문화, 읽기 공동체, 글(문헌)과 관련된 관습을 물려받았을 가능성이 아주 높아 보이지만, 동시에 초기 그리스도인 공동체는 자신들이 물려받은 그런 것들을 다양한 방식으로 변형하거나 바꾸어 놓았다. 이런 결론을 시사하는 주된 요인이 기독교가 처음 등장할 때 회당이 한 역할이었다. 사실, 유대인이 공동 읽기 사건을 행한 곳은 회당만이 아니었으며, 공동 읽기 사건 자체가 유대인의 전유물도 아니었다. 그렇긴 하지만, 우리는 유대교 전통에서 공동 읽기 사건이 회당과 결합된 경우가 아주 잦았음을 보았다. 이런 그림은 우리가 복음서 기사에서 예수에 관하여 읽는 내용과 일치한다.

여기서 우리가 내리는 주된 결론은 공동 읽기 사건이 상이한 많은 정황 속에 존재했으며, 기원후 1세기 문헌 전통 안에서 전승을 보존하는 유용한 힘(수단)이었을 수 있다는 것이다. 이런 결론을 내린 이상, 이런 공동 읽기 사건이 얼마나 널리 퍼져 있었는지 탐구해야 하는 과업이 여전히 남아 있다. 이 탐구 작업을 5장과 6장에서 진행해 보겠다.

5장

1세기의 공동 읽기 사건
: 선별된 저자와 텍스트

파우스티누스여, 이제 그대의 작은 책들을 사람들에게 주십시오.
_마르티알리스, 『경구집』 1.1.25(기원후 40-102년경)

어떤 극작가들은 보통 사람을 위해 글을 쓰고, 또 다른 극작가들은 극소수만이 읽을 글을 쓰지만, 그 모든 이 가운데 어떤 이가 두 계층에 모두 맞는 작품을 쓸 수 있는지 말하기는 쉽지 않다.
_플루타르코스, 『윤리론집』 854b(기원후 46-120년경)

그것은 보통 사람들, 농부와 장인 무리, 그리고 그들 다음에는, 그저 오로지 그것을 읽는 것 외에는 달리 시간을 쓸 것이 없는 학생들을 위해 쓴 것이었다.
_플리니우스, 『자연사』 서문 6(기원후 61-113년경)

공동 읽기 사건을 살펴보고 정의하면서 몇몇 조건(변수)을 확증했으니, 이제는 우리가 특히 살펴보려 하는 문헌 증거를 골라 살펴봄으로써 그리스-로마 세계에서 공동 읽기 사건이 일어났을 법한 정황을 발견하는 데 충분한 증거가 신약성경 기록 외에 또 어디에 존재하는지 밝혀 보도록 하자. 이렇게 증거를 취사선택하면 선택받지 못한 증거 속에 들어 있는 귀중한 정보를 배제하는 일이 일어날 수밖에 없다는 점은 누구나 인정하는 사실이다. 그럴지라도, 우리 연구서가 다루는 범위가 한정되어 있다 보니, 취사선택은 불가피하다. 우리가 택한 증거에는 기원후 1세기가 시작할 무렵과 끝날 무렵에 글을 쓴 저자가 많이 포함되지 않았는데, 플리니우스, 타키투스, 호라티우스, 리비우스, 수에토니우스 같은 이가 그런 예다. 또 하나 중요한 저자가 플루타르코스다. 그는 1세기에 생애 대부분을 살았다(기원후 46-120년경). 그가 공동 읽기 사건과 관련하여 쓴 글이 거의 모든 다른 저자가 쓴 것보다 많다.[1] 그는 그리스 전역을 두루 여행하고, 소아시아, 이집트, 이탈리아를 포함하여 다른 많은 곳도 여행했다. 그럼에도, 우리는 그가 쓴 작품이 대부분 사실상 기원후 96년이 지나서 쓴 것임을 고려하여 그를 우리 연구서에 포함시키지 않겠다. 크리스토퍼 존스(Christopher Jones)는 이렇게 결론짓는다. "역사 근거를 바탕으로 그 시기보다 앞서 나왔음을 확정할 수 있는 유일한 작품은 『황제전』(Lives of the Caears)[『황제전』이 다룬 황제 가운데 갈바와 오토 부분만 남아 있다]과 『아내에게 주는 위로』(consolatio ad uxorem)뿐이다."[2]

---

[1] LCL 46: 514-515; LCL 80: 306-307; LCL 87: 270-271; LCL 98: 28-29, pp. 68-69, pp. 354-355; LCL 99: 4-7, pp. 16-17, pp. 26-29, pp. 90-91, pp. 380-381, pp. 444-445; LCL 100: 224-227; LCL 197: 188-189; LCL 222: 332-333; LCL 306: 186-187; LCL 321: 86-87, pp. 116-119, pp. 380-383, pp. 392-393, pp. 468-469; LCL 405: 60-61, pp. 64-65; LCL 406: 318-319; LCL 425: 20-21.

[2] "Towards a Chronology of Plutarch's Works", *JRS* 56, nos. 1-2 (1966): pp. 61-74, 이 부분은 p. 73. 이렇게 저작이 없거나 저작이 늦어진 큰 이유는, 이 시기의 다른 많은 저자(가령 타키투스)의 경우처럼, 도미티아누스가 통치하던 시기이기 때문이다.

그 기록이 직접적이든 간접적이든, 여기서 우리 목표는 십중팔구 공동 읽기 사건과 관련이 있을 사례들을 살펴본 결과를 제시함으로써, 기원후 1세기에 공동 읽기 사건이 얼마나 널리 퍼져 있었는지 더 잘 가늠해 보는 것이다. 각 본문을 살펴볼 때는 그 고유성을 존중하면서 살펴보고 그 본문의 역사 맥락을 적절히 고려하겠다. 이렇게 하여 제시한 결과가 그리스와 로마 저자들의 글과 일부 유대 자료들을 살펴본 일련의 사례 연구다.[3]

우리는 그리스-로마 세계에서 공동 읽기 사건이 펼쳐졌을 법한 정황을 발견하는 데 충분한 증거가 존재하는 그런 특정 장소들을 밝혀냄으로써, 1세기에 공동 읽기를 행했던 공동체들의 지리적 분포 상황을 살펴보겠다(그러나 이는 한정된 고찰이 될 수밖에 없을 것이다). 결국, 이 사건들이 일어난 범위는 공동 읽기 사건이 전승 전달의 질을 얼마만큼이나 유효하게 통제했는가를 판단하는 데 도움을 줄 것이다.

그리스 저자들과 로마 저자들

에픽테토스(기원후 55-135년경)

에픽테토스(Epictetus)는 브루기아 히에라폴리스(오늘날 터키 파묵칼레)에서 노예로 태어났으며, 많은 해를 노예로 살았다. 그는 그리스 서북부 니코폴리스로 유배 갔다가 거기서 죽었는데, 그곳에서 도미티아누스가 기원후 89년에 유배 보낸 다른 철학자들과 함께 생애 말년을 보냈다. 에픽테토스는 거기에 학교를 하나 세웠으며, 그가 가르친 학생 가운데 하나인 아리아노

---

[3] 우리는 고전 시대 저자와 텍스트에 관한 배경 정보를 이 분야 표준 자료인 다음 세 자료에 널리 의존하겠다: Harry Thurston Peck, ed., *Harper's Dictionary of Classical Literature and Antiquities* (New York: Cooper Square, 1965); Simon Hornblower and Antony Spawforth, eds., *The Oxford Classical Dictionary*, 4th ed. (Oxford: Oxford University Press, 2012); 그리고 the Loeb Classical Library(LCL).

스(Arrian)는 에픽테토스의 담화를 기록했다가 출간했다. 윌리엄 올드파더(William Oldfather)는 이렇게 결론짓는다. "아리아노스의 보고는 추호도 의심할 여지가 없는 그 스승의 말을 토씨 하나 틀리지 않고 그대로 옮긴 속기록이다."[4]

우리의 관심사를 고려할 때, 우리가 살펴볼 에픽테토스의 첫 담화는 오로지 로마에서 승진하거나 직무를 맡는 데만 마음이 쏠려있는 사람들을 다룬 것이다. 이 담화는 그가 철학을 사업이나 묵상하는 데만 쓰지 말고 더 나은 목적에 사용하라고 독려하고자 그의 학생들에게 쓴 것이다. 오히려 철학은 생산적이어야 하고 행동으로 옮겨야 한다. 에픽테토스는 이 담화에서 자신이 가르치는 수업을 어떻게 준비했는지 소상하게 밝힌다. "나는 동이 트자마자 내가 곱씹으며 읽어야 할 저자가 누구인지 짧게 생각해 본다"(*Diatr.* 1.10.8). 추측컨대, 그는 정해진 텍스트를 검토한 다음, 학생들이 그 텍스트를 다 읽고 스스로 해석하면, 그때 학생들을 가르치길 더 좋아했던 것 같다. 하지만 에픽테토스는 계속하여 이렇게 말한다. "그렇다면 실제로 내가 어떻게 읽느냐[ἀναγνῷ]에 달라지는 것은 무엇인가? 첫 번째는 내가 잠을 자게 되었다는 것이다"(*Diatr.* 1.10.9).

이와 관련하여 여기서 짚고 넘어갈 한 측면은 이 에피소드가 에픽테토스 학교에서 발생한 책 문화와 교육을 이해할 실마리를 제공한다.[5] 분명 학

---

4 LCL 131: xii-xiii.
5 교육 단계를 살펴보려면, Raffaella Cribiore, "Education in the Papyri", in *The Oxford Handbook of Papyrology*, ed. Roger S. Bagnall (Oxford: Oxford University Press, 2009), pp. 320-337를 보라. 라파엘라는 이렇게 써 놓았다. "첫 단계의 목표는 기초 읽기와 쓰기, 계산 능력을 가르치는 것이었다. 두 번째 단계 교사인 문법 교사는 학생들이 문학 텍스트(특히 시인의 작품)를 술술 읽게끔 훈련시켰으며, 언어의 문법 지식과 정자법 지식(orthographical knowledge)을 함양시켰다. 수사 학교에서는 엘리트 계층에 속하는 젊은이들이 산문(특히 웅변가와 역사가의 글)을 읽고, 계속하여 몇몇 시를 연구했으며, 말과 글로 표현하기를 완전히 터득했다. 이 세 단계가 고대인이 '완전한 교육'(*enkyklios paideia*)이라 불렀던 것을 형성했는데, 이 교육이 이것의 끝 단계까지 접근할 수 있었던 특권을 누린 젊은이들을 에워싸고 있었다"(p. 321). 아울러 Raffaella Cribiore,

생들은 그들 자신에게 맞는 텍스트 사본을 갖고 있었고, 함께 모여 읽는 자리에서 꾸준히 그런 텍스트를 읽고 설명했다(Fronto, *De Eloq.* 5.4; Gellius, *Attic Nights* 17.20; Lucian, *Hermot*).[6] 이런 공동 읽기라는 측면은 다른 텍스트에도 확장·적용되었는데, 한 예로 아리아노스는 이렇게 써 놓았다. "에픽테토스가 가설에 기초한 논증을 읽고 있는[ἀναγιγνώσκοντα] 학생을 당황하게 만들었다. 이때 이 학생으로 하여금 이 본문을 읽게[ἀνάγνωσιν] 만들었던 다른 이가 이 학생을 비웃자, 에픽테토스는 비웃는 그에게 이렇게 말했다. '그대는 지금 그대 자신을 비웃고 있다. 그대는 이 어린 학생에게 기초 훈련을 시키지도 않았고, 이 학생이 이 논증을 따라갈 수 있을지도 살펴보지 않았으면서, 이 학생을 그냥 한 독자[ἀναγνώστῃ]처럼 대하는군'" (*Diatr.* 1.26.13-14). 이 기록은 각기 수준이 다른 다양한 독자가 역시 수준이 다른 다양한 글을 읽었으며, 때로는 한 학생이 (아마도 교사의 조교로서) 다른 학생들이 읽어야 할 글을 결정할 수도 있었음을 보여 준다. 아울러 이 기록은 에픽테토스가 이런 공동 읽기와 관련하여 전달되는 전승의 질을 통제하는 것이 크고 중요한 문제라 생각했음을 보여 준다. 에픽테토스는 이 읽기를 주관하는 학생이 다른 이가 읽고 있는 글의 질을 꼼꼼히 조사하지 않았다며 꾸짖는다. 주관하는 학생은 그저 다른 학생이 읽는 모습을 비웃기만 하면서, 읽고 있는 글의 내용에는 아무 신경도 쓰지 않았다. 또 하나 주목할 점은 학생들이 공부할 과정을 준비하게 도와준 이런 유형의 공동 읽기가 많이 있었다는 점이다. 로버트 도빈(Robert Dobbin)은 이렇게 말한다. "[에픽테토스는] 그의 학교가 학생들이 비웃음을 두려워하지 않고 자신의

Gymnastics of the Mind: Greek Education in Hellenistic and Roman Egypt (Princeton, NJ: Princeton University Press, 2001)를 보라.

6 Robert F. Dobbin, *Epictetus, Discourses Book I: Translated with an Introduction and Commentary* (Oxford: Oxford University Press, 1998), p. 130.

부족한 점에 용감히 맞설 수 있게 도와주는 곳이 되길 원했다."[7] 이런 훈련은, 아래에서 보겠지만, 학생들이 훨씬 더 큰 도전과 기회에 부응할 수 있게 준비시켜 주려는 것이었다.

다음 담화는 에픽테토스가 가르쳤던 니코폴리스에서 있었는데, 이는 독재자(참주)와 어떻게 서로 소통할 것인가를 다룬다. 먼저 그리스와 로마의 공식 문서는 대부분 사람들이 모인 자리에서 큰 소리로 낭독했음을 유념하는 게 중요하다. 이 사례에서는 담화에 서명한 이 가운데 하나가 아우구스투스의 사제다.[8] 따라서 이 기록은 텍스트를 사람들이 함께 모여 읽었던 또 다른 장소(정황)—매매계약서를 함께 읽음—를 제시한다. 결국 에픽테토스는 이 담화를 아우구스투스와 아우구스투스의 사제가 되길 갈망하는 한 사람의 대화로 끝맺는다. 아리아노스는 이렇게 써 놓았다.

오늘 어떤 사람이 내게 아우구스투스의 제사장직에 관하여 말하고 있었다. 나는 그에게 이렇게 말했다. "여보시오, 그 문제는 내버려 두시오. 당신은 아무래도 쓸데없는 일에 시간만 많이 허송하겠소이다." 그러자 그가 이렇게 말했다. "그러나 매매계약서를 작성한 사람들이 내 이름을 적어 넣을 겁니다." "그럼 당신은 정말로 그 사람들이 그 계약서를 읽을[ἀναγιγνώσκουσαι] 때 그 자리에 함께 참석하여 '그들이 적은 게 내 이름이오'라고 말할 수 있으리라 기대하는 겁니까? 설령 어떤 이가 계약서를 읽을 때마다 당신이 거기에 참석할 수 있다고 가정하더라도, 만일 당신이 죽으면 어떻게 할 겁니까?" "내 이름은 내가 죽은 뒤에도 계속 남을 겁니다." "당신 이름을 돌에(λίθον) 새겨 넣으면 그 이름은 당신이 죽은 뒤에도 계속 남을 겁니다. 그렇다 해도 니코폴

---

7 Dobbin, *Epictetus*, p. 213.
8 W. A. Oldfather, *Epictetus: The Discourses as Reported bt Arrian, the Manual, and Fragments* (London: Heinemann, 1925), 1:136-137.

리스를 벗어나면 누가 당신을 기억하겠습니까?"(*Diatr.* 1.19.26-29)

에픽테토스는 사람들이 이 계약서를 다른 이들이 있는 자리에서 큰 소리로 읽으리라고 믿을 뿐 아니라, 이런 공동 읽기가 "어떤 이가 그 계약서를 읽을 때마다" 여러 차례에 걸쳐 이루어지리라고 예상한다.

다음 담화는 철학자의 세계에서는 신중함과 확신이 함께 작용해야 함을 주장한다. 그가 이 담화를 말하는 중간에 한 학생이 끼어들어 이렇게 말한다. "그러나 제가 선생님께 읽어 드리지[ἀνέγνων] 않았습니까? 선생님은 제가 무슨 일을 하는지 모르십니까?"(*Diatr.* 2.1.31). 이 말에서 학생이 읽어 주었다고 말한 것은 그가 지어서 에픽테토스에게 큰 소리로 읽어 주었던 글을 가리킨다. 이 학생의 말을 그렇게 이해하는 큰 이유는 철학자의 글쓰기 습관에 관한 대화가 뒤따르기 때문이다. 에픽테토스는 어느 한 지점에서 그 학생에게 이렇게 대답한다. "하찮은 글이군! 자네의 하찮은 글을 그대로 간직하게!…밖으로 나가서 자네가 지은 글을 보여 주고, 그 글에서 한 대목을 읽어 주면서[ἀναγνώσῃ] '자, 보시오, 내가 대화를 어떻게 기록했는지!'라고 자랑해 보겠는가?"(*Diatr.* 2.1.31-35). 에픽테토스는 이 학생더러 이 말을 숙고해 보라고 꾸짖는다. 그가 이러한 이유는 특히 그가 보기에 그 학생이 지은 작품의 질이 주목을 받을 만한 가치가 없었기 때문이었다. 오히려 사람은 더 겸손하고 절제하는 자세를 취하면서 탁월한 읽을거리를 갖게 될 때까지 기다려야 한다. 앤서니 롱(Anthony Long)은 더 나아가 공동 읽기 사건과 전승의 질 통제를 실연(performances)과 연계하면서, 이렇게 써 놓았다. "[에픽테토스는] 늘 그의 학생들에게 자신을 '드러내라고' 권면했는데, 이는

---

9 Anthony Long, *Epictetus: A Stoic and Socratic Guide to Life* (Oxford: Oxford University Press, 2002), p. 242.

자신을 과시하거나 으스대라는 의미가 아니라, 자신이 이룩한 진보와 자신이 받은 교육을 사람들 앞에서 드러내라는 의미다.…그의 가르침은 그들의 실연을 목표로 삼는다."⁹

또 다른 공동 읽기 사건이 철학자가 되려고 공부하는 과정을 다룬 담화에서 등장한다. 기록은 이렇게 말한다. "한번은 한 로마 시민이 아들과 함께 와서 글을 읽는 것을[ἀναγνώσματος] 듣고 있을 때, 에픽테토스가 이렇게 말했다. '이것이 내가 가르치는 방식입니다. 이렇게 읽은 다음에는 침묵으로 빠져들지요.'"(*Diatr.* 2.14.1-2). 에픽테토스는 계속하여 사람들이 와서 학생들이 읽는 것을 그냥 듣기만 하면 대다수 사람은 철학자가 되려고 공부하는 과정이 따분하다고 생각하겠지만, 신발을 만드는 이나 예술가나 목수 둘레에 앉아 그들이 일하는 모습을 지켜보는 이도 같은 말을 할 수 있다고 주장한다.

에픽테토스는 다음 담화에서 전제라는 개념, 학생들이 읽는 글 내용의 수준, 읽기를 통해 글쓰기 스타일을 알아내는 청중의 능력을 이야기한다. 그가 제시하는 한 사례는 용어와 관련이 있다. 의사라면 **건강하다**는 말이 무슨 의미인지 사전에 알고 있듯이, 철학자를 포함한 모든 이도 그러하다. 담화가 이어지자, 에픽테토스는 이렇게 말한다. "그대가 [크리시포스가 **거짓말쟁이**에 관하여 쓴] 모든 논문을 읽어 보면[ἀναγνώσῃ] 슬퍼질 것이며, 그대가 읽은 것을 다른 이들에게 이야기하면 몸이 떨릴 것이네. 그대도 그렇고 내 청중도 이런 식으로 행동하네. 그대는 이렇게 말하네. '형제여, 내가 그대에게 큰 소리로 읽어 주면[ἀναγνῶ] 자네도 내게 그리 읽어 주겠는가?' '자네는 글을 멋지게 쓰는군.' 그리고 또 이렇게도 말하지. '그대는 크세노폰 문체로 글을 쓰는 탁월한 재능을 가졌군', '그대 글은 플라톤 글에 버금가는군', '그대 글은 안티스테네스 글에 버금가는군'"(*Diatr.* 2.17.35).

에픽테토스는 이 담화를 나눈 직후에 사람들이 그저 철학자에 관하여 말할 수 있는 능력을 가지려고 철학자를 공부할 때 발생하는 몇 가지 문제를 논한다. 이어 에픽테토스는 사람이 자신이 속한 철학 분파를 어떻게 가려내 말할 수 있는지 이야기한다.

> 이처럼 여러분의 행동 속에서 여러분 자신을 관찰하면, 여러분이 속한 철학 분파가 무엇인지 밝혀낼 수 있을 것이다. 여러분은 여러분 대다수가 에피쿠로스학파이며, 극소수 몇 사람은 소요학파(逍遙學派, Peripatetics)임을 발견하겠지만, 이들은 어떤 기개도 없다. 이런 학파에 속하는 이들이, 사실, 다른 모든 것에 버금가는 미덕, 혹은 훨씬 우월한 미덕을 숙고한다는 것을 어디에서라도 보여 준 적이 있는가? 그러나 스토아학파에 속하는 이라면, 내게 보여 줄 수 있는 미덕을 하나 보여 달라! 어디서, 혹은 어떻게 보여 줄 수 있을까? 아니, 하지만 여러분이 내게 보여 줄 수 있는 것은 스토아학파의 하찮은 논증들을 되풀이하는 수천 사람[μυρίους]뿐이다. 그렇다면 바로 이 사람들이 에피쿠로스학파의 하찮은 논증을 되풀이할 때는 스토아학파의 그것을 되풀이할 때보다 못하는가? 소요학파의 하찮은 논증을 다룰 때는 스토아학파의 하찮은 논증을 다룰 때만큼 정확하게 다루지 못하는가? 그럼 대체 스토아학파 사람(진정한 스토아주의자)은 누구인가? (Epict., *Diatr.* 2.19.20-23)

여기서 우리는 많은 사람이 자기가 듣거나 읽은 논증을 제법 정확하게 되풀이할 수 있었다는 주장을 할 수 있다. 물론, 누군가가 인용된 말(글)의 정확성과 신빙성을 평가할 수 있다면, 이것도 전승의 질을 통제하는 한 유형에 해당하는 셈이다. 여기서 에픽테토스는 사람들이 되풀이하는 논증이 하찮다고 선언하지만, 이런 논증은 필시 각 철학 그룹을 대표하는 논증을 적어도 어느 정도는 반영했을 것이다. 게다가, "수천"이라는 번역어는 μυρίος라는 말에서 나왔는데, 이 헬라어는 "수를 모를 만큼 많은, 헤아릴 수 없이 많은, 무한한"이라는 뜻이다(참고. 고전 4:15, 14:19).[10] 에픽테토스의 말에는 분명 어느 정도 과장이 있겠지만, 그가 천명한 말과 주장은 틀림없이 현실과 어떤 관계가 있으리라고 상상해 볼 수 있다. 에픽테토스의 말은 공동 읽기 사건이 벌어질 때 다양한 철학자를 언급하면서 자신이 지은 글(들)을 되풀이할 수 있고 실제로 되풀이한 (그대로 낭송할 수 있고 그대로 낭송한) 사람이 많이 있었음을 암시한다.

여기 인용문에 포함된 마지막 본문은 다른 책, 곧 『핸드북』(*Encheiridion*: 에픽테토스가 스토아철학의 관점에서 조언한 윤리를 담은 책으로 그의 제자 아리아노스가 기원후 2세기 초에 편집하여 펴냈다—옮긴이)에서 가져왔다. 이 작품은 대체로 아리아노스가 『담화』(*Discourse*)에서 가져온 글을 모아 엮은 것이다. 이 때문에, 비록 이 작품이 십중팔구는 기원후 2세기가 시작되고 첫 20년이 흐른 뒤에 기록한 후대 저작이기는 하나, 그래도 에픽테토스가 그보다 앞서 한 담화를 기초로 삼고 있으며, 그 담화 가운데 대다수는 기원후 1세기에 제시한 것이다. 앞서 발췌 인용한 글이 들어 있는 특정 부분은 이 담화 저자를 에워싸고 있던 문화가 즐겼던 모든 문헌 오락을 다룬다. 요컨대, 에픽테토스는 사람들에게, 그중에서도 특히 그의 학생들에게, 공동 읽기 사건이 열리는 자리마다 다 가지는 말라고 권면한다. "그런 공중[τὰ θέατρα] 쇼[ἀναγκαῖον]에 가는 것은 대부분 부질없다"(*Ench*. 33.10). 물론, 사람들이나 학생들이 어떤 이유 때문에 그런 공동 읽기 자리에 가야 한다거나 그 자리에서 누군가와 토론해야 할 수도 있다. 에픽테토스는 그런 경우를 생각하여 몇 마디 충고를 덧붙이는데, 가령 이런 질문을 자신에게 던져 보라고 말한다. "소크라테스와 제논이라면 이런 상황에서 어떻게 했을까?' 그런 질문을 해 보면, 당황하지 않고 그 자리를 잘 활용할 수 있을 것이다"(*Ench*.

---

10 BDAG, pp. 661.

33.12-13). 이어 그는 더 자세한 조언을 제시한다. 사람들이 함께 모여 글을 읽는 자리[ἀκροάσεις]에 분별없이 혹은 무턱대고 가지 마라. 그러나 그런 자리에 가면, 자신의 명예와 무게 중심을 지키는 동시에, 사람들이 불쾌해하는 이가 되지 않도록 조심하라"(*Ench.* 33.11).

에픽테토스에 따르면, 공동 읽기 사건은 사람들이 자신들의 새 문학 작품(들)을 공중에게 소개하는 주요 방법 가운데 하나였다. 이것이 곧 이런 읽기가 열리는 자리가 늘 참석할 만한 가치가 있었다는 뜻은 아니지만, 그래도 명성이 자자한 저자들이 그 자리에 참석했을 수도 있다. 따라서 에픽테토스는 그런 자리에 아예 가지 말라고 권하지는 않는다. 그러나 그는, 우리 연구 목적에 비춰 볼 때, 더 나은 자리 혹은 더 못한 자리가 널리 유행했음을 분명히 증언한다.

스트라본(기원전 64/63년경-기원후 24년)

스트라본(Strabo)은 아마세이아(Amaseia, 흑해 위쪽, 터키 북부) 출신이다. 그는 평생 세상을 두루 여행했는데, 이 여행 이야기는 그가 기원후 18/19년경에 기록했을 17권짜리 저서 『지리』(*Geography*)가 생생히 들려준다.[11] 호레이스 존스(Horace Jones)는 이렇게 말한다. "스트라본은 지리학자로서 아주 유명하다. 그러나 사람은 종종 그가 지리학자이기 전에 역사가였음을 잊어버린다."[12] 학자들은 지금도 스트라본이 이 책을 언제 어디서 썼는가를 놓고 논쟁을 벌이지만,[13] 여기서 그것을 다루느라 우리 이야기를 늦춰서는 안 되겠다.

---

11 "그는 아우구스투스 치세기 내내 살았으며, 적어도 티베리우스 치세기 초기까지 살았다. 그는 기원후 21년이 지나 세상을 떠난 것 같다." Peck, *Harper's Dictionary*, p. 1500. 참고. Sarah Pothecary, "Strabo, the Tiberian Author: Past, Present and Silence in Strabo's *Geography*", *Mnemosyne* 55, no. 4 (2002): pp. 387-438.

12 LCL 49: xxviii. 참고. Duane W. Roller, *The Geography of Strabo: An English Translation, with Introduction and Notes* (Cambridge: Cambridge University Press, 2014).

13 LCL 49: xxvi.

몇 가지 이유 때문에 스트라본의 이 작품에 들어 있는 한 핵심 본문을 우리 연구서에서 살펴보겠다. 스트라본은 거기서 시인들이 공동으로 낭송하는 일의 특이함이나 그런 일이 없음에 관하여 길게 논증한다. 사실, 그는 시인들이 쓴 내용은 물론이요 심지어 시인들이 철자를 읽는 방식에도 일관성이 없다고 탄식한다. 그는 텍스트에 일관성이 없다는 점과 더 일관성이 있으면 좋겠다는 그의 바람을 다루는 데 긴 분량을 할애한다.

스트라본은 시인들이 낭송하는 텍스트의 각기 다른 버전들을 비교하고 대조하기 시작한다. 스트라본은 한 곳에 이렇게 써 놓았다. "나는 그의 생각과 다른 비평가들의 생각을 내 자신의 생각과 나란히 놓고 그것들을 고찰해 보려 한다"(*Geogr.* 5.12.20). 그는 많은 청중이 실연자(performer)가 낭송하는 텍스트가 유식해 보인다는 단순한 사실만으로 실연자에게 일정한 권위를 그냥 부여한다고 강조한다. 한 특별한 사례를 살펴보면, 스트라본은 긴 부분을 할애하여 과거와 현재를 불문하고 시인들이 낭송하는 글 텍스트 사이에 존재하는 허다한 차이점을 다룬다. 그는 청중이 종종 시인에게 부여하는 권위 때문에 이런 고찰이 중요하다고 생각하는 것 같다.

우리는 여기서 스트라본이 텍스트의 차이(공동 읽기 자리에서 시인들이 읽거나 낭송하는 텍스트들 사이에 존재하는 차이—옮긴이)에 관하여 한 말에 초점을 맞춰 보겠다. 이는 스트라본이 청중이 듣는 자리에서 시인이 자신의 작품을 읽을 때는 반드시 있어야 한다고 생각했던 통제를 강조하고자 함이다. 스트라본은 이렇게 써 놓았다. "어떤 이는 본문을 바꿔 '알라조네스'(Alazones)라 읽고, 다른 이는 '아라조네스'(Araazones)라 읽는다. 그들은 '알리베에서'(from Alybê)라는 말을 '알로페에서'(from Alopê)나 '알로베에서'(from Alobê)로 읽는다"(*Geogr.* 5.12.21). 이어 그는 이렇게 말한다. "[에포로스가] 본문을 바꿔 초기 사본들이 제시하는 증거와 사뭇 상반되게 뜯어고친 것은 경솔한 것 같다"(*Geogr.* 5.12.22). 스트라본은 이렇게 설명한다. "그 이름

철자를 적을 때는 그가 말하는 대로 람다(λ, 라틴 문자로 l)를 둘 적어야 하나, 그 시인은 운율을 맞추려고 람다를 하나만 적는다.…그렇다면 과연 이 사람들의 의견에 동의할 수 있을까?…아울러 이 사람들은 초기 본문을 어지럽혀…무언가를 제멋대로 본문 속에 끼워 넣는다"(*Geogr.* 5.12.22). 스트라본은 계속하여 시인들의 글과 낭송 내용에서 그들의 흠을 잡아 비판해야 할 때와 그래서는 안 될 때를 보여 주는 사례를 제시한다.[14]

이 모든 사실을 보건대, 자신이 모르는 것을 언급하는 시인의 허물을 판단하는 사람은 모두 잘못된 증거를 사용하는 게 분명하다. 그 증거가 잘못임을 증명하고자 몇 가지 사례를 제시할 필요가 있겠다. 많은 이가 이런 증거를 아주 많이 사용하기 때문이다. 따라서 우리는 사람들이 그런 증거를 제시하면 그들을 꾸짖을 수밖에 없다. 그렇게 꾸짖는 것이 내가 앞서 한 논증을 되풀이하는 일이 될지라도, 꾸짖을 것은 꾸짖어야 한다. (*Geogr.* 5.12.27)

분명히 당시 사람들은 시인이, 예를 들어, 강 같은 어떤 특정 장소를 언급하지 않는 잘못을 저질렀음을 증명하려고 증거를 제시했다. 그러나 스트라본은 논리에 맞지 않는 이런 공격에 반대하는 주장을 제시한다.

요컨대, 스트라본은 분별이 필요하며 남이 읽는 작품을 듣는 이들은 그 작품의 질을 평가해야 한다고 조언한다. 정확성을 대단히 중히 여긴 이는 분명 스트라본만이 아니었다. "내 양부(養父)이기도 하셨던 내 아저씨는 엄밀한 정확성을 띠지는 역시기이셨습니다"(Pliny, *Letters* 5.8). 그러나 어떤 문헌 전승을 낭송하는 실연 자체가 흐리멍덩하고 하찮으면, 그 전승의 질 자

---

[14] 여기서 스트라본이 지리를 올바로 이해했음을 다룬 논증을 보려면, Walter Leaf, ed. *Strabo on the Troad, Book XIII, Cap. 1* (Cambridge: Cambridge University Press, 1923), pp. 208-210를 보라.

체가 떨어지고 그 전승의 진실성도 위협받는다.

발레리우스 막시무스(기원후 1세기)

발레리우스 막시무스(Valerius Maximus)는 티베리우스 치세기에 『기억할 만한 말과 행위』(Memorable Words and Deeds)를 쓰고 이를 티베리우스에게 헌정했다. 한스-프리드리히 뮐러(Hans-Friedrich Mueller)는 이렇게 써 놓았다. "그는 그리스 역사와 로마 역사에서 수천 일화를 추려 뽑아, 이를 아홉 책에 배열해 놓았다."[15] 따라서, 기원후 1세기에는 발레리우스만 글을 쓴 게 아니었다. 로버트 호지슨 2세(Robert Hodgson Jr.)가 지적하듯이, 그는 "초기 기독교의 사회 세계를 재구성하는 데 도움을 주는 텍스트 기록을 풍성히 제공한다."[16] 발레리우스는 기원후 27년경에 속주 총독이었던 섹스투스 폼페이우스(Sextus Pompeius)와 동행했지만, 십중팔구는 로마로 돌아오는 길에 이 작품을 쓴 것 같다. 폼페이우스는 오비디우스가 속해 있던 문학 집단의 중심이었다. 아울러 그는 황제 집안에서 가장 박식한 황자(皇子)였던 게르마니쿠스와 허물없는 친구 사이이기도 했다. 발레리우스의 삶과 관련하여 알려진 것은 그의 집안이 가난했고 두드러진 게 없었다는 것뿐이다. 이 저자가 주로 인용한 자료는 키케로와 리비우스이지만, 인용 자료는 꼼꼼하게 다루지 않았다고 알려져 있다. 아울러 이 작품이 기원후 1세기에 이미 성공을 거두었다는 것도 주목할 만한 점이다. 플리니우스, 플루타르코스, 그리고 다른 이들도 이에 대해 언급한다.

---

15 *Roman Religion in Valerius Maximus* (London: Routledge, 2002), p. 2. 입수할 수 있는 자료를 폭넓게 살펴보고 비평한 글을 보려면, W. Martin Bloomer, *Valerius Maximus and the Rhetoric of the New Nobility* (Chapel Hill: University of North Carolina Press, 1992)의 3장, p. 59-146를 보라.

16 "Valerius Maximus and the Social World of the New Testament", *CBQ* 51 (1989): pp. 683-693, 이 부분은 p. 693. 참고. Henry John Walker, *Valerius Maximus: Memorable Deeds and Sayings; One Thousand Tales from Ancient Rome* (Cambridge: Hackett, 2004), pp. xiii-xxiv.

『기억할 만한 말과 행위』라는 작품은 공동 읽기 사건을 염두에 두고 쓴 것이 아니다.[17] 하지만 이 작품에도, 고대의 읽기 관습을 밝혀 준다는 점에서, 우리가 여기서 다루는 주제와 관련된 본문이 둘 있다. 첫 번째 본문은 어느 개인의 집에서 일어난 일을 이야기한다. 발레리우스는 이렇게 써 놓았다. "저녁 식사 때면 연로한 어른들이 젊은 세대가 그들과 친밀해지는 데 더 열심을 내게 하려고 그 조상들의 고결한 행위를 다룬 시들을 피리 소리에 맞춰 낭송하곤 했다[carmine comprehensa peragebant]. 대체 어떤 아테네 사람, 어떤 철학 학파, 어떤 외래 학문을 내가 집에서 받는 이런 훈련보다 선호해야 한단 말인가?"(2.1.10). 여기서 키케로나 바로(Varro)가 발레리우스에게 영향을 미쳤느냐 여부는 중요하지 않다.[18] 글의 내용에 비록 미화된 구석이 다소 있긴 해도, 이 글의 요점은 분명하다. 가장 뛰어난 공교육 유형에도 비견할 만한 공동 읽기 사건들이 집에서 이루어졌다는 것이 바로 그것이다. 연로한 어른들이 그들보다 젊은 세대 앞에서 글로 적힌 시를 들려주는 모습은 가장 권위 있고 유명한 몇몇 수업 유형과 비슷한데, 이런 자리는 젊은이들에게 나이 든 이들과 친하게 지내고픈 마음을 불러일으키려고 마련한 것이었다. 아울러 이 글은 이 에피소드 전체를 일종의 가정 교육이라 일컫는데, 이는 이런 일이 내키는 대로 무작정 이루어진 게 아니라 관습처럼 이루어졌으며, 상황에 따라 그때그때 이루어진 것이 아니라 습관처럼 행한 일이었음을 시사한다. 헨리 워커도 그 점을 확인해 준다. "연로한 이들은 그들 시대보다 앞서 살았던 사람들의 유명한 행적을 다룬 노래를 쓰곤

---

17 Clive Skidmore는 이 작품이 혼자 사사로이 공부할 목적으로 쓴 것이지만, 동시에 분명 저녁 연회 자리에서 사람들이 모인 가운데 읽으려고 쓴 것이라고 주장한다. *Practical Ethics for Roman Gentleman: The Work of Valerius Maximus* (Liverpool: Liverpool University Press, 1996), pp. 107-112.

18 Bloomer, *Valerius Maximus*, p. 123.

했으며, 그 노래를 연회 때 피리 소리에 맞춰 노래했다."[19] 특히 발레리우스 막시무스의 집이 가난했음을 생각할 때, 이런 형태처럼 가정 안에서 오락을 겸해 이루어진 교육이 발레리우스 막시무스가 배움을 얻었던 주된 방법이었을지도 모른다.

두 번째 글은 집 밖에서 벌어진 장면을 묘사하는데, 그것도 로마와 아테네 밖에서 일어난 일이다. 막시무스는 이렇게 써 놓았다(기원전 336, 마케도니아 알렉산드로스 대왕이 그 세력을 넓혀 아테네를 위협한다. 이때 아테네 안에서는 마케도니아와 전쟁을 지속할지 여부를 놓고 논쟁이 일어났는데, 이때 크테시폰이 전쟁을 지속하자는 데모스테네스에게 금관을 수여하고 그가 아테네에 헌신한 수고를 칭송해야 한다고 주장한다. 그러자 큰 논쟁이 터졌고, 아이스키네스는 크테시폰의 그런 주장이 법에 어긋난다며 그를 고소했다. 이에 데모스테네스는 "금관에 관하여"라는 연설을 통해 크테시폰을 옹호하고 알렉산드로스를 지지하는 아테네인들을 맹공했다 ─ 옮긴이).

그[아이스키네스]는 법정에서 굴욕을 당한 뒤, 아테네를 떠나 로도스로 갔다. 거기서 그는 그곳 공동체의[civitatis] 요청에 따라 먼저 크테시폰(Ctesiphon)을 반박한 자신의 연설을 되풀이하여 들려주고, 이어 크테시폰을 두둔한 데모스테네스의 연설을 아주 크고 노래하는 듯한 부드러운 어조로 다시 들려주었다. 모든 이가 두 연설의 유려함을 칭송했지만, 데모스테네스의 연설이 좀 더 많은 칭송을 받았다. 아이스키네스가 이렇게 물었다. "여러분이 그의 연설을 직접 들었으면 뭐라 했을까요?" [아이스키네스에게 데모스테네스는] 아주 위대한 웅변가였으나 근래에 들어 심히 가증스러운 원수가 되었다. 그는, 자신의 원수가 웅변가로서 지닌 힘과 열정을 아주 크게 존경한

---

19 Walker, *Valerius Maximus*, p. 45.

나머지, 자신은 자신의 원수가 쓴 글을 큰 소리로 읽을 만한[*lectorem esse praedicaret*] 자격이 없는[*parum idoneum*] 이라고 선언했다. 그는 꿰뚫어 보는 듯한 눈빛이 가진 힘, 사람을 압도하는 표정의 무게, 몇몇 단어에 잘 어울리는 음성의 색깔, 사람들의 시선을 잡아끄는 몸의 움직임을 경험했다. 따라서 데모스테네스의 작품에는 무언가를 덧붙일 수 없지만, 그럼에도 데모스테네스의 작품에는 데모스테네스의 위대한 부분이 존재하지 않으니, 이는 그의 작품이 듣는[*auditur*] 이가 없이 그저 낭독되었기[*legitur*] 때문이다. (2.8.10)

여기에는 중요한 점이 많지만, 세 가지만 강조하겠다. 첫째, 막시무스는 웅변가를 논하면서, 어떤 공동체가 특정한 글을 낭독해 달라고 요구한 이야기를 들려준다. 이는 멀리 떨어져 있는 청중도 이미 이런 유형의 사건들을 경험했으며 그런 사건들을 그런 경험에 비춰 판단했음을—이 경우에는 좋게 판단했음을—시사한다. 둘째, 아이스키네스는, 자신이 비록 재능이 있고 사람들 앞에서 글을 읽어 줄 능력도 갖고 있지만, 그럼에도 자신은 데모스테네스의 글을 소리 내어 읽어 줄 자격이 없는 이라고 선언한다. 데모스테네스가 그 자리에 없기 때문에 데모스테네스의 글에 빠진 부분을 제시하는 일을 할 수 없다는 것이 그 이유였다. 셋째, 막시무스는 데모스테네스의 문학 작품에 데모스테네스의 위대한 부분이 빠져 있다고 하면서도 "데모스테네스의 작품에는 무언가를 덧붙일 수 없다"는 상반된 말을 씀으로써 그의 문학 작품에 어느 정도 안정성이 있으리라는 어떤 기대, 더 나아가 그런 단정까지 한 것 같다. 그러나 청중이 그런 것을 맛보지 못하는 이유는 데모스테네스가 직접 자신의 작품을 낭독하는 것을 듣지 못하고 남이 그의 작품을 읽는 것을 듣게 되었기 때문이다.

카리톤(기원전 25년-기원후 50년)

이 소설의 지은이는 그의 작품 첫머리에서 우선 자신의 이름이 카리톤(Chariton)이며 자신이 사는 도시가 아프로디시아스(Aphrodisias, 오늘날 터키의 게이레)임을 밝힌다. 유안 보위(Ewen Bowie)는 이 소설의 저작 시기와 관련하여 이런 결론을 내린다. "파피루스로 보아, 카리톤의 저작 시기는 기원후 2세기 중엽 이후는 아니며,…기원전 1세기와 하드리아누스 치세기(117년-138년) 사이다."[20] 롭판(Loeb edition) 서문은 이를 더 자세히 언급한다. "따라서, 비록 부정확하긴 해도, 「칼리로에」(Callirhoe)의 저작 시기를 정한다면, 기원전 25년에서 기원후 50년 사이로 정하는 것이 더 신뢰할 만하다 할 것이다."[21]

여기에 포함된 다섯 본문은 모두 미트리다테스와 디오니시오스가 아르타크세륵세스의 법정에서 벌인 다툼과 관련이 있다. 이 법률 분쟁의 정확한 세부 내용과 발생 시기는 아직도 우리가 탐구해야 할 미해결 과제로 남아 있다. 우리 관심사는 이 작품이 법정이라는 장소를 배경으로 사람들 앞에서 글을 읽는 모습과 사람들이 이런 재판에 보인 관심을 대체로 어떻게 묘사하는가 하는 점이다.

서로 대립하는 양쪽이 그들의 주장을 제시하고, 서신을 읽으면, 청중은 그때그때 거기에 대답한다. 카리톤은 이렇게 써 놓았다.

디오니시오스는 그[미트리다테스] 뒤를 따랐다. 그리스식 옷차림을 따라 밀레토스식 망토를 걸친 그는 그 손에 서신을 들고 있었다. 안내를 받아 안으

---

[20] *OCD*, p. 306.
[21] LCL 481: 2-3. 아울러 근래에 이 작품의 저작 시기를 다룬 Adrian Smith, *The Representation of Speech Events in Chariton's Callirhoe and the Acts of the Apostles*, LBS 10 (Leiden: Brill, 2014), pp. 198-202; Consuelo R. Ruiz-Montero, "Chariton von Aphrodisias: Ein Überblick", *ANRW* 2.34.2 (1994): pp. 1006-1054를 참고하라.

로 들어간 그들은 경의를 표하고자 무릎을 꿇었다. 그러자 왕은 서기에게 [τὸν γραμματέα] 그 서신, 곧 파르나케스가 쓴 서신과 왕 자신이 답신으로 친히 쓴 서신을 읽으라고[ἀναγνῶναι] 명령하여, 그 사건이 어떻게 하여 일어난 것인지 그의 동료 재판관들이 알 수 있게 했다. 그가 쓴 서신이 다 낭독되자[ἀναγνωσθείσης], 왕의 절제와 정의를 칭송했던 이들에게서 우레와 같은 박수가 터져 나왔다. (*Chaer.* 5.4.7-8)

법정은 그날 휴정(休廷)했다. 카리톤은 법정이 다시 열렸을 때 일어난 일을 이렇게 이야기한다. "아침에 군중이 밀물이 들이닥치듯 궁정 주위에 모여들었고, 거리에는 시(市) 경계까지 무리가 들끓었다. 모든 이가 떼를 지어 모여들었다. 이들이 모여든 것은, 겉으로 보면, 재판을 보고자 함이었지만, 사실은 칼리로에를 보러 함이었다"(*Chaer.* 5.5.8-9). 디오니시오스는 자신의 주장을 제시한 뒤, 이렇게 말한다. "저는 그[미트리다테스]가 그 종의 손을 통해 카리아에서 밀레토스로 보낸 서신을 읽고[ἀναγνούς] 결론을 내리겠습니다. 그 서신을 들어 읽어 주십시오[그가 서기에게 읽으라 한다]"(Char. *Chaer.* 5.6.10). 그 직후, 미트리다테스는 이 고소에 답변하면서, 특히 그가 읽은 서신에 답변하면서, 이렇게 말한다. "먼저 그[디오니시오스]가 왕께 칼리로에가 해방되었다는 확인서를 읽게[ἀναγνώτω] 한 뒤, 이어 혼인에 관하여 이야기하게 해 주십시오.…그는 지금 우리에게 아무 관련이 없는 서신을 읽어 주고 있습니다[ἀναγινώσκει γράμματα κενά]. 그러나 법은 실제 저지른 행위만 처벌하라고 요구합니다. 당신께서는 한 서신을 내놓습니다. 그러나 저는 감히 이렇게 말할 수 있습니다. '그것은 제가 쓰지 않았습니다. 그건 제 필체가 아닙니다'[ἐδυνάμην εἰπεῖν 'οὐ γέγραφα· χεῖρα ἐμὴν οὐκ ἔχεις]"(*Chaer.* 5.7.4-6). 마지막으로, 카리톤은 이 법정 장면 전체에서 일어난 모든 일과 그 장면을 통해 전달된 모든 감정을 묘사한 뒤, 이렇게 결론짓는다. "어떤 보고자가 그 법정에서 벌어지는 장면을 정당하게 평가하며 제대로 다룰 수 있을까?"(Chaer. 5.8.2)

이 기록을 보면, 법정에 모인 청중이 법정 방청이라는 방법뿐 아니라 법정에서 다투는 당사자 사이에 오가는 공방에 반응을 보이는 방법으로 법정이 다루는 사건에 관심을 표출한다. 많은 사람이 쓴 많은 서신을 사람들이 모인 자리에서 읽는다. 어느 지점에서, 미트리다테스는, 한 서신이 큰 소리로 낭독되는 것을 듣고 난 뒤, 만약 어떤 이가 그 서신의 필체를 실제로 조사하겠다고 한다면, 서신을 아예 쓰지 않았다고 부인하기가 쉬울 거라고 주장했다. 그럴 경우에는 이 증거 자료가 연애 소설이라는 사실을 내세워 이 증거를 배척할 수 있을 것이다. 그렇지만, 거의 모든 문학 작품처럼, 이 이야기에도 저자가 제법 사실에 기초하여 자기 청중에게 끼치고 싶어 하는 수사 효과를 발휘하는 요소가 틀림없이 충분히 존재한다. 실제로 법정에서 다룬 사건은 십중팔구 이 허구의 소설에 들어 있는 요소들, 즉 재판관, 서기, 서로 대립하는 당사자, 청중(방청인), 법률 문서를 담고 있다. 그런 점을 생각할 때, 이런 상황에서 글로 쓴 증거를 사람들 앞에서 읽었으리라고 상상하기는 어렵지 않다.

오비디우스(기원전 43년경-기원후 17년경)

오비디우스(Ovid)는 아브루치(Abruzzi, 이탈리아 중부)에 있는 술모(Sulmo)에서 태어났다. 그는 아테네에서 공부하고 로마에서 가르쳤지만, 기원후 8년 아우구스투스에게 유배당한 뒤 10년쯤 지나 흑해 연안 토미스(Tomis, 지금의 루마니아 콘스탄차)에서 숨을 거두었다. 그가 추방당한 것은 무엇보다 그가 지은 에로틱한 시집 『사랑의 기교』(*Ars Amatoria*) 때문이었다. 이 시집은

---

22 LCL 151: xxiv.

그 주제를 다룬 교범이라는 악명을 얻었으며 "그의 '수많은 독자'에게 아주 큰 인기를" 얻게 되었지만,[22] 그 바람에 "공공 도서관에서 추방당하고 금서가 되었다."[23]

그는 많은 작품의 저자이지만, 여기에서는 그가 유배 기간에 쓴 두 작품에 초점을 맞춰 보겠다. 이 두 작품이 기원후 1세기에 쓴 것이기 때문이다. 둘 가운데 하나는 기원후 8-12년에 쓴 『비가』(悲歌, *Tristia*)요, 다른 하나는 기원후 12-16년에 쓴 『흑해에서 보낸 서신』(*Ex Ponto*)다.[24] 루츠 되링(Lutz Doering)은 이렇게 지적한다. "그리스-로마 세계에서는 서신을 '네트워크 형성'(networking)에 사용할 수 있었다. 따라서 오비디우스가 흑해 연안에서 유배 생활을 하며 보낸 서신들[『흑해에서 보낸 서신』과 『비가』]도 장차 이 서신들의 영향을 받아 흡수될 어떤 읽기 공동체를 구성하는 서신으로 볼 수 있다. 물론 이 서신들은 공개 서신이기에 그 사회에서 상당히 느슨한 형태로 읽기 공동체를 구성했다."[25] 비록 우리 연구 범위를 벗어나긴 하지만, 오비디우스가 그의 딸인 페릴라에게 보낸 서신은 적어도 충분히 언급할 가치가 있을 만큼 우리 연구와 다른 중요한 연관 관계를 많이 갖고 있다. 그가 스스로 읽기(reading)와 남이 읽는 것을 듣기(being read)의 중요성을 강조하는 점, 그가 자신의 딸인 페릴라가 문헌 자료에 접근할 수 있으리라고 추측한 점, 그가 자신의 딸이 작가로서 재능을 갖고 있음을 안다는 점, 그가 사람들이 모인 자리에서 그의 딸에게/그의 딸과 더불어 글을 읽은 일을

---

23 LCL 151: xx.
24 사람들은 종종 오비디우스가 『비가』에서 그의 친구와 후원자의 이름을 제시하지 않는다고 지적하지만, 『흑해에서 보낸 서신』에서는 그들의 이름을 밝힌다. 『비가』에서 생략된 이런 특이점을 관찰할 경우가 아닌 이상, 이런 점은 우리 연구서의 목표 전반에 그다지 큰 영향을 미치지 않는다.
25 *Ancient Jewish Letters and the Beginnings of Christian Epistolography*, WUNT 298 (Tübingen: Mohr Siebeck, 2012), pp. 388-389. 근래에 오비디우스가 쓴 글의 질(격)을 다룬 연구를 살펴보려면, Christy N. Wise, "Banished to the Black Sea: Ovid's Poetic Transformations in *Tristia* 1:1" (PhD diss., Georgetown University, 2014)을 보라.

기억하는 점, 그가 딸의 글을 인용하는 점 등이 그런 예다.[26]

우리는 『비가』에 들어 있는 본문에 관하여 우리가 알고 있는 세부 사항이 많지 않음을 고려하여, 공동 읽기 사건과 관련이 있는 중요 본문 몇 개만 간단히 살펴보도록 하겠다. 아울러 그가 『비가』를 토미스로 가는 동안에 썼다는 점도 유념해야 한다. 그는 배로 고린도로 갔다가 이어 사모트라케로 간 뒤, 거기서 마침내 뭍길을 통해 트라키아 해안으로 갔다.[27]

오호라! 내 원수, 그자가 가혹하고 잔인해도 너무 잔인하구나. 그가 네게 내가 장난으로 쓴 시구를 읽어 주었다니[legit]. 내 작품에서 내가 네게 경의를 표시하는 다른 시들을 읽어 주었다면[legi] 더 공정한 심판이었으련만. (Tristia 2,77-79)

그러나 내 모든 작품이 하찮다고 생각하지는 말아 다오. 때로 나는 내 작은 돛배에 웅장한 돛을 올리기도 했다. 나는 파스티(Fasti: 로마에서 법정 송사가 있는 날이나 기념할 만한 날을 기록해 놓은 것—옮긴이)를 다룬 책을 여섯 썼고 그보다 많은 책을 썼지만, 각 책은 그 나름의 입을 담고 있다. 내가 근래 쓴 이 작품 「카이사르」는 네 이름으로 쓰고 네게 헌정했지만, 내 운명은 그것과 결별했다. 나는 네가 잠시라도 화를 거두고 평정을 되찾기를, 그리고 네가 한가하고 여유가 있을 때 누군가에게 이 작품을 몇 줄 네게 읽어 달라고[legi] 청해 보길 바란다.…내 서신은 해로운 농담 덩어리가 아니다. 내 글이 많긴 하지만,

---

26 이 중요한 서신에 관하여 더 많은 정보를 알고 싶다면, Holly Lynn Murphy, "Reconstructing Home in Exile: Ovid's *Tristia*" (MA thesis, University of Kansas, 2012), 특히 pp. 47-50를 보라.
27 그가 실제로 유배 가면서 거쳐 간 행로, 그리고 오비디우스가 그의 시에서 구사한 은유를 통해 로마로 되돌아온 것과 관련하여 몇 가지 중요한 관찰 결과를 살펴보려면, Samuel Jonathan Huskey, "Ovid's *Tristia* I and III: An Intertextual Katabasis" (PhD diss., University of Iowa, 2002); Matthew M. McGowan, *Ovid in Exile: Power and Poetic Redress in the* Tristia *and* Epistulae Ex Ponto, MnS 309 (Leiden: Brill, 2009)를 보라.

허다한 우리 사람들을 통틀어 살펴보면, 나야말로 내 자신의 칼리오페[영웅시의 뮤즈]에게 해를 입은 유일한 사람이다. (Tristia 2.547-570)

내가 내 시구를 읽어 줄[recitem] 수 있는 이도 전혀 없고, 라틴어를 알아들을 수 있는 귀(사람)도 전혀 없다. 나는 나 자신을 위해 글을 쓰고―달리 내가 무엇을 할 수 있으랴?―나 자신에게 그것을 읽어 준다[legoque]. 내 글은 비판 속에서도 흔들리지 않는다. 그러나 나는 종종 이렇게 말했다. "이렇게 공들여 수고함이 누굴 위함인가? 사르마티아인과 게테인(고트인)이 내 글을 읽을까[legent]?" 글을 쓰다가 눈물을 흘릴 때가 허다했다. 내 글은 내가 흘리는 눈물에 젖었고, 묵은 상처들조차 새로 생긴 상처같이 느껴져, 슬픔의 비가 내 가슴을 타고 흘러내린다. (Tristia 4.88-98)

마케르(Macer)는 이미 꽤 연로한데도 내게 종종 그가 사랑하는 새들, 해로운 뱀들과 병을 낫게 하는 식물들에 관하여 읽어 주었다[legit]. 프로페르티우스(Propertius)는 그와 나를 묶어 준 우정을 이유 삼아 그의 이글거리는 시구를 내게 낭송해 주곤[recitare] 했다. 서사시로 유명한 폰티쿠스(Ponticus)는 물론이요 단장격의 시(iambics)로 유명한 바수스(Bassus)도 그 다정한 모임의 유쾌한 멤버였다. 운율을 사랑하는 호라티우스는 그가 정성 들여 만들어 낸 노래들을 아우소니아 수금에 맞춰 부르면서 우리 귀를 사로잡았다. 나는 베르길리우스(Vergil)를 보기만 했으며, 탐욕스러운 운명은 티불루스(Tibullus)에게 나와 우정을 나눌 시간을 전혀 주지 않았다(티불루스가 그대 뒤였고, 갈루스와 프로페르티우스가 그의 뒤였다. 그들 뒤에 나였으니, 시간 순서상 네 번째였다). 내가 옛 시인들을 공경하듯 나도 나보다 젊은 사람들에게 공경을 받았으니, 이는 내 탈레이아(Thalia)가 금세 유명해졌기 때문이었다. 내가 처음 내가 젊은 날에 지은 노래들을 사람들 앞에서 읽었을[legi] 때는 내 턱수염을 한 번이나 두 번만 깎았다. 실명은 아니었지만, 내가 코리나(Corinna)라고 불렀던 그녀, 온 도시를 다니며 노래를 불렀던 그녀가 내 천재성을 격동시켰다. 나는 많은 글을 썼으나, 흠이 있다고 생각한 글은 내가 직접 불태워 버리고 다시 고쳐 썼다. 심지어 나는 유배 생활을 시작할 때도 사람들이 좋아했을 법한 시구를 불태웠는데, 내가 내 자신의 소명과 내 자신이 지은 노래들[studio carminibusque]에 화가 났기 때문이었다. (Tristia 4.42-64)

골라 뽑아 제시한 이 텍스트들은 오비디우스가 살던 동안에 공동 읽기 사건이 널리 퍼져 있었으며 사람들이 당연하게 여기던 일이었음을 보여 준다. 한편으로 보면, 오비디우스는 그가 쓴 에로틱한 작품 가운데 하나를 누군가가 황제 앞에서 읽은 일 때문에 좌절하고 낙심한 심경을 토로한다. 그는 사람들이 모인 자리에서 낭독된 그의 작품이 허다한데도 황제가 그 모든 작품을 제쳐놓고 하필 한 작품만을 그의 대표작으로 보는 것은 공정하지 않다고 느낀다. 다른 한편으로 보면, 이제 그는 귀양 온 처지라 그 주위에 있는 사람들에게 그가 쓴 문학 작품을 읽어 주지 못하여 낙심한다. 주위에 있는 이들은 라틴어를 모르기 때문이다. 오비디우스에겐 사람들에게 읽히지 못하는 글을 쓴다는 것은 거의 상상도 할 수 없는 일이었다.[28] 그렇다고 그것이 그가 쓰는 일을 멈추게 하지는 않았다. 우리는 심지어 그가 그의 글을 사람들이 모인 자리에서 읽을 수 있게 다른 언어들을 더 배웠다는 것을 발견한다. "그는 심지어 게테어[토미스 원주민이 쓰는 두 언어 가운데 하나]로 시를 썼다."[29] 더구나 그는 그보다 나이 많은 시인들이 사람들이 모인

---

[28] 오비디우스는 (『비가4』에 따르면) 계속하여 글을 쓰길 고집했는데, 이와 관련하여 몇 가지 유익한 고찰을 살펴보려면, Deborah Beth Shaw, "The Power of Assumptions and the Power of Poetry: A Reading of Ovid's *Tristia* 4" (PhD diss., University of California at Berkeley, 1994)를 보라.

[29] LCL 151: xxvii.

자리에서 그에게 읽어 주곤 했던 것을 이야기하고, 이런 경험을 그가 그보다 젊은 세대들을 위해 하는 일과 연계한다. 그가 사람들이 모인 자리에서 글을 읽어온 세월이 얼마나 긴지, 그는 자신이 사춘기가 지나 첫 면도를 했을 때 첫 공동 읽기 사건이 있었다고 회상한다.

우리 연구와 관련이 있는 오비디우스의 또 다른 작품을 계속 살펴봐도, 결과는 마찬가지다. 거기에서도 다른 공동 읽기 사건을 많이 언급한다. 때로 그는 사람들이 서로 글을 읽어 준 것도 언급한다. 또 어떤 때는 오비디우스 자신이 사람들이 모인 자리에서 읽는다—혹은 읽고 싶어 한다. 여기 몇 가지 예가 있다.

> 내가 바로 히메나이우스(Hymenaeus)를 그대의 혼례 횃불로 이끌고, 그대의 상서로운 연합에 합당한 노래를 불렀던 그 사람입니다. 내가 기억하기에 그대는 그의 책들을 칭송하는 데 사용했지만, 주인에게 해를 입힌 것들은 제외했습니다. 그는 그대가 때로 그에게 읽어 주었던[*legebas*] 글들을 칭송하곤 했으며, 그가 맞은 신부도 그대 집안사람이었습니다. (*Pont*. 1.129-134)

> 그대의 집을 아주 일찍부터 공경했고 지금은 흑해(Euxine) 좌안(左岸)에서 유배 생활을 하고 있는 나소(Naso)가 그대 메살리누스에게, 아직 정복되지 않은 게테족 땅에서, 사람을 직접 만나면 하곤 했던 안부 인사를 전합니다. 오호라! 만일 그대가 그의 이름을 읽으면[*lecto*] 그대는 예전부터 가졌던 침착함을 잃어버리고 나머지 부분을 마저 읽길[*perlegere*] 주저하겠지요. 하지만 끝까지 다 읽고[*perlege*], 나를 추방하듯이 내 말을 쫓아내는 일은 하지 마십시오. 내 시구들은 그대의 도시에 살도록 허락받았습니다. (*Pont*. 2.2.1-9)[30]

---

30 Martin Helzle는 이런 언어유희(*Wortspiel*)가 대단히 중요하다고 말한다: "오비디우스의 서신을 끝까

내 자신이 제시한 연구에서 영감을 얻은 내 젊은 벗이여, 그대가 바로 이 연구를 보고 나를 기억하게 되었는지 내게 말해 주십시오. 그대는 그대가 새로 지어진 시를 그대의 벗들에게 낭독해 줄[recitas] 때나, 그대가 종종 그리하는 것처럼, 그대의 벗들에게 낭독해 보라고[recitent] 권고할 때마다, 나를 빠뜨리면, 결국 그대의 지성은 때로, 비록 뭐가 빠졌는지는 잊어버리겠지만, 적어도 그 시의 일부가 빠졌다는 것을 느끼겠지요? 그대는 내가 있는 자리에서는 나에 관하여 종종 이야기하곤 했는데, 그렇게 한 것처럼 이제는 나소의 이름도 그대 입에 올리겠군요. (Pont. 3.3.37-43)

강한 왕들의 가장 강한 음유 시인인 세베루스여, 그대가 지금 읽는[legis] 것은 줄곧 수염도 깎지 않고 머리도 다듬지 않는 저 게테족 땅에서 나온 것입니다. 만일 그대가 나에게 진실을 말하게 허락해 주신다면—나는 여태까지 내 책에서 그대 이름을 전혀 언급하지 않은 것이 부끄럽습니다. 그러나 운율이 없는 서신들도 우리 사이의 친교라는 그들의 사명을 쉼 없이 이행했습니다. 나는 그대의 사려 깊은 보살핌을 증언했으며, 그대에게 시만 주지는 않았습니다. 내가 왜 그대가 직접 지은 것들을 주어야 했을까요? 누가 아리스타이우스에게 꿀을 바치고, 바쿠스에게 팔레르누스 포도주를 바치며, 트립톨레모스에게 곡물을 바치고, 알키누스에게 과일을 바치겠습니까? 그대는 생산력이 있는 마음을 갖고 있습니다. 헬리콘을 다루는 이들 가운데 어느 누구도 더 풍성한 수확을 보여 주지 못합니다. 이런 사람에게 시를 보낸다는 것은 숲에 나뭇잎을 더하는 것과 같을 것입니다. 세베루스여, 내가 늦어진 건 그 때문입니다. 그러나 내 재능은, 옛날과 달리, 그런 요구에 부응하지 못합니다. 이

지 읽지 않는 이는 그 서신을 그 저자와 함께 내쫓아 버린 것이다"[Wer nicht durchliest(*perlegere*), relegiert(*perlege*) Ovids Schreiben mit seinem Autor]. *Ovids* Epistulae ex Ponto: *Buch I-II Kommentar* (Heidelberg: Universitätsverlag C. Winter, 2002), p. 270.

는 내가 무뎌도 너무 무딘 쟁기로 이 해안의 황무지를 갈고 있기 때문입니다. 침니(沈泥)가 수로를 막고 격노한 물이 막힌 샘 안에 머물 듯이, 내 생각도 불행이라는 침니에 상처를 입었으며, 내 시구는 더 좁아진 정맥을 따라 흐릅니다. 만일 어떤 이가 호메로스 그 사람을 이 땅에 가둬 놓았다면, 그대에게 확언하건대, 호메로스 그 사람도 게테족 사람이 되었을 것입니다. 이런 심정을 털어놓는 사람을 용서하십시오. 그러나 나는 무언가를 탐구할 때 고삐를 늦추었으며, 내 손가락은 서신의 출처를 거의 밝혀내지도 않습니다. 한때는 내게도 시인의 심상을 자극하던 것, 시인의 심상을 보살피던 유모가 있었지만, 이제는 떠나 버렸습니다. 내 뮤즈는 이제 거의 나와 함께하지 않습니다. 내가 서판(書板)을 들면, 뮤즈는 거의 억지로, 마지못해 그 손을 내 서판에 올립니다. 나는 글을 쓰는 기쁨이 거의, 아니 전혀, 없습니다. 운율에 맞춰 말을 구사하려는 열의도 전혀 없습니다. 내가 이런 일에서 아무런 이득도 얻지 못하다보니 결국 이 일이 내 불행의 근원이 된 것인지, 아니면 어둠 속에서 헛되이 리듬에 맞춰 몸짓을 하는 것과 그대가 아무에게도 읽어 주지[legas] 못할 시를 짓는 것이 똑같은 것인지 모르겠습니다만, 아무튼 내 형편은 그렇습니다. 들어주는 이는 열정을 불러일으키고, 탁월함은 칭송과 더불어 성장하며, 명성은 강한 자극을 소유합니다. 이런 곳에서 내가 지은 글을 낭독해 줄 [recitem] 이라곤 노란 머리를 가진 코랄루스족(Coralli) 혹은 저 거친 다뉴브강 유역(Hister)에 사는 다른 부족들 외에 또 누가 있겠습니까? 그러나 내가 이 고적한 곳에서 무엇을 하겠습니까? 무슨 소일거리로 이 비참한 여가를 보내며 하루를 보내겠습니까? 포도주나 사람을 속이는 주사위 놀이가 언제 시간이 흘러갔는지도 모르게 시간을 빼앗기도 합니다만, 저는 그런 것에 마음을 빼앗기지도 않고, 경작으로 땅을 새롭게 만드는 것에서도 즐거움을 얻지 못합니다─그러나 참혹한 전쟁이 허락한다면 저도 그런 일을 즐거워하겠지요. 이러니, 차가운 위로인 뮤즈─제게는 이 여신들이 딱히 상찬을 받을 만한 이들이 아닙니다—외에는 달리 남아 있는 게 없습니다. 그러나 당신은 아오니아의 샘물을 더 행복하게 꿀떡꿀떡 들이켜고, 당신에게 이득을 안겨 주는 것을 계속하여 열렬히 추구합니다. 뮤즈 숭배가 올바르니 그대로 예배하시고, 내가 읽게[legamus] 당신이 근래 힘써 쓴 작품을 여기로 보내 주십시오. (Pont. 4.2)

이 기록은 오비디우스가 마지막으로 남긴 말 가운데 일부다. 그러나 매슈 맥고원이 설득력 있게 주장하듯이, "오비디우스는 자신을 유배시킬 수 있는 **프린켑스**(princeps: 으뜸가는 시민이라는 말로 사실상 황제였던 아우구스투스가 겸양을 나타내고자 황제라는 말 대신 썼던 말이다—옮긴이)의 권력보다 불멸을 안겨 주는 시의 힘이 위에 있음을 주장한다."[31] 오비디우스는, 글이 있는 곳이면 그곳이 유배지이든, 로마이든, 어디이든, 공동 읽기 사건이 여전히 일어나고 있고, 앞으로도 계속 일어나리라 생각한 것 같다.

마르티알리스(기원후 40년경-102년경)

마르티알리스(Martial)는 스페인 빌빌리스에서 태어났고, 십중팔구는 거기서 죽은 것 같다. 그는 거의 평생 지독히 가난했으며, 그가 쓴 글을 팔아 생계를 꾸렸다. 그가 채용하는 문학 형식은 경구다. 경구를 활용한 풍자 작가였던 마르티알리스는 "그의 글이 가진 본질과 그의 글이 사회에서 하는 역할을 묘사하는 픽션을 죽 이어 쓴 시나리오들을 풍성히 펼쳐 보인다."[32] 루크 로만(Luke Roman)에 따르면, "경구는 특정한 사회 정황에 바탕을 두고 즉시

---

31 McGowan, *Ovid in Exile*, p. 203.
32 Luke Roman, "The Representation of Literary Materiality in Martial's *Epigrams*", *JRS* 91 (2001): pp. 113-145, 이 부분은 p. 113. 아울러 마르티알리스의 책이 코덱스 형태를 띠고 있음에 관하여 로만이 제시하는 중요한 관찰 의견과 그 형태가 암시하는 의미를 살펴보라(p. 127).

사용하는 데 초점을 맞춘 문학 형태로서 그 수명이 짧다.…경구 안에서 만들어진 말들이 대부분 농담이라는 범주에 어느 정도 속하지만, 그렇다고 이런 농담이 진지한 내용을 가질 수는 없다는 의미는 아니다."[33] 대체로 보면, "[마르티알리스는] 겉보기에 특이하지 않은 평범한 인물과 상황을 다루면서, 그를 둘러싼 삶을 묘사하는 경향이 있다."[34] 윌리엄 피츠제럴드(William Fitzgerald)도 비슷한 말을 한다. "나는 이 책이 (통일성은 아니어도) 일관성을 갖고 있음을 보여 주고 싶다. 이 일관성은 이 책에서 다양한 형태로 무리지어 나타나면서 거듭거듭 되풀이되는 주제들에서 나타난다."[35] 사람들은 마르티알리스를 이탈리아 사람에 포함시킨다. 그가 거의 34년을 로마에서 살았고, 그가 쓴 경구가 대부분 로마에서 쓴 것이거나 로마와 로마 주위에서 보낸 삶을 자세히 다룬 것이기 때문이다.

여기서 인용한 첫 두 경구는 긴밀히 연결되어 있으며 동일인을 다룬다.

피덴티누스여, 그대가 내 작은 책들을[libellos] 사람들 앞에서[populo] 마치 그대가 쓴 책인 것처럼 낭독한다는[recitare] 소문이 들리네. 그대가 내가 쓴 시라 불리는 시들을 원한다면, 그대에게 거저 보내 주겠네. 그대가 그 시들이 그대가 쓴 시라 불리길 원한다면, 내 소유권을 사게. (Epig. 1.1.29)

피덴티누스여, 그대가 낭독하는[recitas] 작은 책은 내 것이네. 그러나 그 책을 엉터리로 낭독하면[recitas], 그때부터 그 책은 그대 것이네. (Epig. 1.1.38)

마르티알리스는 이 두 텍스트에서 사람들에게 그가 쓴 작품을 낭독한 표

---

33 Ibid., p. 113와 pp. 117-118에서 각각 인용한 말.
34 LCL 94: 4-5.
35 *Martial: The World of the Epigram* (Chicago: University of Chicago Press, 2007), p. 69.

절자 피덴티누스를 다룬다(참고. 1.52, 53, 66, 72). 마르티알리스가 나중에 내놓은 작품에서는 표절을 거의 언급하지 않았으면서 1권에서는 표절을 빈번히 언급한다는 것은 마르티알리스가 그의 작품을 출간하고 있었으며 사람들은 그의 작품이 출간되면 곧바로 그 작품을 읽고 있었음을 시사한다.[36] 더구나, 마르티알리스는 여기서 그의 작품을 필사한 이(더 아래를 보라)가 그 자신이 팔거나 다른 책 판매자에게 공급한 사본에 더하여, 마르티알리스가 다른 이들에게 거저 나눠줄 수 있도록 사본을 여유 있게 더 만들었음을 시사한다.

마르티알리스가 그의 작품을 읽고 있는 사람으로 알고 있던 이는 분명 피덴티누스만이 아니다. 마르티알리스는 계속하여 이렇게 말한다. "그대는 나더러 내 경구를 낭독하여[recitem] 그대에게 은덕을 입혀 달라 하오. 그러나 나는 그런 일을 하지 않겠소. 켈레르여, 그대가 원하는 건 경청이 아니라, 낭독하는 것[recitare]이오"(Epig. 1.1.63). 마지막 문구는 마치 켈레르가 자신의 작품을 마르티알리스에게 읽어 주길 원하는 것처럼 이해할 수도 있지만, 마르티알리스가 같은 작품에서 이와 비슷한 언급을 했던 예를 특별히 고려해 볼 때, 켈레르가 마르티알리스의 작품을 마치 자기 작품처럼 사용하고 싶어 한다는 의미일 가능성이 더 높다. 더구나 마르티알리스는 사람들이 비단 그의 작품뿐 아니라 다른 저자들이 쓴 작품에도 같은 일을 저지르고 있음을 알았다. 주요 사례가 경구 66에 나온다.

탐욕에 젖어 내 책을 훔친 도둑이여, 그대는 실수한 거요. 남의 작품을 베끼는 수고에 싸구려 파피루스[scriptura quanti constet et tomus vilis]만 있으

---

[36] Peter Howell, *A Commentary on Book One of the Epigrams of Martial* (London: Athlone, 1980), p. 168.

면 시인이 된다고 생각하다니! 박수갈채는 6세스테르티우스나 10세스테르티우스로 얻을 수 있는 게 아니오. 그대는 개인이 사사로이 보려고 쓴 미출간 작품, 첫 시상(詩想)을 적은 종이의 어버이[virginis pater chartae]만이 아는 시로서, 그 어버이가 자기 책 상자[scrinioque] 안에 넣고 봉인해 둔 작품, [둘둘 마는 동안에] 단단한 턱으로 말미암아 마모되지 않을 작품을 찾아야 할 거요. 유명한 책은 저자를 바꿀 수 없소. 그러나 만일 그대가 그 표면을 부석으로[pumicata] 아직 부드럽게 연마하지 않은 책, 장식과 양피지 표지로[membrana] 장정하지 않은 책을 발견하면, 그 책을 사시오. 나는 그런 책이 있소. 그리하는 이보다 현명한 이는 없을 것이오. 누구든지 다른 이의 작품을 낭독하고[recitat] 그것으로 명성을 얻고자 하는 자가 사야 할 것은 책이 아니라 침묵이오. (Epig. 1.1.66)

마르티알리스는 다음에 나오는 이 경구에서 그의 책 길이를 조롱한다. 우선, 그 같으면 그보다 세 배는 길게 쓸 수 있었겠지만, 그렇게 길게 쓰면 독자들이 읽기를 단념하고 만다. 그런가 하면, 독자들은 책이 너무 짧아도 지루해할 수 있다. 어쨌든, 패트리샤 라래쉬(Patricia Larash)는 이렇게 말한다. "마르티알리스는 [이곳과 다른 곳에서] 저자라면 독자들이 자기 작품을 읽어 주길, 그것도 눈대중으로 쓱 훑고 넘어가기보다 철저히 읽어 주길 선호한다는 것을 분명히 한다."[37] 더욱이 마르티알리스는 실제로 이런 공동 읽기 사건이 벌어질 만한 정황을 언급한다. 연회 자리가 그것이다. 뤼르드 나우타(Ruurd Nauta)는 이런 공동이라는 측면을 강조하면서, "연회 참가자는 조용히 글을 읽으려 하지 않고, 그의 술친구들에게 큰 소리로 글을 읽어 주

---

37 "Martial's *Lector*, the Practice of Reading, and the Emergence of the General Reader in Flavian Rome" (PhD diss., University of California at Berkeley, 2004), p. 181 n. 432.

길 원할 것이다"라고 말한다.[38] 마르티알리스는 이렇게 써 놓았다.

> 그대는 300개 경구를 참아 낼 수 있지만, 누가 그대를 참아 내며 그대에게 내 책을 끝까지 다 읽어 줄지[*perlegeretque*]? 자, 이제 내가 작고 알찬 책[*libelli*]의 미덕을 그대에게 말해 볼 테니, 허락해 주길 바라오. 첫째는 종이[*charta*: 당시는 종이가 없던 시대이나 편의상 종이로 번역한다—옮긴이]를 덜 쓴다오. 둘째는 필사자도 한 시간이면 책 내용을 다 쓸 수 있으니, 내 시시콜콜한 이야기까지 쓰느라 자기 시간을 다 허비하지 않아도 된다오. 셋째, 만일 그대가 누군가에게 그 글을 읽어 주게 된다면[*legeris*], 그대는 철저히 나쁜 사람이 될 수는 있겠지만, 듣는 이들을 지루하게 하는 이는 되지 않을 것이오. 그대 손님[*te conviva*]이 내려놓은 잔에 든 다섯 홉 술이 다 섞이면 그 손님이 글을 그대에게 읽어 주겠지만[*leget*], 그 전에 그 잔은 식기 시작한다오. 그렇게 글이 짧으면 그대가 안전하리라는 생각이 들지 않소? 아, 그렇게 써도 그대의 글이 길다고 생각하는 사람이 아주 많을 것이오! (*Epig.* 1.2.1)

그러나 마르티알리스는 또 다른 경구에서 자신의 글을 읽은 일을 다룬다. 크레이그 윌리엄스(Craig Williams)는 이렇게 지적한다. "결국 이 경구의 핵심 뒤에 자리한 것은 마르티알리스가 카이킬리아누스의 습관을 꿰뚫어 보고 있다는 것이다. 카이킬리아누스는 마르수스(Marsus)와 카툴루스(Catullus)의 글을 읽는데, 이는 마르티알리스에게 찬사를 바치지 않고 도리어 마르티알리스의 시가 앞의 두 시인과 비교당하는 수모를 겪게 하려 함이다."[39] 그 기

---

38 *Poetry for Patrons: Literary Communications in the Age of Domitian* (Leiden: Brill, 2002), p. 93.
39 Craig A. Williams, ed., *Martial*, Epigrams, *Book Two* (Oxford: Oxford University Press, 2004), p. 227.

록은 이렇다.

> 카이킬리아누스여, 누가 그대보다 친절하겠소! 나는 알아차렸소. 내가 내 작품에서 시구를 몇 읽으면[lego], 그대는 부리나케 마르수스나 카툴루스의 작품을 낭송한다는[recitas] 것을. 이는 내게 호의를 베푸는 것이오? 마치 내 작품보다 못한 작품을 읽음으로써[legas] 내 작품이 더 훌륭하다는 말을 듣게 하려고 그러는 것이오? 나는 그렇게 믿소이다. 하지만 나는 그래도 그대 카이킬리아누스가 그대 자신이 쓴 작품을 읽기를[recites] 바라오. (Epig. 1.2.71)

마르티알리스는 뒤에 나오는 아주 짧은 경구에서 쓴 글은 모두 사람들 앞에서 읽으려고 쓴 것이라 말한다. 그는 "킨나(Cinna)가 나를 험담하는 시를 쓴다는 말이 들린다"고 말한다. "어느 누구도 읽지[legit] 않는 시를 쓰는 이는 아무도 없다"(Epig. 1.3.9). 사람들이 모인 자리에서 이런 시를 읽는 일이 빈번했기 때문에, 마르티알리스도 리구리누스라는 사람의 귀찮은 공동 읽기 습관에 관한 이야기를 나눈다. 그는 이렇게 더 긴 글을 써 놓았다.

> 리구리누스여, 사람들이 왜 아무도 그대를 만나길 좋아하지 않는지, 그대가 어디든 가기만 하면 사람들이 달아나 거대한 고독이 그대를 에워싸는지, 그 이유를 알고 싶소? 그대는 시인 노릇을 해도 너무 지나치게 하는구려. 이것은 아주 위험한 잘못이오. 차라리 새끼를 도둑맞은 바람에 잠이 깬 암호랑이도, 한낮의 태양에 달궈진 독사도, 독이 있는 전갈도 그대만큼은 두렵지 않소. 나는 그대에게 묻소. 대체 누가 그런 시련을 견뎌 내겠소? 그대는 내가 서 있을 때도, 내가 앉아 있을 때도, 내가 달릴 때도, 심지어 내가 변을 눌 때도 내게 글을 읽는구려. 나는 견딜 수 없어 목욕탕으로 도망치지만, 거기에서

도 그대의 글 읽는 소리가 내 귀에 쟁쟁 울리오. 나는 수영장으로 가지만, 거기에서도 수영을 하지 못하오. 부리나케 저녁을 먹으러 가지만, 그대는 내 길을 가로막소. 내가 저녁 자리에 도착하여 밥을 먹으면, 그대가 나를 쫓아내오. 피곤하여 눈을 잠깐 붙이면, 그대가 누워 있는 나를 깨우는구려. 그대는 자신이 얼마나 큰 해를 끼치는지 알기나 하오? 그대는 정의롭고, 올곧으며, 죄 없는 이인데, 나는 그런 그대가 무섭소. (*Epig.* 1.3.44)

사실, 아무에게나 어디서나 닥치는 대로 글을 읽는다는 리구리누스의 평판이 아주 나빠서, 바로 뒤에 나온 경구도 이렇게 묘사한다.

포이부스(Phoebus)가 티에스테스(Thyestes)의 저녁 식사 자리에서 도망쳤는지, 어쨌는지, 나는 모르오. 그러나 우리는 그대 리구리누스의 식사 자리에서는 달아난다오. 사실 그대의 식탁은 우아하오. 진수성찬도 그런 진수성찬이 없을 것이오. 그러나 그대가 글을 낭송하면[*recitante*] 이 세상에 있는 어느 것도 즐겁지 않소. 나는 그대가 가자미나 1킬로그램이나 되는 숭어로 나를 대접하는 걸 원치 않소. 버섯도 싫고 굴도 싫소이다. 그대가 입만 닥치면[*tace*] 그걸로 족하오. (*Epig.* 1.3.45)

마르티알리스는 이 두 글이 충분치 않았는지, 리구리누스가 주관하는 공동 읽기를 헐뜯는 경구를 하나 더 기록해 놓았다.

리구리누스여, 다른 이유는 없고 그저 그대의 시들을 낭송하는 것[*recites*]이 바로 그대가 나를 저녁 식사에 초대하는 이유이구려. 내가 슬리퍼를 벗자마자, 상추와 신 소스 가운데서 엄청난 분량의[*ingens*] 시가 들어온다오. 첫 번째 코스를 다 먹지도 않았는데, 또 다른 시가 다 낭송되었구려[*perlegitur*].

그리고 세 번째 시를 낭송하는데, 후식은 아직 오지도 않았소. 그런데 그대는 네 번째 두루마리를 읽고, 급기야 다섯 번째 두루마리[librum]까지 읽는구려. 그대가 만일 이런 누린내 나는 돼지고기를 내게 자주 대접한다면, 악취가 날 것이오. 리구리누스여, 그대가 만일 이 빌어먹을 시들을 고등어에게 던져 주지 않는다면, 장차 그대는 집에서 혼자 밥을 먹게 될 것이오. (Epig. 1.3.50)

마르티알리스는 또 다른 책에서 모든 이가 그의 작품을 읽으며, 심지어 젊은 부인들도 그들의 남편 앞에서 그의 작품을 읽는다는 보고를 들었다고 말한다. 우리 연구에 더 중요한 사실은 이런 일이 로마에서 멀리 떨어진 론강(Rhone River) 유역 비엔느(Vienne)에서 벌어졌다는 것이다. 그는 이렇게 써 놓았다. "그 보고가 참인지 모르겠으나, 아름다운 비엔느가 내 작은 책들을 대단히 좋아한다는 말이 있다. 거기 사는 모든 사람이, 노인과 젊은이, 소년은 물론이요, 유덕한 젊은 여인도 무뚝뚝하고 엄한 그의 남편 앞에서, 내 작품을 읽는다[legit]"(Epig. 2.7.88).

마르티알리스가 암시하듯이, 이 보고가 완전히 정확하지 않을 수도 있다. 아울러 마르티알리스가 그의 글에서 과장법을 사용하기로 유명하다는 것도 사실이다. 그러나 농담 속에도 진실을 말하고 진지함을 담은 요소가 있을 수 있다. 예를 들면, 그가 주장하는, 그의 글의 배포 범위를 언급한 네 경구가 여기 있다.

만일 그대가 카이시우스 사비누스를 잘 안다면, 그러니까 내 벗인 아울루스 푸덴스와 같은 고을 사람으로서 언덕이 많은 움브리아를 멋지게 만들어 준 작은 책, 카이시우스를 안다면, 그가 설령 바빠도, 그대는 이것들을 그에게 주었을 것이오. 그를 억압하고 포위한 근심거리가 수도 없이 많지만, 그래도 그에겐 내 시를 읽을 시간이 있을 것이오. 그는 나를 사랑하고 투르누스가 쓴 유명한 작은 책들[libellis] 다음으로 내 글을 읽기 때문이오. 오, 얼마나 영광이오! 팬들은 또 얼마나 많소! 저녁 식탁, 포럼, 교차로, 주랑(柱廊), 가게가 그대를 언급할 것이오. 누군가에게 그대 책을 보내면, 모든 이가 그대 책을 읽을 것이오. (Epig. 2.7.97)

어떤 사람, 그러니까 내가 가장 친애하는 율리우스가, 로마에서도 내 글을 읽는다는 말에 질투가 가득하여 터질 지경이다. 그야말로 질투로 가득 차 있다. (Epig. 2.9.97)

라불루스여, 내가 그대를 데리고 나갔다가 다시 집으로 데려올 때, 내가 그대의 잡담에도 귀를 빌려주고 그대가 무엇을 말하거나 무엇을 행하든 다 칭송할 때, 얼마나 많은 시구가 탄생할 수 있었을까! 그대는 로마가 읽고 나그네들도 요구하는 것, 기사들이 조롱하지 않는 것, 원로원 의원들이 암기하는 것, 법률가들이 칭송하는 것, 시인들이 비평하는 것, 바로 그것이 그대 때문에 낭비되는 것을 손실이라고 생각하지 않는가? 라불루스여, 이것이 옳소? 어느 누가 그것을 지지하려 하겠소? 그렇게 하여 그나마 얼마 되지도 않는 그대의 고객을 늘린다 한들, 내 책 숫자가 적어지겠소? 나는 거의 30일 동안 겨우 한 쪽을[pagina] 마쳤소이다. 어떤 시인이 집에서 식사하길 원하지 않을 때는 그렇고 그런 사정이 있는 법이오. (Epig. 3.11.24)

만일 우연히 (바랄 수 없는 일이겠지만) 그에게 남는 시간이 있으면, 내 시구들을 직접 지도자에게 건네주고 내 졸저를 "당신의 로마가 이를 읽습니다"라는 단 네 단어로 추천해 달라고 그에게 부탁해 주시구려. (Epig. 3.12.11)

이런 불만이 얼마나 정확한지 가늠하기가 어렵지만, 마르티알리스는 적어도 그의 일상생활 때문에 더 이상 글을 쓸 수가 없다는 말까지 털어놓는다. 그는 자기 글이 널리 퍼졌을 수도 있다고 추측한다. 그가 설령 어느 정도 과장하여 말하고 있다 할지라도, 이 경구 하나하나는 그의 작품이 공동 읽기 사건 속에 포함되었을 수 있음을 암시한다. 달리 말하면, 그가 몇몇 경구에서 제시하는 추측은 사람들이 그의 작품을 살 수 있다는 것, 그의 글이 상당히 읽기 쉽고, 갖고 다니기도 쉬우며, 낭독하기도 쉽다는 것, 그리고 사람들이 그의 글을 사람들이 모인 자리에서 읽는다는 것이다.

페르시우스(기원후 34년경-62년경)

페르시우스(Persius)는 에트루리아(이탈리아 중앙부) 볼라테라이(Volaterrae)에서 태어나, 열두 살쯤에 로마로 이주했다. 우리 연구서에 유일하게 포함시킨 그의 글은 "그 책 시작 부분에 있는 표제 시"[40]인데(Satire 1), 이것이 그의 유일한 현존 작품의 시작 부분이다. 롭판(Loeb edition)이 페르시우스의 작품을 소개한 글은 이 풍자 작품에서 드러나는 문학 활동에 대한 페르시우스의 태도를 강조하면서, "그는 이 풍자 작품에서 작은 청중 혹은 아예 존재하지도 않는 청중에도 만족하는 것으로 보인다"고 소개한 다음, "그는 먼저 관습에 따른 시 평가 기준들을 거부한다"고 소개한다.[41] 그는 한 시인과 가상의 대담자가 나누는 대화를 만들어 내면서, 그런 거부 태도를 그 시의 다양한 부분에서 내보인다. 롭판이 제시하는 설명 전체가 꼼꼼히 살펴볼 가치가 있을 정도로 중요하지만, 우리 연구서에서는 그 서두 부분만 살펴보겠다. 서두 부분을 보면, "그는 마치 시 낭송이 청중을 황홀한 쾌감으로 몰고 가는 섹스 쇼인 것처럼 묘사한다." 아울러 "그들의 글 읽기는 대중오락과 로

---

40 LCL 91: 46.
41 LCL 91: 46.

맨틱한 소설을 떠벌리는 사기 광고다."⁴² 페르시우스는 이렇게 써 놓았다.

> 우리는 사람들과 만남을 끊고 칩거하며 어떤 큰 작품을 쓴다. 하나는 시요, 다른 하나는 산문인데, 큰 폐활량을 가진 사람만이 겨우 숨을 헐떡거리며 말할 수 있을 정도로 큰 작품이다. 물론 그 작품이 바로 그대가 음료로 그대의 나긋나긋한 목을 헹군 뒤, 단상에 있는 그대의 자리에서 사람들에게 마침내 읽을 작품이다. 그대는 머리를 깔끔하게 빗고 새 토가를 입으며, 머리부터 발 끝까지 온통 흰옷으로 차려입고 손에는 호마노(sardonyx)로 만든 생일 반지를 끼지만, 그대 몸은 힘이 없고 눈은 쾌감에 취해 있다. 그대가 그 시를 읽으면, 그 시는 사람들의 엉덩이로 들어가고, 그들의 깊디깊은 속 부분은 그 시의 진동으로 말미암아 자극을 받는다. 그러면 그대는 체구가 큰 두 티투스가 덜덜 떨고, 그 둘의 기품 있는 자세와 고요한 목소리가 사라져 버림을 볼 수 있다.…그러나 사람들이 그대를 가리키며 "저게 그 사람이다!"라고 말하는 소리를 듣는 것은 훌륭한 일이다. 곱슬머리 소년 백 명의 받아쓰기 교과서[dictata]가 되는 것이 그대에겐 아무 가치 없는 일인가? (Sat. 1.13-30)

가이 리(Guy Lee)와 윌리엄 바(William Barr)는 이렇게 주석한다. "페르시우스는 이 풍자 작품 대부분(13-106절)을 당대 로마 문학계를 비뚤어진 시선으로 바라보는 데 사용한다."⁴³ 분명 이 글은 공동 읽기 사건이 널리 퍼져 있었다고 단정하며, 페르시우스는 이런 공동 읽기 사건을 부정적인 시선으로 바라본다. 그가 묘사하는 장면을 보면, "모든 이가 글을 쓰고 글을 낭독한다. 청중은 음란한 쓰레기를 평하는 사악한 평가에 우물쭈물한다."⁴⁴ 이

---

42 LCL 91: 47.
43 *The Satires of Persius* (Liverpool: Francis Cairns, 1987), p. 66.
44 Ibid., p. 69.

는 유베날리스의 첫 풍자와 다소 비슷하다. 유베날리스는 거기서 사람들이 공중 앞에서 낭독하는 책을 조롱하면서, 그것이 로마에서 살아가는 삶의 가장 추악한 측면 중 하나라고 불평한다(아울러 유베날리스의 일곱 번째 풍자 작품을 참고하라).[45] 더구나, 토가, 목청 가다듬기, 높은 자리를 언급한 말처럼, 공동 읽기 사건과 관련된 추가 요소들을 언급한 말은 모두 낭독의 목적이 무엇인지 강조하며, 청중이 낭독자로 말미암아 아주 쉬이 분노하거나 기뻐했음을 강조한다.[46] 하지만 여기서 중요한 핵심은 그가 그의 시대에 공동 읽기 사건이 아주 널리 퍼져 있다고 써 놓았다는 것이다.

디온 크리소스토모스(기원후 40/50-110/120년경)

디온 크리소스토모스(Dio Chrysostom)가 쓴 모든 작품의 정확한 저작 연대는 분명하지 않지만, 그를 우리 연구서에 포함시킨 이유는 그가 1세기에 글을 썼고, 『담화』 44(*Discourse* 44) 같은 그의 몇몇 작품은 1세기에 쓴 작품이라고 상당히 확실하게 이야기할 수 있기 때문이다.[47] 더구나, 크리스토퍼 퍼먼(Christopher Fuhrmann)은 이렇게 주장한다. "어떤 웅변은 웅변가 본인의 허락도 받지 않고 제멋대로 출간해 버린 청중들 때문에 어려움을 겪었을 수도 있다(*Or*. 42.4-5를 보라). 텍스트를 출간하려 할 때는 저자 자신이 텍스트 대부분을 다듬었을 가능성이 높다.…그럼에도 나는 여기서 논하는 텍

---

45 Oleg Nikitinski는 저자가 *dictata*라는 말을 사용한 것과 관련하여, 이렇게 써 놓았다. "받아쓰기 교과서(오로지 복수로만 쓴다)는 (명제, 규칙, 시, 기도 등등처럼) 선생이 제자에게 받아 적고 익히게 했던 모든 것을 말한나" [dictata(plurale tantum) sunt omnia(ut theses, praecepta, carmina, orationes, etc.) quae magistri discipulis scribenda ediscendaque tradunt]. *A. Persius Flaccus Saturae: accedunt varia de Persio iudicia saec. XIV-XX* (München: K. G. Saur, 2002), p. 65. 참고. R. A. Harvey, *A Commentary on Persius* (Leiden: Brill, 1981), p. 26.
46 공동 읽기 사건과 유사한 점을 더 많이 살펴보려면, Harvey, *A Commentary in Persius*, pp. 16-23를 보라.
47 "내부 증거로 보아 이 담화는 기원후 96-97년 겨울에 배포된 게 십중팔구 확실하다." LCL 376: 189.

스트 대부분이 특별한 경우에 말로 발표했던 텍스트에 상당히 가깝다고 제시하는 것이 대체로 무난하다고 생각한다."[48]

디온 크리소스토모스는 심포지움에 참석하는 것이 어떤 것인지 논한다. 여기서 그는 그가 그저 와서 술이나 많이 퍼마시고 사람들과 노닥거리러 오는 사람들이라 말하는 이들, 곧 첫 번째 무리의 사람들에 초점을 맞추려 한다. 그는 이 범주의 사람들을 가리켜 이렇게 말한다. "이들은 자신들과 같이 식탁에 모여 앉은 이들을 청중이라 느끼면서, 어리석고 지루한 말을 떠벌린다[διατίθενται]"(Or. 27.3).

디온 크리소스토모스는 또 다른 에피소드에서 글을 혼자 읽기보다 사람들이 모인 자리서 함께 읽는 것이 나은 이유를 설명한다. 실제로 그는 글을 혼자 읽는 것이 경솔한 읽기 방법이라 결론 지으면서, 공동 읽기 습관에 더욱 초점을 맞추고 이를 독려한다. 그는 이렇게 써 놓았다.

그러므로 시인들을 생각해 봅시다. 나는 여러분에게 희극 작가 가운데에서도 메난드로스를, 그리고 비극 작가 가운데에서는 에우리피데스를 아주 꼼꼼히 읽으라고[ἐντυγχάνειν] 권하렵니다. 그렇게 할 때, 이들의 작품을 건성건성 혼자 읽지[ἀναγιγνώσκοντα] 말고, 다른 이들을 시켜 여러분에게 읽어 주게 하십시오. 기왕이면 그 작품의 글귀들을 유쾌하게 읽어 줄 줄 아는 [ἐπισταμένων] 사람들을 시켜 읽게 하는 게 좋겠습니다. 그렇게 하면 적어도 해를 입지는 않을 겁니다[ἀλύπως ὑποκρίνασθαι]. 글을 읽을 때 선입견에 매이지 않으면 글을 읽는[ἀναγιγνώσκειν] 효과가 커지기 때문입니다. (Or. 18.6-7)

---

[48] "Dio Chrysostom as a Local Politician: A Critical Reappraisal", in Aspects of Ancient Institutions and Geography, ed. Lee L. Brice and Daniëlle Slootjes, IE 19 (Leiden: Brill, 2015), pp. 161-176, 이 부분은 pp. 161-162.

그는 계속하여 자신이 메난드로스의 희곡보다 나은 작품을 언급하지 않는 한 이유를 이렇게 말한다. "이는 의사들이 환자들에게 가장 비싼 식단을 처방하지 않고, 이로운 것을 처방하기 때문입니다"(Or. 18.7). 이런 설명은 어떤 이가 얼마나 비싼 음식을 먹느냐보다 음식을 먹고 있다는 사실 자체가 중요할 때도 있음을 일러 주는 것 같다. 그는 이를 읽기와 관련지어 이야기하면서, 훨씬 더 못한 작품이라도 즐겁게 읽을 수 있으며, 특히 사람들이 공동으로 잘 읽으면 읽는 기쁨이 커질 수 있다고 주장하는 것 같다. 위에서 언급한 첫 번째 조건은 어떤 이가 혼자 어떤 텍스트를 끝까지 읽어 가는 것을 일컫는 것 같지만, 그는 다른 누군가가 그 텍스트를 또 다른 사람이나 사람들에게 읽어 주는 것을 선호한다. 어떤 작품을 아주 잘 아는 사람더러 그 작품을 읽게 하는 것이 분명 더 바람직할 수도 있다. 그러나 이는 당위의 문제라기보다 선호의 문제인 것 같다. 더구나, ἀλύπως ὑποκρίνασθαι를 함께 묶어 쓴 것에서도 알 수 있듯이, 그것은 단순히 어떤 텍스트를 유쾌하게 읽는 문제, 곧 듣는 이들을 고통스럽게 하지 않고 읽는 문제를 넘어 더 큰 차원의 문제인 것 같다.

디온 크리소스토모스는 그가 쓴 소위 "열여덟 번째 담화: 공중 앞에서 말하기 훈련에 관하여"에서 서로 다른 여러 텍스트를 읽는 것, 그리고 이를 사람들이 공동으로 읽는 것에 적용하는 문제를 재차 논한다. 그는 크세노폰의 『소아시아 원정기』(Anabasis)와 관련하여 몇 가지 중요한 점을 논하면서, 그의 청중에게 크세노폰의 작품을 열심히 읽으라고(φιλοτίμως ἐντυγχάνοις) 독려한다. 이어 그는 공중에게 할 연설을 그 스스로 기록하기보다 다른 누군가에게 불러 주어 받아 적게 하는 것을 좋아한다는 것을 밝히고, 이에 관하여 몇 마디 한다. 그는 거기서 자신의 글을 받는 이—특히 그가 사용하는 유비가 젊은 레슬링 선수 및 젊은 예술가가 활동하는 정황과 관련이 있음을 고려할 때, 아마도 어떤 젊은이가 아닐까 싶다—도 십중팔구는 그가 제시하는 것보다 많은 것을 알 것이라고 말한다. 그런 다음, 디온은 그들이 함께 모여 몇몇 고대 저술가들의 글을 함께 읽고 토론할 수 있어야 하며, 그래야 그들이 그들 분야에서 실력을 키워갈 수 있다고 결론짓는다. 그는 이렇게 써 놓았다.

화가나 조각가에겐 그들이 쓰는 색깔이 이래야 한다, 그들이 긋는 선이 저래야 한다고 말해 주는 것만으로는 충분치 않습니다. 그러나 비평가가 그들이 작업하는 모습을, 그러니까 그림을 그리거나 모델을 보고 조각하는 모습을 살펴볼 수 있다면, 그들은 거기서 가장 큰 도움을 얻습니다. 또 레슬링을 지도하는 선생이 레슬링의 여러 붙잡기 동작의 이름을 일러 주었어도, 그것으로 충분하지는 않습니다. 그 선생은 배우고 싶어 하는 어린 제자들에게 계속하여 그런 동작을 알려 주고 시범을 보여야 합니다. 이와 같은 상담도 마찬가지입니다. 만일 도움이 필요한 누군가가 자신의 조언을 직접 행동으로 보여 주는 사람을 본다면, 그렇지 않을 때보다 훨씬 큰 도움을 받을 겁니다. 제 자신도 만일 여러분이 들을 때 제가 큰 소리로 읽어야 한다면[ἀναγιγνώσκειν], 그리고 그것이 여러분에게 도움이 된다면, 주저 하지 않고 그렇게 할 것이라고 선언합니다. 여러분을 사랑하고 야망을 품은 여러분을 존경하기 때문이요, 여러분이 제게 보여 준 존경에 감사하기 때문입니다. (Or. 18.21)

계속하여 디온 크리소스토모스의 스물세 번째 담화를 살펴보면, 그는 타르수스(Tarsus)에서 열린 어떤 공동 읽기 행사에서 이야기해 달라는 초청을 받았던 것 같다. 그는 그의 담화(διαλέγεσθαι)를 시작하면서, 우선 거기 있는 사람들이 그를 초청했을 만한 이유를 묻는 수사학적 질문을 많이 던진다. 그는 이 일이 있기 전에도 그들이 이미 공동체 읽기 사건을 많이 경험했으리라 추측하면서도, 거기에 "여러분이 사는 땅을 찬미하러" 온 게 아님을 그들에게 확실히 밝힌다. "이와 같은 실연(performance)을 할 때는 많은[μεγάλης] 준비를[παρασκευῆς] 해야 "단상에 올라"[ἰόντων ἐπὶ τοὺς λόγους] 갈 수 있다는 게 그 이유였다(Or. 33.2-3).

그는 계속하여 전에 빈번히 사람들 앞에서 실연했던 사람들은 자신들이 모든 것을 다 안다고 주장하며 실제로 모든 것을 다 아는 것처럼 보인다고 말한다. 그가 이렇게 말하는 이유는 그 사람들이 청중이 원하는 어떤 주제에 관해서도 막힘없이 이야기하기 때문이요, "그렇게 이야기하는 이가 거기서 말을 시작하여, 마치 그 안에서 엄청난 강이 넘쳐흐르듯이, 청산유수처럼 쉬지 않고 어마어마한 말을 쏟아내기 때문"이다. 결국, 청중은 그런 입담에 속아 넘어가고, 그런 말쟁이들이 떠들며 인용하는 말을 비판하고 판단하는 일을 전혀 하지 못한다.

이 때문에, 여러분은 여러분 앞에서 말하는 이의 말을 들으면서, 그가 한 몇몇 말을 검증하겠다는 생각이나 그렇게 박식한 사람을 믿지 못하겠다는 생각은 하찮고 적절치 않다고 여깁니다. 아니, 그의 말을 들으면서, 그가 그렇게 수많은 문구를 숨 한 번 안 쉬고 줄줄줄 이어 가는 것을 들으면서, 그 말의 힘과 전달 속도에 푹 취해 기운을 얻고 아주 행복해 합니다. 껑충껑충 뛰며 내달리는 말들을 지켜보는 사람들처럼 그런 말을 들으며 아주 큰 감동을 받습니다. 경험에 비춰 보면, 그런 말이 여러분에게 전혀 유익을 주지 않는데도, 여러분은 칭송과 탄성을 한가득 뱉어 냅니다. "이런 기회를 갖다니, 꿈을 꾸는 것 같네!" 그러나 말 같은 경우도, 마주(馬主)가 아니라 비천한 노예가 말고삐를 쥐고 말을 통제하는 것처럼 보일 때가 자주 있습니다. (Or. 33.5)

디온은 계속하여 이런 행위가 가짜 의사들이 단골 환자를 모으려고 하는 행위와 다소 비슷하다고 말한다. 이런 가짜 의사들은 그들이 몸에 관하여 아는 것을 전부 말하지만, 진짜 의사는 환자에게 필요한 것만 처방한다. 더구나, 그는 감미롭고 유쾌하게 들리지만 결국은 "뻔뻔함과 거짓과 상스러운 농담으로" 도시 전체를 오염시킨 더러운 시를 작품이랍시고 대중 앞에서 읊을 수 있었던 나쁜 시인이 많았다고 주장한다(Or. 33.10).

디온 크리소스토모스의 서른여섯 번째 담화에는 시인에 관한 대화가 들어 있다. 여기서 한 사람이 내놓은 대답이 중요하기 때문에, 우리가 살펴봐야 한다.

> 또 그는 웃으며 이렇게 말했습니다. "저로 말하면, 다른 시인의 이름은 모릅니다. 여기 있는 분들도 마찬가지이실 거라고 짐작합니다. 왜 그러겠습니까? 우리가 호메로스 외에는 다른 어떤 시인도 믿지 않기 때문입니다. 그러나 호메로스로 말하자면, 여러분은 살아 있는 이들 가운데 그를 모르는 이는 아무도 없다고 말할지도 모르겠습니다. 호메로스야말로 그들의 시인들이 그들의 시에서 다시금 떠올려 주는 유일한 인물이기 때문이요, 호메로스의 시구를 수도 없이 읊조리는 게 그들의 습관이지만, 정작 그들은 언제나 그들의 군대가 전투에 돌입하기 전에 그들 군대의 사기를 북돋울 목적으로 호메로스의 시를 사용하곤 합니다. 마치 라케다이몬의 티르타이오스(Tyrtaeus)의 노래를 활용하곤 하는 것과 마찬가지이지요. 더구나 이 모든 시인은 장님입니다. 이들은 사람이 다른 식으로 시인이 될 수 있다는 것을 믿지 않습니다."(Or. 36.10)

호메로스의 시를 듣지 않은 이가 없는 것만큼은 확실한데,[49] 이는 특히 시인

---

[49] Maren R. Niehoff, "Why Compare Homer's Readers to Biblical Readers?", in *Homer and the Bible in the Eyes of Ancient Interpreters*, ed. Maren R. Niehoff, JSRC 16 (Leiden: Brill, 2012), pp. 3-14를 보라. 아울러 G. H. R. Horsley, *Homer in Pisidia: Degrees of Literateness in a Backwoods Province of the Roman Empire* (New South Wales, Australia: University of New England, 1999); Catherine Hezser, "The Torah versus Homer: Jewish and Greco-

들이 "허다한" 공동체 읽기 사건에서 호메로스 작품을 낭송하기 때문이다. 이뿐 아니라, 어떤 이가 시인이 되고자 하면, 호메로스의 작품을 낭송하는 데 아주 익숙해져야 했던 것도 한 이유였다. 이로 보아 호메로스의 작품은 공동체 읽기 사건에서 얼추 경전과도 같은 역할을 했던 게 틀림없다.[50]

디온 크리소스토모스의 마흔네 번째 담화는 공동체 읽기 사건을 지나가는 말로 또 한 번 언급한다. 이번에는 결론 부분에서 그의 청중에게 자신이 네르바 황제와 주고받은 서신 몇 통을 읽겠다고 선언한다. 그는 이렇게 말한다. "그러나 저는 여러분이 다른 자료에서도 제 의견을 알 수 있게끔, 제가 자신을 방문해 달라는 황제의 초청에 답하여 황제에게 보낸 서신, 그러니까 제가 여러분을 방문해야 하니 황제를 찾아뵙지 못하는 것을 용서해 달라고 요청한 서신, 그리고 황제가 제게 써 보낸 답신을 여러분에게 읽겠습니다[ἀναγνώσομαι]"(Or. 44.12).

디온 크리소스토모스는 또 다른 짧은 작품에서 그의 글을 담고 있는 필사본을 특별히 언급한다. 그는 이렇게 말한다. "양피지로 만든 두루마리를 풀[ἐξελίττειν τὸ βιβλίον] 필요가 없습니다. 그 대신 제가 직접 그 말을 낭독하겠습니다[ἐρῶ]. 이는 사실 그 책이 많은 줄(行)을[πολύστιχον] 담고 있지 않기 때문입니다. 그러나 그 책은 세련된 작품이며, 그 아름다움은 지금도 제 기억 속에 남아 있습니다. 설령 제가 잊어버리고 싶다 해도 잊어버릴 수 없는 작품입니다."[51] 디온의 『머리카락 찬사』(Encomium on Hair)는 책 전체가 몇 페이지이며, "여러분은 거기서 디온의 말을 읽었습니다"라는 말로

Roman Education in Late Roman Palestine", in *Ancient Education and Early Christianity*, ed. Matthew Ryan Hauge and Andrew W. Pitts (London: T&T Clark, 2016), pp. 5-24를 보라.
50 이 담화 전체에 관한 통찰을 더 많이 얻고 싶으면, D. A. Russell, *Dio Chrysostom: Orations VII, XII, and XXXVI* (Cambridge: Cambridge University Press, 1992), pp. 211-247, 특히 pp. 216-218를 보라.
51 LCL 385: 336-337.

끝맺는다.[52]

『증언』(Testimonia)의 내레이터가 디온 크리소스토모스를 소피스트라 규정하자, 디온은 이렇게 쓴다. "그는 철학자가 진지하게 주목할 만한 가치가 있는 헬라어 논문들[συγγράμματα] 가운데 글을 출간한[ἐξενηνοχώς] 뒤에, 결국 소피스트라는 평판을 얻게 되었습니다. 이런 평판에 붙잡힌 그는 결국, 나이가 들어가면서, 그의 첫 작품이 엄숙성을 띠었던 것을 후회하며, 마그나 그라이키아(Magna Graecia: 기원전 8세기 무렵에 그리스 사람들이 건너가 식민지로 삼았던 이탈리아 남부와 시칠리아 지역─옮긴이)와 아시아 지역 극장들에게[θέατρα] 자신의 작품을 받아 달라고 요청하고, 웅변 경연에도 참여했습니다[μελέταις ἐναγωνιζόμενον]."[53] 여기서 언급할 만한 가치가 있는 것이 몇 개 있다. 첫째, 그는 많은 논문을 펴냈다. 둘째, 그는 그의 작품 낭독도 포함되어 있던 많은 경연에 참여했다. 셋째, 이 사건들이 일어난 장소는 이탈리아 남부와 아시아의 유명한 극장들이었던 것 같다.

내레이터는 디온이 한 다른 많은 연설과 담화에 관하여 다양한 세부 내용을 제시하는데, "수박 겉 핥기 식으로 읽는 이[παρέργως ἐντυγχάνοντι]"는 이해하지 못할 수도 있는 내용이 있다. 내레이터는 현존하지 않는 많은 연설을 떠올려 주는데, "여든 개 연설로 구성된" 한 작품도 그런 것 가운데 하나다.[54] 우리 연구와 관련하여 가장 중요하게 살펴볼 세부 내용은 장소와 용어다. 내레이터는 디온이 이런 연설들을 행한 장소로 최소한 아테네, 알렉산드리아, 브루기아의 켈라이나이, 프루사, 로도스, 고린도, 니케아와 니코메디아 사이의 지역 등등을 든다. 내레이터가 늘 분명한 용어를 사용하는 건 아니나, 때로는 누가 봐도 명백한 말을 쓴다. 예를 들면, 그는 이렇게 말한다.

---

52 LCL 385: 342-343.
53 LCL 385: 368-369.
54 LCL 385: 386-387.

"열아홉 번째 [담화]의 제목은 이 담화가 [흑해 연안] 보리스테네스에서 있었다고 일러 주지만, 사실 이것은 디온이 태어난 도시의 사람들 앞에서 읽은[ἀναγνωσθῆναι] 것입니다."[55]

스타티우스(기원후 45-96년경)

스타티우스(Statius)는 기원후 45년에 그리스 도시 네아폴리스에서 태어났으나, 96년경에 세상을 떠날 때까지 생애 대부분을 그곳과 로마 사이에서 보냈다. 그는 다양한 문헌 경연에 참가하여 겨루었는데, 그중에서도 가장 주목할 만한 것은 90년에 알바(Alban)와 카피톨리누스에서 열린 경기대회의 시 분야 경연에 참여한 것이다. 아래 텍스트는 본디 짧은 시 32수를 모아 놓은 그의 작품 『숲』(Silvae)에서 가져왔다. 돈커 마커스(Donka Markus)는 이렇게 써 놓았다. "시인은 『숲』을 가지고 사람들 앞에서 실연을 펼치며 과시하는 전통에 마음을 다하여 참여한다. 당시에는 이렇게 사람들 앞에서 실연을 펼치는 것이 대단히 인기 있는 장르였다."[56]

우리 연구와 직접 관련이 있는 짧은 텍스트는 스타티우스의 추측 가운데 하나를 보여 준다. 그것은, 소녀들을 포함하여, 더 젊은 세대가 스타티우스 자신이 언급하는 문학 작품을 아주 많이 접했다는 것이었다. "온 로마의 젊은이들, 소녀들[puellae]치고, 그의 세련된 시구들을 낭송하지[didicere] 않는 이가 누가 있습니까?"(Silv. 1.2.172-173). 다른 곳에서도 볼 수 있듯이, 이 말에도 분명 어느 정도 과장이 들어 있다. 마찬가지로, 그가 지금 하려는 말이 모든 이가 이 작품의 사본을 가지고 있다는 것인지도 의문이다. 오히려, 그리고 특히 우리 연구에 비춰 보면, 스타티우스가 즉석에서 한 말은

---

55 LCL 385: 396-397.
56 "The Politics of Entertainment: Tradition and Romanization in Statius' *Thebaid*" (PhD diss., University of Michigan, 1997), p. 3.

젊은이들도 이런 작품이 낭독되는 것을 자주 들음으로써 이런 작품을 잘 알게 될 정도로 공동 읽기 사건이 널리 퍼져 있었다는 사실을 반영한 말일 가능성이 크다.

퀸투스 쿠르티우스 루푸스(기원후 1세기경)

퀸투스 쿠르티우스 루푸스(Quintus Curtius Rufus)는 수사학자요 역사가였다. 사람들은 그의 작품들이 티베리우스 치세기에 기록되었다고 본다.[57] 우리 연구서에 들어 있는 두 텍스트는 그의 작품『역사』(Historiae), 그중에서도 특히 알렉산드로스 대왕의 삶을 다룬 기록에서 가져왔다. 얼핏 보면, 이 텍스트는 우리 연구 범위 밖에 있는 것처럼 보인다. 그는 분명 기원후 1세기 전에 일어났을 법한 사건들을 기록하고 있다. 아울러, 존 롤프(John Rolfe)는 이런 설명을 덧붙인다. "『역사』는 역사가의 작품이라기보다 수사학자의 작품 같다. 그의 주된 목표 가운데 하나는 그의 작품 속에 뛰어난 연설들과 사랑의 달콤함이 감도는 사건들을 집어넣는 것이었다."[58] 따라서 이 작품 자체가 1세기에 지어졌다는 점, 그리고 그가 때로 공동 읽기 사건이 오래 이어지고 널리 퍼지는 데 기여한 점을 고려하여, 이 작품을 우리 연구서에 포함하도록 하겠다. 다른 문학적 특징들, 이를테면, 글 전체의 수사가 대체로 훌륭하고, 다채로운 말을 구사하며, 구문과 어휘가 독특하다는 점도 있지만, 쿠르티우스가, 리비우스와 베르길리우스 그리고 호라티우스의 글처럼, 다른 이들의 작품을 체계 있게 사용한다는 점도 이미 어떤 학자가 훌륭히 논증한 특징이다.[59]

첫 번째 에피소드는 티그리스강과 코르두에네 산맥(현재의 아르메니아) 사

---

[57] OCD, p. 400. 참고. LCL 368: xviii-xxii.
[58] LCL 368: xx-xxi.
[59] R. B. Steele, "Quintus Curtius Rufus", AJP 36. no. 4 (1915): pp. 402-423.

이 메소포타미아의 어딘가에서 벌어진 일이다. 그는 이렇게 써 놓았다. "그 때 그리스 병사들에게 그들의 왕을 죽이거나 배반하라고 꼬드기는 다리우스의 서신을 중간에서 가로챘다. 알렉산드로스는 사람들 앞에서 읽어야 [recitaret] 할지 고민했다. 자신을 향한 그리스 병사들의 선의와 충성을 철저히 신뢰하기 때문이었다. 그러나 파르메니온(Parmenion)은 알렉산드로스더러 그리하지 말라고 설득하면서, 병사들의 귀가 그런 약속에 오염되지 않게 해야 한다고 말했다"(1.4.16-17). 알렉산드로스는 간언을 받아들이고, 그 서신을 전체 병사 앞에서 읽지 않았다. 그런 다음, 군영을 떠났다. 그가 비록 그 서신을 전체 병사 앞에서 읽지는 않았지만, 이 내러티브는 그 서신이 회람되고 있었음을 일러 준다. 병사들은 그 서신을 가로채, 읽고, 함께 토론할 수도 있었다. 알렉산드로스에겐 그 서신을 더 많은 사람 앞에서 읽느냐 마느냐라는 선택지가 있었을 뿐이었다.

　이 작품에서 한참 뒤로 가면, 이번에는 마케도니아에서 또 다른 군사 작전을 펼치는 장면이 나오는데, 여기에서도 여러 서신이 돌아다니고, 공동 읽기 사건이 일어나며, 어떤 결정을 내리는 모습이 다시 나온다. 이 장면 중간 부분을 보면, 폴리다마스(Polydamas)라는 이가 왕이 그에게 보낸 두 서신을 읽는다. 그가 두 번째 서신을 읽는 동안, 클레안드로스(Cleander)라는 이가 그를 죽인다. 쿠르티우스는 이 살인이 일어난 직후에 일어난 일을 이렇게 서술했다. "클레안드로스가 병사들의 지휘관들에게 서신을 읽을 기회를 달라고 요구한 뒤, 왕이 보낸 서신들을 병사들에게 읽어 주었다[recitat]. 그 서신들에는 파르메니온이 왕에게 반역하고자 꾸민 음모, 그리고 병사들이 파르메니온에게 꼭 복수해 주길 바라는 알렉산드로스의 기도가 들어 있었다"(2.7.30-31). 이 혼돈의 에피소드에 이어, 모든 병사가 마케도니아에 있는 사람들에게 병사 자신들이 겪은 일을 서신으로 적어 보내라는 요구를 받는다. 알렉산드로스는 이 서신들을 가로채 읽었고, 결국 그 상황을 좋지 않게 적어 보낸 병사들을 철수시켰다.

퀸틸리아누스(기원후 35년경-90년대)

퀸틸리아누스(Quintilian)는 스페인 칼라구리스(Calagurris)에서 태어나, 기원후 1세기를 대부분 살다 간 사람이다. 아울러 그는 (베스파시아누스 황제가 다스릴 때) 로마에서 처음으로 공공 기금에서 급여를 받은 수사가로도 알려져 있다. 그가 쓴 『웅변교수론』(*Institutio Oratoria*)은 어린 시절의 웅변 훈련부터 한 웅변가의 이력이 정점에 이를 때까지 거쳐야 할 웅변 훈련을 다룬 책인데, 이 책의 몇몇 핵심 텍스트는 이런 유형의 사건들이 기원후 1세기에 잘 알려져 있었고 널리 퍼져 있었음을 충분히 실증해 주는 또 다른 저술가의 글임이 분명하다.

퀸틸리아누스는 『웅변교수론』 1권에서 어린 자녀를 가르치는 데 필요한 몇 가지 길잡이를 제시한다. 마틴 블루머(Martin Bloomer)는 퀸틸리아누스의 글을 근거로 이렇게 써 놓았다. "자녀 훈련은 가르침을 잘 따라서 텍스트에 차츰차츰 다가가 그 텍스트를 만나게 하는 것이다.…자녀는 발전하면서, 단계를 따라 지도를 받는 일상생활 속에서 자신이 읽고, 낭독하고, 주해하고, 짓는 텍스트와 하나가 되어간다."[60] 이것이 곧 이때 사람들이 수많은 텍스트 중 그저 어떤 텍스트만 돌려 가며 읽었다는 의미는 아니다. 퀸틸리아누스는 이렇게 말한다. "지금 당장 내가 해 두고자 하는 말은 젊은이들이 아주 많이 회람되고 있는[*plerumque circumferuntur*] 자그마한 교과서[*artis libellum*] 가운데 하나를 다 공부했다 할지라도 그들이 받을 교육을 다 받았다고 생각하지 말기를 바란다는 것이다"(*Inst.* 2.13.15). 더구나, 퀸틸리

---

60 "Quintilian on the Child as Learning Subject", *Classical World* 105, no. 1 (2011): pp. 109-137, 이 부분은 p. 111.

아누스는 학생 한 사람 한 사람의 읽기를 꼼꼼히 살펴줄 시간을 갖지 못하는 교사도 일부 있음을 인정한다. 아울러, 각 학생이 사람들이 모인 자리에서 글을 읽을 기회를 반드시 가져야 한다는 점도 강조한다. 그리해야 그 학생이 "사람들 앞에서 말하려고" 준비하는 동안에 실수하는 것이 있으면 교사가 그 실수를 일러 줄 수 있기 때문이다(*Inst.* 2.5.7). 그는 이어 이런 큰 공동 읽기 사건들을 염두에 두고 이렇게 제안한다. "때로는 나쁜 연설 혹은 허점투성이 연설이지만 많은 이가 형편없는 기호(嗜好) 때문에 멋모르고 칭송하는 연설을 큰 소리로 읽게 하면서, 그 연설 안에 부정확하거나, 모호하거나, 과장되거나, 저열하거나, 비루하거나, 터무니없거나, 나약한 표현이 아주 많이 들어 있음을 일러 주는 것이 유익할 수도 있다. 많은 사람이 이런 표현들을 칭송하지만, 더 어처구니없는 것은 이런 표현들이 그렇게 형편없는데도 찬미를 받는다는 점이다"(*Inst.* 2.5.10-11).

여기서 말하는 몇 가지는 의미심장하다. 첫째, 평가와 관련된 여러 목적 때문에, 혼자 읽기보다 공동 읽기를 선호한다. 이는 블루머가 다른 곳에서 주장한 내용과 일치한다. "퀸틸리아누스는 배움이 반드시 사회 공동체라는 맥락 속에서 이뤄져야 한다고 본다." 아울러 퀸틸리아누스는 "선생과 학생이 혼자 자기 일만 하는 상황에서는 좋은 교육이 결코 이뤄지지 않는다. 수사 훈련과 웅변 연습에는 청중이 필요하다."[61] 둘째, 어느 한 곳, 이 경우는 작은 교실에 모인 사람들 앞에서 글을 읽을지라도 다른 곳들을 염두에 두며 글을 읽을 때가 종종 있다. 페터 람페(Peter Lampe)는 퀸틸리아누스가 글로 쓴 연설을 발표하려고 준비할 때, 늘 밀랍 서판을 사용하는 것처럼, 기억을 지켜 줄 시각 수단을 강조하고 중요시했음을 논한다. 퀸틸리아누스는 시각화(visualization)가 청각에 의존한 기억보다 훨씬 중요하다고 보며, 여기에

---

61 Bloomer, "Quintilian on the Child", p. 111와 p.120에서 각각 인용.

서도 그런 점을 분명하게 천명한다. "만일 우리가 무언가를 외우려 할 때 다른 사람이 큰 소리로 읽어 주는 것을 듣고 외우려 한다면…그렇게 습득하는 과정은 더 더딜 것이다. 눈을 통해 인식한 것이 귀를 통해 인식한 것보다 [기억 속에] 많이 남기 때문이다."[62] 셋째, 나쁘고 허점이 많은 연설이라도 분명 더 깊이 있는 공동 읽기에 활용할 수 있다. 넷째, 청중이 어떤 연설이 나쁜지 아니면 허점이 많은 연설인지 판단하려면, 읽기 공동체가, 특히 교육이 이루어지는 마당에서, 활용할 수 있는 기준이 존재해야 했을 것이다. 다섯째, 이런 연설이 받아들일 만한 것이 아닐 때도, 이런 연설을 듣는 자리에 많은 사람이 참여했다고 한다.

퀸틸리아누스는 『웅변교수론』 3권에서 그가 권위를 인정하는 몇몇 자료의 이름을 열거한다. 그는 이 과정에서 많은 연설과 책과 독자를 논한다. 퀸틸리아누스는 그중 한 장면에서 키케로의 여러 이야기 가운데 하나를 자세히 이야기하는데, 이 이야기는 루키우스 크라수스(Lucius Crassus)가 그 사건의 세부 내용은 알려지지 않았지만 브루투스(Brutus)라는 사람이 연루되어 있는 한 상황을 어떻게 다루었는지 들려준다. 퀸틸리아누스는 이렇게 써 놓았다. "브루투스는 그나이우스 플랑쿠스(Gnaeus Plancus)를 고소하면서, 플랑쿠스의 변호인인 크라수스가 나르보(Narbo) 식민지에서 한 연설[*oratione*]에서 그가 세르빌리우스법(Lex Servilia: 세르빌리우스 룰루스가 기원전 63년에 로마에 도입한 농업 관련법—옮긴이)에 관하여 연설할 때 촉구했던 것들과 모순되는 조치들을 촉구했음을 두 대변자(낭독자)를 시켜[*duobus lectoribus*] 제시하게 했다. 그러자 크라수스는 세 대변자를[*tris lectores*] 출두시켜, 그들에게 브루투스의 아버지가 쓴 대화를 주어 낭독하

---

[62] Peter Lampe, "Quintilian's Psychological Insights in His *Institutio Oratoria*", in *Paul and Rhetoric*, ed. J. Paul Sampley and Peter Lampe (London: T&T Clark, 2010), pp. 180-199, 이 부분은 p. 196. 아울러 *Inst.* 11.2.32; 11.2.10를 보라.

게[*legendos*] 했다"(*Inst.* 6.3.44). 우리 연구와 관련하여 중시할 점은 여러 대변자를 불러다가, 공동 읽기 사건이 벌어지는 자리에서 제출한 소송을 진행하게 했다는 점이다.

퀸틸리아누스는 『웅변교수론』 4권에서 문체를 다루고, 다양한 저자와 문학 작품에서 많은 예를 가져다 제시한다. 아울러 그는 학생들이 어떤 식으로 읽고 써야 하며, 좋은 본보기를 모방함으로써 그들의 기술을 연마해야 하는지 설명한다. 한 예는 이런 본보기를 제시하기가 얼마나 쉬운지, 그리고 공동 읽기 사건이 얼마나 널리 퍼져 있었는지 들여다볼 수 있는 독특한 창을 제공한다. 퀸틸리아누스는 사람에 관한 판단과 사물에 관한 논증의 차이를 설명하면서, 이렇게 써 놓았다. "플레브스(보통 평민으로 많이 번역하나, 사실은 공직에 취임할 수 있었던 파트리키와 달리, 로마에서 공직에 취임할 권리를 갖지 못했던 이들을 가리키는 말이다—옮긴이)를 대변하는 호민관[*tribunus plebis*] 코르넬리우스가 자신이 제안한 법을 낭독했다[*legerit*] 하여 재판을 받아야 하는가?'라고 묻는 것과 '집정관이 직접 자신의 제안을 사람들에게[*populo*] 읽는다면[*recitarit*] 중범죄인가?'라고 묻는 것에는 분명 아무런 차이가 없다"(*Inst.* 10.5.13).

퀸틸리아누스가 웅변 훈련을 다룬 마지막 두 책이 『웅변교수론』의 5권을 구성하고 있다. 그는 이 마지막 두 책에서 기억과 전달, 복장과 몸짓을 논하며, 마지막에 완성된 웅변가의 전형을 제시한다. 그는 3장에서 웅변가가 민법과 습속과 종교 관습처럼 "그 사회의 주된 근간을 이루는 아주 많은 것"을 알아야 하는 이유를 논한다(*Inst.* 12.3.1). 퀸틸리아누스는 그렇게 아주 많은 것을 터득하지 못한 웅변가를 사람들이 모인 자리에서 다른 사람들이 쓴 책을 그저 읽어 주기만 하는 것을 생업으로 삼은 이들에 비유한다. "그는 시인들의 글을 읽기만 하는 사람들과 매일반일 것이다! 사실, 어떤 의미에서 보면, 그는 그저 다른 이들의 선한 믿음에 의지하여, 가르침을 전달하는 이에 불과하다"(*Inst.* 12.3.2). 바꿔 말하면, 그런 이를 바보로 여기는 셈이다. 더 콕 집어 말하면, 차라리 웅변가가 되지 않는 게 나은 사람들도 있다. "법의 모든 확실한 취지는 글로 기록된 텍스트 아니면 관습에 따라 결정되기 때문이다"(*Inst.* 12.3.6-7). 그는 계속하여 사람들에게 가장 필요한 것이 읽기[*lectioni*]라고 주장하면서, 이 읽기가 다행히도 "가장 품이 덜 드는 공부"라 말한다(*Inst.* 12.3.9).

대(大) 세네카(기원전 55년경-기원후 41년)

대(大) 세네카는 스페인 코르도바에서 태어났으나, 세상을 떠날 때까지 상당한 시간을 로마에서 보냈다. 우리 연구와 관련하여 특히 중요하게 강조해 둘 점은 그가 수사 연습 목적으로 만들어 놓은 글모음에서 발췌한 모든 글이 그가 직접 체험한 공동 읽기 사건에서 가져온 것으로 보인다는 점이다. 골라 뽑아 제시한 아래 텍스트들은 이 작품(글모음)에서 가져왔는데, 이는 토론(*controversiae*)과 권고(*suasoriae*)로 구성되어 있다.[63] 이 두 작품은 기원후 37년에서 41년 사이에 만들어졌다고 보는 것이 통설이다.[64]

이 첫 번째 글을 보면, 세네카가 라비에누스(Labienus)라는 사람에게 가서 여러 분서(焚書) 사건을 논하고 있다.[65] 그는 이렇게 써 놓았다. "나는 라

---

[63] 토론과 권고를 담고 있는 1세기 웅변의 맥락에 관하여 더 많은 정보를 알아보려면, Erica Melanie Bexley, "Performing Oratory in Early Imperial Rome: Courtroom, Schoolroom, Stage" (PhD diss., Cornell University, 2013)를 보라.

[64] Lewis A. Sussman, *The Elder Seneca* (Leiden: Brill, 1978), pp. 91-93.

[65] 고대의 많은 저자가 분서를 논한다. 타키투스는 이렇게 설명한다. "원로원 의원들이 조영관에게 그의 책을 불태우라고 명령했다. 그러나 필사본은 그대로 남겨 감추어 두었다가, 나중에 출판했다. 우리는 이런 사실을 보면서, 현재의 압제 행위로 이후 세대의 기억을 말살할 수 있다고 믿는 이들의 어리석음을 더욱 조롱하게 된다"(*Ann.* 4.35). 분서 사례를 더 많이 살펴보려면, Daniel Christopher Sarefield, "'Burning Knowledge': Studies of Bookburning in Ancient Rome" (PhD diss., Ohio State University, 2004)를 보라; 아울러 Dirk Rohmann, *Christianity, Book-Burning and Censorship in Late Antiquity*, Arbeiten zur Kirchengeschichte 135 (Berlin: De Gruyter, 2016)도 참고하라.

비에누스가 이전에 그가 쓴 역사를 낭독할[*recitaret*] 때 그 책(두루마리)을 대부분 둥글게 만 다음, 이렇게 말한 것을 기억한다. '제가 읽지 않고 넘어간 부분은 제가 죽은 뒤에 다른 이가 읽을 것입니다[*legentur*]'"(*Controv.* 2.10.8). 분서의 정도가 아주 심했기에, 라비에누스의 원수였던 카시우스 세베루스(Cassius Severus)도 이렇게 말한다. "나도 이제 산 채로 화형당할 수밖에 없다. 그 책들을 다 외우고 있으니"(*Controv.* 2.10.8). 그가 말하려는 취지는, 비록 과장된 수사이지만, 원로원이 모든 작품을 없애버리려 한다면, 그 작품을 아는 사람들도 불태워 죽여야 한다는 것이다. 더구나, 이런 대담한 말은 다른 문헌 작품들을 회람시키고 그 작품들의 창작을 북돋았다. "여기에 그대가 그대 친구 갈리오(Gallio)에게 요청한 좋은 책이 있다. 그는 전에 마이케나스(Maecenas)의 노예였다가 자유인이 된 바틸루스(Bathyllus)를 대신하여 라비에누스에게 보낸 답신을 읽어 주었는데, 그대는 그 연설에서 이를 악물려는 젊은이의 정신을 칭송하려 한다"(*Controv.* 2.10.8).

세네카는 두 번째 에피소드에서 공동 읽기 사건이 거짓 정보를 만들어 내는 사례를 제시한다. 그가 이런 정보가 거짓임을 아는 논거로 제시하는 것 가운데 하나가 그 공동 읽기 사건이 벌어지는 동안에 그 자리에 있었던 사람들에게 들은 목격자 증언이다.

[교사들은] 종종 이 주제에 관하여 이렇게 열변을 토한다. "키케로는 그의 목숨을 지켜주겠다는 안토니우스의 약속을 믿고 그가 한 연설들을 불태울지 심사숙고한다." 누구나 이것이 완전히 날조임을 깨달아야 한다. 폴리오는 우리가 그런 말을 진실이라 생각하길 원한다. 그 이유는 이것이 그가 펴낸 라미아(Lamia)를 위한 연설에서 한 말이기 때문이다. "이 때문에 키케로는 그가 안토니우스를 맹렬히 비판하며 쏟아 낸 말들을 주저 없이 취소했다. 오히려 그는 그와 반대되는 취지의 연설을, 더 신중하게, 더 많이, 여러 차례 하겠

으며, 아예 자신이 직접 공중 모임에서[contione] 그런 연설을 낭독하겠다고 [recitare] 약속했다." 이것도 이보다 훨씬 보잘 것 없는 것들과 마찬가지로 거짓이다. 모든 게 다 거짓임이 이를 통해 아주 확실히 밝혀졌다. 실제로 폴리오 자신은 그의 역사 속에서 감히 이런 연설을 하려 한 적이 없다. 실제로 라미아를 위한 그의 연설을 목격한 이들은 그가 이런 말을 하지 않았으며, 삼두 정치 시대의 세 집정관이 그의 허물을 드러내며 그 코를 납작하게 만들 수 있었을 때도 거짓말을 하려 하지 않았다는 것, 도리어 그런 말은 그가 나중에 지은 것임을 강조한다. (Suas. 6.14-15)

우리 연구서가 담고 있는 세 번째 장면이자 마지막 장면은 섹스틸리우스 에나(Sextilius Ena)라는 사람과 관련이 있다. 이 사람은 독특한 외국인 억양을 가진 인물이었는데, 아시니우스 폴리오(Asinius Pollio)는 그를 달가워하지 않았다. 그는 이렇게 써 놓았다.

그는 메살라 코르비누스의 집에서 바로 이 추방이라는 주제를 다룬 글을 낭독하겠다고 하면서, 아시니우스 폴리오를 초청했다. 그는 사람들이 박수갈채로 맞아 준 이 글귀로 낭독을 시작했다[recitavit]: "저는 키케로와 라틴어의 침묵을 비탄할 수밖에 없습니다."

아시니우스 폴리오는 이런 폄훼를 받아들이지 않았다. 그는 이렇게 말했다. "메살라, 그대는 그대의 집에서 진행할 일을 그대 자신이 결정할 수 있습니다. 저는 저를 바보라 생각하는 이의 말을 듣지 말자고 제안합니다." 그는 이 말을 한 뒤 곧바로 자리에서 일어났다. 나는 코르넬리우스 세베루스(Cornelius Severus)도 에나의 낭독[recitationi] 자리에 있었음을 알고 있다. 그러나 분명 그는 폴리오만큼 에나의 글귀를 싫어하지는 않았으며, 에나가 말한 글귀보다야 훌륭하겠지만, 자신이 짓는 글도 비슷할 것이라고 생각했다. (Suas. 6.27)

여기서 강조할 점이 몇 개 있다. 첫째, 이 공동 읽기 사건은 이탈리아의 어느 개인 가정에서 일어났다. 아마도 로마에 있는 집이었을 것이다. 둘째, 위 글은 적어도 네 작가, 에나, 폴리오, 세베루스, 세네카를 언급하며, 사람들이 그들의 작품을 알고 있다고 추정한다. 셋째, 공동 읽기 사건 때 읽은 작품을 논한 책들이 있었다. 넷째, 사람들이 다양한 공동 읽기 사건 때 읽은 작품들을 비교한다.

켈수스(기원전 15년경-기원후 50년)

아울루스 코르넬리우스 켈수스(Aulus Cornelius Celsus)는 티베리우스 치세기(기원후 14-37년)에 글을 썼다. 그는 유명한 의사였는데, 십중팔구는 로마나 베로나 출신인 것 같다. 여기서 살펴볼 두 본문은 그가 쓴 의학 관련 저서 중 유일한 현존 작품에서 가져온 것이다. 그는 이 작품 앞부분에서 위통(胃痛)을 겪는 "누구에게나"(quis) 쓸 수 있는 몇 가지 치료법을 논한다(1.1.8). 여기서 제시하는 첫 번째 치료법은 글을 큰 소리로 읽는 것[legere clare]이다. 물론 이것은 사람들이 모인 자리에서 큰 소리로 읽어야 한다는 뜻이 아니나, 그럼에도 아래에서 살펴볼 본문(3.18.11-12)은 그런 의미를 분명하게 인정한다. 아울러 의사가 위통을 앓는 이라면 누구라도 이 방법을 쓸 수 있다고 추정한 것은 — 누구라도 책을 구하여 큰 소리로 읽을 수 있다고 생각한다는 것은 — 시사하는 게 많다. 더구나, 켈수스는 이를 그가 제시하는 가능한 치료법 목록에서 가장 먼저 제시하며, 그다음으로 운동과 뜨거운 포도주를 제시한다. 이처럼 글을 큰 소리로 읽을 것을 강조하면서 운동 및 음료 섭취 같은 활동과 나란히 제시했다는 것은 글 읽기와 읽을 자료가 사람들이 종종 인정하는 것보다 널리 퍼져 있었으며 이런 치료법을 당연시했음을 일러 주는 것인지도 모른다.

그는 또 바로 이 작품에서 한참 뒤에 열이나 불면증 같은 다른 증세를 치료할 방법을 논하다가 다시금 읽기라는 주제를 끄집어낸다. 하지만 이번에는 즐겁지 않은 책이 낭독되는 것을 듣다간 듣는 이의 마음이 어지럽게 흩어져 버린다는 개념을 소개한다. 더욱이 그는 사람들에게 어떤 문헌 작품이든 그들이 떠올릴 수 있는 것을 낭독하라고 추천한다. 켈수스는 이렇게 써 놓았다.

아울러 때로는 그의 흥미를 불러일으켜야 한다. 문학을[litterarum] 좋아하는[studiosis] 사람들의 경우에 있을 수 있는 일이지만, 책이란[liber], 그것을 읽어 주었을 때, 듣는 이들이 즐거워해야 제대로 읽힐[legitur] 수 있으며, 바로 그 책이 듣는 이들을 괴롭게 할 때는 제대로 읽히지 않을 수도 있다. 이는 듣는 이들이 틀린 것을 바로잡아 주다보면[emendando], 그 생각이 엉뚱한 데로 새 버리기 때문이다. 더구나, 사람들에겐 그들이 기억할 수 있는 것을 낭독하라는[recitare] 압력을 가해야 한다. 먹기를 원하지 않는 일부 사람들은 식사하는 다른 사람들 사이에 있는 의자에 앉혀 식사를 하게 유도했다. (3.18.11-12)

페트로니우스(기원후 27년경-66년)

페트로니우스(Petronius)는 네로의 조신(朝臣)이었으며, 사람들이 종종 『사티리콘』(Satyricon)을 지은 이로 지목하는 인물이다. 그가 이 작품 저자인가는 확실치 않으나,[66] 이 작품 자체가 네로 시대에 기록된 것만은 확실하니, 우리 연구에 포함시키도록 하겠다.

세 본문 가운데 첫 번째 본문은 손님들이 선물을 받을 수 있게 이들의

---

[66] 근래 이 견해에 반박한 논증을 보려면, Dirk Rohman and Thomas Völker, "*Praenomen Petronii*: The Date and Author of the *Satyricon* Reconsidered", *CQ* 61, no. 2 (2011): pp. 660-676를 보라.

이름을 큰 소리로 읽는 한 어린 소년을 다룬다. 이 소년이 읽는 것은 한 수수께끼를 담고 있는 자그마한 조각 혹은 양피지다. 이 패러디는 수수께끼와 참석한 손님 이름의 연관 관계를 그 바탕으로 삼고 있다. 수수께끼와 손님이 짝처럼 들어맞으면, 손님은 그 행사 자리를 떠날 때 가져갈 특별한 선물을(apophoreta) 받는다. 페트로니우스는—더스미트(DeSmidt)의 말을 빌리면, 그는 이를 통해 "그[트리말키오]의 잔치[convivium]를 아우성[convicium]으로 바꿔 버린다"[67]—이렇게 써 놓았다. "그는 그야말로 철학자들에게서 일거리를 빼앗고 있었다. 한 소년이 컵에 담긴 표[票, pittacia]를 돌렸고, 이 임무를 맡은 소년은 손님들에게 돌아갈 선물 이름을 큰 소리로 읽었다[recitavit]"(Sat. 56). 그 선물들을 살펴보면, 한 손님은 "고기 한 조각과 서판을[tabulas]" 받았다(Sat. 56).

페트로니우스의 패러디가 효과가 있으려면, 이 패러디가 어느 정도는 사실과 비슷해야 한다. 사람들이 하는 게임, 사람들이 받은 선물, 그리고 손님들 앞에서 수수께끼를 읽는 소년의 모습(참고. Suet., Aug. 75)이면 그런 조건에 충분히 부합하는 것 같다.

아울러 페트로니우스는 노예에 관하여 이야기하면서, 공동 읽기 사건을 언급한다. 그는 이렇게 써 놓았다. "주인이 진지해지더니, 유언장[testamenti] 사본을 가져오게 한 다음, 이를 처음부터 끝까지 큰 소리로 읽었다[recitavit]. 노예들은 그것을 들으며 탄식하고 비판했다. 그들은 모두 그들의 주인이 베푼 친절에 감사했다"(Sat. 71). 에드워드 코트니(Edward Courtney)는 이렇게 언급한다. "이 모든 글은 분명 세네카의 『도덕에 관한 서신 47』(Ep. 47)과 관련이 있다. 세네카는 이 서신에서 루킬리우스(Lucilius)가

---

67 David Benjamin DeSmidt, "The Declamatory Origin of Petronius' *Satyrica*" (PhD diss. Columbia University, 2006), p. 172.

노예들을 대한 모습을 언급하며 그를 칭송한다."[68] 하지만 우리 목적에 비춰 볼 때 중요한 점은 페트로니우스가 자신의 말을 뒷받침하는 예로 또 다른 공동 읽기 사건을 제시한다는 점이다.

그다음 에피소드는 공동 읽기 사건을 분명하게 언급하지는 않지만, 문헌 작품이 만들어지고 이런 작품이 사람들에게 영향을 미친 범위에서 공동 읽기 사건을 언급한다. 일레인 팬덤(Elaine Fantham)은 이를 서술한 글에서 이렇게 말한다. "그는 성인 남성과 소년의 동성애를 다룬 추잡한 이야기를 들려준 다음, 기어를 바꿔 시를 짓는 것과 관련된 여러 문제를 비판적 시각으로 소개한다.…이 자그마한 지침서는 100단어도 채 되지 않지만, 문장 하나하나가 상상과 암시하는 의미로 가득하다."[69] 페트로니우스는 이렇게 써 놓았다.

에우몰푸스가 이렇게 말했다. "그래, 젊은 친구여. 그렇소. 시가 많은 이를 잘못된 길로 이끌었소. 요새는 사람들이 운각(韻脚)을 맞춰 시문을 짓고, 그 속에 독창적 표현이 담긴 더 섬세한 의미를 집어넣으면, 금세 자신이 헬리콘(Helicon)산에 올랐다고 생각하지. 법정에서 울려 퍼지는 웅변에 넌더리가 난 사람들은 시의 고요함이 무슨 더 행복한 피난처라도 되는 것처럼 여기고 심장을 울리는 경구로 가득한 웅변보다 오히려 시가 짓기 쉽다고 지레 짐작하면서 시로 도피하는 경우가 자주 있더군. 그러나 더 고결한 영혼은 건전함(유익함, wholesomeness)을 사랑하지. 마음(지성)은 거대한 홍수처럼 밀려드는 문헌에[ingenti flumine litterarum inundata] 푹 잠길 때에 비로소 그 열매를 잉태하거나 낳는 법이네. 우리는, 말하자면, 모든 싸구려 말씨에서 벗어나,

---

[68] *A Companion to Petronius*, repr. ed. (Oxford: Oxford University Press, 2010), p. 113.
[69] *Roman Literary Culture: From Plautus to Macrobius*, 2nd ed. (Baltimore, MD: Johns Hopkins University Press, 2013), p. 168.

대중의[*plebe*] 속된 어법과 인연을 끊고, '나는 비속한 무리를 미워하며 그런 무리를 멀리한다'는 신념을 실천해야 하지. 그뿐 아니라, 생각이 연설의 본론에서 벗어나 엉뚱한 곳으로 빠지지 않게 조심해야 한다네. 모름지기 생각이란 연설 내용에 녹아들어야 훤히 빛나는 법. 호메로스는 이를 증명하고, 여러 서정시인, 로마의 베르길리우스, 그리고 호라티우스가 보여 주는 신중하고도 적절한 모습 역시 그것을 증명하지. 다른 이들은 시로 이어지는 길을 못 보았거나, 그 길을 보았어도 그 길로 걷길 두려워하네. 이를테면, 내전이라는 이 거대한 주제를 다루려는 사람은 누구나 문헌으로 가득해야지[*plenus litteris*], 그렇지 않으면 그 짐에 눌려 가라앉고 말 걸세. 실제 사건은 시구로 기록할 문제가 아니네. 그런 일은 역사가가 훨씬 더 잘하지." (*Sat.* 118)

에우몰푸스의 한 가지 문제점은 자신의 잘못보다 다른 시인의 잘못을 잘 본다는 점이다. 물론 이런 말이 페트로니우스가 문학을 바라보는 견해인지 아니면 그저 그가 에우몰푸스의 특징을 묘사한 내용인지 따져보는 것은 독자의 몫이다.[70] 어느 쪽이든, 필시 실제 현실과 연관이 있다.

소(小) 세네카(기원전 4년경-기원후 65년)

소(小) 세네카는 스페인 코르도바에서 태어났으나, 생애 대부분을 로마에서 보냈다. 그는, 기원후 65년경, 소년 시절에 가르쳤던 네로를 시살(弑殺)하려 했다가 결국 자결했다.[71] 이 대목에 포함시켜 다룰 몇몇 텍스트는 그의 작품

---

70 에우몰푸스의 문학 이론을 더 자세히 논한 글을 보려면, Courtney, *A Companion to Petronius*, pp. 181-184를 보라. 『사티리콘』이 에우몰푸스의 특징을 묘사한 내용에 관하여 독창적 생각을 제시한 글을 보려면, Michael Norman Sham, "Characterization in Petronius' *Satyricon*" (PhD diss., University of New York at Buffalo, 1994), pp. 169-199를 보라.
71 세네카의 삶과 작품을 더 상세히 알아보려면, Susanna Braund, "Seneca *Multiplex*: The Phases (and Phrases) of Seneca's Life and Works", in *The Cambridge Companion to Seneca*, ed. Shadi Bartsch and Alessandro Schiesaro (Cambridge: Cambridge University Press, 2015), pp.

『서신』(Epistles)에서 가져왔다. 이 서신은 모두 세네카가 로마에서 그의 생을 마칠 무렵에 이탈리아 남부(캄파니아나 폼페이나 나폴리)에 있던 루킬리우스라는 이(당시 시칠리아 총독 – 옮긴이)에게 쓴 것이다.

세네카는 이 서신에서 군중을 피해야 하는 이유를 언급한다. 그는 특히 한 문단에서 이렇게 말한다. "물어보나마나, 그대가 자만하여 그대의 능력을 선전하려 하면, 그대는 틀림없이 사람들 사이에서 이름을 내고픈 유혹에 말려들 것이요, 그리되면 분명 일반 대중 앞에서 글을 낭독하거나[recitare] 열변을 토하고 싶어[disputare] 안달이 나고 말 겁니다"(Epi. 1.7.9). 이는 몇몇 공동 읽기 사건을 경멸하는 사람을 보여 주는 또 한 사례다.

세네카는 또 다른 서신에서 그때만 해도 남이 그에게 읽어 준 것을 듣기만 했던 어떤 책을 자신이 직접 읽고 살펴보려 한다고 분명하게 이야기한다. 그는 이렇게 말한다. "이 책을 다시 정독한 뒤에 더 충실히 논해 보겠습니다. 그때까지는, 마치 남이 큰 소리로 낭독하는[audierim] 것만 듣고 제 스스로 직접 읽어 보지[legerim] 않았을 때처럼, 아주 확실한 판단을 내리지 못하겠습니다. 그러니 그대는 제가 그 책을 살펴보게[inquirere] 허락해 주셔야 합니다"(Epi. 1.46.3).

세네카는 이 다음 서신에서 한 연회에서 펼쳐진 공동 읽기 사건을 논한다. 그는 이렇게 써 놓았다. "저녁 식사[convivio] 때면 자연스럽게 벌어지는 일입니다만, 우리는 다양한 주제를 놓고 이야기를 나누었습니다. 그 이야기는 생각을 사슬처럼 끝까지 죽 이어 가지 않고, 그냥 이 주제를 다루다 갑자기 저 주제를 다루었습니다. 그런 다음 우리는 대(大) 퀸투스 섹스티우스(Quintus Sextius the Elder)가 쓴 책을 우리 자신에게 읽어 주었습니다" (Epi. 1.64.2). 그는 이 철학자의 글을 높이 평가하면서, 이에 견줄 만한 다른

15-28를 보라.

철학 작품이 있다고 생각하지 않는다. 그는 이렇게 말한다. "모든 철학자가 이와 같지는 않습니다. 그 이름은 걸출하나 그 글은 메마른 사람들이 일부 있습니다. 그들은 자신들이 정하는 게 곧 규칙이라고 주장하면서, 모호한 궤변을 늘어놓습니다. 그들이 글에 영혼을 담지 못하는 이유는 바로 그들에게 영혼이 없기 때문입니다. 그러나 그대가 섹스티우스의 글을 읽는다면 [*legeris*], 이렇게 말할 것입니다. '그는 살아 있도다. 그는 강하도다. 그는 자유롭도다. 그는 인간을 넘어선 이다. 그는 내가 그의 책을 덮기도 전에 나에게 강한 확신을 심어 준다"(*Epi.* 1.64.3).

세네카는 또 다른 서신에서 어둠을 활용해 악을 은폐하는 방법을 논한다. 이런 방법 가운데 하나가 공동 읽기 사건과 관련이 있다. 많은 사람이 해가 졌음을 핑계 삼아 형편없는 공동 읽기 사건 자리를 벗어나곤 했다. 그러나 그는 그런 사례를 몇 가지 제시하기에 앞서 이렇게 말한다.

> 한번은 율리우스 몬타누스(Julius Montanus)가 큰 소리로 시를 읽고 있었습니다[*recitabat*]. 그는 고만고만한 좋은 시인이었습니다. 그는 티베리우스의 친구로 유명했지만, 이제는 사람들이 좋아하지 않게 된 인물이지요. 그는 늘 그의 시에 해돋이와 해넘이가 아낌없이 선사하는 빛을 채워 넣곤 했습니다. 이 때문에, 어떤 사람이 불만을 토로했습니다. 몬타누스가 하루 종일 글을 낭독하기 때문에[*recitasse*], 그가 글을 읽는[*recitationes*] 곳에는 아무도 가서는 안 된다고 말입니다. 그러자 나타 피나리우사(Natta Pinariusa)가 이렇게 말했습니다. "이보다 공정한 거래는 못할 겁니다. 저는 그가 낭독하는 것을 해가 뜰 때부터 질 때까지 들을 준비가 되어 있습니다!" 몬타누스가 읽고 있었으며[*recitasset*], …라는 말에 이르렀습니다. (*Epi.* 3.122.11)

그는 낭독한 글에서 두 줄을 인용한 뒤, 어떤 이가 밤이 점점 깊어져 잘 시

간이 이르렀다고 대꾸한 일을 말한다.[72]

세네카는 이 다음 대목에서 사람들이 화를 내는 몇 가지 이유를 논한다.[73] 그 이유 가운데 하나는 그들이 받아 읽은 필사본의 질(質)과 관련이 있다. 그는 이렇게 써 놓았다. "생명력이 없는 것을 [받으면] 화가 납니다. 이를테면, 우리가 종종 너무 작은 글자로 기록되어 있다는[*minutioribus litteris scriptum*] 이유로 집어던져 버리는[*proiecimus*] 필사본[*liber*]이나 온통 오류[*mendosum*] 천지여서 찢어 버리는 필사본이 그런 예입니다"(*Ira* 2.26.3). 세네카는 따로 오류 유형을 논하지는 않는다. 문법이나 철자 오류가 그런 오류에 들어갈 것 같다. 자료 인용의 오류도 그런 오류였을 수 있다. 그러나 그런 오류의 유형이 무엇이었든, 이 공동체 안에는 책이라면 모름지기 어떤 기준에 부합해야 한다는 공감대가 존재하는 것 같다. 책의 질을 통제하려고 만든 이런 기준에 부합하지 못한 책은 버림을 받거나 던져 버린다(*proiecimus*).

세네카는 화라는 주제를 다루면서, 아우구스투스와 그의 집안을 경멸하고 헐뜯은 한 역사가를 논한다. 결국 이 역사가는 카이사르의 황궁에 드나들지 못하게 되었지만, 로마 전역에 있는 집들에서 벌어진 공동 읽기 사건을 주관해 달라는 초대를 받았고, 이 기회를 활용해 그의 견해를 널리 퍼뜨렸다. 세네카는 이렇게 써 놓았다. "이 일이 있은 뒤, 티마게네스(Timagenes)는 아시니우스 폴리오의 집에서 늙도록 기거했으며, 로마시 전체가 치켜세우는 이가 되었다. 카이사르는 그를 황궁에 들어오지 못하게 했으나, 다른 집들

---

[72] 이 대목이, 특히 이 대목이 제시하는 주제와 용어가 세네카 작품 전반과 어떤 연관성을 갖고 있는지 더 잘 이해하려면, Brad Inwood, trans., *Selected Philosophical Letters* (Oxford: Oxford University Press, 2007), pp. 346-354를 보라.
[73] 세네카가 이 본문에서 화라는 말을 사용한 것과 관련하여 더 많은 정보를 알아보려면, William E. Wycislo, "The *De Ira*: Seneca's Satire of Roman Law" (PhD diss., University of Chicago, 1996), pp. 205-252, 특히 pp. 227-230을 보라.

은 모두 문을 열고 그를 맞아들였다. 그는 이 사건이 있은 뒤에 자신이 쓴 역사를 낭독했으며[recitavit], 아우구스투스 카이사르의 행적을 담은 책들은 불살라 버렸다"(Ira 3.23.5-7). 세네카가 말하려는 요지는 그가 남은 생애 동안 그를 받아 준 청중을 더 많이 발견했다는 것이다.

유대 자료

마카베오4서(기원후 1세기)

1인칭 단수로 기록된 「마카베오4서」는 한 유대인이 유대인들을 위해 기록한 철학 담화로 보는 것이 통설이다. 얀 빌렘 판 헨텐(Jan Willem van Henten)은 「마카베오4서」가 "철두철미하게 순교만을 이야기한 유대교 텍스트 가운데 가장 오래된 것"이라고 말한다.[74] 휴 앤더슨(Hugh Anderson)은 「마카베오4서」의 저작 연대를 기원후 18년에서 55년 사이로 보는 것이 "아주 설득력 있는 가설 같다"고 주장한다.[75] 아울러 「마카베오4서」는 소아시아 해안 지역 어딘가에서 기록되었다는 것이 학자들의 공통된 견해다.

「마카베오4서」가 회당 설교이든, 아니면 안디옥 순교자들을 기리는 추도제에서 읽은 찬사이든, 아니면 다른 공동 읽기 사건에서 한 연설이든, 여기서 우리 연구와 관련이 있는 것은 한 핵심 본문이다. 「마카베오4서」 끝 무렵에 가면, 한 어머니가 일곱 아들에게 고인이 된 이 아들들의 아버지에 관하여 이야기하는 장면이 나온다. 이 어머니는 이 말을 하는 내내(18:10-18) 이

---

[74] *The Maccabean Martyrs as Saviours of the Jewish People: A Study of 2 and 4 Macabees*, JSJSup 57 (Leiden: Brill, 1997), p. 58.

[75] "4 Maccabees: A New Translation and Introduction", in *The Old Testament Pseudepigrapha*, ed. James H. Charlesworth (Peabody, MA: Hendrickosn, 2009), 2:531-564, 이 부분은 p. 534. 참고. David J. Elliott, "4 Maccabees", in *The Apocrypha*, ed. Martin Goodman (Oxford: Oxford University Press, 2012), pp. 239-242; David A. deSilva, *4 Maccabees* (Sheffield: Sheffield Academic, 1998), pp. 12-18.

아들들의 아버지가 집에서 읽고, 가르치며, 노래했던 것에만 초점을 맞춘다. 아마도 이 어머니는 다양한 성경 본문을 인용하여 아들들을 위로하고 싶었던 것 같다.

> 너희 아버지는 너희와 함께 계실 때면 율법과 선지자들을 가르치곤 하셨다[ἐδίδασκεν]. 너희 아버지는 너희에게 가인이 아벨을 죽인 사건, 이삭을 제물로 바치려 한 사건, 요셉이 옥에 갇힌 일을 읽어 주곤 하셨다[ἀνεγίνωσκεν]. 또 열심이 가득했던 비느하스도 이야기해 주곤 하셨고, 불속에 들어간 하나냐와 아사랴와 미사엘 이야기도 가르쳐 주셨다[ἐδίδασκεν]. 너희 아버지는 사자 굴에 들어갔던 다니엘을 드높이 칭송하면서 그를 복되다고 외치곤 하셨다. 그런가 하면, 네가 불 가운데로 지날지라도 그 불이 너를 태우지 못하리라고 말한 이사야서를 너희 마음에 새겨 주곤 하셨다[ὑπεμίμνησκεν]. 너희에게 찬송 시인 다윗의 노래를 불러 주기도 하셨다[ἐμελῴδει]. 다윗은 의인이 겪을 고난이 많다고 말하지. 너희 아버지는 하나님이 그분의 뜻을 행하는 모든 이에게 생명나무이시라고 말하는 솔로몬의 잠언을 분명하게 일러 주셨다[ἐπαροιμίαζεν]. 이 마른 뼈들이 살아나겠느냐고 물었던 에스겔을 확증하시곤 했다[ἐπιστοποιεῖτο]. 이는 너희 아버지가 모세가 가르치며[ἐδίδαξεν], 내가 죽이기도 하고 살리기도 하리라고 선포했던[διδάσκουσαν] 노래를 잊지 않으셨기 때문이다.

저자가 펼쳐 보이는 단어와 언급하는 성경 본문이 다양하긴 하지만, 적어도 아홉 식구로 구성된 이 가족을 수없이 공동 읽기 사건을 가졌던 가족으로 보려 한 것만은 틀림없다(참고. 「마카베오4서」 5:22-24, 34; 9:2). 이처럼 세상을 떠난 아버지는 가족을 집에서 토라로 훈련시킴으로써 토라에 대한 의무를 다했다(신 4:9). 우리가 다른 곳에서 보았듯이, 이것은 교양이 있고 성경에 밝은 경건한 유대인 가족의 바람직한 모습을 묘사한 지어낸 이야기일 수도 있다.[76] 그러나 다시 말하지만, 이 저자가 십중팔구는 당시에 널리 알려져 있었을 관습의 바람직한 실천 장면을 제시할 뿐 아니라, 그의 청중도 여기서 등장하는 이들과 마찬가지일 것이라고 추정한다는 사실을 무시하면 안 된다. 따라서 이런 말을 검증해 보지도 않은 채 있었을 리 만무한 일이라 여겨 무턱대고 무시해서는 안 된다.

필론(기원전 20년경-기원후 50년경)

필론(Philo)은 헬레니즘 유대교 문헌에서 가장 두드러지게 등장하는 인물 가운데 하나다. 그가 남긴 작품은 방대하고, 공동 읽기 사건을 언급한 곳도 아주 많을 뿐 아니라,[77] 회당의 토론도 빈번하게 제시한다. 그러나 우리는 공동 읽기 사건이 이집트 알렉산드리아에서도 빈번했다는 주장을 뒷받침하고자, 각기 다른 두 작품에서 가져온 두 본문에만 초점을 맞춰 다뤄 보도록 하겠다.[78] 아울러 이 지점에서 문헌 작품에 접근하려는 사람들에게 대단히 중요한 의미가 있던 한 장소를 강조해 둘 필요가 있다. 알렉산드리아 도서관이 바로 그곳이다. 미레이유 아다 르벨(Mireille Hadas-Lebel)은 이렇게 말한다. "의심할 여지없이 알렉산드리아 도서관은 고대 세계를 통틀어 가장 풍부한 장서를 소장하고 있었으며, '인쇄술이 발명되기 전에 온 세계가 알

---

[76] 어머니와 일곱 아들이 갖고 있던 이런 순교 이야기가 랍비 문헌 및 기독교 문헌 같은 후대 문헌에 미쳤을 수 있는 영향을 간략히 논한 글을 보려면, Moses Hadas, ed. and trans., *The Third and Fourth Books of Maccabees* (New York: Harper & Brothers, 1953), pp. 123-135를 보라.

[77] *Dreams* 2.127; *Creation* 128; *Abraham* 22-23; *Alleg. Interp.* 156; *Spec. Laws* 2.61; *Moses* 2.216; *Contempl. Life* 31.

[78] 필론 및 알렉산드리아가 학교 학업 및 교육, 그리고 이것들과 지역 회당의 관계에 관하여 밝힌 내용과 관련하여 더 많은 정보를 알아보려면, Otto Kaiser, *Philo von Alexandrien: Denkender Glaube-eine Einführung* (Göttingen: Vandenhoeck & Ruprecht, 2015), 특히 pp. 62-66를 보라.

고 있던 도서관 가운데 가장 큰 곳'이었다."[79]

첫 번째 본문은 단지 계속하여 안식일을 지켰음을 강조하는 본문인데, 여기에서는 문헌 작품을 공동으로 읽음으로써, 유대인의 전통 속에서 대대로 내려온 이런 사건들을 지키려 한다.[80] 덜시니아 보젠버그(Dulcinea Boesenberg)는 이렇게 요약한다. "필론은 그가 쓴 일곱 작품에서 그가 알던 유대인의 안식일 관습을 서술한다. 이런 서술 가운데 일부는 다른 서술보다 길고 충실하지만, 그가 제시하는 모든 서술은 유대인이 안식일과 관련하여 행하는 것의 큰 얼개만 제시한다."[81] 필론은 이 기록에서 이렇게 서술한다.

이는 그들이 그날을 구별하여 거룩히 지켰기 때문이다. 그날에는 그들이 다른 모든 일을 하지 않고 그들이 회당[συναγωγαί]이라 부르는 성소(聖所)로 간다. 회당에 가면, 그들은 나이를 따라 줄을 맞춰 자리를 잡는데, 젊은이는 노인보다 아래에 앉는다. 그들은 이런 경우에 걸맞게 예의 바른 자세로 앉아 귀를 기울인다. 그러면 한 사람이 책들을[τὰς βίβλους] 집어 들고 큰 소리를 읽는다[ἀναγινώσκει]. 그런 다음, 특별히 박식한[τῶν ἐμπειροτάτων] 또 다른 사람[ἕτερος]이 앞으로 나와 사람들이 이해하지 못한 것을 설명한다 [ἀναδιδάσκει]. (Good Person 81-82)

---

79 *Philo of Alexandria: A Thinker in the Jewish Diaspora*, trans. Robyn Fréchet, SPA 7 (Leiden: Brill, 2012), pp. 13-14. 참고. James R. Royse, "Did Philo Publish His Works?", *Studia Philonica Annual* 25 (2013): pp. 75-100; David Lincicum, "Philo's Library", *Studia Philonica Annual* 26 (2014): pp. 99-114.
80 Gregory E. Sterling, "The *Hypothetica*: Introduction", *Studia Philonica Annual* 20 (2008): pp. 139-142. Sterling은 나중에 내놓은 한 논문에서 필론을 연구하는 학자들이 이교도 독자가 필론을 어떻게 받아들였는가를 연구하지 않고 있음을 아울러 강조한다. "Philo's Ancient Readers: Introduction", *Studia Philonica Annual* 25 (2013): pp. 69-73, 특히 p. 72. 우리 연구와 관련하여 이런 연구 공백을 유념해 두는 게 중요하다. 필론이 종종 이교도가 행하는 공동 읽기 사건과 대비하여 유대인의 공동 읽기 사건을 묘사하고 변호하기 때문이다.
81 "Philo's Descriptions of Jewish Sabbath Practice", *Studia Philonica Annual* 22 (2010): pp. 143-163, 이 부분은 p. 145.

필론은 사람들이 회당이라 불리는 곳에 모였다고 서술할 뿐 아니라, 모든 사람이 귀를 기울이고 듣는 장면을 묘사한다. 어떤 이가 책을 집어 들고 읽으면, 다른 누군가가 그 책을 모인 사람들에게 설명했다.

두 번째 본문은 필론의 『가설』(*Hypothetica*)에 들어 있는 것이다. 이 작품은 "성경을 다루지 않는" 논문으로 분류할 수 있는데, 그 이유는 이것이 성경을 해석하는 작품이 아니기 때문이다.[82] 그러나 우리가 여기서 다루는 본문 부분은 안식일 및 안식년과 관련이 있다. 조지 캐러스(George Carras)는 이 본문을 요세푸스의 『아피온 논박』(*Contra Apionem*)과 함께 검토하여, 이 두 사람이 공통 자료를 갖고 있었는지 아니면 어느 한 사람이 다른 사람의 작품을 사용했는지 밝혀내려 했다. 그는 이런 결론을 내린다. "두 사람이 사용한 전승 가운데 많은 전승이 공통된 유대교의 일부였다. 이 유대교는 유대인들이 아주 다양하게 들려준 증언들과 끼친 영향들로 구성되어 있었는데, 이런 증언과 영향은 디아스포라 안의 상이한 지역들에서, 그러니까 팔레스타인은 물론이요 알렉산드리아와 로마에서도, 나온 것이었다. 로마에서 글을 쓴 요세푸스와 알렉산드리아에서 글을 쓴 필론이 비슷한 사상에 호소한다는 사실은 공통 유대교라는 것이 존재했음을, 그러면서도 이 공통 유대교가 어느 한 지역이나 어느 한 회당에 매이지 않은 것이었음을 시사한다."[83] 캐러스가 양자를 비교하여 내린 결론은 공동 읽기 사건이 광범위한 지역에 걸쳐 존재한 유대교를 하나로 묶어 준 또 하나의 공통된 관습이었다는 점에서, 우리가 여기서 다루는 연구 주제와 관련이 있다. 아울러 학

---

82 Samuel Sandmel, "Philo Judaeus: An Introduction to the Man, His Writings, and His Significance", *ANRW* 2.21.1 (1984): pp. 3-46, 이 부분은 p. 6.
83 "Dependence or Common Tradition in Philo *Hypothetica* VIII 6.10-7.20 and Josephus *Contra Apionem* 2.190-219", *Studia Philonica Annual* 5 (1993): pp. 24-47, 이 부분은 p. 47. 참고. Naomi G. Cohen, *Philo's Scriptures: Citations from the Prophets and Writings, Evidence for a* Haftarah *Cycle in Second Temple Judaism* (JSJSup 123; Leiden: Brill, 2007).

자들은 필론이 회당을, 교육과 공동 읽기 사건의 내용이 신성하냐 아니냐를 떠나, 교육과 공동 읽기 사건에 중요한 장소로 언급한다는 사실을 강조한다.[84]

필론은 이렇게 서술한다.

사실[δῆτα] 그들은 늘[μὲν αἰεί] 함께 모여 앉는다. 그들 가운데 대다수는 침묵을 지키며, 관습대로[νομίζεται] 누군가가 읽은[읽힌, ἀναγινωσκομένοις] 것에 무언가를 덧붙여 동의를 표시할[προσεπευφημῆσαι] 때만 입을 연다. 그러나 그 자리에 있는 어떤 사제나 장로 가운데 한 사람이 거룩한 율법을 그들에게 읽어 주고[ἀναγινώσκει], 읽어 준 것을 늦은 오후까지 그들에게 조목조목 설명한다[ἐξηγεῖται]. 이를 들은 이들은 그렇게 늦은 오후가 되어서야 거룩한 율법에 관한 전문 식견을 얻고 상당히 자란 경건을 지니고서 그 자리를 뜬다. (Hypothetica 7.13)

필론은 유대교 성경이나 요세푸스에 직접 의존하지는 않는다. 그러나 캐러스는 "『가설』이 바로 여기에서[Hypoth. 7.13] 구약성경과 요세푸스의 견해를 지지한다"고 지적한다.[85] 다시 말해, 어른은 물론이요 어린이도 유대인의 공동 읽기 사건 때 다른 이가 그들에게 읽어 주었던 것들을 배우고 지켜야 한다. 이런 모습은 교사와 학생이 있는 학교의 모습을 다소 닮았다.[86] 게다가, 이 본문에 나오는 "장로"는 경험이 풍부한 회당 설교자와 교사를 의미

---

[84] Valentin Nikiprowetzky, *Le Commentaire de l'écriture chez Philon d'Alexandrie: Son caractère et sa portée, observations philologiques* (Leiden: Brill, 1977), 특히 pp. 174-180를 보라.
[85] "Dependence or Common Tradition in Philo *Hypothetica*", p. 41.
[86] Christian Noack, *Gottesbewußtsein: Exegetische Studien zur Soteriologie und Mystik bei Philo von Alexandria*, WUNT 2.116 (Tübingen: Mohr Siebeck, 2000), p. 28.

하는 말일 수 있다.

필론은 이런 모임이 관습이었고 일관성이 있었음을 강조하는 단어를 많이 사용한다. 그가 묘사하는 장면은 청중이 침묵을 지키다가 누군가가 그들에게 읽어 준 내용에 동의할 때만 입을 여는 모습을 보여 준다. 청중의 동의를 나타내는 데 사용한 단어가 προσεπευφημῆσαι인데, 이는 박수치며 환호한다는 의미일 수 있다. **관습**이라는 단어가 시사하듯이, 분명 이것은 꾸준히 행하던 행위였다. 이런 에피소드는, 비록 그런 행위가 그저 어떤 동의를 나타내는 것일지라도, 공동 읽기 사건 안에 전승의 질을 통제하는 무언가가 존재했음을 확인해 준다.

위(僞)필론(기원후 1세기)

프레더릭 머피(Frederick Murphy)가 산정한 위(僞)필론(Pseudo-Philo)의 활동 연대는 지금도 타당해 보인다. "『성경고대사』(*Biblical Antiquities*)가 기원후 1세기에 기록되었음을 의심하는 이는 거의 없다."[87] 아울러 그는 계속하여 이렇게 말한다. "어떤 논증도 이 논쟁에 참여한 모든 당사자에게 확신을 심어 주지 못할 것이다."[88] 위필론의 활동 장소(저작 장소)를 두고도 같은 말을 할 수 있을 것 같다. 대다수 학자는 팔레스타인이 활동 장소라고 인정하지만, 몇몇 학자는 여전히 이 견해에 반대한다. 여기에서는 이 두 쟁점과 관련하여 통설을 따르도록 하겠다.

브루스 피스크(Bruce Fisk)는 위필론 저자가 "여호수아 8:30-35에 얼추 바탕을 두고 있는 맥락 속에서" 어떤 공동 읽기 사건에 주목한다고 말한다.[89] 이 저자는 이렇게 써 놓았다. "또 그[요세푸스]는 모든 사람을 모아 놓

---

87 *Pseudo-Philo: Rewriting the Bible* (New York: Oxford University Press, 1993), p. 6.
88 Ibid.
89 "Retelling Israel's Story: Scripture, Exegesis and Transformation in Pseudo-Philo's *Liber*

고[*congregavit omnem populum*] 율법의 모든 말씀을 그들 앞에서 큰 소리로 읽어 주었다[*legit in aures eorum*]"(21.7-10).[90] 이 저자는 이 공동 읽기 사건이 청중이 나중에 그 자리에서 직접 제시하는 반응을 들을 수 있는 마당을 제공한다고 본다.

이 작품 저자는 성경에 들어 있는 몇몇 요소들을 그대로 유지한다. 하지만 내레이터는 성경 기사에 나오는 다른 특징들을 바꾸고, 확장하며, 생략한다. 여호수아 8:30-35에서 여호수아는 사람들에게 율법 책에 기록된 모든 것을 읽어 주기만 한다. 위필론을 보면, 여호수아가 나중에 사람들을 축복한다. 크리스토퍼 벡(Christopher Begg)은 이렇게 써 놓았다. "(여호수아서 본문에서는) 사람들이 절차에 침묵을 지키며 수동적으로 참여한다. 이와 달리, 위필론은 사람들이 '많은 찬송을 부르고', 악기를 연주하며, 야훼가 과거에 하신 약속들이 성취되었다고 인정하는 이들로 제시한다."[91] 하지만 이런 차이점들에도 불구하고, 공동 읽기 사건이라는 중심 초점이 존재한다. 이런 유형의 읽기 사건은, 비록 바뀐 형태이긴 하지만, 그래도 그 시대에 유행하던 공동 읽기 관습을 어느 정도 반영하려 한다. 이런 읽기 사건은 이 저자가 성경 기사를 자신의 목적을 따라 다시 들려줄 때, 그와 그의 청중을 이어 주는 데 도움을 준다.

요세푸스(기원후 37년경-100년경)

요세푸스(Josephus)는 필론과 더불어 헬레니즘 시대 유대 문헌의 유명한 저

Antiquitatum Biblicarum 12-24" (PhD diss., Duke University, 1997), p. 196.
[90] 이 부분의 라틴어 본문을 읽어보려면, Howard Jacobson, *A Commentary on Pseudo-Philo's Liber Antiquitatum Biblicarum with Latin Text and English Translation* (Leiden: Brill, 1996), 2:688를 보라.
[91] "Josephus' and Pseudo-Philo's Rewritings of the Book of Joshua", in *The Book of Joshua*, ed. Ed Noort, BETL 250 (Leuven: Peeters, 2012), pp. 555-588, 이 부분은 p. 573.

자다.⁹² 그는 예루살렘에서 태어났으나, 로마에서 죽었다.⁹³ 여기서 우리가 추려 뽑은 본문이 그가 공동 읽기 사건을 언급하는 본문의 전부는 아니다.⁹⁴ 그럼에도, 이 본문들은 기원후 1세기에 이런 사건들이 널리 퍼져 있었고 확립되었다는 생각을 뒷받침하는 대표 증거다.

한 에피소드를 보면, 요세푸스가 가바로트(Gabaroth)에서 한 사절단에게 연설한다. 이 연설의 초점 가운데 하나가 요세푸스와 다른 몇몇 사람이 주고받은 서신이다. 요세푸스는 심지어 그 서신들을 끄집어내 모든 사람에게 펼쳐 보인다. 이는 순전히 입으로만 전달한 그 서신의 내용을 믿지 못하는 사람들도 다 믿고 받아들이게 하려 함이었다. 그는 이렇게 써 놓았다. "그런 다음 나는 우선 요나단과 그의 동료들에게 그들이 쓴 서신을[τῆς ἐπιστολῆς τούς] 되새겨 주면서, 그들이 예루살렘 공의회에게서 나와 요한의 다툼을 해결할 사명을 부여 받았으며 내가 그들을 방문해 주길 바란다고 그 서신에 써 놓았다는[γράψειαν] 것을 되새겨 주었다. 나는 이런 사실을 이야기하는 동안, 그 서신을[τὴν ἐπιστολήν] 꺼내 모든 이가 보게 했다. 이는 그들에게 확신을 심어 줄 문서의[τῶν γραμμάτων] 존재를 그들이 부인하지 못하게 하려 함이었다"(*Life* 49). 이어 그는 그 서신을 청중에게 읽어 준다. "그런 뒤 나는 갈릴리 사람들에게 요나단이 보낸 두 서신을 [ἐπιστολῶν] 큰 소리로 읽어 주었다[παρανεγίνωσκον]. 이 서신은 내가 길에 배치해 두었던 정찰병이 가로채 내게 가져다준 것이었다"(*Life* 50). 스티브 메이슨(Steve Mason)은 요세푸스가 이 서신을 갈릴리 사람들에게 읽어

---

92 근래에 나온 요세푸스 작품의 역사성에 관한 학계의 평가를 간결하게 개관한 책을 보려면, David W. Chapman and Eckhard J. Schnabel, *The Trial and Crucifixion of Jesus: Texts and Commentary*, WUNT 344 (Tübingen: Mohr Siebeck, 2015), pp. 5-6을 보라.
93 학자들이 요세푸스가 로마시에서 보낸 사회생활을 탐구했지만, 그 생활의 세부 내용에 관하여 밝혀진 것은 여전히 아주 적다. William den Hollander, *Josephus, the Emperors, and the City of Rome: From Hostage to Historian*, AJEC 86 (Leiden: Brill, 2014)을 보라.
94 *Ap.* 2.175; *Vita* 276-282; *Ant.* 16:43-44.

줌으로써, "인자함을 보이고, 성난 폭도들을 소가네(Sogane)로 돌아가게 한다"고 설명한다.[95]

또 다른 경우를 보면, 요세푸스가 사람들이 토라를 공동으로 읽은 일을 서술한다. 이 기사에서 특히 흥미로운 점은 모든 연령의 사람들이 그 자리에 참여한 점과 청중에게 대답을 요구하는 점이다.

여자가 예언한 뒤에, 그들이 와서 그 여자가 한 말을 왕에게 보고했다. 보고를 들은 왕은 사방에 사람을 보내, 제사장들과 레위인은 물론이요 백성들도 예루살렘에 모이라 명령하면서, 모든 연령의 사람들에게 참석하라고 명령했다. 사람들이 모이자, 왕은 먼저 그들에게 거룩한 책들을[τὰς ἱερὰς βίβλους] 읽어 주었다[ἀνέγνω]. 그런 다음, 왕은 백성 가운데 있는 심판석에 서서, 그들에게 선서하게 한 뒤, 진심으로 하나님을 예배하고 모세 율법을 지키겠다고 맹세하게 했다. 그들은 이에 열렬히 호응하며 왕이 그들에게 명한 대로 행하고, 곧바로 희생 제사를 올렸다. 그들은 제사를 올리면서 거룩한 찬송을 부르고[καλλιεροῦντες], 하나님이 그들에게 후의와 은혜를 베풀어 주시길 간구했다. (Ant. 10.4.3)

이는 공동 읽기 사건을 분명하게 보여 주는 사례다. 요세푸스는 그의 청중이 이 사건을 이해하고 십중팔구는 이런 사건을 경험했으리라고 추측하는 것 같다.

요세푸스는 세 번째 기사에서 프톨레마이오스(Ptolemy)가 유대 율법이 그리스인들에게 여전히 알려지지 않은 이유를 알게 된 일을 서술한다. 프톨

---

[95] *Flavius Josephus: Translation and Commentary*, vol. 9, *Life of Josephus* (Leiden: Brill, 2001), p. 118.

레마이오스가 이를 알게 된 것은 어떤 이가 몇몇 텍스트를 그에게 읽어 주었기 때문이다. 요세푸스는 이렇게 써 놓았다. "특히 그는 누군가가 율법을 그에게 읽어 주었을[ἀναγνωσθέντων] 때 기뻐했으며, 입법자의 생각과 지혜의 깊이에 경탄했다. 그는 이 율법이 그토록 경탄하고 칭송할 만한데도 그 율법을 언급한 역사가나 시인이 전혀 없었던 연유를 데메트리오스와 토론하기 시작했다"(Ant. 12.2.14).

요세푸스는 나중에 이오니아에서 유대인의 권리가 침해당한 일을 아그립파에게 말한다. 그는 이렇게 써 놓았다. "더욱이, 우리는 원로원이 반포한 많은 정령[政令, δόγματα]과 카피톨리누스 신전에 놓아둔 같은 취지의 서판들을[δέλτους] 당신에게 읽어 줄 수 있었습니다[ἀναγινώσκειν]. 이것들은 당신이 우리가 당신에게 바치는 충성을 증명해 주는 증거를 받으신 뒤에 분명히 출판되었으며, 당신이 설령 그런 조건이 없는 상태에서 그런 것들을 허(許)했을지라도 역시 유효할 것입니다"(Ant. 16.2.4). 아울러 이와 같은 정령을 먼저 원로원에서 낭독한 뒤에 비로소 일반 대중에게 읽어 주었음을 주목할 필요가 있다. 게지네 마누발트(Gesine Manuwald)는 이렇게 써 놓았다. "로마의 정치 절차 구조를 고려할 때, 원로원에서 하는 연설이 같은 주제로 대중 앞에서 하는 연설보다 먼저 이루어졌다는 것은 사실이며, 원로원 연설이 정령이라는 형태로 즉각 행동을 취하는 데 더 중요했다는 것도 사실이다. 그러나 대중 앞에서 하는 연설이 정치적 효과는 원로원에서 하는 연설보다 직접적이지는 않았더라도, 그 연설 역시 중요한 의미가 있었음을 유념해야 한다."[96] 이런 평가를 고려하면, 기원후 1세기에 있었을 만한 공동 읽기 사건의 양과 유형은 늘어날 수밖에 없다.

---

[96] "The Speeches to the People in Cicero's Oratorical Corpora", *Rhetorica* 30, no. 2 (2012): pp. 153-175, 이 부분은 p. 154 n. 4.

요세푸스는 다음 기사에서 아우구스투스, 헤롯, 평의회 의원들과 관련된 몇몇 서신을 언급한 뒤, 헤롯이 150명으로 구성된 로마 관원들의 공의회 앞에서 자기 아들들을 고소한 일을 서술한다.

그는 평의회 회원들에게 증거 조사를 허용하지 않고, 그저 아버지가 그 아들들에게 모욕을 가하는 데 사용한 이 조치들을 뒷받침하는 주장만 제시했다. 그가 그 아들들이 쓴 서신을 큰 소리로 읽었지만[ἀναγινώσκων], 그 서신에는 아들들이 음모를 꾸몄거나 불효를 저질렀음을 암시하는 어떤 언급도 없었으며, 다만 그들이 도망칠 계획을 짜고 있다는 것, 그리고 자신들을 향한 아버지 헤롯의 악의를 비난하면서 헤롯을 비방하는 몇 마디 언급만이 들어 있었다. 그는 이 대목에 이르자, 훨씬 더 큰 소리를 질러 대며, 그 아들들의 지나친 언어야말로 이들이 아버지인 자신에 맞서 음모를 꾸몄음을 자백한 것이라고 떠벌리면서, 아들들에게 그런 말을 듣기보다 차라리 그의 목숨을 잃고 말겠다고 맹세했다. (*Ant.* 16.11.2)

그가 글을 읽으면서 말하려는 취지를 강조하고 청중에게 수사(修辭)상 영향을 미치고자 어조를 바꾼 점은 주목할 만하다.

요세푸스는 같은 작품 뒷부분에서 헤롯의 장례식 모습을 이렇게 상세히 설명한다.

이제 사람들이 다 왕의 죽음을 알게 되었다. 살로메와 알렉사스는 여리고의 원형 극장에 군대를 모은 뒤, 먼저 헤롯이 병사들에게 쓴 서신을[ἐπιστολήν] 큰 소리로 읽었다[ἀνέγνωσαν]. 그 서신은 병사들이 헤롯에게 보인 신실함과 선의에 감사하고, 헤롯이 다음 왕으로 지명한 그의 아들 아르켈라오스도 똑같이 지지해 줄 것을 당부하고자 쓴 것이었다. 그다음 일은 옥새(玉璽)를 맡은 프톨레마이오스가 큰 소리로 왕의 고명(顧命)을 낭독하는[ἀνέλεγεν] 것이었으나, 이 고명은 카이사르가 샅샅이 살펴본[ἐντυχόντος] 뒤에야 비로소 효력을 가질 수 있었다. (Ant. 16.11.2)

여기서 강조해 둘 몇 가지 중요한 특징이 있다. 첫째, 큰 무리가 원형 극장에 모였다. 둘째, 사람들 앞에서 서신을 읽은 뒤, 왕의 고명도 사람들 앞에서 읽었다. 그러나 이 부분에서는 으레 쓰는 말을 쓰지 않고 ἀνέλεγεν이라는 말을 사용했는데, 이는 "통독(通讀)하다"라는 의미일 수 있다. 셋째, 카이사르가 그것을 처음부터 끝까지 읽어 봐야 했는데, 이 경우에도 빈번히 사용하지 않는 단어 ἐντυχόντος를 사용했다(이 책 2장을 보라).

이 다음 에피소드는 티베리우스 황제가 유대인들을 위해 알렉산드리아로 보낸 칙령을(διάγμα) 자세히 이야기한다. 요세푸스는 그 칙령의 내용이 이렇다고 말한다. "이것이 곧 짐의 뜻이니, 이탈리아 안과 이탈리아 밖에 있는 여러 도시와 식민지, 자치시(municipia)를 다스리는 기관들, 그리고 그들이 보낸 사절을 통해 권세를 행사하는 여러 왕과 다른 당국자들은 내가 보낸 이 칙령을 새겨 쓰게[ἐγγράψασθαι] 하고, 이 칙령을 적어도 30일 동안 사람들이 땅에 서서[ἐπιπέδου] 쉽게 읽을[ἀναγνωσθῆναι] 수 있는 곳에 계속 붙여 놓도록[ἐκκείμενόν] 하라"(Ant. 19.5.3).

나아가 요세푸스는 이런 유형의 칙령들을 "온 세상에"[τὴν οἰκουμένην πᾶσαν] 보내곤 했다고 말한다(Ant. 19.6.1). 적어도 이런 칙령을 보낼 때는 틀림없이 많은 이기 이를 읽을 수 있으며, 대디수 지역에는 이 메시지를 새겨 써서 모든 사람이 볼 수 있는 장소에 게시할 누군가가 있으리라고 예상했던 것 같다. 더구나, 칙령은 모든 이가 볼 수 있도록 새겨 썼기 때문에, 누군가가 칙령을 낭독할 때 이를 듣는 사람은 기록으로 남아 있는 칙령과 비교하여 낭독한 내용이 틀림없는지 확인할 수 있었다. 많은 고대 자료는 이것이 빈번한 관행이었다고 말한다. 예를 들면, 기원후 41년에 반포된 칙령은 이런 내용을 담고 있다. "짐은 백성 숫자가 하도 많아서 모든 이가 짐이 그 도시에 보낸, 지극히 신성하고 지극히 자애로운 이 서신을 낭독하는 자리에 참석할 수 없음을 아노라. 하여 짐은 백성 하나하나가 이 서신을 읽고 우리의 신인 카이사르의 위엄을 찬미하며 그가 그 도시에 베풀어 주신 선의에 감사하게끔 이 서신을 공공장소에 게시할 필요가 있다고 여겼노라."[97]

요세푸스는 다른 비슷한 자료들과 달리, 유대 민족이 함께 모인 또 다른 공동 읽기 사건 장면을 아주 자세히 묘사한다.

> 7년마다 초막절 절기가 이르면, 많은 사람이 거룩한 도시에 희생 제사를 올리려고 모여들었다. 이때가 되면, 그가 하는 말을 사람들이 들을 수 있게 높이 세운 단 위에[ἐπὶ βήματος ὑψηλοῦ] 올라선 대제사장으로 하여금 율법을 온 회중에게 낭독하게[ἀναγινωσκέτω] 했다. 아울러 여자와 어린이도 이 청중에서 제외하지 못하게 했을 뿐 아니라, 노예도 제외하지 못하게 했다. 이는 이 율법이 결코 지워지지 않게 그들의 마음에 깊이 새겨 그들의 기억 속에 저장하는 것이 좋기 때문이다. (*Ant*. 4.8.12)

본문이 거룩한 도시, 희생 제사, 초막절, 대제사장을 언급하는 것으로 보아, 이 공동 읽기 사건은 십중팔구 예루살렘에서 이루어졌을 것이다.[98] 요세푸스는 계속하여 어린이도 이 율법을 배워야 했고, 사람들은 그들 주위에 물

---

[97] LCL 282: 78-79. 그리스도인들도 이런 관습을 그들이 쓴 글에서 언급했다. 이를테면, 순교자 유스티누스는 이렇게 써 놓았다. "짐은 이 내 칙령을 사람들이 읽을 수 있게 트라야누스 포룸에서 출간하라고 명령한다. 장관 비트라시우스 폴리오(Vitrasius Pollio)가 이 칙령이 모든 속주에 전달되게 감독할 것이며, 이 칙령을 활용하거나 소유하고 싶은 사람은 내가 지금 펴내는 이 문서 사본을 아무 방해도 받지 않고 입수할 수 있게끔 감독하라"(1.71).

[98] Arie van der Kooij, "The Public Reading of Scriptures at Feasts", in *Feasts and Festivals*, ed. Christopher Tuckett, CBET 53 (Leuven: Peeters, 2009), pp. 27-44, 특히 pp. 33-34.

리적 구조물을 세워 거기에 이 율법을 새겨 넣어야 했으며, 글로 기록한 가르침을 그들의 몸에 단단히 묶어야 했다고 말한다. 다시 말해, 글로 쓴 이 말씀을 모든 이에게 펼쳐 보임으로써 이들이 다 읽고, 배우며, 순종할 수 있게 해야 했다.

에스라4서(기원후 1세기)

「에스라4서」의 저작 연대로 가장 개연성이 높은 시기가 기원후 1세기 마지막 10년이다.[99] 그렇다면 이 유대 문헌은 예루살렘 성전 파괴 뒤에 기록된 것으로서, 하나님이 공동 읽기에 쓸 책을 더 많이 기록하라 명령하셨다고 이야기하는 텍스트의 본보기인 셈이다. 이런 내용을 분명하게 말하는 주된 본문은 에스라가 받은 마지막(일곱 번째) 환상에서 발견할 수 있는데, 이를 기록한 곳이 「에스라4서」 14.1-48이며, 그중에서도 특히 37-48절이다. 여기에서는 마지막 몇 줄만 인용해 본다.

> 지극히 높으신 이가 내게 일러 말씀하시길, '네가 먼저 쓴 스물네 권의 책을 사람들에게 널리 알려, 고귀한 자나 비루한 자나 가리지 않고 모두 그 책들을 읽게 하라. 그러나 마지막에 기록된 칠십 권은 너희 백성 가운데 있는 현자들에게 주게 남겨 두어라. 이는 그들 안에 이해의 샘, 지혜의 샘, 지식의 강이 있기 때문이다.' 나는 그 말씀대로 했다.[100]

99　Michael E. Stone and Matthias Henze, *4 Ezra and 2 Baruch: Translations, Introductions, and Notes* (Minneapolis: Fortress Press, 2013), pp. 2-3. 참고. Jonathan A. Moo, *Creation, Nature and Hope in 4 Ezra*, FRLANT 237 (Göttingen: Vandenhoeck & Ruprecht, 2011), pp. 9-10.

100　Bruce M. Metzger, "The Fourth Book of Ezra: A New Translation and Introduction", in *The Old Testament Pseudepigrapha*, vol. 1, *Apocalyptic Literature and Testaments*, ed. James H. Charlesworth (Peabody, MA: Hendrickson, 2009), pp. 517-559, 이 부분은 p. 555. 아울러 Matthias Henze, "4 Ezra and 2 Baruch: Literary Composition and Oral Performance in First-

에스라가 마지막으로 본 환상도 다른 곳과 마찬가지로 공적 측면과 사적 측면을 모두 갖고 있다—이번에는 공적 목적과 사적 용도로 만든 책들과 관련이 있다. 여기서 주목해야 할 중요한 특징이 하나 있다. 그것은 바로 이 저자가 사람들이 모인 자리에서 텍스트를 읽은 모세와 에스라 같은 인물들을 본받고자, 이전에 기록된 전승들을 바꿔, "에스라가 만든 텍스트"를 만들어 낸다는 점이다.[101] 여기에서는 다섯 필사자가 앞서 12.42에서 언급했던 아흔네 권의 책을 필사한 뒤에, 이 책들을 두 묶음으로 나눈다. 스물네 권은 공중에게 읽어 줄 책으로 떼어 놓는데, 이는 분명 히브리 성경의 스물네 권일 것이다. 그리고 나머지 일흔 권은 오로지 현자만 읽을 책으로 구분해 두는데, 우리는 이 책들이 무엇인지 혹은 무슨 내용을 제시한 책인지 추측만 할 수 있을 뿐이다.[102] 소위 이 에스라서는 그가 지극히 높으신 분이 그에게 요구하신 모든 것을 완수했다고 확인해 준다.

요약

우리는 기원후 1세기에 글을 쓴 다양한 저자의 작품에서 공동 읽기와 관련된 본문을 많이 추려 뽑아 살펴보았다. 더 자세히 말하면, 우리는 1세기 저

Century Apocalyptic Literature", *JBL* 131, no. 1 (2012): pp. 181-200를 참고하라.

101 Hindy Najman, "How Should We Contextualize Pseudepigrapha? Imitation and Emulation in 4 Ezra", in *Flores Florentino: Dead Sea Scrolls and Other Early Jewish Studies in Honour of Florentino García Martínez*, ed. Anthony Hilhorst, Émile Puech, and Eibert Tigchelaar, JSJSup 122 (Leiden: Brill, 2007), pp. 529-536, 특히 pp. 534-536. 이 에피소드의 큰 흐름을 더 자세히 논한 글을 보려면, Alexander E. Stewart, "Narrative World, Rhetorical Logic, and the Voice of the Author in 4 Ezra", *JBL* 132, no. 2 (2013): pp. 373-391를 보라.

102 이 책들의 정체는 우리 연구와 무관하다. 그럼에도, 이 책들에 나오는 봉인과 다니엘서 및 요한계시록이 언급하는 책 봉인 사이에는 탐구해 볼 만한 몇 가지 유사점이 더 있을 수도 있다. 학자들이 이 책들의 정체에 관하여 밝힌 견해를 간략히 개관한 글을 보려면, Karina M. Hogan, *Theologies in Conflict in 4 Ezra: Wisdom Debate and Apocalyptic Solution*, JSJSup 130 (Leiden: Brill, 2008), pp. 214-217를 보라.

자 스무 명의 글을 살펴보았다. 이 스무 저자가 모두 사회 엘리트는 아니었다. 에픽테토스 같은 몇몇 저자는 노예로 태어났으며, 발레리우스 막시무스 같은 저자는 아주 가난한 집안에서 태어났다. 그런가 하면, 마르티알리스 같은 이들도 거의 평생 가난하게 살았다.

사람들이 공동 읽기 사건을 어느 정도 경험했던 지역은 넓게 퍼져 있었으며, 이런 사건은 우연이라 할 수 없을 만큼 아주 체계 있게 이루어졌다. 우리는 그런 사건이 일어난 지역으로 열두 개가 넘는 특정 지역을 지목했다. 아시아, 아프로디시아스, 로도스, 가바로트, 아테네, 니코폴리스, 토미스, 예루살렘, 알렉산드리아, 브루기아의 켈라이나이, 프루사, 비엔느, 고린도, 보리스테네스, 타르수스, 나르보, 로마, 티아나, 여리고, 마그나 그라이키아, 스페인, 움브리아가 그런 곳이다. 몇몇 지역은 두루뭉술하게 인용했는데, 니케아와 니코메디아 사이 지역, 소아시아 해안 지역, 이탈리아 남부, 그리스의 라케다이몬 속주 같은 곳이 그런 예다. 동서남북 사방에서 공동 읽기 사건을 목격할 수 있는 끝 지점을 보면, 동쪽은 여리고, 서쪽은 스페인, 북쪽은 프루사, 남쪽은 알렉산드리아에 이르는 지역까지 공동 읽기 사건에 어느 정도 노출되어 있었다고 말할 수 있다.

사람들이 공동체 안에서 텍스트를 읽었다는 것이 증명되었다. 이런 공동 읽기 사건은 실로 로마 제국 전역에서 자주 일어났고 제국 전역에 널리 퍼져 있었다. 상이한 정황에 맞춰 서로 다른 다양한 유형의 텍스트를 읽는 일도 자주 있었다. 이런 다양한 텍스트 유형에는 풍자 작품, 시, 법률 문서, 경구, 서신, 소설, 지리를 다룬 작품, 담화, 정령, 칙령, 의학서, 논문, 웅변, 언설, 철학서, 유언, 재판 기록, 법률, 논쟁, 역사서, 뭔가를 과시하는 웅변, 받아쓰기 교과서, 찬송이 들어 있다. 공동 읽기 사건이 벌어진 무대와 장소는 수없이 많은데, 법정, 개인의 집, 저녁 식사 자리, 학교, 회당, 극장, 축제(절기), 경연 대회, 장례식, 원형 극장, 심포지움, 낭독, 공적 모임, 포룸, 교차로, 주랑

가게, 툭 트인 들판이 그런 예다. 더구나, 다양한 텍스트와 사건은 폭넓은 자료와 용어를 보여 주었다. 다음 표는 우리가 추려 뽑아 제시한 저자들이 분명하게 언급하거나 사용한 여러 유형의 자료와 다양한 용어 가운데 대표라 할 만한 것을—따라서 이게 전부는 아니다—목록으로 제시한 것이다.

용어 목록

현대 번역어	헬라어 용어/문구	라틴어 용어/문구	사용 저자
거룩한 책들	τὰς ἱερὰς βίβλους		요세푸스
경구		epigrammata	마르티알리스
글		scripta	오비디우스
너무 작은 글자로 기록된 필사본		minutioribus litteris scriptum	세네카
노예 해방 확인서	τὸ γραμμάτιον τῆς ἀπελευθερώσεως		카리톤
논문	συγγράμματα		디온 크리소스토모스
담화	διαλόγους		에픽테토스
대구(對句)		disticha	마르티알리스
도둑 (예. 작품 표절자)		fur	마르티알리스
돌	λίθον		에픽테토스
두루마리		librum	마르티알리스
매매 계약서	τὰς ὠνάς		에픽테토스
문서	τῶν γραμμάτων		요세푸스
문학		litterarum	켈수스
밀랍 서판		cera	퀸틸리아누스
바꿔 적은 본문	μεταγράφουσιν		스트라본
받아쓰기 교과서		dictata	페르시우스
부석		pumicata	마르티알리스
서신	ἐπιστολῶν		요세푸스
서판	δέλτους		요세푸스

서판		*tabulas*	페트로니우스
시		*carmine*	발레리우스 막시무스
시구		*versibus*	오비디우스
싸구려 파피루스		*scriptura quanti constet et tomus vilis*	마르티알리스
엄청난 분량		*ingens*	마르티알리스
양피지 표지		*membrana*	마르티알리스
양피지로 만든 책 (두루마리), 펼쳐진	ἐξελίττειν τὸ βιβλίον		디온 크리소스토모스
유언		*testamenti*	페트로니우스
율법과 선지자들	τὸν νόμον καὶ τοὺς προφήτας		마카베오4서
자그마한 교과서		*artis libellum*	퀸틸리아누스
작고 알찬 책		*libelli*	마르티알리스
작은 책들		*libellis*	마르티알리스
작품	τοῖς ποιήμασιν		디온 크리소스토모스
정령(政令)	δόγματα		요세푸스
종이		*charta*	마르티알리스
줄(行)	πολύστιχόν		디온 크리소스토모스
쪽		*pagina*	마르티알리스
책		*liber*	켈수스
책 상자		*scrinioque*	마르티알리스
책들	τὰς βίβλους		필론
첫 시상(詩想)을 적은 종이		*virginis chartae*	마르티알리스
칙령	διάταγμα		요세푸스
표		*pittacia*	페트로니우스

아울러 이 텍스트들을 읽은 이 가운데는 서기, 황제, 학생, 어린 소년, 정치인, 필사자, 아버지, 독사(讀師), 집정관, 표절자, 노인, 젊은 여자가 들어 있다는 것도 제시했다. 마찬가지로, 이 텍스트들을 낭독할 때 이를 들은 이 가운데는 황제, 어린이, 성인 남자, 성인 여자, 노예, 학생, 플레브스(plebs, 평

민), 회중, 군인, 로마 관리, 초대받은 손님, 군중이 들어 있었다. 이런 공동 읽기 사건은 로마 같은 대도시뿐 아니라, 토미스처럼 멀리 떨어진 유배지에서도 일어났다. 우리가 추려 뽑은 이 저자들의 글을 살펴보면, 사람들이 서 있거나, 앉아 있거나, 달리거나, 목욕하거나, 음식을 먹거나, 저녁 식사를 하거나, 헤엄을 치면서도 누군가가 읽는 글을 듣는다.

비록 이번 장이나 우리 연구서의 초점은 아니지만, 그래도 우리가 모은 관찰 결과 넷을 더 언급해 두지 않을 수 없다. 첫째, 공동 읽기에 대한 수요, 그리고 이런 수요를 감당할 수 있는 능력이 다양한 수준에 걸쳐 존재했다. 이런 광범위한 수요와 능력을 구분하는 데 사용한 용어와 문구도 다양한데, 그런 용어와 문구에는 "충분한 준비, 수박 겉 핥기 식으로 읽는 이, 특히 능숙하고 유창함, 검토하다, 설명하다, 통독하다, 대충 읽어보다, 어떤 부분을 골라내다, 한 줄 한 줄 읽다, 올바로 읽다, 틀리게 읽다, 글을 즐겁게 표현하다(전달하다), 무례하게 읽지 않다, 읽을 만한 자격(자질)이 없다(물론 저자 자신은 분명 작품을 직접 읽을 능력을 갖고 있었다)" 같은 것들이 있다. 마찬가지로, 디온 크리소스토모스를 비롯한 일부 저자들은 탁월한 읽기 능력이 필수 조건이었다기보다 선호하는 요건이었다고 말한다. 대(大) 세네카 같은 다른 저자들은 어떤 이가 외국인 억양으로 읽는 글을 들었다고 말한다. 이와 같은 텍스트들은 공동 읽기 사건이 현저히 능숙한 실력으로 글을 읽을 수 있는 이가 있고 모든 사람이 그 글을 이해할 수 있을 때만 일어날 수 있었다고 주장하는 학자들의 추측에 곧장 의문을 제기하게 만든다.

둘째, 공동 읽기 사건 자체 또는 공동 읽기 사건과 관련된 읽기(전승)의 질(수준) 통제에 관하여 쓰려 한 저자는 아무도 없었지만, 다양한 질 통제 수단을 확인할 수 있다. 우리가 찾아낸 질 통제 수단을 몇 가지만 들어 보면, 목격자(대 세네카), 달라진 필사본을 검토하기(스트라본), 오류가 있는 필사본 폐기(세네카), 칙령을 모든 사람이 읽게 게시함(요세푸스), 저자들을 비교하기(대 세네카), 글을 한 줄 한 줄 비교하기(마르티알리스), 저자가 누구인지 확인하기(마르티알리스가 표절과 관련하여 주장한 내용), 청중(카리톤), 용어에 이름표 붙이기(디온 크리소스토모스), 동료의 압력(에픽테토스, 웃기), 바로잡기(켈수스)가 있다. 마찬가지로, 페르시우스와 디온 크리소스토모스 같은 몇몇 저자들이 읽기(전승)의 질을 통제할 방책이 마련되어 있지 않은 공동 읽기 사건은 경멸하고 무시해야 한다고 언급한 것 역시 중요하다.

셋째, 공동 읽기 사건에서 받은 인상과 이 사건에 대한 반응이 다양하게 많이 존재했다. 예를 들면, 마르티알리스는 어떤 이가 "입을 닥쳐야" 했다고 말한다. 소(小) 세네카는 일부 사람들이 이런 공동 읽기 자리를 일찍 떠나고자, 시간이 늦었다고 말하는 것처럼, 핑계를 둘러댔다고 말한다. 카리톤은 어떤 서신 낭독을 들은 청중이 큰 갈채를 보낸 일을 이야기한다.

넷째, 1세기의 어느 시기에는 글쓰기(문학, 문헌)가 철저한 억압을 받았다. 이를테면, 도미티아누스 치세기(기원후 81-96년)에는 글을 쓰는 이들을 유배 보내고, 책을 불태웠으며, 금지령을 내리기도 했다. 그럼에도 여전히, 페트로니우스가 쓴 말 가운데 하나를 빌려 표현하자면, "거대한 홍수처럼 밀려드는 문헌"이 있었다. 에픽테토스의 말처럼, "수천 사람들이 글을 낭독했다." 소(小) 세네카와 마르티알리스가 각각 말한 대로, 공동 읽기 사건 때 "수많은 팬 앞에서" "그대의 능력을 선전할" 호기(好機)가 있었다.

1세기에 공동 읽기 사건과 관련된 작품과 활동이 널리 퍼져 있었다는 것은 사람들 사이에서 널리 이루어지면서도 아주 다양했던 공동 읽기 사건이 표상하는 책 문화가 꼼꼼하게 만들어 내고 통제한 세계가 존재했음을 시사한다. 이런 작품 저작에 적극 참여하는 것이 당시 많은 저자의 기본적 기대로 보이며, 이런 활동이 줄어들거나 멈췄음을 보여 주는 지표는 전혀 존재하지 않는다. 미래를 향한 이런 기대는 특히 오비디우스 같은 저술가들에게서 나타났는데, 이들은 미래에 다양한 청중이 그들이 쓴 작품을 공동으로 계속하여 읽을 수 있으리라고 분명하게 천명하거나 언급했다.

　이번 장에서는 로마 제국 시대의 많은 저자의 글로 보아 기원후 1세기에 공동 읽기 사건이 널리 퍼져 있었을 개연성이 아주 높음을 확증했다. 6장에서는 같은 시대에 신약성경 속 책들을 쓴 이들의 기록에 비춰 봐도 역시 그 시대에 공동 읽기 사건이 널리 퍼져 있었을 개연성이 아주 높다고 말할 수 있는지 밝혀내는 과제에 도전해 보겠다.

6장

1세기의 공동 읽기 사건
: 신약성경

내가 주 앞에서 맹세코 너희 모든 이에게 명하니 이 서신을 모든 형제에게 큰 소리로 읽어 주어라.
_데살로니가전서 5:27

성경을 공동으로 읽는 일에 선념하라.
_디모데전서 4:13

이 서신을 너희 모든 이에게 큰 소리로 읽어 준 뒤에, 라오디게아인의 교회에서도 틀림없이 공동으로 읽게 하라. 아울러 너희는 라오디게아에서 보낸 서신도 꼭 공동으로 읽으라.
_골로새서 4:16

그리스도를 믿는 공동체는 텍스트 읽기와 해석에 초점을 맞췄다는 점에서 그 시대 다른 학술 공동체와 아주 비슷했다.[1] 신약성경은 300개가 넘는 본문에서 구약성경을 317차례나 직접 인용한다.[2] 구약을 넌지시 암시하는 부분, 그리고 구약 본문과 평행을 이루는 말을 사용한 곳까지 포함하면, 구약성경을 언급한 곳이 2,310군데나 더 있다.[3] 브루스 메츠거(Bruce Metzger)는 신약성경이 성경에서 인용한 말을 소개하는 문언(formulas)을 미쉬나(Mishnah) 같은 다른 문헌과 비교하면서, 이렇게 언급한다. "신약성경에서는 이런 유형[누군가의 발언을 나타내는 단어를 포함한 문언]이 빈번히 등장하지만, 글로 적은 기록을 언급하는 말을 담고 있는 유형과 훨씬 더 고르게 균형을 이루며 등장한다."[4]

나는 여기서 그런 점을 마음에 새기고, 신약성경이 말하는 공동 읽기 사건이 아주 폭넓은 장소와 참여자, 그리고 문화를 아우르고 있음을 증명해 보도록 하겠다. 공동 읽기 사건은, 지리상으로나 사회면에서나, 널리 퍼져 있었다. 더욱더 자세히 말해 보면, 현존 증거는 그리스도인 공동체를 비단 유대교 성경(구약성경)이나 사도들의 글뿐 아니라 더 많은 글을 공동으로 읽은 공동체로 묘사한다.

현대 용어로 표현해 보면, 이런 공동체들이 펼친 활동에는 읽기, 설교, 가

---

1   4장에서 언급했듯이, 성경을 회당에서 공동으로 읽었음을 보여 주는 풍부한 근거를 제시한 1세기 유대교 자료를 찾기는 어렵지 않다. 가장 유명한 자료 가운데 몇 가지를 들면, 필론의 작품, 요세푸스의 작품, 그리고 사해 사본(4Q266 5.2; 1QS 6.7-8; 7.1; 4Q397 14-21; 1QSa 1.4-5)을 들 수 있다. 아울러 이런 흐름이 1세기 뒤에도 계속되었음을 보여 주는 궤적을 발견하기도 어렵지 않다. 이를테면, 순교자 유스티누스는 자신이 글로 기록된 가르침을 본 것을 토대로 견유학파 철학자 크레스켄스를 논박한다. "이는 그가 그리스도의 가르침도 읽지 않고 우리를 들이받는 것은 철저히 악한 짓이기 때문이다"(2 *Apol*. 3.3).
2   *UBS* 5판, pp. 860-863.
3   *UBS* 5판, pp. 864-882.
4   Bruce M. Metzger, "The Formulas Introducing Quotations of Scripture in the NT and the Mishnah", *JBL* 70, no. 4 (1951): pp. 297-307, 이 부분은 p. 305.

르침, 권면하는 말, 교리 교육, 변증, 선포가 들어 있었다.[5] 앞장(5장)에 비춰 볼 때, 독사(讀師)나 낭독자는 종종 청중이 다른 공동 읽기 사건도 익히 알고 있으리라 가정하고 활동했다(글을 읽거나 낭독했다). 연사(말하는 이)는 종종 글로 적힌 텍스트에 관하여 다른 이들과 공유하는 것이 이미 다른 이들이 공동으로 들은 것을 충실히 표현한다고 가정하며, 자신이 그 텍스트를 읽으면 다른 이들도 그 텍스트 자체를 알아차릴 수 있으리라고 가정한다. 아울러 자신이 인용하거나 넌지시 암시하는 말이 원래 텍스트와 전부 정확하게 일치하지는 않을지라도, 십중팔구는 일치하리라고 가정한다.

그러나 초창기 그리스도인 공동체들이 가르치는 공동체였다는 생각에 힘을 실어 주는 또 다른 특징들이 있다. 교사라는 직분, 가르침이라는 은사, 가르치라는 명령, 전승 전달, 공동 교육이 그것이다. 이런 그림은 대개 텍스트를 사용하여 가르치는 공동체에서 볼 수 있는 모습이다. 사실, 많은 외부인이 그리스도인 공동체의 공동 읽기 사건에 참석했고, 이런 사건을 모방했다.

우리는 앞장에서 기원후 1세기 그리스-로마 세계의 공동 읽기 사건을 확인하고 이런 사건의 형태를 묘사해 보고자 그 시기 저자들이 남긴 문헌 증거를 살펴보았다. 그러나 이제는 신약성경 저자들의 기록을 토대로 이런 사건이 얼마나 넓게 퍼져 있었는지 밝혀 보고 싶다.[6] 우리는 이런 목적을 달성하고자 지리와 문화면에서 다른 지역과 구별되는 로마 제국 내부의 몇몇 곳을 찾아내 이를 각각 한 범주로 묶어 보겠으며, 이를 통해 각 곳에서 살펴

---

5 이 말 가운데 선포, 가르침, 설교 같은 낱낱은 분명 서로 겹치는 측면이 다양하게 존재한다. 예를 들면, 선포는 히브리 성경과 결합된 가르침과 직접 연결될 수 있다. 마태복음 4:23이 그런 예다. 하지만 여기서 말하고자 하는 것은 그리스도인 공동체 안에서 공동 읽기 사건이 벌어질 때는 다양한 형태의 배움이 그 사건에 포함되었으며, 그런 배움은 텍스트에 근거할 때가 자주 있었다는 점이다.

6 신약성경 각 책의 저자가 누구인지 결정하는 것은 우리 연구의 전체 논지에 필수 불가결한 일은 아니다. 그럼에도, 우리 연구가 신약성경 각 책 저자가 누구인가를 둘러싼 일부 논쟁과 관련하여 어떤 위치에 서 있는가를 독자들이 대강이라도 인식할 수 있게끔, 몇몇 책을 다룰 때는 서두에서 그 책의 저자에 관하여 간략한 각주를 제시하겠다.

본 개개 기록들에서 전체를 포괄할 만한 결론을 끌어내 보도록 하겠다. 학자들이 1세기의 다양한 공동체에서 일어난 공동 읽기 사건의 지리적 기본 틀을 살펴보면, 이런 유형의 사건들이 기원후 1세기의 신약 전승을 얼마만큼이나 통제하고 형성했는지 더 잘 판단할 수 있을 것이다. 따라서 우리 목표는 어떤 장소에서 **얼마나 많은** 공동 읽기 사건이 일어났는지, 혹은 이런 사건들이 어떻게 한데 모여 기독교 전승을 형성했는지 밝혀내는 것이 아니라, 신약성경이 말하는 공동 읽기 사건이 일어났을 법한 정황을 충분히 찾아낼 수 있는 증거가 지리상 **어디에** 존재하는지 밝혀내는 것이다.

> ### 부기(附記): 메모, 발췌문, 편찬물
>
> [그는] 내게 추려 뽑은 본문을 담은 공책 160권을 [남겼는데], 페이지 양면에 아주 작은 글씨로 쓴 것이라, 사실 그가 남긴 공책 숫자는 그 두 배입니다.
> _플리니우스, 『서신』 3.5.17(기원후 61-113년경)
>
> 하지만 다른 익살스러운 시인들의 시도, 너무 비판적으로 읽지만 않으면, 여러분이 발췌할 수 있는 부분을 담고 있다.
> _퀸틸리아누스, 『웅변교수론』 10.1.72(기원후 35-90년대 무렵)
>
> 기원후 1세기 사람들은 뭔가를 메모했다. 이 사실은 유대교와 기독교 그리고 그리스-로마 자료가 확인해 준다.¹ 우리가 입수할 수 있는 그런 증거 가운데 하나만 추려서 살펴봐도 메모 습관이 광범위하고 다양하게 존재했

음을 분명하게 확인할 수 있다. 이런 다양성은 사용한 용어, 활용한 기록 재료(글을 쓸 때 쓴 재료), 1세기 저술가들의 진술이 다양하다는 점에서도 얼마든지 알 수 있다.

따라서 기록할 수 있는 사람들이 많았던 만큼이나 사람들이 기록할 때 쓸 수 있었고 사용했던 방법 역시 다양하게 많이 존재했다고 주장하는 것이 타당하다. 여기서 이런 점을 강조하는 주된 이유는 이 6장에서 살펴본 많은 본문이 누군가가 더 긴 문헌 작품이나 작품집에서 가져다가 축약한 짧은 메모를 읽거나 낭독하는 모습을 일러 주거나 암시하기 때문이다. 따라서 우리는 어느 한 사람이 한 텍스트를 읽거나 낭독할 때마다 그 자리에 함께한 이들이 언제나 완전한 작품을 갖고 있었다고 예상하거나 상상해서는 안 되며, 그런 자리에서는 글로 적은 텍스트 없이 오로지 기억 속에 남아 있는 것만을 읽거나 낭독했다고 예상하거나 상상해서도 안 된다. 이런 메모 습관이 있었다고 완전한 글을 담은 두루마리나 문헌이 존재하거나 이런 것들에 직접 접근할 수 있는 경우가 존재했을 가능성을 무턱대고 무시하면 안 되지만,[2] 그래도 우리가 활용할 수 있는 증거에 비춰 볼 때, 대체로 사람들은 특정 텍스트(들)를 압축된 형태로 읽거나 낭독했을 개연성이 더 높으며, 그것이 당시 현실에 더 부합하는 것 같다. 일부 학자들은 유대교 성경에서 예수가 그리스도이심을 보여 주는 증거 본문을 추려 뽑아 모아 놓은 것과 같은 축약 메모, 발췌문, 그리고/또는 편찬물의 정확한 내용을 구체적이고 명확하게 밝히려고 시도했다.[3] 그러나 나는 사도들과 제자들 같은 기원후 1세기 사람들이, 특별히 많은 공동 읽기 사건에서는, 혹은 그 시대 저자가 당시의 공동 읽기 사건을 묘사한 내용에 따르면, 발췌문, 메모, 초기의 증언을 사용하는 경우가 더 보통이었다는 견해를 받아들이며, 그런 견해를 강조하고자 한다.

여기서 강조하는 주된 요지는 구술이 초창기 그리스도인의 선포를 지배했다는 가설이 옳다 하더라도 그것이 곧 그런 선포가 언제나 구술로만 이루어졌다는 의미는 아니라는 것이다. 1세기 그리스도인의 공동 읽기 사건에서는 메모, 발췌문, 편찬물을 사용하는 일이 이미 일어나고 있었으며, 이때 유대교 성경이 들어 있는 두루마리는 물론이요 십중팔구는 글로 기록된 복음서도 일부 사용했다. 우리는 그 점을 증명하고자 한다. 하지만 어떤 텍스트를 정확히 어떤 식으로, 어느 범위에서 사용했는가는 여기서 우리가 이루고자 하는 목적의 범위를 벗어난다.

---

1. 일부 기록자는 심지어 저자의 동의도 받지 않고 그 기록을 책으로 출간했다. 이에 해당하는 몇몇 사례를 제시하고 이를 훌륭히 논한 글을 보려면, Michael Winterbottom, ed., *The Minor Declamations Ascribed to Quintilian* (Berlin: De Gruyter, 1984)을 보라.
2. David Lincicum, "Paul and the *Testamonia*: Quo Vademus?", *JETS* 51, no. 2 (2008): pp. 297-308, 특히 p. 305.
3. 소위 증언(*testimonia*) 가설, 그리고 몇몇 사례 연구를 간단히 개관한 글을 보려면, Martin C. Albl, "The Testimonia Hypothesis and Composite Citations", in *Composite Citations in Antiquity*, vol. 1, *Jewish, Graeco-Roman, and Early Christian Uses*, ed. Sean A. Adams and Seth M. Ehron, LNTS 525 (London: T&T Clark, 2015)를 보라.

제임스 찰스워스(James Charlesworth)는 이렇게 써 놓았다. "고대 유대교 문서나 기독교 문서를 연구할 때 가장 대답하기 어려운 문제는 그 기원(만들어진 곳)이다."[7] 여기에서는 이런 어려움을 인정하고 이런 어려움이 있다는 데 동의하지만, 우리가 지금 하려는 일은 신약성경 속 어떤 기록의 기원을 밝히는 게 **아님**을 강조해 두어야겠다. 오히려 6장에서는 오로지 공동 읽기 사

---

7   *The Old Testament Pseudepigrapha*, ed. James H. Charlesworth (Peabody, MA: Hendrickson, 2009), 2:727.

건을 말하거나 암시하는 저자만을 근거로 삼아 그 기록들을 범주별로 묶어 보겠다.

복음서와 사도행전

마태복음, 마가복음, 요한복음

복음서는 하나같이 예수를 성경을 인용하시고, 성경을 넌지시 암시하시며, 사람들에게 그들이 성경에서 읽은 것을 깊이 생각해 보라고 가르치시는 인물로 묘사한다. 모든 복음 전승(여기에는 외경 복음서도 포함)과 비(非)기독교 자료는 예수를 무엇보다 교사로 묘사한 예가 월등히 많은데, 이런 묘사 내용은 기록(글로 적힌) 전승 전달, 예언, 권면, 성경에 초점을 맞춘 가르침 운동을 그려 낸다.[8] 나아가 복음서 기자들은 예수를 회당과 성전 같은 공식 장소에서 읽고, 가르치며, 말씀하는 분으로 묘사하는데, 이는 특히 복음서 기자들이 그런 사건을 알았고 어쩌면 서로 비슷했을 수도 있는 읽기 공동체 안에서 그런 사건에 관한 지식을 공유했기 때문에, 각 복음서의 기록 장소가 어디인가에 상관없이, 그런 사건을 그들의 복음서에 담아 놓았다는 것을 가리킨다. 따라서 방금 언급한 것처럼, 우리가 주장하거나 추측하는 것은 정경에 들어 있는 네 복음서의 편찬지나 목적지가 팔레스타인이었다는 게 아니다. 복음서 기자들이 이야기하는 사건은 주로 그 장소에서 일어나긴 했지만, 이런 사건 이야기가 의도하는 메시지는 특히 그 복음서가 나온 그 지역 그리스도인 공동체에만 초점을 맞추거나 그 공동체에만 국한되지는

---

8 Rainer Riesner, *Jesus als Lehrer: Eine Untersuchung zum Ursprung der Evangelien-Überlieferung*, WUNT 2.7 (Tübingen: Mohr Siebeck, 1988)을 보라. 요 근래 나온 저작을 보려면, Michael F. Bird, *The Gospel of the Lord: How the Early Church Wrote the Story of Jesus* (Grand Rapids: Eerdmans, 2014)를 보라. 『주 예수의 복음』(새물결플러스).

않는다.[9]

복음서들을 비교해 보면, 누가복음 저자가 사중 복음서(fourfold Gospels)가 실제로 다양한 곳에서 일어났다고 언급하는 읽기 사건들을 가장 생생하게 이야기한다. 그런 이유 때문에, 그리고 우리 연구가 가진 여러 제약 때문에, 여기에서는 누가복음에 초점을 맞춰 보겠다. 하지만 이렇게 자료를 선별하여 조사하더라도 이 고찰의 최종 결과에 큰 위험은 발생하지 않을 것이다. 각 복음서의 배경인 주된 장소가 동일하기 때문이다. 마태복음 저자는 공동 읽기 사건과 관련된 장소로 네 곳을 언급한다. 가버나움, 나사렛, 예루살렘, 그리고 갈릴리의 더 넓은 지역이 그곳이다. 마가가 공동 읽기 사건이 일어난 장소로 분명하게 논하는 곳은 가버나움, 갈릴리, 나사렛, 예루살렘, 그리고 갈릴리와 나사렛의 더 넓은 지역이다. 요한복음이 공동 읽기 사건에 어느 정도 노출되었을 법한 장소로 특정하여 꼽은 곳이 적어도 둘 있는데, 하나는 가버나움에 있던 회당이요(6:59-60), 다른 하나는 예루살렘의 성전 뜰(7:14, 28, 8:20; 참고. 12:34)과 회당들(9:22; 12:42; 16:2; 18:20)이다.[10] 누가복음

---

9 Richard Bauckham, "For Whom Were Gospels Written?", *HTS* 55, no. 4 (1999): pp. 865-882를 보라. 아울러 근래 Richard Last가 내놓은 연구 결과와 비교해 보라. 그는 복음서 저자들과 그들이 쓴 작품의 사회 배경이 광범위한 사회 활동을 보여 주긴 하지만, 이런 활동이 "사람들이 종종 추측하는 것만큼 '기독교'에 완전히 뿌리박고 있지는 않다"고 주장한다. "The Social Relationships of Gospel Writers: New Insights from Inscriptions Commending Greek Historiographers", *JSNT* 37, no. 3 (2015): pp. 223-252, 이 부분은 p. 227. 하지만 그가 요 근래에 내놓은 연구 결과는 그가 이전에 내놓았던 작품에서 앞으로 거의 나아가지 못했다. 그의 이전 작품은 다른 고대 기록 공동체들과 그리스도인 공동체의 상관관계를 지나치게 강조하면서, 그룹 내부의 시각으로 제시한(emic) 표현과 그룹 밖의 관찰자 시각으로 제시한(etic) 표현의 경계를 혼동했으며[emic과 etic의 뜻은 Mike Morris, ed., *Concise Dictionary of Social and Cultural Anthropology* (Oxford: Wiley-Blackwell, 2012)가 제시한 정의를 따랐다], 장르, 모티브, 전승 같은 여러 쟁점을 적절히 다루지 않았다. "Communities That Write: Christ-Groups, Associations, and Gospel Communities", *NTS* 58 (2012): pp. 173-198. 복음서의 사회 배경과 역사 배경에 관한 Last의 견해를 훌륭히 바로 잡은 글을 보려면, Udo Schnelle, "Das frühe Christentum und die Bildung", *NTS* 61, no. 2 (2015): pp. 113-143를 보라. 그러나 Udo Schnelle의 이 글은 딱히 Last의 견해나 복음서를 만들어 낸 공동체만을 특정하여 다루지는 않는다.

10 요한복음은 독특하게도 ἀποσυνάγωγος(출교당한, 회중/회당에서 쫓겨난)라는 말을 사용한다.

기사는 이 모든 곳을 담고 있다.

게다가, 정경에는 누가복음을 제외한 다른 세 복음서 저자들이 제시하는 많은 특징이 있다. 이 특징들 역시 우리 연구와 관련이 있지만, 우리 연구서에서는 누가복음만큼 폭넓게 조사하지는 않겠다. 그런 특징의 첫 번째 사례는 이 복음서들이 글로 적힌 전승을 시종일관 강조한다는 점이다.[11] 마태복음은 예수가 가시는 곳마다, 그리고 사회에서 어떤 사람을 만나든, 글로 기록된 텍스트를 인용하시고, 근거로 원용하시며, 넌지시 암시하셨다고 묘사한다. 예수는 서기관(8:20), 제자들(8:22), 옆에 서 있는 구경꾼들(19:18-19)에게 글로 적힌 텍스트를 근거로 제시하신다. 그는 바리새인에게 돌아가서 성경이 정말 말하는 것이 무엇인지 배우라고 말씀하신다(9:13).[12] 서기관과 바리새인이 한 목소리로 예수에게 물리적 표적을 요구하자, 예수는 그들에게 물리적 성경을 일러 주셨다(12:38-42). 세례 요한이 예수의 사역에 관하여 묻자, 예수는 요한의 제자들에게 돌아가서 예수가 성경을 인용하더라는 말을 전하라고 이르신다(11:4-6). 내레이터는 예수가 군중과 요한의 사역을 논하실 때 성경을 근거로 원용하셨다고 말한다(11:10, 13). 예수는 회당처럼 공동 읽기를 행하는 장소 안에서 이런 일을 행하시며(9:37-38), 산상 설

이를 다룬 글을 보려면, Jonathan Bernier, Aposynagōgos and the Historical Jesus in John: Rethinking the Historicity of the Johannine Expulsion Passages, BIS 122 (Leiden: Brill, 2013)를 보라.

11 Santiago Guijarro Oporto는 마태복음과 마가복음 서두에 나오는 인용문 모음이 각 복음서를 읽을 때 그 복음서를 읽는 이들에게 몇 가지 수사적 기능을 수행한다고 주장한다. "'Como está escrito': Las citas de la escritura en los comienzos de los evangelios", ('기록되었으되': 복음서 서두에 들어 있는 성경 인용문), Salmanticensis 61, no. 1 (2014): pp. 91-115. 아울러 Michel Berder, "'Ne soyez pas comme...', 'Ne faites pas comme...': Étude des formules rhétoriques de demarcation attribuées à Jésus dans l'Évangile de Matthieu", ('…과 같이 않으니', '…과 같이 않으니': 마태복음이 예수가 말씀하셨다고 밝힌, 구분을 나타내는 수사 공식 연구), Transversalités 129 (2014): pp. 61-75를 참고하라.

12 David Hill은 이 문언이 사실은 그들이 모르는 것을 읽어야 한다는 의미가 아니라, 성경이 말하는 의미를 깨달아야 한다는 의미라고 말한다. "On the Use and Meaning of Hosea 6:6 in Matthew's Gospel", NTS 24, no. 1 (1977): pp. 107-119, 특히 p. 111.

교 같은 경우는 사방이 탁 트인 만남 장소에서 행하신다(7:12). 심지어 그는 제자들과 기록된 텍스트를 노래하시기도 한다(26:30; 할렐, 시 113-118편).

마가복음 저자는 청중이 종종 사람들 앞에서 텍스트를, 특히 신성한 텍스트를 읽거나 낭독하거나 언급하는 이를 비평하며 평가하려 했던 것 같다는 것, 그리고 이런 청중이 다양한 방식으로 반응했다는 것을 강조한다.[13] 예를 들어 6:2-3을 보면, 어떤 이들은 예수가 회당에서 행하신 가르침에 놀라지만, 또 다른 이들은 그 가르침에 성을 낸다. 마가는 또 다른 본문에서 선생이 자기가 읽거나 낭독하거나 언급한 텍스트(들)를 청중도 이미 들었다고 추측한 사례를 제시하는데, 10:19이 그런 예다("네가 계명을 아니"). 아울러 이런 추측은, 그들이 읽거나 들은 성경 사본이 무엇이든, 그런 사본이 그런 말을 할 수 있을 정도로 비슷하고 변함이 없었다는 것을 일러 준다.[14] 또 이런 추측은 그들이 그런 텍스트를 이미 충분히 읽거나 들은 터라 이를 충분히 떠올릴 수 있을 만큼 잘 안다는 것을 전제한다. 더욱이, 선생이 자기가 읽거나 낭독하거나 언급하는 텍스트를 청중도 익히 알리라고 예상했다는 점을 고려한다면, 청중이 이런 특정 텍스트(들)를 들었을 횟수와 그런 익숙

---

13 사람들이 신성한 텍스트에 두루 접근할 수 있었고 심지어 이런 텍스트를 소유하기까지 했다는 것을 무턱대고 무시해서는 안 된다. 개인과 회당은 여러 가지 방법을 통해 성경 필사본을 획득할 수 있었으며, 나중에 등장하는 그리스도인 공동체도 마찬가지였음을 논증할 수 있다. 초기 그리스도인이 갖고 있던 많은 선택지를 개관한 글을 보려면, Roy E. Ciampa, *The Presence and Function of Scripture in Galatians 1 and 2*, WUNT 2, book 102 (Tübingen: Mohr Siebeck, 1998), pp. 256-270를 보라.
14 우리 연구는 텍스트의 불변성(안정성)에 관한 여러 문제에 대답하려는 게 아니지만, 그래도 Emanuel Tov 같은 몇몇 본문비평가들의 연구 결과가 서기관들이 어떤 신성한 텍스트를 골라 뽑을 때 유달리 큰 주의를 기울여 골라 뽑았음을 실증해 준다는 것만큼은 유념해 둘 필요가 있다. Tov는 이렇게 써 놓았다. "쿰란뿐 아니라 유대 사막 지대의 여러 곳에서 나온 성경 두루마리[전부 원(原)맛소라 사본]는 거의 다 꼼꼼히 베껴 쓴 것이었다[즉, 필사자의 개입이 거의 없었음을 보여 준다]." *Scribal Practices and Approaches Reflected in the Texts Found in the Judean Desert*, STDJ 54 (Leiden: Brill, 2004), p. 254. 10년이 넘는 세월이 지난 뒤, Tov는 원맛소라 사본 전달에 관하여 다시 이렇게 썼다. "이 두루마리는 틀림없이 이스라엘 어디에서나, 공적 목적과 사적 목적을 불문하고, 가르침과 공적 읽기에 사용되었을 것이다." *Textual Criticism of the Hebrew Bible, Qumran, Septuagint: Collected Essays*, VTSup 167 (Leiden: Brill, 2015), 3:320.

함 사이에는 상관관계가 있을 수밖에 없다. 특히 당시에는 글을 읽지 못하는 이가 대다수였으니, 특정 텍스트를 자주 들으면 들을수록 그 텍스트에 익숙했을 것이다.

요한복음을 보면, 적어도 예수와 그의 청중을 글에 익숙한 이들로 묘사하려고 계속 노력하는 것 같다.[15] 요한복음 저자에 따르면, 예수가 갈릴리 호수 주위에서 공생애 사역을 펼치시는 동안, 전에 기록된 것을 떠올리고 낭독한 무리가 있었다. 그러나 이들은 종교 지도자나 서기관이나 다른 소위 사회 엘리트는 아니었다(6:31). 많은 주석이 이 기사가 독특하다고 언급한다. 예를 들면, 램지 마이클스(J. Ramsay Michaels)는 이렇게 말한다. "요한복음의 다른 어디를 봐도 예수나 이 복음서 기자처럼 성경을 이런 식으로 인용하는 이를 찾을 수 없다. 무리가 고른 본문 '그가 그들에게 하늘에서 온 빵을 주어 먹게 했다'는 출애굽기 16장과 시편 78편을 되울려 주는데, 이는 기억에서 끄집어내 인용한 것 같다."[16] 그러나 문화 정황을 더 넓게 살피면, 이 기사가 독특하고 유일무이하지는 않다(앞 5장을 보라). 설령 정확한 말을 사용하지는 않았을지라도, 사람들이 모인 자리에서 누군가가 읽는 글을 들은 무리가 그 글을 크게 읽게 함으로써 자신들이 듣는 것을 통제하려고 시도한 사례들이 더 있다. 예를 들어 요한복음을 처음부터 끝까지 살펴보면, 무리가 계속 늘어난다(무리 중에는 헬라인도 있다; 12:20). 이렇게 무리가 늘어 가면서, 이 무리들은, 율법(=토라)처럼, 그들이 모인 자리에서 낭독되고 들었던, 글로 기록된 텍스트들을 수시로 함께 이야기한다. 한 사례를 보면, 무리가

---

15 그렇다고 요한복음 저자가 어떤 그룹이 기록된 어떤 글에 반응하거나 그런 글을 읽는다고 기록해 놓은 모든 곳이 우리 연구서가 공동 읽기 사건이라 정의한 사건이 일어난 곳이라는 뜻은 아니다. 요한복음 저자는 19:19-20에서 많은 사람이 같은 때에 같은 곳에서 새겨진 글(빌라도가 패에 새겨 넣게 한 글)을 읽었다고(ἀνέγνωσαν) 이야기하지만, 이런 사건을 공동 읽기 사건으로 간주할 수는 없을 것이다.

16 *The Gospel of John* (Grand Rapids, Eerdmans, 2010), p. 368.

한 종속절에 들어 있는 동사 하나를 놓고 함께 이야기한다(ὑψωθῶ, "내가 들 리다"; 12:32-34).

여기서 언급할 만한 가치가 있는 또 한 가지 공통된 특징은 이 정경 복음서 저자들이 자기들의 작품을 사람들이 공동으로 읽으리라고 예상하는 것 같다는 점이다. 실제로, 고든 래드롭(Gordon Lathrop)은 정경의 네 복음서에서 이런 점이 일관되게 나타남을 밝혀내고, 이렇게 말한다. "복음서는 그리스도인 회중을 미리 생각하고 복음서가 언급하는 말 속에 이런 회중을 포함시킨다. 복음서는 공동체들을 염두에 두고, 이런 공동체들이 예수 이야기를 읽거나 낭독할 것을 생각하며 쓴 것 같다. 이런 모임은 복음서가 존재하기 전에 이미 존재했다. 예수에 관한 이야기와 예수의 말씀을 담은 어록도 마찬가지였다. 그러나 복음서는 이런 이야기와 어록을 한데 모아 일정한 의도를 지닌 형태로 만들었으며, 이런 형태를 그런 모임들이 활용할 수 있게 만들었다."[17] 마태복음, 마가복음, 그리고 요한복음에서 한 사례를 간략히 언급해 보겠다.

마태복음은 예수가 마가복음에서 "너희가 읽지 못하였느냐"라는 말을 공식처럼 사용하신 용례를 따르기도 하지만(12:3, 5; 19:4; 21:16; 21:42; 22:31; 참고. 12:7),[18] 그 외에도 마태복음 저자가 사람들이 그의 복음서를 공동으로 읽으리라고 예상했음을 일러 주는 핵심 단서 하나를 24:15에서 찾을 수

---

[17] *The Four Gospels on Sunday: The New Testament and the Reform of Christian Worship* (Minneapolis: Fortress Press, 2011), p. 5.
[18] 마태복음이 묘사하는 예수는 성경을 집중하여 깊이 읽는 것이 신학 토론의 선결 조건이자 필수 요건이라고 생각하시는 것 같다(*NIDNTTE*, p. 279). 더욱이, 이 본문들에 관한 대화는 일종의 질 통제 유형을 보여 주는데, 마태는 예수가 사람들이 모인 자리에서 행하신 가르침 사역에 관하여 이야기하는 동안에 이런 유형의 통제가 있었으며 사람들이 이런 통제를 요구했다고 생각한다. Cedric Vine은 마태가 마가복음에서 제시하는 예수의 이런 공식 사용 사례를 확장한 것을 근거로 삼아 이렇게 주장한다. "마태는 종종 구술(orality)을 모방하면서도 실연(performance)보다 읽기에 강조점을 둘 것을 요구한, 더 많은 작품(문헌)을 대변한다." *The Audience of Matthew: An Appraisal of the Local Audience Thesis*, LNTS (London: T&T Clark, 2014), p. 131.

있다.[19] 다니엘서를 언급한 부분에 일종의 편집 주가 있는데, "읽는 이는[ὁ ἀναγινώσκων] 이해할지니"가 그것이다. 윌리엄 데이비스(William Davies) 와 데일 앨리슨(Dale Allison)을 비롯한 일부 주석가는 이것이 다니엘서 독자를 가리키기에 마태복음 독자를 위한 편집 주는 아니라고 주장하지만, 그렇게 본다면, 이들은 이들이 제시한 해석을 정당화할 근거나 그 해석을 더 깊게 보완해 줄 설명을 전혀 제시하지 못하는 셈이다.[20] 나는 더 전통적 이해를 따라, 이 문구가 단순히 편집 주에 그치지 않고 그보다 많은 의미를 갖고 있다고 본다. 이는 십중팔구 마태복음 독자에게 그가 이 복음서를 큰 소리로 읽어 주는 청중(들)에게 해석을 제시하라고 권하는 말이거나, 아니면 아마도 "이 본문은 그것을 읽어 주는 이들이 잘 기억하고 있는 어떤 것, 어쩌면 그 가운데 일부는 심지어 목격자로서 목격하고 기억하는 어떤 것에 관하여 이야기하는" 것일 수도 있다.[21] 신약성경이 보통 사용하는 ὁ ἀναγινώσκων의 의미, 그리고 마가가 이와 비슷한 편집 주를 사용한 사례에 비춰 볼 때, 이를 편집과 관련하여 해석한 두 견해 모두 일리가 있다.[22]

마가복음을 보면, 이 복음서 저자가 그의 작품이 사람들이 모인 자리에서(공동 읽기 자리에서) 읽히길 바랐음을 가리키는 증거가 13:14에 있다. 마

---

[19] 마태복음의 도입부와 결론도 여기서 깊이 생각해 봐야 할 또 다른 특징에 들어갈 것이다. 마태복음 저자는 첫머리에서 글로 기록된 기사를 언급하고(1:1), 끝에서는 예수가 당신이 가르치신 모든 것—이는 아마도 마태복음 저자가 이 복음서에 기록해 놓은 것을 가리킬 것이다—을 가르칠 것을 모든 이에게 명하셨다고 말한다(28:20). 이는 개념상 우리가 살펴봐야 할 또 다른 봉투 구조(*inclusio*)를 제시하면서도, 동시에 마태복음 저자가 사람들이 그의 복음서를 공동으로 읽으리라고 예상한다는 것을 강하게 암시한다. 특히 예수가 당신이 가르치신 것을 가르치라고 명령하신 일을 언급한 것은 그가 그렇게 예상했음을 더욱 강하게 암시한다.

[20] *A Critical and Exegetical Commentary on the Gospel According to Saint Matthew*, vol. 3, *Commentary on Matthew XIX-XXVIII* (Edinburgh: T&T Clark, 1997), p. 346.

[21] Ulrich Luz, *Matthew 21-28: A Commentary*, ed. Helmut Koester, trans. James E. Crouch (Minneapolis: Fortress Press, 2005), p. 196.

[22] Larry Perkins는 견해를 달리한다. 그는 이것이 예수가 "멸망의 가증한 것"이라는 문구에 관한 제자들의 오해를 바로잡으시고자 정말로 하신 말씀이라고 주장한다. "'Let the Reader Understand': A Contextual Interpretation of Mark 13:14", *BBR* 16 (2006): pp. 95-104.

가는 이 구절에서 "읽는 이는 이해할지니"라는 문구를 사용한다(2:10; 3:30; 7:3-4, 19). 청중에게 다니엘서를 언급한 것으로 보아 이 문구는 글로 기록된 연설의 일부일 수도 있지만, 그럴 가능성은 거의 없다. 아델라 콜린스(Adela Collins)는 이렇게 써 놓았다. "이 말은 이 복음서 기자가 이 복음서를 모여 있는 예수 따름이 그룹에게 (직접적으로), 그리고 그의 청중에게 (간접적으로), 큰 소리로 읽어 주던 어떤 개인에게 조용히 건네는 방백(傍白)으로 받아들이는 것이 더 낫다. 이는 37절의 결론 부분도 지지하는 가설인데, 37절의 결론 부분은 이 말이 3절에서 언급하는 네 제자보다 넓은 범위의 청중에게 건네는 말임을 분명하게 보여 준다."[23] 또 다른 증거는 예수가 공생애 사역을 펼치시는 동안에 장차 온 세상 사람들에게(사람들이 모인 자리에서) 복음이 전파될 때 어떤 한 사건이 그 전파 내용 안에 포함되리라고 추측하시는, 그리고 기대하시는, 사건을 마가가 서술해 놓은 부분이다(14:9). 따라서 예수가 하시는 말씀은 미래에 있을 공동 읽기 사건(딤후 4:2의 "말씀을 설교하라"와 비교해 보라), "복음을 재차 구술하여 전하는 어떤 사회 정황 속에서 이 복음서를 큰 소리로 읽고 설명해 주는"[24] 사건을 내다본다. 더욱이, 리처드 프란스(Richard France)는 "복음"이라는 말의 의미에 중요한 변화가 있다고 말한다. 그는 마가가 13:10에서는 "복음"이라는 말을 "예수가 선포하신 메시지를 가리키는" 의미로 사용했다가, 14:9에 가서는 복음이라는 말이 새로운 의미를 갖게 되어 "이제 예수에 관한 메시지가 되었다"고 말한다.[25] 따라서 마가가 예수의 선포를 묘사한 내용은 갈릴리에 있던 사람들뿐 아니라, 세상 "모든 민족"을 상대로 한 것이다. 프란스는 계속하여 이렇게 말한다. "마가가 이

---

23 Collins, *Mark: A Commentary*, ed. Harold W. Attridge (Minneapolis: Fortress Press, 2007), p. 608. 참고. Robert H. Stein, *Mark* (Grand Rapids: Baker Academic, 2008), pp. 602-603.
24 Ibid., p. 644.
25 France, *The Gospel of Mark* (Grand Rapids, MI: Eerdmans, 2002), p. 555.

처럼 미래에 복음이 온 세상에서 선포되리라고 본 것은 놀라운 일이 아니다. 도리어 더 주목할 만한 것은…마가가 예수가 돌아가시기 직전에 이런 예상을 하셨다고 말한다는 점이다. 마가는 예수가 스스로 줄기차게 예언하셨던 그의 죽음을 그가 평생 해 오셨던 일의 종점으로 여기지 않으셨다는 것을 그의 독자들이 이해하길 원한다."[26] 따라서 우리는 마가가 애초에 자신의 복음서가 사람들 앞에서 읽히리라고 기대했으리라는 것을 어렵지 않게 상상할 수 있으며, 특히 마가가 공동 읽기 사건이 벌어질 곳(보통은 회당일 것이다)이 예수의 제자가 장차 두들겨 맞을 장소 가운데 하나가 되리라는 예수의 예언을 이야기하는 점(13:9)을 봐도 그런 상상을 쉬이 할 수 있다.

요한복음 저자는 그의 복음서가 글로 기록되었다는 점에 사람들을 주목케 하며, 그의 청중을 분명하게 언급한다.[27] 이 청중이 유대인이든 이방인이든, 요한복음 저자는 예수를 믿는 모든 사람을 염두에 두고 이 복음서를 쓴다. 그들이 설령 예수의 공생애 사역의 일부가 아니었을지라도, 그들이 예수의 공생애 사역 때 일어난 사건을 직접 체험하지 않았을지라도, 상관없다.

---

26 Ibid.
27 요한이 장차 그의 복음서가 사람들 앞에서 읽힐 때 청중이 그것을 듣게 되리라고 생각했음을 가리키는 또 다른 증거가 예수와 몇몇 유대 관원 사이에 일어난 사건을 기록한 7:35-36이다. 이 지도자들은, 예수가, 방금 말한 것처럼(7:33-34), 그들과 조금만 더 있겠다면, 그다음에는 대체 어디로 가겠다는 것인지 의아해 한다. 그들이 추측했던 것 가운데 하나는 예수가 유대를 떠나 이방인 세계에 가서 가르치는 사역을 하고자 한다는 것이다. 요한복음 독자들은 십중팔구 이런 사역이 이미 제자들의 사역을 통해 시작되었음을 알 것이다(17:18; 20:21을 보라). 7:40-44를 보면, 예수가 사람들에게 많은 유대 문헌을 넌지시 암시하시며 성령에 관하여 가르치시자, 무리는 다양한 반응을 통해 이런 말을 이미 들었음을 분명하게 밝힌다. 그들이 보인 다양한 반응을 보면, 어떤 이는 재빨리 "성경이…라고 말하지 않았느냐?"라는 말까지 한다(7:42). 그들이 곧바로 이전에 공동 읽기 사건을 통해 들은 것을 떠올리거나, 다시 말하거나, 인용하는 이런 반응은 공동 읽기 사건이 그들에게 대단히 큰(그들을 통제할 만한) 영향을 미쳤음을 시사한다. 다시 말해, 예수가 성경을 원용하시며 제시하신 질문은 복음서 독자들이 성경을 어떻게 봐야 하느냐에 초점을 맞춘다. 그들은 그것에 동의하는가, 동의하지 않는가? 유대교 성경의 몇몇 부분이 이런 말씀을 반영한다는 것(가령 사 44:3; 55:1; 58:11; 슥 14:8), 그리고 예수가 이미 그들에게 성경을 폐하기는 불가능하다고 말씀하신 것(10:35)을 고려할 때, "그들은 동의해야만 한다"(Michaels, *The Gospel of John*, p. 470). 그러나 그들은 여전히 동의하지 않는다.

예를 들면, 요한은 20:29에서 예수가 이 본문을 미래의 모든 독자나 청중에게 영구히 적용될 말씀으로 만드셨다고 써 놓았다(참고. 17:20. 이 구절에서 요한은 예수가 하신 또 다른 말씀을 자세히 말하는데, 이번에는 기도에서 나온 내용이다. 이 말씀이 염두에 둔 대상에는, 예수가 이 땅에서 사역하시는 동안에 예수와 함께 있지 않았을지라도, 예수의 제자들—이 경우에는 요한—에게서 들은 것에 응답하라는 권유를 받은 이는 누구나 포함된다). 마찬가지로, 그는 그가 이 복음서를 쓴 목적이 모든 사람으로 하여금 믿게 하려는 것이라고 말한다(20:30-31). 프랜시스 몰로니(Francis Moloney)는 요한복음 20:9을 사용하여 이 구절이 요한복음 저자가 이 복음서를 성경으로 제시하고자 더 길게 제시한 내러티브와 신학 전략의 일부라고 주장한다. 따라서 요한복음을 손에 쥐고 읽을 독자들은 성경에 들어 있는 일을 보지는 않았지만(29절) 그래도 그들로 하여금 계속하여 믿게 하려고 "기록해 놓은"(γέγραπται, 31절) 성경에 접근할 수는 있는 이들일 것이다.[28]

누가복음

누가의 기사는 정경의 다른 어느 복음서보다도 다양한 장소에서 실제로 일어난 읽기 사건을 많이 강조한다. 누가복음은 공동 읽기 사건으로 시작하여 공동 읽기 사건으로 끝날 뿐 아니라, 논쟁 여지가 있긴 하지만, 성경이 제시하는 공동 읽기 사건 가운데 가장 분명한 사례를 제시한다. 이것이 특히 놀라운 것은 적어도 두 이유 때문이다. 첫째, 누가는 십중팔구 비(非)유대인이었을 것이다. 그가 골로새서 4:14이 언급하는 바로 그 누가라면, 그가 쓴 두 책(누가복음과 사도행전)은 신약성경에서 유일하게 유대인이 아닌 저자

---

[28] "'For as Yet They Did Not Know the Scripture' (John 20:9): A Study in Narrative Time", *IrTheolQuart* 79, no. 2 (2014): pp. 97-111.

가 쓴 책인 셈이다. 둘째, 누가복음은 정경 복음서에서 독자에게 분명한 주(註)를 제시하지 않는 유일한 책인데, 이는 필시 그가 말을 건네는 청중이 데오빌로라는 단 한 사람이기 때문일 것이다(그러나 사도행전을 다룬 다음 항목이 이 데오빌로를 자세히 논한 내용을 보라). 하지만 누가가 성경을 사용한 사례를 고려하면, 이런 강조점은 그리 놀라울 게 없다.[29]

그럼에도, 누가가 더 넓은 청중을 염두에 두었고, 심지어 자신의 복음서가 처음부터 사람들 앞에서 읽히리라고 예상했으리라는 것을 가리키는 단서가 몇 가지 있다. 이런 특징 가운데 몇 가지는 이 논의 말미에 가서 언급해 보겠지만, 우선 이 복음서가 공동 읽기 사건을 어디서 언급하는지 이야기해 보고, 더불어 그런 사건을 딱 부러지게 말하진 않지만 넌지시 암시하는 몇 군데도 언급해 보겠다.

첫 번째 공동 읽기 사건은 성전이나 회당에서 일어나지도 않았고, 사방이 툭 트인 옥외에서 일어나지도 않았다. 첫 사건은 유다 어느 고을 누군가의 집에서 일어났다(1:39; 참고. 1:65).[30] 지방에 사는 제사장이었던 사가랴[31]는 자신의 집 안에서 평범한 한 무리 사람들이 공동으로 읽을 수 있게끔 서판에 네 단어를 적었다(1:63). 모든 사람이 그가 쓴 것을 혼자 조용히 읽었을 수도 있지만, 오히려 누군가가 큰 소리로 모든 사람에게 읽어 주었을 개연성이 더 큰 것은 특별히 누가가 그들이 다 놀랐다고 말하기 때문이다.

---

29 학자들의 주장을 개관한 글을 보려면, Peter Mallen, *The Reading and Transformation of Isaiah in Luke-Acts*, ed. Mark Goodacre, LNTS 367 (London: T&T Clark, 2008), pp. 4-9를 보라.
30 이 보고는 사건 연대(年代)상 신약성경이 기록해 놓은 첫 번째 공동 읽기 사건이다. Alan Millard, "Zechariah Wrote (Luke 1:63)", in *The New Testament in Its First Century Setting: Essays on Context and Background in Honour of B. W. Winter on His 65th Birthday*, ed. P. J. Williams et al. (Grand Rapids: Eerdmans, 2004), pp. 46-55, 이 부분은 p. 46.
31 Esa Autero는 Gerhard Lenski의 사회 계층 모델에 비춰, 사가랴를 비(非)엘리트(또는 평민)로 본다. 그는 "십중팔구 가난했으며, 아마도 예루살렘 성전에서 제사장 직무를 행할 때를 빼곤 거의 평생 목구멍에 풀칠만 하며 연명했을 것이기" 때문이다. "Social Status in Luke's Infancy Narrative: Zechariah the Priest", *BTB* 41, no. 1 (2011): pp. 36-45, 이 부분은 p. 44.

다음으로 살펴볼 곳은 누가복음 2장에서 찾을 수 있다. 열두 살 예수가 예루살렘 성전 뜰에서 선생들과 함께 앉아 계셨다(2:46). 누가는 모든 사람이 예수의 이해에 놀랐다고 이야기하는데(2:47), 그렇다면 대체 이 이해는 무엇에 관한 이해였을까? 그 앞 절은 그 이해가 유대교 랍비들이 토론하고 있던 것에 관한 이해였다고 말해 준다. 이 에피소드가 일어난 장소, 여기에 나오는 용어와 이 에피소드의 맥락을 고려할 때, 그 이해 대상에는 글로 기록된 자료도 포함되어 있었을 것이라고 말하는 게 안전할 것 같다. 질문하고 이에 대답하는 유형은 유대인의 대화에서 보통 볼 수 있는 것이었다. 한 예로 10:26을 보면, 예수가 율법 전문가와 대화를 나누시면서, 성경의 근거를 물으신다("율법에 무엇이라 기록되었느냐? 너는 거기서 읽은 게 무엇이냐?"). 또는 예수가 20:41-44에서 마지막으로 던지신 두 질문과 시편 인용도 그런 예다.[32] 사실, 카미유 포캉(Camille Focant)은, 후자의 본문(눅 20:41-44)과 관련하여, 마가복음에 있는 평행 기사(12:35-44)에서는 "질문과 반문(counter question)을 담고 있는 유대교 할라카(halakah)"가 "기독교 할라카의 모습을 지닌" 제자들을 다룬 본문 말미에 이르러 사사로운(은밀한) 장면으로 옮겨 간다고 주장한다.[33] 어쨌든, 이런 전형적 질문-대답 패턴은 종종 현존하거나 기억하여 낭송한 물리적 텍스트에 기초한다.

4장을 보면, 예수가 갈릴리로 돌아오신다. 본문은 그가 갈릴리에 있는 회당들에서 가르치셨으며, 모든 사람이 그를 칭송했다고 말한다(4:15). 우리 목적을 고려할 때, 이런 내용이 문학적 구성물이나 건축물인가는 중요하지 않

---

[32] 이것은 사람들—이 경우에는 율법 교사—이 두루마리 텍스트가 담긴 물체를 들고 다녔다는 뜻이라기보다, 글로 기록된 자료를 읽고 낭독했으리라 추정한다는 뜻이다.

[33] *The Gospel According to Mark: A Commentary*, trans. Leslie Robert Keylock (Eugene, OR: Wipf and Stock, 2012), p. 398. 아울러 그가 *Marc, un évangile étonnant: Recueil d'essais*, BETL 194 (Leuven: Peeters, 2006), pp. 286-296에서 마가복음에 나온 성전 건축 규정을 논한 것을 보라.

다. 다만 어느 회당에 모인 유대인 회중을 언급한다는 것만으로도 공동 읽기 사건이 일어나기에 충분한 기회가 있었음을 지적하려는 것이다. 유대인 회당에서 올리는 예배에는 십중팔구 성경 낭독이 들어 있었기 때문이다. 예수가 자신이 참석한 예배에서 성경을 낭독할 임무를 수행하셨는지 여부는 문제가 되지 않는다. 이런 유대인 회중을 언급하는 말만으로도 공동 읽기 사건이 거기서 일어났음을 암시하기에 충분하다. 더군다나, 성경에 관한 예수의 깊은 지식―여기서는 암시하고 다른 곳에서는 분명하게 이야기한다―은 그가 많은 공동 읽기 사건에 노출되었다는 추측을 하게 만든다. 그런 사건들은 분명 그의 성경 지식에 기여했을 것이다. 일부 학자는 심지어 예수가 문맹이었기 때문에 이런 유형의 공동 읽기 사건만이 그가 지식을 습득할 수 있는 유일한 원천이었을 것이라고 주장한다.[34] 프랑수아 보봉은 여기서 우리 연구와 관련하여 중요한 점 두 가지를 더 밝힌다. 첫째, 예수의 가르침은 "유대교의 성경 해석에 비춰" 이해해야 한다.[35] 둘째, 그는 이렇게 써 놓았다. "이 구절은 예수의 가르침 내용이 무엇인지 일러 주지 않는데, [sic] 이는 누가가 예수의 가르침을 대표하는 사례로서 뒤따라 등장하는 것, 곧 예수의 나사렛 설교를 미리 일러 주어 그 가르침의 효과를 줄이는 것을 원하지 않기 때문이다."[36]

정경의 복음서를 통틀어 예수의 공동 읽기(ἀναγνῶναι) 사례를 가장 분명하게 이야기하는 기사가 4:15의 이 간결한 문언에 뒤이어 등장한다. 그 일은 나사렛의 어느 회당에서 벌어졌다(4:16-30). 리 레빈은 이 본문 전체를 인용하며, 이렇게 말한다. "우리가 1세기 갈릴리 회당을 이해하고자 할 때 누

---

[34] Chris Keith, *Jesus against the Scribal Elite: The Origins of the Conflict* (Grand Rapids: Baker Academic, 2014).
[35] Bovon, *Luke 1: A Commentary on the Gospel of Luke 1:1-9:50* (Minneapolis: Fortress, 2002), p. 152.
[36] Ibid., p. 152.

가의 내러티브가 가지는 중요성은 아무리 강조해도 지나치지 않다.…이 전승이 여기에 자리하고 있다는 것은 누가의 목표(agenda)에 비춰 분명 중요한 의미가 있다. 그는 분명 예수가 나사렛에서 행하신 '취임 연설'을 그의 복음서 그리고 그와 짝을 이루는 사도행전의 몇몇 주요 주제를 제시하는 데 활용하려 하기 때문이다."[37] 레빈은 이런 주요 주제 가운데 예수의 메시지가 유대 전승에 뿌리박고 있음을 강조하면서, 그 근거로 회당이라는 배경, 성경 낭독, 설교를 든다. 이 사건이 누가가 전개해 가는 내러티브에서 아주 중요하다 보니, 이 본문을 "프로그램 본문"(programmatic)이라 규정하는 학자가 많다.[38]

누가에 따르면, 예수는 당신이 방금 읽으신 바로 그 성경 대목이 그들이 들을 때 이루어졌다고 말씀하신다(4:21). 피터 맬런(Peter Mallen)은 이렇게 써 놓았다. "이처럼 예수의 세례에서 그의 취임 설교에 이르기까지 문헌(글)이 남긴 선명한 자취가 있다."[39] 아울러 그는 예수가 가르치시는 동안에 청중이 예수에게 글로 전해진 두 전승—23절에 나온 두 속담—을 인용"하려 한다"고 말한다. 이 둘은 유대교와 그리스 세계에 이미 알려져 있는 말이었다.[40] 이 에피소드 끝부분인 28절에 가면, 무리가 이 사건의 결과를 통제하면서, 예수를 동네 밖으로 몰아낸 뒤 절벽에서 집어던지려고 한다(29절).

---

[37] "The Synogogues of Galilee", in *Galilee in the Late Second Temple and Mishnaic Periods*, vol. 1, *Life, Culture, and Society*, ed. David A. Finsey and James Riley Strange (Minneapolis: Fortress, 2014), pp. 129-150, 이 부분은 p. 131.

[38] 예를 들면, 2차 문헌을 두루 살펴본 C. J. Schreck, "The Nazareth Pericope: Luke 4:16-30 in Recent Study", in *L'Évangile de Luc – The Gospel of Luke*, ed. F. Neirynck, BETL 32 (Leuven: Leuven University Press, 1989), pp. 399-471를 보라.

[39] Mallen, *Isaiah in Luke-Acts*, p. 75.

[40] "의사야, 네 자신을 고치라"라는 첫 번째 속담을 언급한 문헌의 예를 찾아보면, 적어도 호메로스까지 올라간다. 이를 설명한 글을 보려면, John Nolland, "Classical and Rabbinic Parallels to 'Physician, Heal Yourself' (Lk. IV 23)", *NovT* 21, no. 3 (1979): pp. 193-209를 보라. 참고. 도마복음 31.

다음으로 살펴볼 곳은 안식일을 맞은 가버나움의 어느 회당이다(4:31-37). 리처드 프란스는 이 회당과 관련하여 이렇게 말한다. "[가버나움은] 갈릴리 호숫가에서 중요한 정착지였으며, 로마군 분견대가 주둔하고(마 8:5-13), 세관이 있으며(막 2:14), 바실리코스(βασιλικός)라 표현한 상주 관리(요 4:46)가 있을 정도로 긴요했다. 당시 그곳 인구는 족히 1만 명에 이르렀을 수도 있다. 따라서 그곳 회당(συναγωγή)에는…안식일이면 상당한 회중이 모였을 것이다."[41] 하지만 당시 인구를 추산하기는 힘들다.[42] 심지어 요세푸스 같은 1세기 저술가도 무조건 신뢰할 수 없다.[43] 동시에, 프란스가 대체로 어림한 것도 최근에 학계가 1세기 갈릴리에 관하여 제시하는 연구 결과와 동떨어져 있지 않다. 브래들리 루트는 이렇게 써 놓았다. "헬레니즘 시대 말에[기원전 100-50년경에] 확립된 정착 패턴은 로마 지배 시대 초기에도 이어졌으며, 이 시기에 갈릴리 인구는 급증했다. 갈릴리 인구는 기원후 1세기 초 즈음에 정점에 이르렀으며, 이때 갈릴리에는 기원전 2세기 중엽 때 인구보다

---

[41] *The Gospel of Mark* (Grand Rapids: Eerdmans, 2002), p. 101.
[42] Jonathan L. Reed, *Archaeology and the Galilean Jesus: A Re-examination of the Evidence* (Harrisburg, PA: Trinity Press International, 2000), 특히 pp. 69-99. Sharon Mattila는 이렇게 써 놓았다. "불행히도 J. L. Reed가 가버나움이라는 곳의 성격을 규정한 말은 아주 잘못되었으며, Richard A. Horsley, Seán Freyne, James H. Charlesworth 같은 다른 신약학자도 역시 같은 잘못을 범했다. 사실, 내가 여기서 가버나움이라는 곳과 관련하여 학자들의 이런 성격 규정을 논박하며 제시하는 것과 같은 치밀한 분석을 충분히 가능케 해 준 상세한 보고가 많이 출간되었다. 이제는 예수 시대의 가버나움에 관한 이런 그릇된 성격 규정을 제쳐놓을 때가 되었다." "Revisiting Jesus' Capernaum: A Village of Only Subsistence-Level Fishers and Farmers?", in *The Galilean Economy in the Time of Jesus*, ed. David A. Fiensy and Ralph K. Hawkins (Atlanta: SBL, 2013), pp. 75-138, 이 부분은 p. 76.
[43] Anthony Byatt, "Josephus and Population Numbers in First Century Palestine", *PEQ* 105 (1973): pp. 51-60. 참고. Jürgen Zangenberg, "Das Galiläa des Josephus und das Galiläa der Archäologie: Tendenzen und Probleme der neueren Forschung", in *Josephus und das Neue Testament: Wechselseitige Wahrnehmungen, II. Internationales Symposium zum Corpus Judaeo-Hellenisticum, 25-28, Mai 2006, Greifswald*, WUNT 209 (Tübingen: Mohr Siebeck, 2007), pp. 265-294.

거의 갑절이나 되는 사람이 살았다."[44]

제임스 에드워즈(James Edwards)는 일반론 차원에서 이렇게 써 놓았다. "예수가 유대교 회당에서 행하신 사역의 초점은 그가 그리스-로마의 편력 철학자도 아니요, 떠도는 견유학파 현자도 아니며, 쿰란의 엄격한 유대교 신자 같은 이도 아니요, 요한 같은 신비한 도덕 개혁자도 아님을 말해 준다. 예수는 그의 메시지와 사명이 하나님이 이스라엘 속에서 펼쳐 보이신 계시 역사의 완성임을 일러 주시고자, 하나님이 유대교 신앙을 실천하는 공동체들 안에서 통치하신다는 좋은 소식을 선포하신다."[45] 이런 유형의 사건들 때문에 예수에 관한 소식이 더욱더 넓게 퍼졌다. 누가복음 4장은 예수가 유대의 여러 회당에 계속 참여하셨다는 말로 끝맺는다(44절). 프랑수아 보봉은 이렇게 서술한다. "누가가 말하는 '유대'는 이스라엘 땅 남부 지역만이 아니라 나라 전체를 의미하는 것 같다."[46]

5장을 보면, 우리가 살펴볼 또 다른 공동 읽기 사건이 있지만, 이번에는 회당에서 일어난 사건이 아니다. 누가는 한 무리 사람들이 게네사렛 호숫가에서 하나님 말씀을 듣고자 예수 주위에 모여들었다고 말한다(5:1). 이렇게 툭 트인 야외에서 가르치는 일은 예수에게 새삼스러운 일이 아니었지만, 이런 자리에서는 하나님 말씀에만 늘 강조점을 두지는 않는다. 당연한 이야기지만, 요한복음 10:35에서 볼 수 있듯이, "하나님 말씀"이 언제나 성경을 가

---

44 *First Century Galilee: A Fresh Examination of the Sources*, WUNT 2.378 (Tübingen: Mohr Siebeck, 2014), pp. 99-100. 참고. Milton Moreland, "The Inhabitants of Galilee in the Hellenistic and Early Roman Periods: Probes into the Archaeological and Literary Evidence", in *Religion, Ethnicity, and Identity in Ancient Galilee: A Region in Transition*, ed. Jürgen Zangenberg, Harold W. Attridge, and Dale B. Martin, WUNT 210 (Tübingen: Mohr Siebeck, 2007), pp. 133-159.
45 *The Gospel according to Luke* (Grand Rapids: Eerdmans, 2015), p. 150.
46 Bovon, *Luke 1: A Commentary on the Gospel of Luke 1:1-9:50* (Minneapolis: Fortress, 2002), p. 165. 아울러 누가가 여기서 마가나 마태보다 지리상 넓은 지역을 언급한다는 점도 지적해 둘 가치가 있다.

리키지만은 않는다. 그러나 누가는 이 문구를 때로 하나님이 이스라엘에게 주신 계시로서 책에 기록된 것을 가리키는 말로 사용한다(행 6:2; 18:11).[47] 위 부기에서도 논했지만, 이렇게 해석한다고 예수가 유대교 경전이 들어 있는 두루마리를 휴대하고 다녔으리라는 뜻은 아니다. 그는 그냥 글로 기록된 텍스트를 기억에서 불러내 들려주었을 수도 있고, 아니면 어떤 축약된 메모 형태를 사용했을 수도 있다. 더구나, 데이비드 파오(David Pao)가 예리하게 주장하듯이, "하나님 말씀"이라는 문구를 살펴보려면, 누가복음-사도행전의 다른 신학적 강조점도 포함시켜 살펴봐야지, 순전히 공시적(synchronic) 읽기에만 의존해서는 안 된다.[48] 예를 들면, 이 문구는 누가복음-사도행전과 구약성경의 역사 서술을 이어주는 중요한 특징 가운데 하나다.[49] 그럼에도, 여기에서는 이 에피소드를 공동 읽기 사건으로 여길 만한 근거가 없는 것 같다.

---

[47] Ben Witherington III는 견해를 달리한다. 그는 "신약성경에서 '하나님 말씀'은 **단 한 번도** 어떤 텍스트를 가리키지 않는다"고 주장한다. "'Almost Thou Persuadest Me...': The Importance of Greco-Roman Rhetoric for the Understanding of the Text and Context of the NT", *JETS* 58, no. 1 (2015): pp. 63-88, 이 부분은 p. 69. 아울러 "하나님 말씀"이라는 문구와 "주의 말씀"이라는 문구가 종종 중첩되며 구분하기 어려울 때가 종종 있다는 점도 솔직하게 언급해 둘 필요가 있다. 가끔 "하나님 말씀"이 글로 기록된 텍스트를 가리키기도 하지만(막 7:13; 요 10:35; 행 18:11), 또 때로는 그것이 덜 분명할 때도 있다(눅 8:11, 13, 15, 21; 11:28; 행 4:31; 11:1). 여기서 중요한 핵심은 어떤 문구도 무조건 어느 한 범주에만 포함시킨 채 다른 범주에는 결코 포함되지 않는다고 단정해서는 안 된다는 것이다. Stanley E. Porter and Bryan R. Dyer, "Oral Texts? A Reassessment of the Oral and Rhetorical Nature of Paul's Letters in Light of Recent Studies", *JETS* 55, no. 2 (2012): pp. 323-341.

[48] *Acts and Isaianic New Exodus* (Grand Rapids: Baker Academic, 2000), pp. 147-180, 특히 p. 149.

[49] Scott Shauf, "The 'Word of God' and Retribution Theology in Luke-Acts", in *Scripture and Traditions: Essays on Early Judaism and Christianity in Honor of Carl R. Holladay*, ed. Patrick Gray and Gail R. O'Day, NovTSup 129 (Leiden: Brill, 2008), pp. 173-191를 보라. 아울러 Hans Klein, *Das Lukasevangelium: übersetzt und erklärt* (Göttingen: Vandenhoeck & Ruprecht, 2006), p. 207; John L. McKenzie, "The Word of God in the Old Testament", *TS* 21 (1960): pp. 183-206; Samuel S. H. Chan, "The Preached Gospel as the Word of God: An Old Question Revisited with Special Reference to Speech Act Theory" (PhD diss., Trinity Evangelical Divinity School, 2006), pp. 100-216를 보라.

이어 누가는 6:6-11에서 예수가 다시 한번 갈릴리 주위 회당에서 서기관들이 보는 가운데 가르치시는 모습을 이야기한다. 누가는 앞서 4장에서 예수가 나사렛에서 성경을 낭독하시는 모습을 묘사했는데, 이에 비춰 보면 여기에서도 읽기 사건이 있었음을 인식할 수 있다. 7:5을 보자. 이는 분명 공동 읽기 사건에 해당하는 사례는 아니지만, 그래도 여기서 언급할 만한 가치가 있다. 누가가 어느 이방인이 가버나움에 있던 이 회당을 세웠다고 말하기 때문이다. 이것이 처음 등장하는 이야기는 아니다. 이의 선례가 있다. 브루기아에서 나온 기원후 1세기 중엽의 명문(*CIJ* 2.766)은 집 한 채를 유대교 회당에 기부한 어느 로마인 여자 사제를 언급한다.[50] 그러나 이런 사례를 언급하는 이유는 이런 사례가, 그 동기가 무엇이었든, 공동 읽기 사건이 열렸던 장소에 사회 구성원들의 지지와 참여가 더 폭넓게 존재했음을 보여 주기 때문이다.

13:10을 보면, 예수가 누가복음에서는 마지막으로 예루살렘으로 가시다가 안식일에 "한 회당"에서 가르치신다. 이 한정어(μιᾷ) 자체도 드물지만, 이보다 흥미로운 점은 "회당장"이, 예수의 가르침이 아니라, 예수가 병을 고쳐 주신 것을 꾸짖은 일이다(13:14). 하지만 회당장의 말에 따르면, 그가 예수를 꾸짖은 주된 이유는 성문(成文) 토라가 궁극의 권위이거늘 예수가 이를 어겼다는 것이었다. 더구나, 회당장은 선생인 예수 대신 회중에게 직접 이야기한다. 여기서 그 질(quality)을 문제 삼아 통제를 가하는 대상은 특별히 예수가 읽으시거나 가르치신 것 자체가 아니라, 그의 행위가 그들에게 전해진 성문 전승, 곧 그들이 그에 비춰 충분히 판단할 수 있다 할 정도로 잘 알고 있다고 여기는 그 전승을 어긴 것 같다는 점이었다. 따라서 이런 질 통제

---

[50] 사례를 더 살펴보려면, 다른 것도 있지만 특히 Darrell L. Bock, *Luke*, vol. 2, *9:51-24:53* (Grand Rapids: Baker, 1996), p. 638를 보라.

(quality control)는 공동 읽기 사건 전체, 곧 선생, 지도자(회당장), 그 자리에 참석한 사람, 성문 전승, 그리고 그들이 가진 성문 전승에 따라 결정된 반응과 관련이 있다. 예수의 반응도 그가 그 모임 전체에 강조점을 두셨음을 시사한다. 예수는 회당장의 꾸짖음에 대답하시면서, **위선자들**이라는 복수형을 사용하신다(13:15). 따라서 예수는 회당장뿐 아니라 모든 이에게 대꾸하신 셈이다. 이 결과, 이 사건 청중 사이에 분열이 생긴다. 어떤 사람들은 기뻐했지만, 또 어떤 이들은 회당장 편을 든다. 누가에 따르면, 예수는 심지어 성문 토라도 뛰어넘으신다.

19:47을 보면, 예수가 날마다 예루살렘 성전 뜰에서 가르치신다. 지도자들(대제사장, 서기관, 율법 교사, 장로)이 모든 힘과 지위를 동원하고서도 예수를 침묵시키지 못했다는 점은 주목할 만하다. 그들이 그리하지 못한 것은 예수가 군중 가운데서 인망이 높았기 때문이다. 따라서 적어도 여기에서는 예수의 가르침 사역에 관하여 유명한 지도자들보다 오히려 공동체가 큰 통제를 행하는 것 같다. 여기와 같이 예수가 날마다 예루살렘 성전 뜰에서 가르치셨음을 강조한 내용은 20:1과 21:37-38에서도 나타난다. 모든 사람이 그의 가르침을 들으려고 왔으며, 지도자들은 "모세가 우리에게 써 준" 것에 관하여 예수에게 질문을 던졌다(20:28). 이런 일이 있고 얼마 안 가 24:19에 가면, 이 복음서 저자가 예수를 가리켜 "말씀에 능하신"이로 유명해졌다고 말한다. 이 저자가, 여기는 물론이요 다른 곳에서도, 백성에게 토라를 준 모세와 강한 연관 관계가 있음을 이야기한다는 점을 고려할 때, 이 저자가 이와 같이 말하는 많은 문맥 뒤편에는 글로 기록된 말씀이 존재할 가능성이 아주 크며, 설령 그렇게 글로 기록된 말씀이 현존하지 않거나 낭독되지 않았어도 역시 그럴 가능성이 아주 크다(물론 회당에서 말씀을 낭독하고 들었을 때는 달랐다. 거기서 말씀을 낭독하고 들었다는 것은 글로 기록된 말씀이 "현존했다"는 의미다).

누가복음은 회당이 아닌 곳에서 일어난 공동 읽기 사건으로 끝난다. 24:32을 보면, 예수가 예루살렘에서 13킬로미터쯤 떨어진 곳에 자리한 엠마오라는 마을로 가는 길에 성경을 열어 보이신다(διήνοιγεν). 누가는 그들이 어디서 이 성경을 얻었으며 그들이 갖고 있던 성경이 어떤 형태였는지 이야기하지 않는다. 그러나 분명 누가복음을 읽는 이들은 별 문제 없이 여기 나오는 사람들이 어떤 형태이든 접근할 수 있었던 성경이 존재했다고 추정했을 것이다. 물론, 이 동사는 비유의 의미로 해석할 수도 있다. 그렇게 해석하면, 이는 예수가 단지 엠마오로 가던 제자들이 이미 들었고 기억했을 법한 성경을 이해하게 도와주셨다는 의미일 것이다. 하지만 그런 해석은, 적어도 다섯 가지 이유 때문에, 개연성이 없다. 첫째, 여기서 사용한 언어는 예수의 가르침이 포괄성을 갖고 있음을 강조한다. 예수는 계속하여 "모든 성경에 적힌 것"을 이야기하신다.[51] 다시 말하지만, 이것은 예수가 성경 전체를 담고 있는 완전한 형체의 두루마리를 갖고 계셨다는 말이 아니라, 일종의 **증언**(testimonia) 혹은 축약된 성경 모음을 암시한다. 둘째, 예수는 24:44에서 기록된 모든 것이 이루어졌다고 말씀하신다. 셋째, 24:45을 보면, 그들의 마음이 열려, 예수가 당신 자신이나 성경에 관하여 일러 주신 것뿐 아니라, 성경을 이해하게 된다. 넷째, 누가는 다른 곳에서, 그러니까 어떤 유대교 회당에서 공동 읽기 사건이 펼쳐지는 동안에 성경을 열어 보임을 분명히 일컫는 부분에서 바로 저 "열어 보이다"(διήνοιγεν)라는 동사를 사용한다(행 17:2-3). 다섯째, 이 기사는 누가가 빌립과 에티오피아 환관 이야기를 기록해 놓은 곳으로서 역시 성경이 문헌 형태로 등장하는 사도행전 8장의 내러티브(사도행전을 다룬 다음 항목의 논의를 보라)와 많은 문학적 유사점을 갖고 있다. 따라

---

51 Bock, *Luke*, 2:1917. Bock은 계속하여 이것이 "1QS 1.3; 4Q504[=4QDibHama] 3:12; 마 11:13; 요 1:45"에서 발견할 수 있는 전통적 문구라고 말하면서, "아울러 [액어법(zeugma)이라 불리는] 이 비유는 토론의 범위를 묘사한다. 그는 성경 전체를 앞에서 뒤로 관통하며 이야기하셨다"라고 말한다.

서 십중팔구는 예수가 이 사람들에게 당신에 관하여 알려 주시려 할 때 사용하실 수 있었던, 글로 기록된 텍스트가 있었을 것 같다.

아울러 여기에는 사람들이, 그들이 텍스트를 낭독하는 이였든 듣는 이였든 상관없이, 공동 읽기 사건에 아주 많이 접근할 수 있었음을 일러 주는 단서가 몇 가지 더 있음에 주목할 필요가 있다. 예수는 모든 바리새인이 함께 어떤 텍스트를 읽었다고 추정하신다(6:3). 예수는 하나님 말씀을 듣고 그것을 행하는 자가 그의 참된 "어머니와 형제들"이라고 말씀하신다(8:21). 만일 누가가 이 문구를 일관되게 사용하고 있다면, 그가 말하는 "하나님 말씀을 들음"은 십중팔구 즉석에서 구술로 선포되는 말씀을 듣는 것뿐 아니라, 공동 읽기 사건을 통해 성경을 듣는 것도 가리키는 말일 것이다(참고. Barn. 9). 아울러 누가가 묘사하는 예수는 토라 두루마리 안에 들어 있는 자그만 획(κεραία)도 식별하시고 그것을 사람들 앞에서 가르치실 때 한 예로 활용하실 수 있었다. 예수는 당신 청중에게 율법에 들어 있는 글자의 자그마한 한 획도 없어지지 않으리라고 말씀하시며, 청중이 당신이 묘사하신 것을 생생히 그려 볼 수 있으리라고 생각하신다(16:17). 더욱이, 누가복음 저자만 이런 세부 내용을 이야기하는 게 아니다. 마태복음에 들어 있는 평행 본문(5:18)은 이를 더 강조하여 텍스트를 상징하는 말을 하나 더 사용하고(ἰῶτα), 뒤이어 이중 부정어(οὐ μή)를 제시한다. 나아가, 에드워즈는 누가가 그의 독자들에게 글로 기록된 성경, 곧 율법과 선지자들이 "복음에 없어서는 안 될 명목과 맥락을 제공한다"는 것을 되새겨 주고 있다고 주장한다.[52]

다음으로, 예수는 음부(Hades)로 떨어진 한 부자 비유를 제시하신다. 이 부자는 아직도 이 땅에서 살고 있는 그의 다섯 형제가 이 고통스러운 곳에 관한 경고를 듣길 원한다. 아브라함은 부자에게 이 형제들이 어디에서나 성

---

52 Edwards, *Luke*, p. 464.

경이 낭독되는 공동 읽기 사건이 벌어지는 자리에 참석하기만 하면 그런 경고를 다 들을 수 있으리라고 대답한다(16:29). 이것이 비록 비유이긴 하지만, 예수는 이를 실제 사실과 연계하시는 것 같다. 이 형제들은 어디든지 사람들에게 하나님 말씀을 낭독해 주는 자리에 참석하여 그 말씀을 들을 수 있었을 것이며, 그것이 불가능했으리라고 가리키는 곳은 전혀 없다. 이것 역시 누가가 묘사하는 예수가 공동 읽기 사건이 널리 퍼져 있다는 전제 아래 활동하고 계신다는 것을 보여 준다.

누가복음은 여러 장소를 공동 읽기 사건이 일어난 곳으로 언급하면서 사람들이 문헌을 갖고 있었음을 강조하고 실제 일어난 읽기 사건을 이야기할 뿐 아니라, 1세기에 공동 읽기 사건이 널리 퍼져 있었음을 암시하는 단서 몇 가지도 함께 제시한다. 누가도 정경의 다른 모든 복음서[53]처럼 예수가 종종 "선생"으로 불렸다고 말한다. 예수를 선생이라 부른 사람 가운데는 시몬(7:40), 회당장의 집에서 온 사람(8:49), 무리 가운데 있던 한 사람(9:38), 한 서기관(10:25), 율법 전문가(11:45), 무리 가운데 한 사람(12:13), 관리(18:18), 정탐들(20:21), 사두개인(20:37), 서기관(20:39), 한 무리 사람들(21:7), 예수 자신(21:11)이 있다. 많은 사람이 예수를 선생이라 불렀다. 그뿐 아니라, 예수는 많은 이가 이미 사람들이 모인 자리에서 낭독된 텍스트를 들었다고 추정하셨다. 예수는 누구인지 나와 있지 않은 한 나병 환자도 당연히 모세가 명한

---

53 마가복음 저자는 다른 어느 복음서보다 많이 예수를 선생이나 랍비로 부르는 사람들과 그룹들을 언급한다("다른 어느 복음서"에는 누가복음도 들어간다. 누가는 예수를 가리키는 칭호 가운데 "랍비"를 포함시키지 않기 때문이다). 우리가 공관복음에서 **선생**이라는 말만 살펴보아도, 이 말이 예수를 가리키는 경우가 얼마나 많은지 통계치로 제시해 볼 수 있다. 누가복음에서는 그 말이 모두 17회 나오는데, 그중 11회가, 마태복음에서는 12회 가운데 8회가, 마가복음에서는 11회 가운데 7회가 예수를 가리킨다. 요한복음을 보면, 예수를 따르는 이들이 예수를 랍비나 선생이라 부른다. 세례 요한의 제자들(1:38), 나다나엘(1:49), 바리새인 니고데모(3:2), 그의 제자들(4:31; 9:2; 11:8), 어떤 무리(6:25), 마르다(11:28), 예수 자신(13:13-14)이 그렇게 부른다. John Yueh-Han Yieh, "One Teacher: Jesus' Teaching Role in Matthew's Gospel" (PhD, Yale University, 2003); Arthur F. Graudin, "Mark's Portrait of Jesus as Teacher" (PhD diss., Claremont, 1972)를 보라.

것을 알리라고 생각하신다(5:14). 공동 읽기 사건을 암시하는 이 두 근거는 사람들이 공동체 앞에서 가르치는 이들을 익히 알았으며 그들이 누구인지 식별할 수 있었던 것이 그 시대의 확고한 문화 현실이었음을 시사하며, 대다수 사람들이 다양한 텍스트를 충분히 잘 알 정도로 사람들이 그런 텍스트를 널리 읽었으리라는 가정 역시 그 문화에 깊이 박혀 있었음을 시사한다. 아울러 예수가 사람들 앞에서 낭독되는 텍스트들을 들었으리라고 추정하신 사람들이 광범위하다는 것도 중요하게 인식해야 할 점이다. 예수가 그렇게 추정하신 사람 중에는 여느 사람들로 이루어진 무리들, 특정한 나병 환자, 가족, 모든 종교 지도자 등등이 있었다. 이처럼 성경이 공동 읽기 사건에 참여했다고 말하거나 추정하는 이가 광범위하다는 것을 생각하면, 방금 말한 사실은 공동 읽기 사건이 널리 퍼져 있었다는 내 논지에 힘을 실어 준다.

게다가, 누가 자신이 성경을 강조한다는 점(특히 2장의 "주의 율법에 기록되었듯이"), 그리고 곤궁했던 예수의 부모도 성경을 잘 알았음을 강조한다는 점(2:39)은 광범위한 사람들이, 십중팔구는 공동 읽기 사건을 통해, 텍스트에 노출되어 있었음을 암시한다. 사실, 텍스트가 노골적으로 언급되지 않았다고 해도, 그 뒤편에는 텍스트가 암시되어 있을 때가 많다. 예를 들면, 존 레비슨(John Levison)은 누가복음 2:28-32에 있는 시므온의 짧은 말을 다루면서 이런 생각을 강하게 피력한다. "이 외침은, 즉석에서 아무 계획 없이 한 말 같지만, 사실은 신중하게 숙고하여 한 말이요 이사야 40-55장의 꿈에 깊이 잠겨 있는 말이다."[54] 그는 계속하여 이 순간에 해야 할 말을 아는 시므온의 능력이 익히고 기억한 것에서 도움을 받지 않고 그저 황홀경에 빠

---

[54] John R. Levison, "The Spirit, Simeon, and the Songs of the Servant", in *The Spirit and Christ in the New Testament and Christian Theology*, ed. I. Howard Marshall, Volker Rabens, and Cornelis Bennema(Grand Rapids: Eerdmans, 2012), pp. 18-34, 이 부분은 p. 21. 참고. Collin Blake Bullard, *Jesus and the Thoughts of Many Hearts: Implicit Christology and Jesus' Knowledge in the Gospel of Luke*, LNTS 530 (London: T&T Clark, 2015), pp. 65-81.

져 무언가에 자극을 받아 생긴 것도 아니요, 사전 준비 없이 그 순간 그 자리에서 생긴 것도 아니며, 그의 지적 능력과 무관하게 그저 감정이 고양되어 발휘된 것도 아니라고 주장한다. 오히려 시므온의 그런 능력은 그가 마음을 다그치며 기록된 성경을 공부하는 데, 특히 여기에서는 이사야 40-55장에 나오는 선지자의 환상을 공부하는 데 열심을 다했음을 보여 준다. 시므온은 이사야 40-55장의 그 환상을 모든 이에게 구원을 베풀어 주시는 이 갈릴리 소년에게 적용한다(행 15:14을 참고하라). 이 모든 내용을 또 다른 식으로 표현하면, 설령 시므온이 이런 말을 하는 순간에 성경 필사본을 그 손에 쥐고 있지 않았더라도, 마치 환상 속에서 성경을 읽는 것처럼 성경을 읽고 있다고 말할 수 있겠다. 텍스트를 참조한 점들이 있다. 따라서 그는 굳이 "이런저런 특정 장소나 회당에 가서 이런저런 특정 두루마리나 코덱스를 찾아보라"고 말할 필요가 없었다. 화자는 시므온이 신실하게 공유하는 부분이 다른 이들도 이미 공동으로 들었던 부분이기 때문에 그들도 이 부분이 무언지 인식할 수 있었을 것이라고 추정한다. 이런 추정이 모든 경우에 정확히 들어맞지는 않겠지만, 그래도 분명 원리상으로는, 적어도 여기에서는, 그런 추정이 타당했다.

공동 읽기 사건이 일어났던 특정 장소가 어디인지 밝혀 살펴보았고 몇 가지 단서를 추가로 언급했으니, 이제는 누가복음 저자가 처음부터 자신의 복음서를 사람들이 공동으로 읽게 할 목적으로 썼는지 논해 보겠다. 나는 이를 밝혀 보고자, 데오빌로뿐 아니라 더 많은 청중을 암시하는 것일 수도 있는 몇 가지 특징을 누가복음 전체에서 찾아보겠지만, 잠시 동안은 누가가 단지 한 실존 인물만 독자로 제시했다고 추정해 보겠다.

누가복음 서두의 몇 구절(1:1-4)은 누가가 외부와 단절된 상태에서 이 복음서를 쓴 게 아님을 보여 준다. 사실, 누가복음-사도행전은 자신이 고대 역사가로서 연구하고 저술하고 있다고 주장하는 한 사람이 쓴 문헌이다. 여기서 그는 "모아 놓은(편찬된) 많은 기록"이 이미 존재한다고 분명하게 말한다 (1:1). 이는 이미 일어난 일을 기록하고 다른 이들과 함께 나누는 일에 강한 관심을 갖고 있음을 암시한다. 아울러 누가복음을 모두 살펴보면, 누가가 그의 가르침을 확인해 줄 또 다른 작품을 언급하기도 하는데(3:4), 이는 그가 그의 청중의 관심을 염두에 두고 있음을 의미하거나 다른 자료를 인용함으로써 어떤 수사 효과를 기대한다는 의미다. 누가는 외부와 단절된 상태에서 이 복음서를 쓰지 않았다. 그렇다면, 그가 자신의 작품이 단독 작품으로 읽히지 않으리라는 예상도 했으리라고 역시 추측해 볼 수 있다. 이 복음서를 쓸 당시에는 누가가 그런 생각을 하지 않았을 수도 있다. 그러나 프란스는 "가르침을 받은"으로 번역해 놓은 누가복음 1:4의 동사(χατηχήθης)가 나중에 그리스도인이 "교리교육, 교리문답"(catechesis)이라는 말을 사용하면서 종종 세례를 주기 전에 실시하는 공식 신앙 교육을 가리키는 말이 되었다고 말한다.[55] 나아가 그는 이렇게 말한다. "사람들은 보통 [데오빌로를] 누가의 창작 후원자로 이해한다. 유명 인사에게 쓰는 이런 글은 그 시대 사람들이 문학 작품을 시작할 때 쓰던 방식이지, 딱히 그 사람만 그 작품을 사용하라는 의도를 담은 글은 아니었다."[56] 게다가, 러브데이 알렉산더(Loveday Alexander)는 이렇게 결론짓는다. "누가복음과 사도행전을 각각 독립 작품으로 다루든 아니면 두 권으로 된 한 작품으로 다루든, 이 둘의 서문은 동일한 문학 코드에 속한다."[57]

누가복음 첫머리의 이 구절들에는 우리 연구와 관련하여 살펴봐야 할 또 다른 중요한 문구가 있다. 누가는 1:2에서 목격자들뿐 아니라 "말씀 일

---

[55] R. T. France, *Luke*, ed. Mark L. Strauss and John H. Walton (Grand Rapids: Baker, 2013), p. 1.
[56] Ibid.
[57] *Acts in Its Ancient Literary Context: A Classicist Looks at the Acts of the Apostles*, LNTS 298 (London: T&T Clark, 2005), p. 42.

꾼들"이 있다고 말한다. 이를 이야기한 첫 인물은 아니지만, 가장 근래에 토머스 오로클린(Thomas O'Loughlin)은 "말씀 일꾼들"이 교회 안에서 특정한 임무를 수행하는 이들을 일컫는 말이며 "이들의 임무는 각 교회의 '도서관'을 보존하고 지키는 것"이었다고 주장했다.[58] 이렇게 해석하면, 조지프 피츠마이어(Joseph Fitzmyer) 같은 주석가들과 견해를 달리하는 셈이다. 피츠마이어는 oi라는 관사가 전체 구조를 지배하며 결국 나중에 말씀을 섬기는 봉사자가 되는 한 무리 목격자들을 지칭한다고 주장한다.[59] 오로클린은 계속하여 이렇게 말한다.

누가 그것[곧 성경]에 중요성을 부여한다는 점(엠마오 이야기가 들어 있는 눅 24:27, 32, 45이 그 예다), 그리고 그가 상상하는 베드로와 바울의 성경 사용 방법(행 2:14-36; 17:2과 11절; 18:24과 28절)을 생각할 때, '성경' 필사본을 갖고 있는 것이 각 공동체가 **요구받던 사항**(desideratum)이었다고 추측할 수밖에 없다. 다른 복음서 기자들의 글에도 이와 유사한 내용이 있다. 바울 시대에는 회당도 이런 요구를 받았을 것이다. 그러나 1세기 말에 이르자—여러 그룹이 점차 서로 다른 종교로 나뉘었으며, 언어 계통을 따라 점점 더 많은 분화가 이루어지면서—어느 교회가 '성경'을 읽길 원하면(증거는 그들이 그리했다는 사실을 가리킨다), 교회 스스로 성경을 갖춰야 했다. 이런 책(성경)을 얻고 유지하는 일이 ὑπηρέται(ὑπηρέτης의 복수형으로, 본디 "노 젓는 사람"을 뜻하나, 나중에 보조자, 일꾼, 노예라는 의미로 사용했다—옮긴이)가 가장 엄격하게 해야 할 일이

---

58 "Ὑπηρέται ... τοῦ λόγου: Does Luke 1:2 Throw Light on to the Book Practices of the Late First-Century Churches?", in *Early Readers, Scholars and Editors of the New Testament*, ed. H. A. G. Houghton (Piscataway, NJ: Gorgias, 2014), pp. 17-32. 참고. Daniel B. Wallace, *Granville Sharp's Canon and Its Kin: Semantics and Significance*, SBG 14 (New York: Peter Lang, 2008), p. 142.
59 *The Gospel according to Luke I-IX* (New York: Doubleday, 1981), p. 294.

었을 수도 있다. 더구나, 우리가 만일 그들을 '성경'과 그들 자신이 몸담은 운동이 새로 만들어 낸 텍스트를 관리해야 했던 이들이라 생각한다면, 말씀 일꾼들(ὑπηρέται τοῦ λόγου)이라는 명칭이 더더욱 타당해진다. 이 경우, '말씀'은—대다수 누가복음 주석가가 생각하듯이—그저 그리스도를 전하는 메시지만을 가리키는 데 그치지 않고, 이스라엘에게 주어진 모든 계시 사건으로서 책에 기록된 것을 암시하는 '하나님 말씀'도 포함할 것이다.[60]

그의 말이 옳다면, 이것은 누가가 그의 복음서를 데오빌로뿐 아니라 다른 사람들도 공동으로 읽으리라 예상했음을 암시한다. 아울러 이는 그가 데오빌로에게 한 말, 곧 "각하가 가르침을 받으신 것들이 확실함을 아시게 하려 함입니다"(1:4)라는 말에도 힘을 더 보태 줄 것이다.

누가는 이런 도입부를 제시하고 조금 뒤에 성전에서 올리는 예배로 그의 복음서를 시작한다(1:8-25). 성전은 예수가 예루살렘에 머무르실 때 자주 가르치시던 곳이었다. 이어 누가는 마지막 부분에서 예수의 제자들이 바로 그곳에 있는 모습을 묘사하며 그의 복음서를 마친다. 제자들이 거기 있었던 이유는 아마도 예수가 명하신 모든 것을 선포하고 가르치려 함이었을 것이다(24:52하-53). 누가복음 첫머리와 끝의 이 기사들은 개념상 마태복음과 비슷한 **봉투 구조**(inclusio)를 형성한다. 그럼에도, 이런 논거에 비춰 볼 때, 그리고 특히 우리 연구 결과에 비춰 볼 때, 오로클린의 이런 해석도 호소력이 있긴 하지만, 전통적 이해를 뒤집어엎으려면 증거와 논거가 더 필요하다. 따라서 내 연구시는 오로클린의 견해에 동의하지 않는다.

---

60 O'Loughlin, "Υπηρέται...τοῦ λόγου." 하지만 전해지는 필사본 텍스트에는 다양한 이문(변형)이 존재한다. 누가복음-사도행전에는 "주의 말씀"과 "하나님 말씀"이라는 문구가 거의 36회에 걸쳐 등장하지만, "하나님 말씀"이라는 말이 더 빈번히 나온다. 더 자세한 내용과 본문은 Dom Jacques Dupont, "Notes sur les Actes des Apôtres", RB 66 (1955): pp. 45-59, 특히 pp. 47-49에서 볼 수 있다.

사도행전

사도행전도 누가복음처럼 공동 읽기 사건 사례들 및 이 사건과 관련된 장소들을 가득 담고 있다. 사실, 유대인이 회당에서 성경을 읽었고(낭독했고) 바울 같은 그리스도를 따르는 자들이 종종 그들과 성경을 두고 논쟁을 벌였다는 것을 의심하는 학자는 아무도 없다. 그렇지만 공동 읽기 사건이 일어났을 법한 모든 장소를 밝혀 보고 그런 다양한 사건이 펼쳐질 때 십중팔구 일어났을 일을 개관해 보는 것이 중요하다. 이렇게 하면, 공동 읽기 사건이 펼쳐졌던 지리적 범위를 지도에 그려 볼 수 있고, 추가 연관 관계를 밝혀 볼 수 있을 뿐 아니라, 이런 공동 읽기 사건이 그리스도인 공동체를 그 태동기부터 얼마만큼이나 통제했는지 알아낼 수도 있다. 마찬가지로, 사도행전의 각 기사를 언급하여 초창기 공동체들이 본질상 필사하고, 글을 읽으며, 공동성을 갖고 있던 공동체였음을 더 부각시켜 보겠다. 하지만 우리 연구의 목적을 고려하여 공동 읽기 사건이 펼쳐졌을 다양한 장소와 상황에 초점을 맞춰 보겠다.

사도행전에 기록된 사건들은 예루살렘에서 시작한다. 사실, 예루살렘이 사도행전 첫 여덟 장의 주요 무대다. 이 여덟 장을 살펴보면, 공동 읽기 사건이 일어났을 법한 장소들을 언급하는 말이 많이 등장하는데, 성전 뜰(2:46), 솔로몬의 행각(3:11), 개인의 집(5:42), 회당(6:9)이 그런 예다. 아울러 예루살렘은 누가가 사도행전에서 가말리엘이라는 한 랍비의 이름을 밝히는 유일한 곳이기도 하다(5:34; 22:3). 가말리엘도 유대인의 공동 읽기 사건이 펼쳐지는 자리에서 글을 읽었을 것이다. 사도행전은 공동 읽기 사건을 열 수 있었을 장소, 그리고 그리스도를 따르던 이들은 아니었으나 그런 모임을 인도했을 법한 특정인들을 분명히 언급하지만, 그와 더불어 여기서 요약할 만한 가치가 있는 몇 가지 특징, 그러니까 누가라는 저자가 이런 사건이 예루살렘에 널리 퍼져 있었다고 추정했음을 암시하는 몇 가지 특징도 함께 담고 있다.

첫째, 누가는 베드로가 하나님 말씀이기에 "반드시 이뤄져야 했던" 유대교 성경을 사용하여 한 무리 신자들에게 연설한 일을 이야기한다(1:16). 베드로는 연설하는 동안에 성경의 몇몇 본문을 읽거나 낭송한다. 베드로는 그의 연설을 듣는 무리에게 그 무렵 일어난 사건들과 유대교 성경 사이에 추가로 존재하는 성경적 연관 관계를 제시할 또 다른 계기로 유다의 배신을 활용한다. 사실, 대럴 복은 누가가 자신이 쓴 두 책(누가복음과 사도행전)에서 "이뤄지다"라는 동사를 쓴 사례가 25회 있다고 언급하면서, 그가 이 동사를 성경과 연관지어 사용한 사례가 둘 뿐인데, 그중 하나가 바로 이곳이라고 말한다.[61] 다른 한 곳은 누가복음 4:21으로, 예수가 공동 읽기 사건 때 같은 일을 행하신다. 그러나 이 본문은, 누가의 글에서는 보기 드물게 "이뤄지다"라는 용어를 누가의 글에 존재하는 평행 본문과 결합해 놓기만 했을 뿐, 베드로가 자신이 인용한 본문을 기억에서 끄집어내 대강 인용했는지, 아니면 텍스트(시 69:25; 109:8)를 통해 인용했는지는 분명하게 말하지 않는다. 이때 축약해 놓은 메모를 읽었을 수도 있지만, 이를 논증하기는 불가능하다. 베드로가 초기 교회가 무슨 말을 시작할 때 공식처럼 으레 사용했던 "기록되었으되"라는 말로 연설을 시작하는 것으로 보아, 베드로가 시편을 직접 지칭하고, 이 무리가 예루살렘에 있으며, 무리 가운데 대다수가 유대인인 것만은 분명하다.

누가의 내러티브가 이어지면서, 베드로가 함께 있던 유대인들(2:14)에게 요엘시에서 가져온 본문을 더 길게 읽어 주거나 낭송해 준다(2:16-21). 이뿐 아니라, 누가는 "신약성경에서 관련 성경 본문을 가리킬 때 사용하는 '이것은 곧…이니'(τοῦτό ἐστιν)라는 말을 보기 드물게" 사용하는데, 이는 성경이

61　*Acts* (Grand Rapids, MI: Baker, 2007), p. 81.

변호하고 해석할 때 으레 사용하던 페셰르(pesher: '해석'을 뜻하는 히브리어— 옮긴이) 스타일을 따른 것이다(참고. CD 10:16).[62] 이것은 적어도 매주 유대인의 공동 읽기 사건 때 낭독한 유대교 성경이 초기 교회에 "없어서는 안 될 기초"요 계속하여 그런 기초로 남아 있게 되리라는 것을 암시한다.[63]

누가는 예루살렘을 벗어나 다른 곳으로 옮겨 가기 전에, 공동 읽기 사건이 영향을 주었거나 공동체가 모인 자리에서 읽기를 통해 가르침을 행하던 모습이 계속되었으리라는 생각을 뒷받침해 줄 만한 다른 문구 몇 개(6:7의 "하나님 말씀이 계속하여 자라갔다"; 6:11의 "우리는 그가 모세와 하나님을 모독하는 말을 하는 것을 들었다")와 장소(6:9의 "회당"), 그리고 사람들(6:8의 스데반)을 언급한다. 칼 모서(Carl Mosser)는 누가가 스데반 이야기를 서술해 놓은 사도행전 6장 기사와 예수 이야기를 서술해 놓은 누가복음 4장 사이에 몇 가지 중요한 유사점이 존재한다고 언급하면서, 이런 유사점은 "스데반과 그 대적들이 벌인 논쟁도 회당에서 벌어졌으며, 여기서[6:9에서] 등장하는 ἀνίστημι가 회당에서 스데반의 메시지를 듣다가 이를 반박하려고 일어선 사람들을 가리킨다"는 것을 암시한다고 말한다.[64]

누가는 말씀이 널리 전파되었음을 말한 그의 기사에 다른 두 지역, 즉 유대와 사마리아를 추가한다(8:1). 사도행전 저자는 이 짧은 부분에서 사도들을 제외한 모든 이가 예루살렘을 떠나 말씀을 전했다고 말한다. 하지만 이 기사에는 누가가 말하는 이런 곳들에서도 공동 읽기 사건이 일어났다고

---

[62] Ibid., p. 111.
[63] C. K. Barrett, *A Critical and Exegetical Commentary on the Acts of the Apostles* (New York: T&T Clark, 2004), 1:135.
[64] "Torah Instruction, Discussion, and Prophecy in First-Century Synagogues", in *Christian Origins and Hellenistic Judaism: Social and Literary Contexts for the New Testament*, ed. Stanley E. Porter and Wendy J. Porter (Leiden: Brill, 2013), 2:523-551, 이 부분은 p. 543. 이 곳 주변에 회당이 여럿 있었을 가능성을 다룬 글을 보려면, Craig Keener, *Acts: An Exegetical Commentary*, vol. *2, 3:1-14:28* (Grand Rapids: Baker Academic, 2013), pp. 1298-1310를 보라.

생각하게 할 만한 충분한 증거가 존재하지 않는다.

누가는 가사(Gaza)와 예루살렘 사이의 어느 지역에서 일어난 한 사건을 이야기하는데, 이 사건에는 사도가 아닌 한 사람과 에티오피아 환관이 등장한다.[65] 이 기사를 보면, 에티오피아 환관이 예루살렘에서 돌아가던 중에 이사야서를 읽고 있다(ἀνεγίνωσκεν, 8:28). 빌립은 그가 읽는(ἀναγινώσκοντος) 것을 듣고, 그 환관에게 그가 읽는(ἀναγινώσκεις) 것을 이해하는지 묻는다.[66] 빌립이 이런 질문을 던질 때 품고 있던 가정 가운데 하나는 이사야서 같은 종교 텍스트를 읽는 것과 이해하는 것은 서로 다를 수 있다는 것이다. 이 환관은 대답할 때, 더 형식을 갖춘 공동 읽기 사건을 언급하는 말일 수 있는 단어를 사용한다. ὁδηγέω가 그것인데, BDAG(시카고 대학교에서 2000년에 펴낸 발터바우어 사전 영문 번역본 3판)는 이를 "어떤 사람이 정보나 지식을 얻게 도와주다"라고 풀이한다(8:31; 참고. 요 16:13).[67] 더욱이, 이 환관은 빌립에게 그가 탄 수레로 올라와 그 옆에 앉으라고 청한다. 아마도 이사야서가 들어 있는 두루마리는 여전히 펼쳐져 있었을 것이다. 누가는 환관이 읽고 있던 성경 본문을 인용한 뒤, 빌립이 "이 성경에서 시작하여" 예수에 관한 좋은 소식을 그 환관에게 전했다고 말한다(8:35). "…에서 시작하여"라는 말은 이 두 사람이 함께 읽고 함께 토론한 성경 본문이 누가가 언급하

---

65 Brittany E. Wilson은 누가가 이 에티오피아 환관을 관리라 지칭하고, 에티오피아 여왕을 통해 정치권력과 부를 얻을 수 있었던 사람이며, 기원법(optative)을 사용한 것으로 보아, 글을 읽고 말도 잘 하는 사람으로 묘사하긴 하지만, 그래도 그를 엘리트로 묘사하지는 않는다고 주장한다. Wilson은 사도행전을 연구하는 학자들 가운데 널리 퍼져 있는 이런 가설이 지위와 성, 민족 사이에 존재하는 다면적 연관 관계를 간과한다고 강조한다. "'Neither Male nor Female': The Ethiopian Eunuch in Acts 8.26-40", *NTS* 60 (2014): pp. 403-422.
66 Peter Müller는 여기 있는 빌립의 질문을 신약성경과 초기 기독교의 읽기 관습, 특히 그리스-로마 문화 및 고대 유대교와 관련된 읽기 관습에 관한 그의 연구의 시발점으로 활용한다. *Verstehst du auch, was du liest? Lesen und Verstehen im Neuen Testament* (Darmstadt: Wissenschaftliche Buchgesellschaft, 1994).
67 참고. *TDNT*, 5:97-102; *NIDNTTE*, pp. 451-460.

는 이사야서 여섯 줄만이 아니었음을 시사하며, 자신에게 세례를 베풀어 달라는 환관의 요청도 이들이 읽기를 계속했음을 시사한다(8:36). 에른스트 핸헨(Ernst Haenchen)은 이렇게 말한다. "여기에서는 이사야 53:7-8을 기독론과 관련된 증거 본문으로 추가 인용하지만, 빌립은 그리스도를 증언할 때 이 이사야 본문만 사용하지는 않는다."[68] 하지만 어쨌든, 누가 봐도 공동 읽기 사건임이 분명한 이 사건은 으레 이런 사건이 일어났던 장소를 벗어나 가사와 예루살렘 사이 행로에서 일어났다. 더구나, 크레이그 키너(Craig Keener)는 누가복음 24:13-35에 있는 예수의 성경 강설과 평행을 이루는 곳이 적어도 열두 개나 있다고 밝히면서, 이들을 살펴봐야 한다고 말한다.[69]

사도행전 9장을 보면, 사울과 대제사장 사이에 흥미로운 모의가 있다. 사울은 대제사장에게 다마스쿠스에 있는 회당에 가져갈 서신을 요청한다. 이 서신의 목적은 사울이 그리스도를 따르는 자들을 발견할 때마다 회당에서 적어도 회당 장로들이 듣는 가운데 이 서신을 사람들에게 읽게 하여, 그가 그 예수를 추종하는 자들을 죄인의 신분으로 예루살렘으로 압송할 권한을 갖게 하려는 것이었다(9:1-2; 참고, 「마카베오1서」 15:15-24). 누가는 이 서신에 정확히 무슨 내용이 들어 있는지 상세히 말하지 않는다. 그러나 이 서신은, 회당처럼, 공동 읽기 사건이 일어난 장소들에서 십중팔구 쓰기와 읽기 그리고 상호 연락이 있었음을 증명해 준다. 키너는 이 서신이 "지역 회당들에게 예루살렘 당국자들이 잘못을 저지른 회당 지체들을 치리할 수 있게 합심하여 도와 달라고 요청했을 수 있다"고 추측하는데,[70] 필시 이 추측이 타당할 것이다. 하지만 이 서신의 내용이 무엇이었든, 다마스쿠스에 회당들이 있었음을 고려하면, 이 다마스쿠스도 공동 읽기 사건이 일어난 또 다른 곳으

---

68 *The Acts of the Apostles: A Commentary* (Philadelphia: Westminster, 1971), p. 312.
69 Keener, *Acts: An Exegetical Commentary*, 2:1536.
70 Ibid., 2:1619. 키너는 이어 "다마스쿠스에는 아주 큰 유대인 공동체가 있었다"고 말한다(p. 1674).

로 봐야 한다. 누가는 바울이 다마스쿠스에 있는 회당들에서(9:20)—대제사장에게 받았던 서신을 읽는 대신—예수가 메시아이심(9:22)을 다마스쿠스에 살던 유대인들에게 "증언하기" 시작했다고 말함으로써 다마스쿠스를 그런 곳으로 봐야 한다는 것을 한층 더 강조한다. 배러트(Barrett)는 "이 논증은 의심할 여지없이 성경을 원용한 논증이다"라고 말한다.[71] 따라서 바울이 회당에서 유대인들을 설득하는 데 사용했을 방법에는 십중팔구 유대교 성경 읽기와 토론도 들어 있었으리라고 보는 것이 안전하다. 사실, 그리스도를 따르는 자들이 예수가 메시아이심을 유대인에게 증명하려 할 때 사용했던 주된 방법이 바로 글로 기록된 유대교 성경이었다. 그리스도인이 이런 방법을 의지했다는 것은 초창기 그리스도인 모임의 기초가 텍스트였음을 증명해 주는 강력한 증거다.

베드로는 가이사랴에 머무는 동안, 고넬료라는 한 이방인의 집으로 들어갔다. 거기에는 이미 많은 사람이 모여 있었는데, 대부분 고넬료의 친척과 친우(親友)였다. 이런 공동 모임이 벌어지는 동안, 베드로는 이 이방인들이 유대교의 성문 율법을 "잘 알고" 있으며(10:28), 하나님이 이스라엘에 보내신 말씀에 관하여 이미 알고 있다고(10:36) 추정한다. 사도행전이 여기서 "말씀"(λόγος)을 결코 인격체로 표현하지 않는다는 점을 유념하는 게 중요하다. 따라서 이 "말씀"은, 그것이 구술로 전해지는 것이든 아니면 글로 기록된 것이든, 어떤 메시지로 봐야 한다. 베드로는 모든 선지자가 베드로 자신이 그들에게 들려주고 있던 것을 증언한다고 언급한다(10:43). 베드로가 이 메시지를 전한 뒤, 이를 들은 모든 이가 성령을 받았다(10:44). 이어 11:1을 보면, 온 유대의 사도들과 신자들이 이방인도 하나님 말씀을 받았다는 보고를 듣는다. 이 경우에도, 여기서 말하는 "하나님 말씀"이 정확히 무엇을 가리

---

71 Barrett, *A Critical and Exegetical Commentary*, 1:465.

키는지 분명치 않다. 그러나 이 말은, 누가복음 8:13(참고. 살전 1:6-7)처럼, 누가가 성경을 이야기하는 다른 곳과 아주 비슷하다. 게다가, 누가는 종종 유대교 성경에서 볼 수 있는 선지자들의 증언이 그리스도 안에서 이루어졌으며 공동체를 통해 가르쳐지고 있다고 언급한다. 그럼에도 이 저자가 이 지역의 공동 읽기 사건에 관하여 알고 있었다고 주장해도 될 만큼 충분하고도 분명한 증거가 존재하지는 않는다.

바울의 첫 선교 여행(13:1-14:28)에는 우리 연구의 목적에 비춰 언급할 만한 가치가 있는 곳이 적어도 넷 들어 있다. 첫 번째 장소가 키프로스다. 누가는 바나바와 사울이 키프로스에 있는 유대교 회당에서 하나님 말씀을 선포했다고 간단하게 말한다(13:4-5).

두 번째 장소는 비시디아 안디옥이다. 여기에서도 누가는 다시 한번 회당에서 일어난 공동 읽기 사건을 이야기한다(13:14). 이 지역에 남아 있는 증거에 비춰 볼 때, 이곳에는 분명 "유대인 인구가 상당히 많았다."[72] 하지만 누가는 이번에는 더 자세한 이야기를 들려준다. 사실, 논쟁의 여지가 있긴 하지만, 이것이야말로 사도행전에서 바울이 끼어든 공동 읽기 사건 가운데 가장 발전된 공동 읽기 사건이며, 이곳의 몇 가지 측면이 예수가 회당에 나타나신 일을 이야기한 누가복음 4장과 평행을 이루는 점도 단순히 우연이 아닌 것 같다. 바울은 앉아서(13:14), 누군가가 율법과 선지자들을 읽는(낭독하는, ἀνάγνωσιν) 것을 경청하고(13:15), 회당 지도자들의 요청에 따라 일어서서 권면하는 말을 전한다(13:16). 그리고 성경의 다른 많은 본문을 언급한 다음, 안식일마다 유대교 회당에서 사람들이 모인 가운데 낭독되는(ἀναγινωσκομένος) 바로 그 성경이 예수 그리스도 안에서 이루어졌다고 역

72　Ibid., p. 627. 아울러 누가가 13:15에서 회당 "지도자들"이라는 복수형을 사용했음을 주목하라. 이는 이곳에 큰 유대인 공동체가 있었음을 암시한다.

설한다(13:27). 그는 계속하여 예배가 끝나기 전에 더 많은 성경 본문을 읽거나 낭독했고, 유대인과 하나님을 두려워하는 개종자들은 바울과 바나바에게 다음 안식일에도 회당에 와서 말씀을 전하라고 촉구한다(13:42).

이들의 청에 마음이 움직인 바울과 바나바는 그다음 주에도 돌아왔으며, "온 성읍이 주의 말씀을 들으러 모여들었다"(13:44). 여기에는 사람들이 바울과 바나바가 하나님 말씀을 읽고 해석하는 것을 들으러 왔음을 암시하는 말들이 있는데, 두 사람의 성경 읽기와 해석은, 방금 언급했듯이, 사람들이 안식일마다 이미 들었던 읽기 및 논의와 달랐다. 바울과 바나바는 하나님 말씀을 유대인에게 먼저 전해야 한다는 것을 확인해 주며(하지만 이 두 사람은 나중에 유대교 회당에서 호된 처리를 경험하게 된다; 고후 11:24), 하나님이 선지자 이사야를 통해 명령하신 것을 읽거나 낭송한다(13:46-47). 더욱이, 키너는 여기서 이런 타당한 설명을 제시한다. "기원후 70년 전에도 토라 본문을 읽고 강설하는 회당이 틀림없이 많았을 것이다. 누가가 우연히도 나중에 넓은 지역에 걸쳐 대세를 이루게 되는 관습을 여기서 무심코 만들어 냈을 가능성은 거의 없다(눅 4:16-20)."[73]

세 번째 장소는 이고니온이다. 여기에서도 바울과 바나바가 맨 처음 찾아간 곳은 유대교 회당이었다. 누가에 따르면, 이런 식으로 회당에서 가르치는 것이 바울과 바나바가 으레 행하던 패턴이었다(κατὰ τὸ αὐτό; 14:1). 그뿐 아니라, 이 두 사람은 이곳에 오래 머물렀다. 누가는 주가 "그의 은혜의 말씀"을 증언하셨다고 말한다(14:3). 이 에피소드는 그들이 계속하여 일관되게 복음을 선포했다는 말로 끝을 맺는다(14:7).[74] 그들이 그들의 이런 접근법

---

[73] Keener, *Acts: An Exegetical Commentary*, 2:2048.
[74] 복음이라는 말이 얼마나 일찍부터 글로 기록된 자료를 가리키게 되었을지 논한 글을 보려면, James A. Kelhoffer, "'How Soon a Book' Revisited: ΕΥΑΓΓΕΛΙΟΗ as a Reference to 'Gospel' Materials in the First Half of the Second Century", *ZNW* 95 (2004): pp. 1-34를 보라.

을 크게 바꾸었음을 일러 주는 말이, 여기는 물론이요 다른 곳에도, 전혀 없다.

네 번째 장소는 예루살렘이다. 하지만 이번에는 신자들 내부에서 논쟁이 벌어진다(15:1-2). 우리 예상처럼, 지도자 가운데 한 사람인 야고보가 이 논쟁을 해결하고자 선지자들의 글을 읽거나 낭독한다(15:15-19). 그가 내린 결론은 이 해결책을 받아 적게 한 뒤, 이를 교회들에게 보내는 것이었다. 이는 어떤 그룹에게 보통 연락을 취하던 수단이 바로 공동 읽기 사건이 펼쳐지는 자리에서 사람들에게 낭독될 서신을 써 보내는 것이었음을 일러 준다(15:20; 참고. 히 13:22). 야고보는 이런 해결책을 내놓은 이유 가운데 하나로 옛날부터 안식일마다 회당에서 사람들에게 모세의 글을 읽어 주었다는 (ἀναγινωσκόμενος) 것을 든다(15:21). 사실, "제국 전역에서, 그리고 제국 밖에서도, 유대인이 있는 곳이면 어디에서나, 매주 모세의 말이 들렸다."[75] 예루살렘 지도자들은, 유대인이 있는 곳이면 어디에서나 매주 공동 읽기 사건이 펼쳐지듯이(참고. Jos. *Apion* 2.175), 그리스도인도 당연히 함께 모여 누군가가 큰 소리로 낭독하는 텍스트를 들으리라고 생각한 것 같다. 예루살렘 지도자들이 유다와 실라를 보내 "너희에게 이것들을", 곧 이 서신에 기록된 것을 "말해 주게" 한 것(15:27)도 지도자들이 그런 생각을 했으리라는 견해에 힘을 실어 준다. 유다와 실라는 이 서신을 안디옥 온 교회에 읽어 주며 (ἀναγνόντες), 모든 이가 이를 듣고 기뻐한다(15:31).

바울의 두 번째 선교 여행(15:36-18:23)을 살펴보면, 우리 연구와 관련하여 강조할 곳이 여덟 곳 등장한다. 첫 두 곳은 더베와 루스드라다(16:1). 누가는 디모데와 바울 그리고 실라가 이 고을들을 지날 때 예루살렘 공의회에서 장로들이 정한 규례를 그곳 교회들에게 계속 "전했다"고 언급한다(16:4). 이

---

[75] Barrett, *A Critical and Exegetical Commentary*, 2:737.

들이 안디옥에서 행한 일이 다른 곳에서 이들이 그 규례를 어떻게 전달했는지를 일러 주는 단서가 된다면, 교회마다 그 규례를 공동으로(함께 모여) 읽은 셈이다. 대럴 복은 이렇게 덧붙인다. "규례를 넘겨준다는 말은 전승을 전한다는 말이며, 이는 사도행전에 나오는 다른 경우보다 더 전문적 용어를 사용한 사례다.…이 교회들은 서신들이 이 규례의 수신자로 지목한 지역 밖에 있다. 그런 교회들에게 서신을 읽어 준다는 것은 본디 논쟁이 벌어졌던 지역 너머까지 이 결정의 효력을 미치게 하려는 의도를 보여 준다."[76] 아울러 이것은 한 교회에서 공동으로 읽는 것이 적절한 경우는 다른 모든 교회에도 타당하게 적용할 수 있다는 것을 암시한다.

세 번째 장소는 마케도니아 지방의 중심 도시인 빌립보(16:12)다. 빌립보에 이른 바울은 한 "기도처"에서 메시지를 전한다(16:13). 그곳에 있던 그룹에 관한 세부 사실은 알려져 있지 않다. 그러나 그것과 상관없이, 비록 이런 곳에서 열리는 모임은 형식을 덜 갖춘 모임이긴 했지만, 이런 장소는 특히 이 시기 디아스포라 지역에 있던 유대인에게 회당과 같은 기능을 했다.[77] 따라서 이 모임이 공동 읽기 사건임을 분명하게 일러 주는 특징은 존재하지 않지만, 그래도 이것이 공동 읽기 사건일 가능성을 무턱대고 배제할 수는 없다. 본질상 공동체 같은 모습을 지닌 점("거기에 모여 있던 여자들"), 장소(유대인의 기도처), 말하는 사람(유대인 바울), 그리고 사용한 말("안식일", "기도", "모인", "들은", 등등)은 모두 이 모임이 공동 읽기 사건일 가능성을 열어 놓는다. 하지만 확실하지는 않다. 따라서 이곳 역시 누가라는 저자가 필시 공동 읽기 사건이 일어난 장소로 알고 있었을 곳에 포함시키지 말아야 할 또 다

---

76 Bock, *Acts*, pp. 523-524.
77 Susan Haber, "Common Judaism, Common Synagogue? Purity, Holiness, and Sacred Space at the Turn of the Common Era", in *Common Judaism: Explorations in Second-Temple Judaism*, ed. Wayne O. McCready and Adele Reinhartz (Minneapolis: Fortress Press, 2008), pp. 69-71를 보라.

른 장소다.

네 번째 장소는 데살로니가다. 배러트는 이곳이 "바울과 실라가 빌립보를 떠난 뒤에 들른 가장 중요한 정거장"이라고 말한다.[78] 하지만 이곳은 그들의 선교 전체에 중요하기도 하지만, 우리 연구와 관련해서도 중요한 의미를 가진다. 누가가 공동 읽기 사건이 그들의 선교에 미친 영향을 제시하고자 끊임없이 노력하기 때문이다. 누가는 바울과 실라가 이곳에 멈춰 선 이유는 유대교 회당이 있기 때문이었다고 분명하게 말한다(17:1). **회당**이라는 말에 관사가 붙어 있지 않음은 십중팔구 데살로니가에 또 다른 유대교 회당들이 있었음을 암시한다.[79] 이곳이 큰 도시였음을 고려할 때, 여기 있던 회당 중 적어도 몇 곳은 각기 따로 성경 두루마리를 소유하고 있었을 가능성이 아주 높다. 더구나, 누가가 바울 일행이 이곳에서 멈춘 이유로 제시한 내용은 그들이, 유대교 회당처럼, 공동 읽기 사건이 있을 만한 장소를 보지 못했거나 알지 못하여 멈추지 않고 지나친 곳들이 있음을 암시한다. 암비볼리와 아볼로니아 같은 곳이 그런 곳이다.

바울은 도착 직후 회당으로 들어간다(17:2). 누가는, 분명 이 무렵에 이르면, 바울이 으레 유대인의 공동 읽기 사건이 펼쳐지는 장소, 곧 회당에 들어갔다고 말한다. 야콥 예르벨(Jacob Jervell)은 누가가 사용하는 "논증하다"(강론하다, διελέξατο)가 "교훈을 제시하는 강의와 설교를 가리킨다"고 말한다.[80] 바울은 적어도 세 안식일에 걸쳐 이런 회당 예배에 참석하여, "성경을 토대로 그들에게 논증했다." 누가는, 가령 누가복음 4:16에서 사용한 "그가 으레 하시던 대로"라는 말처럼(참고. 24:32, 46), 이와 똑같은 몇 가지 문구를 예수

---

78 Barrett, *A Critical and Exegetical Commentary*, 2:807.
79 Barrett, *A Critical and Exegetical Commentary*, 2:809.
80 "Bezieht sich auf lehrhafte Vorträge und Predigten." Jacob Jervell, *Die Apostelgeschichte: Übersetzt und erklärt* (Göttingen: Vandenhoeck und Ruprecht, 1998), p. 433.

가 회당에 들어가심을 묘사하는 기사에서 사용한다. 이뿐 아니라, 다른 많은 특징도 비슷한데, 가령 유대교 성경을 읽고 강설하면 청중이 이런저런 반응을 보이는 게 그런 예다(참고. 살전 2:15). 누가가 이런 특별한 평행 관계를 의도했는지 여부와 상관없이, 유대인의 공동 읽기 사건이 바울과 실라가 폭넓은 선교 활동을 펼치는 데 영향을 미친 요긴한 무대였던 것만큼은 확실한 것 같다.[81]

다섯 번째 장소는 베뢰아다. 바울과 실라는 이곳에서도 지체 없이 유대교 회당을 찾아 거기서 열리는 유대인의 공동 읽기 사건에 참여하려 한다(17:10). 그들은 회당에 모인 유대인들에게 유대교 성경이 예수가 메시아이시라고 확인해 준다는 것을 확실히 심어 주고자 하나님 말씀을 선포했다. 그러자 이 유대인들은 바울과 실라의 이런 주장을 받아들여야 할지 아니면 배척해야 할지 결정하고자 날마다 성경을 꼼꼼히 살폈다. 여기서 특히 흥미로운 세부 사실 하나는 **꼼꼼히 살피다**(examined)라는 말을 쓴 점이다. 이 동사는 "신약성경이 성경 연구와 관련하여 오직 이곳에서만 사용하는 말이다. 이는 오히려 법정에서 증인을 꼼꼼히 조사함을 나타내는 말이다.…사실은 여기에서도 이 말을 그런 의미로 사용한다. 바울은 성경을 증인으로 세웠다. 말하자면, 성경의 증언이 바울의 주장을 증명해 주는지 검증한 셈이다."[82] 따라서 이곳은 단순히 공동 읽기 사건이 일어난 또 다른 장소라는 차원을 넘어, 성경을 읽고 성경을 토대로 가르친 모든 것에 관하여 질 통제(quality control)가 이루어졌음을 말하는 곳이기도 하다.

여섯 번째 장소는 아테네다. 여기서 바울은 그냥 회당에서 사람들에게 연설하지 않고, 대신 장터에서 매일 사람들에게 연설한다(17:17). 그러나 그

---

[81] Ernst Haenchen, *The Acts of the Apostles: A Commentary* (Philadelphia: Westminster, 1971), pp. 506-507.
[82] Barrett, *A Critical and Exegetical Commentary*, 2:818.

가 연설하는 곳이 어디였든, 그는 그 스스로 그들이 이미 알고 있다고 추정하는 텍스트를 읽거나 낭독한다. 누가는 바울이 회당 밖에서도 청중에게 어떤 텍스트를 읽거나 낭독했다고 말하는데, 이번에 바울이 읽은 것은 아라토스(Aratus)의 『현상』(Phaenomena)이었다(17:28). 바울이 언제, 어디서, 어떻게 이 텍스트를 알게 되었는가와 상관없이,[83] 그는 여기서 그의 청중이 그의 논증을 충분히 이해할 수 있을 만큼 이 텍스트를 익히 알고 있다고 가정한다. 바울의 가정은 적어도 이 셋—즉, 장터에는 (1). 혼자 이런 텍스트를 읽은 사람이 많이 있다, (2). 다른 이들과 공동으로 이 텍스트를 들은 사람이 많이 있다, (3). (1)과 (2) 둘 다 옳다—가운데 하나를 암시하는 것 같다. 십중팔구는 (2)와 (3) 가운데 하나였으리라고 가정할 때, 이는 공동 읽기 사건과 종교의 연관성 여부와 상관없이, 공동 읽기 사건이 그 시대 문화에 널리 퍼져 있었다는 가설을 뒷받침하는 또 하나의 증거를 제공하는 셈이다.

일곱 번째 장소는 고린도다. 누가는 바울이 이곳에 있는 동안 안식일마다 회당에 가서 유대인과 헬라인에게 강론하여 이들을 설득하려 했다고 말한다(18:4). 하지만 바울이 고린도에서 공동 읽기 사건을 주관한 곳은 회당만이 아니었다. 그는 회당을 떠나 한 집에 들어가게 된다. 거기서 많은 고린도 사람이 바울이 선포하는 하나님 말씀을 듣고, 그 메시지를 믿으며, 세례를 받는 기회를 가졌다(18:7-11). 누가는 바울이 고린도에 1년 반을 머무르며 하나님 말씀을 가르쳤다고 말한다(18:11).

여덟 번째 장소는 에베소(18:19)다. 이곳은 사도행전이나 바울의 선교 여

---

[83] Ryan Schellenberg는 바울이 받았을 교육을 논하면서, 바울이 수사학 훈련을 받았을 수도 있지만, 전문가 대우를 받을 만큼 충분한 교육을 받지는 않았을 것이라고 결론 짓는데, 타당한 결론이다. 그는 오히려 "바울이 구사하는 수사의 본질을 논할 때는 바울이 공식 교육을 받았다고 설명하기보다 비공식 경로를 통한 수사학적 사회화 과정을 거쳤다고 설명하는 것이 훨씬 더 신뢰할 만한 설명을 제공한다"고 주장한다. *Rethinking Paul's Rhetorical Education: Comparative Rhetoric and 2 Corinthians 10-13*, ECL 10 (Atlanta: SBL, 2013), p. 310.

정에서 새롭게 등장한 장소나 지역은 아니다. 그렇지만 누가는 바울이 회당에 들어가 유대인에게 연설했다고 재차 이야기한다. 이 기사에는 바울이 유대인과 성경을 놓고 논쟁을 벌였음을 시사하는 내용이 전혀 없지만, 사도행전 저자는 여기서 회당을 분명하게 언급한다.

누가는 바울이 에베소에 머무르는 동안에 유대인이 그를 "법정"에 데려갔다고 말한다. 그가 율법에 어긋나는 방식으로 하나님을 예배하라고 사람들을 설득하고 있다는 게 그 이유였다(18:12-13). 여기서 짧게 짚고 넘어가야 할 점이 둘 있다. 첫째, 이 "법정"(τὸ βῆμα)이 정확히 고린도 어디에 있었는지, 이곳이 실제로 발굴되었는지 여부와 상관없이, 이 "법정"은 사람들에게 글을 낭독해 준 곳으로 알려져 있던 또 다른 곳이었을 것이다. 둘째, 바울에게 적용된 죄목은 그가 율법을 어기고 잘못 다루었다는 것이다. 분명한 것은 아가야 총독 갈리오조차도 이 다툼이 성경 본문의 소소한 문제("단어와 이름과 너희 자신의 율법"; 18:15)와 관련된 것으로 총독 자신의 개입 없이 그들끼리 해결해야 할 문제임을 알 수 있었다는 것이다.[84] 사도행전에는 그리스도인이 아닌 이가 구술이나 글로 한 말이 일곱 개 들어 있는데,[85] 그 가운데 이것은 공동 읽기 사건이 전승의 질을 통제하는 역할을 했음을 규명해 주는 증거에 가장 가까운 것이다.[86] 갈리오는 이 문제를 자신이 해결하지 않고 유대인 고소인들의 손에 돌려보내려 한다. 누가는 여기서 고린도의 또 다른 회당 지도자인 그리스보(18:8)를 대신하거나 그와 함께 일하는 이로 보이는

---

84 고대 지식인늘이 단어와 문법, 그리고 문체를 놓고 벌인 몇몇 논쟁 사례를 살펴보려면, Craig Keener, *Acts: An Exegetical Commentary*, vol. 3, *15:1-23:35* (Grand Rapids: Baker Academic, 2014), pp. 2771-2772를 보라.
85 이곳을 제외한 나머지 여섯은 다음과 같다. 가말리엘(5:35-39), 데메드리오(19:25-27), 에베소 서기장(19:35-40), 글라우디오 루시아(23:26-30), 더둘로(24:2-8), 그리고 베스도(25:24-27).
86 사도행전에 있는 연설(말), 그리고 사도행전 저자가 이 작품을 쓰면서 기존 자료를 참고함으로써 고대 관습 안에서 저작 활동을 펼쳤음을 분명하게 일러 주는 단서를 논한 글을 보려면, Keener, *Acts: An Exegetical Commentary*, 1:87-98를 보라.

"회당장" 소스데네가 두들겨 맞았다고 말한다(18:17).

바울의 세 번째 선교 여행(18:24-21:16)에는 여기서 우리가 행하는 연구 목적에 부합하는 장소가 셋 있다. 에베소와 아가야, 밀레도가 그곳이다. 이 셋 가운데 첫 번째 장소인 에베소는 바울이 "사도행전에서 가장 오래 머물며 사역을 펼친 장소이며, 어느 한 지역에서 펼치는 선교가 어떤 모습일 수 있는가를 보여 준 곳이다."[87] 바울이 이곳에서 보낸 시간이 정말로 독자들에게 그의 선교 활동이 보통 어떤 모습이었을지 들여다보게 해 준다면, 누가가 바울이 에베소에서 보낸 시간을 서술하며 강조하는 것이 무엇인지 밝혀 보는 것이 더더욱 중요할 것이다. 앞으로 보겠지만, 누가가 하나 강조하는 것이 공동 읽기 사건인데, 이는 신약성경이 다른 곳에서 에베소를 언급하는 내용(이를테면, 18:19이 에베소에 있던 회당을 분명히 언급하는 점, 에베소에 보낸 회람 서신, 또는 요한계시록이 이야기하는 에베소 교회)과 잘 맞아떨어진다.

사도행전 18:24은 아볼로라는 유대인으로 시작한다. 누가는 아볼로가 알렉산드리아에서 태어났고, 말에 능한(박식한) 사람(ἀνὴρ λόγιος)[88]이며, "성경에 능통했다"고 말하여(18:24), 그가 설교와 가르치는 일과 토론을 잘 할 수 있었음을 암시한다. 그러나 분명 그의 이런 능력도 그가 알던 내용을 가릴 수는 없었다. 그가 회당에서 가르칠 때, 청중 가운데 있던 부부 브리스길라와 아굴라는 아볼로의 가르침을 듣고, 그것이 완전히 정확하지는 않다고 판단한다. 이 부부는 아볼로가 가르침을 마친 뒤에 그의 신학을 바로잡아 준다(18:26). 이는 공동 읽기 사건과 관련하여 (가르침이나 전승의) 질을 통제했음을 분명하게 보여 주는 증거다.

바울이 두 번째 장소인 아가야에 도착하기 전에, 에베소에 있던 한 무리

---

[87] Bock, *Acts,* p. 596.
[88] BDAG, p. 598. 참고. Patrick L. Dickerson, "Apollos in Acts and First Corinthians" (PhD diss., University of Virginia, 1998), pp. 130-132.

"형제들"이 아가야에 있던 한 무리 "제자들"에게 서신을 보내 아볼로를 환영하라고 말한다(18:27). 예르벨은 이렇게 말한다. "에베소에는 브리스길라와 아굴라 외에도 분명 회당에 속한 그리스도인들이 더 있다. 그런 의미에서 보면, 이 회당도 일종의 그리스도인 공동체다."[89] 따라서 이것은 그리스도인 그룹들이 다른 공동체들을 격려했음을 보여 주는 또 다른 사례다. 서신을 적어 보냈다는 것은 사람들이 모인 자리에서 큰 소리로 낭독하여 들려주라는 뜻이었다(참고. 고후 3:1-3, 롬 16:1-2, 골 4:10, 플리니우스 『서신』 1.24.1-2).[90] 누가는 아볼로가 도착했음을 말한 뒤, "이는 그가 사람들 앞에서 유대인을 강력히 논박하며 성경으로 예수가 메시아이심을 보여 주었기 때문이다"(18:28)라고 말함으로써 공동 읽기 사건의 영향을 강조한다. 누가는 아볼로의 이런 논박이 성경에서 나온 것임을 분명하게 말하지 않았지만, 이 문맥은 그의 논박이 성경에서 나왔음을 분명히 암시한다. 누가가 이 사건이 본질상 공동 읽기 사건임을 강조할 목적으로 "사람들 앞에서"라는 말을 사용한 것도 그 증거다. 게다가, 유대인들과 벌이는 공개 토론에서 설득력 있는 논증을 펼 수 있으려면 성경이 필요하다. 이것 역시 내가 우리 연구서의 다른 곳에서 누가가 종종 자신이 직접 어떤 텍스트를 분명하게 언급하기보다 그 텍스트가 사람들 앞에서 읽히고 낭독되었음을 추정하는 것처럼 보일

---

[89] "Es gibt also Christen in Ephesus ausser Priszilla und Aquila die offenbar zur Synagoge gehören. In dem Sinne also eine christliche Gemeinde." Jervell, *Die Apostelgeschichte*, p. 471.

[90] 헬라어로 쓴 서신 가운데 빈번히 등장하는 서신과 서신에서 쓴 용어를 정리한 목록을 보려면, M. Luther Strewalt Jr., "Greek Terms for Letter and Letter-Writing from Homer through the Second Century C.E.", in *Studies in Ancient Greek Epistolography*, ed. Marvin A. Sweeney (Atlanta: Scholars, 1993)의 4장, pp. 67-87를 보라. 추천서를 살펴보려면, Stanley K. Stowers, *Letter Writing in Greco-Roman Antiquity*, ed. Wayne A. Meeks (Philadelphia: Westminster, 1986), pp. 153-165를 보라. 신약성경에는 순수한 추천서가 들어 있지 않지만, 이와 같은 본문은 추천서가 존재했음을 확인해 준다. Hans-Josef Klauck, *Ancient Letters and the New Testament: A Guide to Context and Exegesis* (Waco, TX: Baylor University Press, 2006), pp. 72-77, 특히 p. 76를 보라.

때가 있다고 주장한 이유다.

바울은 이후 석 달을 더 에베소에서 사역을 이어 가면서, 그 지역 회당에서 벌어진 공동 읽기 사건에 거듭 참여한다(19:8). 프랜시스 왓슨(Francis Watson)은 바울이 틀림없이 성경을 토대로 탄탄한 논증을 전개하여 자신이 율법과 선지자들을 정확히 읽었음을 유대인들에게 확실히 새겨 줄 수 있었다고 설득력 있게 논증한다.[91] 그러나 바울은 회당에서 유대인들에게 "논증하고"(참고. 17:2; 18:19) "설득하는" 일도 했지만, 그 외에도 두 해 동안 "두란노 학당"에서 한 무리 제자들을 만났으며, 매일 그들을 가르쳤다. 키너는, 에베소가 수사학 훈련의 중심지였고, 권위 있는 소피스트가 많이 모여 있는 곳이었으며, "학당"이라는 이름을 가진 곳을 적어도 하나 가지고 있었다는 점에 비춰, 우리 연구와도 밀접한 관계가 있는 몇 가지 핵심 사항을 이렇게 살펴본다.

- 공공 강당 사용권을 확보했다는 것은 바울이 더이상 길바닥에서 활동하는 견유학파나…공공건물 사용자나 잔치 자리에서 강연하는 자 역할을 하지 않았음을 의미했다. 그는 이제 에베소에서 사람들이 인정하는 철학 선생으로서, 자신의 학생과 청중, 후원자를 가진 이가 되었다.[92]
- 지중해라는 정황 속에서 하나의 가르침 운동으로 자리 잡은 기독교의 공동 목표 때문에 철학 학교 같은 것이 나타나게 되었을 것이다.[93]

---

91 *Paul and the Hermeneutics of Faith* (London: T&T Clark, 2004).
92 Keener, *Acts: An Exegetical Commentary*, 3:2831.
93 Ibid., 3:2831-2832. 아울러 누가가 기독교 사상이 아닌 다른 여러 사상이 경쟁하는 시장 속으로 복음이 침투하고 있다고 보는 자신의 시각을 더 강하게 뒷받침하고자 두란노 학당을 어떻게 사용하는지 다룬 Knut Backhaus의 연구 결과를 보라. "Im Hörsaal des Tyrannus (Apg 19,9): Von der Langlebigkeit des Evangeliums in kurzatmiger Zeit", *ThGl* 91, no. 1 (2001): pp. 4-23.

- 우리는 누가와 바울을 보면서, 바울이 성경을 텍스트로 사용했으리라는 예상을 하게 된다.[94]

이런 연구 결과를 우리 연구서가 제시하는 내용과 결합한 결과는 그리스도인이 텍스트 사용에 크게 의지했던 가르침 운동에 관여했다는 또 다른 생각을 더 확실히 뒷받침한다. 더 자세히 말하면, 이 특정 장소에서 텍스트를 읽고 활용했음을 지지하는 논거를 이 구절에서 추가로 확보할 수 있다. 게다가, 모임의 숫자가 늘어나고 공중에게 더 널리 알려지면서, 아시아 속주에 사는 "모든 사람"—"유대인과 헬라인"—이 와서, 바울이 십중팔구 사용했을 텍스트를 활용하여 그들에게 강론한 "주의 말씀"을 들었다(19:9-10).

누가는 에베소의 다양한 장소에서 일어난 많은 공동 읽기 사건에 더하여 우리가 살펴볼 만한 다른 두 세부 사실을 서술한다. 첫째, 몇몇 편력 유대인 축귀자(逐鬼者, exorcists)는 분명 바울이 그가 설교하는 예수를 언급함으로써 귀신을 쫓아내려고 주관했던 하나 혹은 그 이상의 공동 읽기 사건에 관하여 들었다(19:13). 바울이 이런 공동 읽기와 가르침/설교 사건에서 성공을 거두면서, 이 유대인 축귀자들도 바울을 모방하려 했다. 이와 같은 유형의 모방이 그리스-로마의 공동 읽기 사건 속에 널리 퍼졌는데(이 책의 4장과 5장을 보라),[95] 이는 "기원후 2세기 초까지도 외부인이 그리스도인 사회 형성에 주목했다는 증거는 거의 없다"[96]는 주장을 반박하는 것 같다. 둘째, 이 사람들은 바울이 주관하는 공동 읽기 사건에 참여하기도 했지만, 분명 그

---

94 Keener, *Acts: An Exegetical Commentary*, 3:2833.
95 공동 읽기 사건을 아주 많은 저자가 다른 문헌의 내용을 빌림(혹은 표절함) 수 있었으리라는 사실과 연계하지 않는 학자이지만, 그래도 Winrich Löhr, "The Theft of the Greeks: Christian Self Definition in the Age of the Schools", *Revue d'histoire ecclésiastique* 95 (2000): pp. 403-426를 보라.
96 Robert M. Royalty, "Don't Touch *This* Book! Revelation 22:18-19 and the Rhetoric of Reading (in) the Apocalypse of John", *BibInt* 12, no. 3 (2004): pp. 282-299, 이 부분은 p. 286.

들 자신의 공동 읽기 사건도 열었던 것 같다. 이 점은 19절이 아주 분명하게 말하는데, 이 구절에서 누가는 허다한 사람이 그들의 책을 모아 모든 사람이 보는 가운데서 불태웠다고 말한다. 사람들의 이 시위가 여기서 유일하게 중요한 점은 아니다. 이 구절은 사람들이 불태운 마술 책의 값어치를 제시하는데, 그 값어치가 은 오만이나 되었다.[97] 이 본문은 공동 읽기 자리에서 읽는 데 활용할 수 있는 기록 텍스트가 아주 많이 폐기되었음을 보여 줄 뿐 아니라,[98] 누가가 20절에서 기독교 운동과 관련하여 말하는 것의 의미를 밝히는 데도 도움을 준다. 이렇게 마술 책은 줄어들었지만, "이에 상응하여" 주의 말씀은 늘어나고 더 퍼져 갔다. 여기서 "주의 말씀"은, 저자가 이렇게 분명히 대비하여 제시한 점으로 보아, 비단 구술로 선포된 말씀뿐 아니라 필시 글로 기록한 텍스트도 가리키는 말일 것이다.

세 번째 장소이자 마지막 장소는 밀레도다. 바울은 이곳에서 에베소 장로들이 함께 와서 읽게 될 서신을 쓴다(20:17). 장로들이 도착하자, 바울은 이들에게 설교하는데, 이 설교가 누가의 기록에서 유일하게 오직 그리스도인 청중에게만 한 설교(연설)다. 바울은 이 설교에서 공석(公席)과 사석(私席)을 불문하고 그가 간 어디에서나 일관되게 가르쳤음을 분명하게 말한 뒤, 앞으로도 계속하여 그렇게 할 것이며, 그의 다음 목적지는 예루살렘이 될 것이라고 천명한다(20:20-22). 따라서 바울은 이 지도자들이 모방할 하나의 본보기를 제시한 셈이다. 바울은 일부 사람들이 여전히 진리를 왜곡하여 가르치려 한다는 것을 알고 있다(20:30). 이 때문에 그는 이 장로들에게 그가 그들에게 믿고 맡긴 메시지가 바로 전파되도록 메시지의 질을 통제하라고

---

[97] 참고. Suetonius *Octavian* 31.
[98] Andrew T. Wilburn, Materia Magica: *The Archaeology of Magic in Roman Egypt, Cyprus, and Spain: New Texts from Ancient Cultures* (Ann Arbor: University of Michigan Press, 2013); idem., *The Greek Magical Papyri in Translation, Including the Demotic Spells*, ed. Hans Dieter Betz (Chicago: University of Chicago Press, 1986).

당부한다(20:32).

저자 누가는 그의 두 번째 책을 로마에서 마친다. 여기에서는 우리 목적을 고려하여 네 구절에 초점을 맞춰 보겠다. 첫째, 누가는 사람들이 로마에 있던 바울의 "숙소"에 모였을 때 바울이 모세 율법과 선지자들의 글로 그들에게 "확신을 심어 주려" 했다고 말한다(28:23). 이 경우 역시, 바울이 주관한 공동 읽기 모임은 틀림없이 유대교 성경에 뿌리박고 있다. 누가가 28:26-27에서 하는 말에 비춰 볼 때, 특히 이 구절들에 있는 말이 "내용상 70인역에 나오는 말"임을 고려할 때, 바울이 그들에게 읽어 주고 있는 말은 이사야 6:9임을 어렵지 않게 짐작해 볼 수 있다.[99] 이렇게 내용이 일치한다는 점은 바울이 그 성경 텍스트를 읽고 있었음을 암시한다. 어쨌든, 바울은 이태 동안 계속하여 사람들을 만나고(28:30), 사람들이 함께 모인 자리에서 설교하고 가르쳤다(28:31). 이로 보아, 그가 다른 곳에서도 이런 공동 가르침과 읽기 사건을 통해 이런 식으로 행했으리라는 점은 의심할 여지가 거의 없다.

사도행전이 공동 읽기 사건이 일어난 장소로 지목한 곳들을 살펴보았지만, 사도행전 자체가 사람들이 함께 모인 자리에서 읽을 책으로 기록되었음을 일러 주는 단서도 많이 있다. 여기에서는 그런 단서 가운데 셋을 다뤄 보겠다. 첫째, 논쟁의 여지가 있지만, 누가가 쓴 두 책은 신약성경의 다른 어느 책보다 많이 공동 읽기 사건에 초점을 맞춘다. 이는 이 저자가 자신의 작품을 사람들이 공동으로 읽으리라 기대하고 예상했음을 일러 준다. 누가는 사람들이 이런 유형의 기록을 편찬하여 공동으로 읽고 있음을 잘 알고 있다. 그의 기록은 이런 점을 신약성경의 다른 어느 책보다 많이 보여 준다.

둘째, 사도행전의 첫 구절(1:1)은 누가가 쓴 첫 책을 지목하는데, 이는 아마도 그 책을 공동으로 읽고 이해하라는 뜻인 것 같다(내가 누가복음을 논한

---

99 Barrett, *A Critical and Exegetical Commentary*, 2:1244.

내용을 보라). 누가의 두 작품이 말하는 청중이 누구인가라는 물음에 대하여 내놓을 수 있는 한 가지 해답은 누가가 암시하는 청중이 데오빌로 같은 어떤 사람이라는 것이다. 또 하나 제시해 볼 수 있는 해답은 데오빌로가 가장 중요한 독자였기에 그를 언급했을 뿐이라는 것이다. 베다(Bede)는 이 이름이 숨은(저자가 암시하는) 독자를 나타내는 기능을 한다고 이해한다.[100] 러브데이 알렉산더는 이렇게 생각한다. "만일 [사도행전 28장의] 이 장면이 실제로 누가의 작품이 의도했던 청중을 들여다보는 창이라면(내 생각은 점점 더 그랬을 것 같다는 쪽으로 흘러간다), 누가와 데오빌로의 관계는 요세푸스가 80년대와 90년대에 로마에서 헤롯 집안과 가졌던 관계와 비슷하면서도 그보다 초라한 관계로 볼 수 있을 것 같다."[101] 리처드 퍼보(Richard Pervo)는 데오빌로라는 이름 때문에, 특히 누가가 다른 세부 사실을 제시하지 않기 때문에, 이 이름을 "쉬이 상징으로 해석하게 된다"고 말한다.[102] 더구나, 설령 데오빌로가 상징적 인물이 아닐지라도, 우리의 연구 결과는 그의 배경이 회당에 뿌리를 둔 유대교라는 이론에 힘을 실어 줄 것이다. 누가는 유대인이 아닌데도, 그가 쓴 기록에는 유대교 성경과 공동 읽기 사건을 언급하는 내용이 가득하기 때문이다.

셋째, 누가는 그의 기록을 읽는 이들이 많은 세부 사실을 채울 수 있다고 생각하는 것 같다. 예를 들면, 배러트는 2:22을 다루면서 이렇게 말한다. "그의 글을 듣는 이들이 (사사로이 아는 것을 동원하여)—그리고 그의 글을 읽는 이들도 (누가가 쓴 첫 책을 통해)—그들 스스로 세부 사실을 채워 넣을 수

---

[100] "Theophilus intepretatur dei amator uel a deo amatus. Quicumque ergo dei amator est ad se scriptum credat, suae hic animae quia, Lucas medicus scripsit inueniat salutem." (데오빌로는, 해석하면, 하나님을 사랑하는 자 혹은 하나님께 사랑을 받는 자다. 따라서 누구든지 하나님을 사랑하는 자는 이런 정신 때문에 기록된 그대로 믿는다. 의사인 누가는 안부를 묻고자 이 글을 썼다.) Bede, *Expositio Actuum Apostolorum*, ed. Max L. W. Laistner (Brepols: Turnholt, 1983), p. 6.
[101] "What if Luke Had Never Met Theophilus?", *BibInt* 8 (2000): pp. 161-170, 이 부분은 p. 165.
[102] *Acts*, ed. Harold W. Attridge (Minneapolis: Fortress Press, 2009), p. 35. 참고. Diogn. 1.

있다고 추측한다(καθὼς αὐτοὶ οἴδατε; "너희도 아는 것처럼"—옮긴이)."[103] 배러트는 마찬가지로 20:30을 다루면서 이렇게 말한다. "엄밀히 말해, ὑμεῖς("너희"—옮긴이)는 필시 그의 설교를 듣는 에베소 장로들을 가리키지만, 누가는 십중팔구 여기서 전체 교회를 생각하고 있을 것이다."[104]

바울 서신

로마서

바울이 로마 사람들에게 보낸 서신이 로마에 있던 많은 그리스도인 공동체에게("하나님이 사랑하시는 로마의 모든 이, 곧 성도로 부르심을 받은 이들에게", 1:7) 보낸 것임은 확실하다. 그 공동체는 유대인 공동체일 수도 있고, 이방인 공동체일 수도 있으며, 둘 다일 수도 있다.[105] 사실, 바울은 이 서신 끝부분에서 로마에 있는 교회에게 많은 개인과 가정 교회와 집안에게 문안하라고 권한다(16:3-16).[106] 바울이 이리한 것은 필시 많은 이유가 있겠으나, 더글러스 무(Douglas Moo)는 특별히 우리 연구와 관련된 한 이유를 이렇게 언급한다. "바울이 자신이 이미 알고 있는 로마의 그리스도인들을 사람들 앞에서 널리 인정한 것—다른 이들에게 문안하라는 요구는 아마도 교회 사람들이 모인 자리에서 큰 소리로 낭독되었을 것이다—은 그들이 바울을 좋게 생각하도록 촉진했을 것이며, 교회 전체에 바울 자신이 이미 갖고 있는 '지지자'

---

103 Barrett, *Acts*, 1.130-131.
104 Ibid., p. 979.
105 아울러 로마서 전체가 2인칭 복수 대명사와 동사를 사용한 경우를 보라. 15:15도 그런 예다.
106 바울이 이 서신을 로마 교회에게만 보내지 않고 훨씬 더 넓은 범위의 청중에게 보냈다는 견해를 살펴보려면, 다른 누구보다 특히 Peter Lampe, *From Paul to Valentinus: Christians at Rome in the First Two Centuries*, ed. Marshall D. Johnson, trans. Michael Steinhauser (Minneapolis: Fortress Press, 2003); Brevard S. Childs, *The Church's Guide to Reading Paul: The Canonical Shape of the Pauline Corpus* (Grand Rapids: Eerdmans, 208), 특히 pp. 65-69를 보라.

의 숫자를 되새겨 주었을 것이다."[107] 이것은 바로 이 로마에 있던 중요한 그리스도인 조직(네트워크)도 십중팔구는 바울 서신을 공동으로(함께 모여 같이) 읽을 기회(와 의무)를 가졌으리라는 것을 암시한다.

따라서 이 서신 수신자인 회중(들)의 구체적 혹은 일반적 구성과 이 서신의 목적(들)을 밝혀 보려는 시도는 일단 제쳐놓고, 로마 전역에 있는 교회에서 사람들이 다 모인 가운데 뵈뵈 아니면 다른 누군가를 통해 읽어 주게 하려고 쓴 서신이 바로 이 서신이라고 아주 확실하게 추정해 볼 수 있다.[108] 그럼에도, 여기서 공동 읽기 사건과 우리 연구서가 언급한 다른 작품들의 연관성을 더 확실히 밝혀 줄 몇 가지 핵심 단서를 언급해 보겠다.

바울은 특히 로마서 2장과 3장에서 사람들이 공동 읽기 사건에 노출되어 있음을 강조하는 (그리고 추정하는) 것 같다. 예를 들면, 바울이 유대인과 이방인의 큰 차이점으로 묘사하는 하나가 유대인이 특별한 공동 읽기 사건에, 곧 율법도 포함시켜 읽는 공동 읽기 사건에 참석한다는 점이다. 바울은 2:13에서, 이방인은 사람들이 모인 자리에서 낭독되는 율법을 듣는 이들이 아닌데도, 그들의 마음에 율법이 기록되어 있다 보니, 그 행동을 통해 그들이 율법을 따르고 있음을 증명해 보인다고 말한다. 바울은 이어지는 절들에서 이런 유비를 사용하여 자신이 말하려는 요지─매주 있는 유대인의 공동 읽기 사건 때 율법을 읽는 것이 유대인에게 가르침을 주었다는 것(2:18)─를 더 세게 강조한다. 무는 이렇게 써 놓았다. "유대인은 회당과 다른 곳에서 이루어진 율법 교육에 노출된 덕분에 하나님의 뜻에 관한 지식을 갖게 되

---

107 *The Epistle to the Romans* (Grand Rapids: Eerdmans, 1996), p. 918.
108 바울이 로마 사람들에게 쓴 이 서신이 본디 어떻게 전달되었고 어떻게 수령되었는지 설명하고자 많은 독창적 해답이 제시되었다. Allan Chapple, "Getting Romans to the Right Romans: Phoebe and the Delivery of Paul's Letter", *TynBull* 62, no. 2 (2011): pp. 195-214도 그중 하나다. 하지만 이 논쟁은 우리 연구 범위 밖이다. 우리 연구에는 오로지 모든 학자가 동의하는 것으로 보이는 것, 곧 로마서는 공동으로(사람들이 모인 자리에서) 읽혔다(낭독되었다)는 것이다.

었고 가장 중요한 것이 무엇인지 인식하며 그것에 동의하게 되었다."[109] 유대인은 "성문법"(2:27, 개역개정은 "율법 조문")을 받았고 "하나님의 말씀을 맡았다"(3:2). 그뿐 아니라, 그들은 매주 함께 모인 자리에서 낭독되는 그 율법을 들으러 갔다. 바울은 여기에서도 유대인이 갖고 있던 가장 큰 이점이자 독특한 점 가운데 하나가 바로 하나님이 그들에게 성경을 주셨다는 것이라고 강조한다. 유대인은 매주 공동으로 그 성경을 읽고 들었다. 바울은, 이 때문에, 유대교 성경에서 인용한 말씀을 잇달아 제시한 뒤(3:10-18), 그의 청중이 성문 율법이 말하는 것은 무엇이든 이미 안다고(οἴδαμεν) 추정한다. 율법이 말할 때는 모든 입이 침묵할 것이다(3:19; 참고. 7:1, 7). 바울이 여기서 말하는 "율법"의 구체적 의미가 무엇이든, 유대인이라면 사람들이 함께 모인 자리에서 낭독되는 어떤 텍스트 안에서 살아야 한다는 것이 무슨 의미인지 이해할 것이며, 우리는 그것이 여기서 바울이 하는 말에 담긴 의미 가운데 하나라고 확신할 수 있다.

일부 학자들은 신약성경 저자들과 그들이 제시하는 담화에 들어 있는 인물들이 그들 청중의 능력을 잘못 판단하거나 심지어 그 능력을 조작했다고 주장했다. 예를 들면, 크리스토퍼 스탠리(Christopher Stanley)는 사도 바울과 관련하여 학자들이 "바울이 상대했던 1세기 청중의 문해(文解) 능력에 관하여 현실성 있는 가정을 해야 한다"고 주장한다.[110] 이 말이 옳긴 하지만, 그의 입장에 반대하는 이도 많다.[111] 그럼에도, 스탠리는 그가 제시하고

---

[109] Moo, *The Epistle to the Romans*, p. 161.
[110] "'Pearls before Swine': Did Paul's Audiences Understand His Biblical Quotations?", *NovT* 41, no. 2 (1999): pp. 124-144, 이 부분은 p. 144.
[111] Brian J. Abasciano, "Diamonds in the Rough: A Reply to Christopher Stanley Concerning the Reader Competency of Paul's Original Audiences", *NovT* 49 (2007): pp. 153-183를 보라. 아울러 요 근래 여러 비판과 통찰을 내놓은 Matthew S. Harmon, "Letter Carriers and Paul's Use of Scripture", *JSPL* 4, no. 2 (2014): pp. 129-148, 특히 pp. 130-131를 보라; Christopher Seitz, "Jewish Scripture for Gentile Churches: Human Destiny and the Future of the Pauline

비판하는 열 가지 가정 가운데 어느 곳에서도 공동 읽기 사건의 영향을 거의 언급하지 않는다. 그는 공동 읽기 사건을 언급할 때도, 당시에는 텍스트에 접근할 수 있거나 텍스트를 활용할 능력을 가진 사람이 극소수였기 때문에, 바울이 그의 서신 수신자들과 그 서신에서 암시하는 독자들을 과대평가하고 있다는 그의 신념을 부각시키고자 공동 읽기 사건을 심히 깎아내리는 것 같다. 우리 연구가 증명하려 하듯이, 그때 이미 공동 읽기 사건이 널리 퍼져 있었으며, 이는 나중에 신약성경이 된 책 저자들과 신약성경 속 담화들에 포함된 인물들이 문헌, 특히 신성한 텍스트를 익히 다룰 줄 아는 청중의 능력을 과소평가하지 않았음을 충분히 일러 주고도 남는다. 아바시아노(Abasciano)는 이렇게 주장한다. "그러나 바울이 본디 상대했던 첫 청중 가운데 대다수가 성경을 몰랐다 할지라도, 그가 섬긴 교회들이 성경 및 그의 서신을 둘러싸고 공동체로서 펼쳐 보인 여러 사실과 과정은 이런 요소를 훌륭하게 상쇄했을 것이다."[112] 최소한, 어떤 청중이든 그 안에 있는 사람들의 인식 수준은 제각각이었을 것이며, 그런 만큼 그들이 느끼는 수사 효과의 수준도 제각각이었으리라는 것은 어렵지 않게 상상해 볼 수 있다.

그런 점을 염두에 놓고 보면, 바울이 이 서신에서 "성경이 무엇을 말하느냐?"(4:3) 같은 질문을 자연스럽게 던지는 이유 가운데 하나도 바로 그가 1세기의 공동 읽기 사건 배경을 적절히 이해했기 때문이다. 바울은 그가 섬기는 교회들을 상대로 현실에 부합하는 기대를 가졌던 것 같으며, 이런 기대는 그가 유대인 회중에게 품었을 기대와 비슷했다. 예를 들면, 바울은 10장에서 그들이 복음의 메시지를 들었고(8, 14, 15절), 심지어 복음을 전하는

Correspondence, Part 1: Romans", *ProEccl* 23, no. 3 (2014): pp. 294-308; Bruce N. Fisk, "Synogogue Influence and Scriptural Knowledge among the Christians of Rome", in *As It Is Written: Studying Paul's Use of Scripture*, ed. Stanley E. Porter and Christopher D. Stanley (Atlanta: SBL, 2008), pp. 157-185를 보라.

112 Abasciano, "Diamonds in the Rough", p. 183.

이들의 실제 음성을 듣기까지 했다고(14, 17, 18절) 언급한다. 누군가는 틀림없이 메시지를 설교해야 한다. 무는 이와 관련하여 이렇게 쓴다. "그러나 설교자는 그저 사자(使者)이며, 또 다른 이에게서 메시지를 받아 맡은 사람일 뿐이다."[113] 여기서 설교자와 보고에 관하여 논하는 내용이 우리 연구에 특히 중요한 것은 적어도 두 이유 때문이다. 첫째, 바울이 비록 성경을 인용하긴 하나, "요한복음 12:38이 바로 이 본문을 인용한다는 것은 그것이 성경에서 유대인의 불신을 설명하고 정당화하는 데 사용한 초기 그리스도인의 공통된 '증언'이었을 수도 있음을 암시한다."[114] 이런 주장이 옳다면, 이는 바울이 온 세상에(=로마 제국에) 복음이 선포되었다고 말하는 이유를 설명하는 데 도움을 준다. 바울의 이런 말에 어느 정도 과장이 있다손 치더라도, 바울은 지금(바울이 이 서신을 쓰고 있는 50년대에도) 그리스도인의 공동 읽기 사건이 널리 퍼진 덕분에 온 세상이 복음을 들을 기회를 가졌다고 강조한다. 이는 "따라서 하나님이 그리스도 안에서 베풀어 주신 구원을 경험하게 된 유대인이 극소수였다는 이유가, 그들에게 [복음을] 들을 기회가 없었다는 것이 될 수 없다"[115]는 무의 주장에 더 큰 힘을 실어 줄 것이다. 유대인은 늘 매주 자신들 앞에서 낭독되는 모세 율법을 들을 기회를 가졌었다. 마찬가지로 이제 그들은 매주 그들 앞에서 낭독되는 바울의 복음을 들을 기회를 누리고 있다.[116]

또 하나 여기서 중요하게 살펴볼 점이 바로 이 서신이 언급하는 가르치는 직무라는 개념이다(12:7). 바울은 가르침이라는 선물(은사)보다 교사를 언

---

113 Moo, *The Epistle to the Romans*, p. 663.
114 Ibid., p. 665 n. 23.
115 Ibid., p. 667.
116 "바울이 말하는 '내 복음'이란 오직 그만이 전하는 어떤 특별한 형태의 가르침이 아니라, 모든 그리스도인에게 공통된 복음으로서 하나님이 보존하고 선포하라고 바울에게 맡기신 것을 의미한다(참고. 1:1)." Ibid., p. 155.

급한다. 무가 언급하듯이, "가르침은…교회가 보존해 온 복음의 진리를 그대로 전해 주는 것과 관련이 있다."[117] 이 특별한 유형의 사역 가운데 일부가 사람들 앞에서 성경을 읽어 주는 것이다. 이런 요소는 신약성경의 몇몇 곳에서 특히 분명하게 드러나는데, 가장 또렷이 나타난 곳이 디모데전서 4:13이다. 우리 연구의 목적을 고려할 때, 로마서 12:7도 가르치는 직무가 상당히 일찍 등장했음을 일러 주는 또 다른 본문이다. 텍스트를 공동체에게 읽어 주고 해석해 주는 능력도 가르침의 일부였다.

바울은 그리스도인 공동체 안에서 "전에 기록된 모든 것"(15:4)이 이 공동체들을 위해 기록되었음을 여전히 느낀다. 빌(G. K. Beale)과 카슨(D. A. Carson)은 이렇게 써 놓았다. "신약성경 저자들은 (마르키온주의자와 달리) 그들 자신을 자신들이 원하는 것이면 무엇이든 구약성경에서 흔쾌히 빼 버릴 수 있는 창작자로 여기지 않고, 도리어 비록 그들이 이런 문서(구약성경)에 관하여 신선한 해석을 널리 퍼뜨렸을지라도, 이 문서의 권위 아래에 있는 이들로 여겼다."[118] 바꿔 말하면, 바울은 여러 세기에 걸쳐 사람들이 모인 자리에서 낭독해 온 유대교 문헌을 거부하지 않고, 도리어 그 문헌이 그리스도인 공동체의 삶에서 계속 중심 역할을 한다고 인정한다. 사실은 이것도 십중팔구는 바울이 그리스도인 공동체가 서로 충분히 가르칠 수 있다고 생각하는 이유 가운데 하나일 것이다(15:14). 초기 교회는 모임을 갖는 동안에 이런 기록 가운데 많은 것을 공동체 앞에서 여전히 낭독했으며, 이를 증명하기는 어렵지 않지만, 그런 초기 교회 모임이 무엇을, 그리고 얼마나 많이, 낭독했는지 정확하게 밝혀내기는 불가능하다. 이와 비슷한 생각을 「마카베오1서」 12:9에서 발견할 수 있다. "그러므로 우리에겐 이런 것들이 전혀 필

---

117 Ibid., p. 767.
118 G. K. Beale and D. A. Carson, eds., *Commentary on the New Testament Use of the Old Testament* (Grand Rapids: Baker Academic, 2007), p. vii.

요하지 않으니, 이는 우리 손안에 있는 거룩한 책들이 우리를 격려해 주기 때문이다."

이 모든 구절은 당시 그리스도인들이 로마의 회당과 다른 곳에서 성문 율법과 사도들의 가르침에 풍성히 노출되어 있었음을 암시하며, 그리했으리라고 추정한다. 마찬가지로, 바울도 틀림없이 그가 로마 사람들에게 보낸 서신이 로마에서 사람들이 모인 가운데서 낭독되리라는 인상을 받았을 것이다.

고린도전서

고린도에 있는 하나님의 교회에 보낸 첫 서신으로서 신약성경에 들어 있는 책에는 두 사람이 이 서신을 보낸다고 말하며(1:1), 고린도에 있는 교회와 우리 주 예수 그리스도의 이름을 부르는 모든 곳 사람들이 수신인이라고 말한다(1:2). 이 서신이 본질상 공동체를 염두에 두었다는 것도 이 서신 곳곳에서 분명하게 나타난다. 다른 서신에서도 볼 수 있지만, 바울은 여기에서도 2인칭 복수 언어를 사용한다. 나아가, 그는 여러 공동체(1:11),[119] 다양한 지도자(1:12), 그리고 전에 이들과 글로 소식을 주고받은 일(5:1, 11; 7:1)을 이야기한다. 사실, 이 서신은 글로 써서 여러 차례 주고받은 서신을 전제하는데, 이런 서신들이 사람들이 함께 모여 읽었던, 성경이 아닌 텍스트 사례가 될 것이다(고전 5:9; 참고. 고후 2:1-4). 이는 당시에 사람들이 문헌과 성경, 서신을 널리 사용했음을 한층 더 확실하게 말해 준다.

아울러 바울이 "결코 기록된 것 밖으로 넘어가지 마라"(4:6)고 분명하게 말하는 것을 보면, 그는 그의 서신이 일종의 통제 수단 역할을 해야 한다고

---

[119] 고린도 회중 안에 존재하는 사회적 구분, 그리고 고린도에 아마도 아주 많은 공동체가 있었으리라는 점에 관하여 더 많은 정보를 살펴보려면, Gerd Theissen, *The Social Setting of Pauline Christianity: Essays on Corinth*, trans. John H. Schultz (Philadelphia: Fortress Press, 1982)를 보라.

강조하는 것 같다. 그가 여기서 언급하는 기록(들)이 무엇이든,[120] 그가 언급하는 기록이 공동체가 다른 이들을 판단할 때 기준으로 삼아야 할 성문 텍스트인 것만은 분명하다. 이것이 바로 그가 4:14에서 이런 것들을 그저 구술로 전달하지 않고 서신으로 적어 보낸다고 말하는 이유다. 이로 보아 우리는 바울이 그가 섬긴 교회 사람들을 그의 자녀라 부르기까지 하면서 그들에게 서신을 써 보낸 것은 사람들이 그의 서신을 공동으로 읽고 그 말씀에 귀를 기울이게 하려 함이었다고 추론해 볼 수 있다. 그가 이런 유형의 통제를 가리키는 데 쓴 가장 강력한 말 가운데 하나를 그다음 구절인 4:15에서 발견할 수 있다. 그는 **후견인**이라는 말을 사용하여 그들의 관계가 가족 같음을 강조한다(개역개정은 "아버지"라 번역했으나, 헬라어 본문은 후견인을 뜻하는 παιδαγωγός의 남성 복수 목적격인 παιδαγωγούς를 사용했다—옮긴이). 그는 이를 통해 다음에 나오는 말의 통명함을 누그러뜨리면서, 이런 요지로 말한다. "나는 너희가 어디에서나 비슷한 내 가르침을 되새겨 주길 원한다"(4:17). 고든 피(Gordon Fee)는 이를 두고 이렇게 말한다. "[바울은] 이 서신이 그의 존재를 대신해 주길 아울러 기대하며,…그와 디모데가 그들에게 가르쳤던 것이 널리 교회에서, 적어도 모든 바울계 교회에서 가르치는 것과 일치한다는 것을 그들에게 되새겨 주길 기대한다."[121] 따라서 이 서신은 이미 사람들에게 가르치고 있는 내용이 옳은지 판단하는 데 사용할 수 있는 기준점 역할도 하는 셈이다.

바울은 몇 장 뒤인 11:2에서 그가 그들에게 전해 준 전승들을 언급한다. 클레어 스미스(Claire Smith)는—어느 한 공동체나 개인이 아닌—공동체들

---

[120] Joseph Fitzmyer는 이 기록을 "성경"으로 해석하는 것이 가장 좋다고 보면서도, 고린도 교회가 그들의 목적에 맞춰 보관한 어떤 공공 문서로 보는 것처럼, 다른 몇 가지 해석을 제안하기도 한다. Joseph A. Fitzmyer, *First Corinthians: A New Translation with Introduction and Commentary* (New Haven: Yale University Press, 2008), pp. 215-216를 보라.
[121] *The First Epistle to the Corinthians* (Grand Rapids: Eerdmans, 1987), p. 189.

이 "이 내용을 그대로 완전하게 보존하고, 영구히 지켜가면서,…이 내용에서 계속 가르침을 받으라"고 당부 받은 방식을 논하면서, 이 본문을 구체적으로 언급한다.[122] 텍스트, 전승, 그리고 사도들이 맡긴 것을 지키고 보존함과 결합하여 이뤄진 이런 교육 활동은 고린도 공동체 같은 초기 그리스도인 공동체 안에서 중대한 역할을 했다. 바울이 염두에 둔 전승은 필시 유대교 성경과 그리스도인이 공통으로 물려받은 몇몇 성문 전승에서 가져왔을 것이다. 바울은 자신이 그들에게 이미 가르친 것을 되새겨 줌으로써 자신의 일관성을 재차 강조한다. 하지만, 그가 여기서 언급하는 내용과 관련하여 선택 가능한 해석이 몇 가지 있다. 그가 언급하는 전승은 11:23에 나오는 전승 같은 것인가? 아니면 지금 그는 15:3에 있는 가르침 같은 가르침을 말하는 것인가? 아니면 이 서신에는 고린도 사람들이 그가 말한 것을 따랐다고 암시하는 사례가 전혀 없기 때문에, 그가 하는 이 말은 단지 비꼼에 불과한가? 내가 알기에, 여기에서는 아직까지 누구도 제시하지 않은 한 해결책, 즉 고린도 사람들은 지금 바울이 그들에게 쓴 것을 소유하며 보관하고 있다는 해석이 훨씬 더 타당하다. 고린도 사람들이 바울에게서 받은 글을 무시하거나 바꿔 버렸다는 증거가 전혀 없다. BDAG에 따르면, κατέχω는 땅이나(겔 33:24), 물건이나(고전 7:30), 다른 사람이나(눅 4:42), 서판(Eup. 4:4)처럼, 손으로 만질 수 있는 무언가를 소유하거나 보관한다는 개념을 지닌 말로 해석할 수 있다.[123] 더욱이, 바울은 같은 장 뒷부분(11:23)에서 예수 전승을 전해 주는 공식 과정을 이야기하는데, 그의 서신을 읽는 이들은 이를 보면서 이런 전승이 이미 존재하고 전해졌다고 생각할 수밖에 없다.

바울은 이렇게 전승에 관하여 논한 다음, 현존하는 그의 서신에서는 처

---

[122] *Pauline Communities as 'Scholastic Communities'*, WUNT 335 (Tübingen: Mohr Siebeck, 2012), pp. 161-162.
[123] 참고. *TDNT* 2.829-830.

음으로 교사의 사역에 관하여 이야기한다(12:28-29). 그가 말하는 교사가 정확히 무슨 의미인지, 이런 사역을 왜 제시해야 했는지 확실히 알 수는 없지만, 가르침이 이렇게 일찍부터 공동체 안에서 펼쳐졌다는 사실은 그런 가르침이 전승의 질 통제와 관련된 여러 이유 때문에 상당히 일찍부터 등장했음을 암시한다. 이는 초기 교회가 가장 초점을 맞췄던 성경 읽기 및 해석과 긴장 관계에 놓일 수밖에 없었다.

이렇게 공동체가 가르침이나 전승의 질을 통제한 한 사례를 14장에서 볼 수 있다. 14:26은 교회를 양육하고자 그에 필요한 모든 일을 하라고 권면한다. 따라서 모든 사람이 시편의 시를 가져와야 했고 가져올 수 있었다고 가정해야 한다. 공동체 지체들이 그들 자신의 시를 지었을 가능성은 거의 없다. 따라서 그들이 구약 시편의 많은 시 가운데 하나를, 문자적이든 비유적이든, 가져왔으리라고 보는 것이 가장 자연스러운 해석이자 더 나은 선택지일 것 같다.[124] 다시 말해, 공동체 지체들이 낭독된 것을 듣지 않았다면, 그리고 개인 차원이나 공동체 차원에서나, 텍스트에 접근할 수 없었다면, 바울도 위와 같은 내용을 공동체들이 실행할 수 있는 일이라고 가정하지 않았을 것이다. 나는 그 시대 교회들 역시 그들을 에워싸고 있는 문화만큼이나 필기구나 문헌을 입수할 때 어려움을 겪었다고 생각한다. 그래서 그런지 신약성경 저자들은 때때로 공동체의 어떤 지체들이 나쁜 해석과 좋은 해석, 다양한 문헌에 근거한 여러 주장을 구분하는 데 썩 능숙하지 못한 모습을 보인다고 문제를 제기한다.

더구나, 누군가가 순전히 구술로 (예언이든 방언이든) 어떤 가르침을 교회에 제시했으나 그것이 교회가 이미 글로 받은 가르침에 어긋난다면, 누군가

---

[124] 공동체가 시편의 시들을 공동으로 읽고 노래하는 것이 행했던 주요 역할을 살펴보려면, Douglas Burton-Christie, *The Word in the Desert: Scripture and the Quest for Holiness in Early Christian Monasticism* (Oxford: Oxford University Press, 1993)을 보라.

가 구술로 제시된 그 가르침을 해석하거나 "달아보아야"(weigh) 한다(14:27-33). 더욱이, 자신이 선지자나 영(성령)의 사람이라고 생각하는 사람은 누구나 공동체 앞에서 낭독되는 바울의 글을 인정해야 한다(14:37-38). 다시 말해, 교회 지체들은 그들이 받은 메시지가 하나님에게서 나온 것인지 공동으로 평가해야 하며, 어떤 근거도 제시하지 않고 그것을 밑받침하는 어떤 성문 텍스트도 없이 순전히 구술로 선포된 것은 의심해 봐야 한다. 우연히도 이런 유형의 가르침은 **모든 회중을 대상으로 한다**(14:33). 따라서 하나님이 공동체 예배에 질서와 조화를 가져다주시는 분이라면, 그 예배에는 어떤 일관성과 중첩(overlap)이 존재할 수밖에 없다는 것이 타당한 결론 같다. 다시 말해, 앞에 나온 구절들이 제시하듯이, 교회를 양육함이 핵심이라면, 교회의 모든 지체가 분별할 수 있고, 배움을 얻으며, 격려를 받을 수 있게끔, 교회에는 반드시 질서가 있어야 한다.

이 서신은 공동체가 함께 모인 자리에서 읽도록 쓴 것이다. 그러나 동시에 이 서신에는, 비록 논쟁 여지가 있긴 해도, 신약성경 기록에서 발견할 수 있는 초창기 신경(신앙고백) 가운데 하나가 들어 있다. 우리 논지도 그렇지만, 이 청중이 이미 이 찬송이나 신경이 공동체가 모인 자리에서 낭독되거나 낭송되는 것을 들었다는 분명한 추정이 존재하며,[125] 바울도 그것이 "성경과 일치한다"고 말한다(고전 15:3, 4).

마지막이지만 중요한 것이 있다. 그것은 바로, 바울이 16:11처럼 자신의 간접 명령조차도 교회 안의 모든 이가 순종하길 기대한다는 것이다. 결국, 바울이 온 공동체의 모든 사람이 순종하길 기대한다면, 이는 곧 그가 써 보낸 글을 온 공동체의 모든 사람이 알기를 기대한다는 말이다. 그가 써 보낸

---

[125] 고린도라는 장소의 몇몇 곳을 포함하여 도처에 고대 그리스 송가와 공식 같은 문구를 낭독하며 낭송하는 일이 널리 퍼져 있었음을 살펴보려면, Yuriy Lozynsky, "Ancient Greek Cult Hymns: Poets, Performers and Rituals" (PhD diss., University of Toronto, 2014)를 보라.

글을 공동체의 모든 사람이 알게 하는 한 방법은 그 글을 공동체가 모인 자리에서 낭독하는 것이다. 바울이 전하는 마지막 인사야말로 공동 읽기가 효과를 발휘해야 할 곳인데, 바울은 이 마지막 인사에서 그의 서신에 문안 인사를 함께 담아 보내는 많은 교회(아시아 속주에 있는 교회들, 아굴라와 브리스길라 집에서 모이는 교회, 그리고 바울과 함께한 교회들)를 언급한다. 이런 언급은 이 교회들도 이 서신(들)을 알고 있다는 추정에서 나온 것이다. 바울은 자신이 직접 이 문안 인사를 쓰고 있다고 말하며 서신을 맺는다(16:21; 참고. 갈 6:11; 몬 19절; 골 4:18; 살후 3:17). 제프리 위마(Jeffrey Weima)는 이렇게 쓰는 이가 바뀌었음을 천명한 것은 공동 읽기를 염두에 둔 구술 장치일 수 있다고 말한다. 이런 말을 하지 않으면, 청중은 그런 사실을 분명히 모를 터이기 때문이다.[126] 심지어, 바울은 저주하는 말로 이 서신을 맺는데, 이 저주가 수사 효과를 발휘하게 하려면 필시 큰 소리로 읽어야 했을 것이다(16:22). 이것이 우리 연구에 중요한 것은 적어도 서로 연관이 있는 두 이유 때문이다. 첫째, 이 저주는 이미 이런 수사 장치로 가득한 서신에 또 다른 차원의 수사를 추가한다. 존 포토풀로스(John Fotopoulos)는 이렇게 써 놓았다. "사도는 이 서신 자체에서 그가 고린도 사람들의 행위를 바꾸기 위해 끌어모을 수 있는 설득 기술[가령, 증거, 권면, 모범, 전부터 내려온 전승, 예수의 말씀, 성경의 증언, 칭찬, 부끄럽게 만들기, 아이러니, 임박한 종말론, 위협, 두려움 안겨 주기]을 거의 모두 사용했다."[127] 둘째, 이 모든 기술을 고려할 때, 바울이 이런 특별한 형태의 주장으로 서신을 맺은 것은 십중팔구 그렇게 하는 것이 당시는 물론이요 미래에도 그의 서신을 들을 그의 청중(들)에게 가장 큰

---

[126] "Sincerely, Paul: The Significance of the Pauline Letter Closings", in *Paul and the Ancient Letter Form*, ed. Stanley E. Porter and Sean A. Adams, PAST 6 (Leiden: Brill Academic, 2010), pp. 307-345.

[127] "Paul's Curse of Corinthians: Restraining Rivals with Fear and *Voces Mysticae* (1 Cor 16:22)", *NovT* 56 (2014): pp. 275-309, 이 부분은 p. 302.

효과를 미치기 때문이다. 나아가 포토풀로스는 이렇게 말한다. "모든 사회 계층의 사람들이 저주의 힘을 두려워했음을 보여 주는 증거가 그리스-로마 세계에 전역에 두루 존재한다"(참고. Pliny the Elder, *Nat.* 28.4.19).[128]

고린도후서

머레이 해리스(Murray Harris)는 이렇게 올바로 말한다. "바울 서신은 특정 장소에서 모든 신자에게 '큰 소리로 낭독'되었지,…모든 신자가 '큰 소리로 낭독한' 것은 아니었다."[129] 바울이 고린도 교회에 써 보낸 첫 번째 서신처럼, 그의 두 번째 서신도 한 공동체에 속한 두 사람이 보낸 것이다(1:1). 이 서신은 회람 서신은 아니었을 것이다. 그렇지만 (살전 4:10처럼) "모든"과 "온"을 함께 썼다는 것은 필시 고린도 교회를 통해 바울이 쓴 서신을 접했을 신자들이 고린도를 넘어 아가야에 상당히 많았음을 시사한다.[130] 바울은 1:13에서, 어느 한 사람만이 아니라, 모든 이가 그가 쓴 것을 읽기(ἀναγινώσκετε) 바란다고 쓴다. 바울은 그가 앞서 이 교회에 보낸 서신들 그 어디에서도 기록된 것을 넘어서는 의미를 찾아서는 안 된다고 말하는 것 같다. 바울이 쓴 서신에는 달리 감춰 놓은 의미가 전혀 없기 때문에, 이 교회가 해야 할 일은 오로지 그의 서신을 공동으로 읽는 것뿐이다.

바울이 앞서 쓴 많은 서신을 밝힌 점도 그가 처음에 보낸 서신과 비슷하다. 바울은 2:3에서 지금은 사라진 한 서신을 언급하는데, 아마 다른 서신들도 있었을 것이다(10:9).[131] 아울러 교회가 보낸 서신들도 있다(3:1). 바

---

[128] Ibid., p. 289.
[129] Murray J. Harris, *The Second Epistle to the Corinthians* (Grand Rapids: Eerdmans, 2005), p. 187. 고후 3:2, 15; 엡 3:4; 골 4:16; 살전 5:27에 나오는 똑같은 바울의 용어를 보라.
[130] Ibid., p. 134. 참고. George H. Guthrie, *2 Corinthians* (Grand Rapids: Baker Academic, 2015), pp. 58-60.
[131] 사실, 바울은 필시 보존되지 않은 많은 서신을 썼을 것이다. 해리스는 이렇게 써 놓았다. "사실, 그가 교회나 개인에게 보낸 서신 대다수가 보존되지 않았다고 추정하는 것이 타당할지도 모른다 (참

울은 이 모든 것이 글로 써 보낸 서신임을 생각하여, 이런 서신을 3:2에서 유비로 사용한다. 바울이 서신이라 비유한 것도 모든 사람이 알고 읽게(ἀναγινωσκομένη) 쓴 것이다. 바울이 염두에 둔 살아 있는 서신은 그가 도와 쓰게 했던 서신이다. 이 서신은 글로 기록되어 사람들이 다툴 수 있는 증언이 아니라, 어느 누구도 다투지 못할 살아 있는 증언이다. 이런 사회적 맥락을 고려할 때, 이 진짜 서신을 문자 그대로 사람들이 모인 자리에서 읽듯이, 모든 이가 바울이 서신이라 은유한 그들의 서신(즉, 살아 있는 증언)을 사람들 앞에서 읽었을 것 같다. 물론, 이때의 읽는다는 말 역시 비유다. 더욱이, "알고 읽는"(3:2)이라는 말도 독특하다. 해리스는 어휘와 논리 그리고 문체에 근거한 설명들을 살펴보지만(즉, 서신을 먼저 조사하고 보낸 이가 정말로 보낸 서신임을 인정한 뒤에 사람들 앞에서 낭독했을 것이다), 결국 이 본문의 요지는 누구라도 언제나 "서신"을 조사할 수 있었다는 것이라고 결론짓는다.[132]

우리 연구에 비춰 볼 때, 이것이 훨씬 더 큰 중요성을 갖고 있다. 공동 읽기 사건이 널리 퍼져 있었다면, 그의 말이 더 강력한 설득력을 지닌다. 이 공동체 지체들은 틀림없이 모든 사람에게 늘 걸어 다니는 공동 읽기 사건이었겠기 때문이다. 거스리(Guthrie)는 이 구절을 가리키며, 교회가 온 세상 앞에서 "공중 연단"(public platform) 역할을 하고 있다고 말한다.[133] 이 해석은 바울이 이어지는 구절들에서 대비하여 제시하는 유대인의 읽기 관습과도 잘 들어맞는다(3:14과 15에 각각 등장하는 ἀναγνώσει와 ἀναγινώσκηται). 바울이 여기서 말하려는 요지는 옛 언약(구약)이 안식일에 회당에서 낭독되었지만 유대인은 그 옛 언약의 진정한 목적을 깨닫지 못했다는 것이다. 이런 이해에 힘을 실어 주는 증거가 바로 전치사 ἐπὶ와 여격 τῇ ἀναγνώσει를 결

고, 살후 3:17; 벧후 3:15-16)." Harris, *The Second Epistle to the Corinthians*, p. 8.
132 Ibid., p. 262.
133 Guthrie, *2 Corinthians*, p. 189.

합하여 사용한 것이다. BDAG에 따르면, 이 문구는 십중팔구 "읽을 때에"(= 공동 읽기 사건 때)라는 뜻이다.

바울은 이 공동 읽기라는 주제를 이어 가다가, 4:2에서 하나님 말씀을 함부로 주무르며 바꾸지 말라고 고린도 사람들에게 말한다. 이 하나님 말씀이라는 말은, 다른 곳과 마찬가지로, 유대교 성경이나 그리스도인이 전하는 메시지나 복음을 가리키지만, 글의 맥락으로 보아 이곳에서도 글로 기록해 놓은 것으로서 사람들이 모인 자리에서 낭독할 수 있는 것을 가리킨다. 선택 가능한 해석이 여럿 있으나, 랄프 마틴(Ralph Martin)은 이렇게 주장한다. "문제가 되었던 것은 바울의 구약 사용, 그리고 3:14-16에서 언급한 '베일'이 그리스도 안에서 비로소 제거되었다는 그의 주장일 가능성이 더 높다"(참고. 롬 9:6).[134]

아울러 바울이 이 서신에서 언급하는 흥미로운 주장이 있다. 그의 말은 시원치 않아도 그의 서신만은 무게가 있고 힘이 있다는 고린도 사람들의 주장(10:10)이 그것이다. 이는 한 가지 중요한 점, 곧 바울이 쓴 글을 함께 읽었던 공동 읽기가 바울이 직접 했던 공동 읽기 모습과 사뭇 달랐을 수도 있음을 시사한다. 고린도 사람들의 그런 주장은 글에 담긴 내용이 그 내용을 그리스도인 공동체 안에서 표현하는 것보다 중요하다는 뜻일 가능성이 높으며, 특히 사해 사본의 다마스쿠스 문서(4Q266)가 언급하는 유대인의 공동 읽기 사건 모습처럼, 유대인의 공동 읽기 사건에서 펼쳐졌으리라 예상하는 모습들과 비교해 봐도, 그런 뜻일 가능성이 높다. 물론 이 다마스쿠스 문서에는 우리가 고려해야 할 수사와 과장이 어느 정도 담겨 있다.[135] 하지

---

134 *2 Corinthians*, 2nd ed., WBC 40 (Grand Rapids: Zondervan, 2014), p.221.
135 이 문서 전체에 걸쳐 나타나는 표현들은 이 문서를 쓴 공동체의 엘리트주의식 태도를 잘 보여 준다. 이런 엘리트주의를 시사하는 언어에 해당하는 예를 몇 가지 살펴보려면, Jonathan G. Campbell, *The Use of Scripture in the Damascus Document 1-8, 19-20*, BZAW 228 (Berlin: De Gruyter, 1995)을 보라.

만 이런 비교는 우리 연구가 다룰 범위에 속하지 않는다. 우리가 당장 궁구하는 목적들을 고려할 때, 정작 중요하게 살펴봐야 할 것은 바울이 11:6에서 고린도 사람들의 그런 주장에 보인 반응의 일부다. 바울은 자신이 언변은 시원치 않을지라도 지식은 그렇지 않다고 말한다. 이는 내용이 핵심이며 스타일은 주변 문제에 불과하다는 뜻이다. 해리스는 이를 이렇게 표현한다. "우리는 이 구절에서 바울이 매너(말하는 기술이나 방법, 자세)보다 내용을 중시했음을 깨닫는다. 복음을 정확히 아는 지식(참고. 4절)이 복음을 유려하게 설교하는 것보다 중요했다."[136] 바울은 심지어 이것이 그가 이 서신을 쓰는 이유 가운데 하나라 말하며 이 서신을 마무리한다. "내가 갔을 때 주가 내게 주신 권위를 엄격히 사용하지 않으려 하기 때문이다"(13:10).

갈라디아서

바울이 갈라디아 사람들에게 보낸 서신의 수신자는 갈라디아 지역에 있는 여러 교회다. 이 서신이 넌지시 일러 주는 몇 가지 단서는 바울이 갈라디아 사람들이 모인 가운데서 이 서신이 낭독되길 기대했음을 시사한다. 이런 단서 가운데에는 ἀκοῆς(3:2)와 "형제들"(4:31) 같은 용어가 포함될 것이다. 바울은 복음을 성경과 단단히 연계하는데, 심지어 이 서신에서는 성경이 미리 복음을 선포했다는 주장까지 펼친다(3:8). 마르티뉘스 더 부어(Martinus de Boer)는 바로 이것과 관련하여 이렇게 묻는다. "바울은 분명 창세기 15:6을 인용하고 있는데, 이방인인 갈라디아 사람들이 과연 이를 알았을까? 적어도 처음 읽었을 때는 모르지 않았을까?…우리는 바울이 이 서신을 갈라디아 사람들에게 큰 소리로 읽어 줄 사람이 일부러 이 지점에서 멈추거나 눈짓을 하게 하려 하지는 않았는지 어쨌는지 모르며, 따라서 갈라디아 사람

---

136 Harris, *The Second Epistle to the Corinthians*, p. 750.

들이 이런 말을 어떻게 들었는지 역시 모른다."[137] 바울이 보낸 서신을 듣는 이들이 바울이 사용하는 성경을 알아차렸는지 여부와 상관없이,[138] 여기서 중요한 점은 이 서신 수신자들이 이 서신을 받았을 때부터 공동으로 읽었으리라는 것이요, 그들이 성경을 알게 된 주요 방법이 바로 이런 서신 공동 읽기였다는 것이다.

하지만 이렇게 넌지시 일러 주는 단서 외에도 더 세게 일러 주는 단서가 몇 가지 있다. 바울은 유대교에서 남보다 앞선 인물이었고, 특히 그의 조상들을 통해 전해진 전승들을 아주 열심히 믿었다(1:14). 그가 남보다 앞선 점에는 성문 율법에, 또는 적어도 그런 율법의 일부에 열심히 다가간 점, 그리고 공동 읽기 사건이 벌어지는 동안 그런 율법이 낭독될 때면 귀 기울여 들었던 점이 분명 포함될 것이다. 따라서 이 서신에서 볼 수 있듯이, 바울이 그의 사역에서 이 두 측면(글로 기록한 증언을 물려주고 그것을 사람들이 모인 자리에서 읽음)을 그대로 모사하여 사용했으리라고 쉬이 추측해 볼 수 있다. 여기에서는 다섯 예만 제시해도 충분하겠다. 첫째, 바울은 율법 책을 분명하게 언급한다(3:10). 둘째, 그는 성경을 인용한다(3:13). 셋째, 그는 1인칭 복수 대명사와 동사를 사용한다(3:13-14). 넷째, 그는 계속하여 성경을 바탕으로, 심지어 단어 하나까지 성경을 원용하여 그의 주장을 이어간다(3:16). 더글러스 무는 이렇게 말한다. "바울의 주해 기술 수준을 놓고 보면, 바울의 주장은 그 시대 유대교 해석과 닮았지만, 사실 그는 그의 해석에 근거를 제공하는 어떤 해석학적 공리들을 활용하여 해석 작업을 펼치고 있다."[139] 다섯째, 그가 "그의 해석에 근거를 제공하는" 목적 가운데 하나는 그의 청중이

---

[137] *Galatians: A Commentary* (Louisville: Westminster John Knox, 2011), p. 189.
[138] Ciampa, *Scripture in Galatians 1 and 2*; Dan Batovici, "A Few Notes on the Use of the Scripture in Galatians", *Sacra Scripta* 11, no. 2 (2013): pp. 287-301를 보라.
[139] *Galatians* (Grand Rapids: Baker Academic, 2013), p. 230.

사람들이 모인 자리에서 낭독되는 그의 서신을 듣게 하려는 것이다. 그들은 분명 자신들이 전에 들었던 것과 같은 전승을 들을 때는 전승의 질을 통제하는 일을 하지 않았는데, 이는 그가 지금 그들에게 그들이 틀렸음을 설득하려 하기 때문이다.

4장을 보면, 이 서신 수신자들이 이 서신을 공동으로 읽었다는 주장을 뒷받침하는 구절이 적어도 셋 있다. 20절, 21절, 30절이 그것이다. 바울은 20절에서 이 서신 수신자들이 실제로 그의 목소리 높낮이를 알아차릴 수 있게 그들과 함께 있으면 좋겠다는 바람을 피력한다. 이 말은 간결한 수사라는 차원을 넘어, 이 서신을 사람들에게 읽어 주는 이가 바울이 의도하는 어조를 완전히 살리지 못하거나, 바울 자신이 직접 말했으면 그 어조를 통해 전달되었을 또 다른 측면을 전달해 주지 못한다는 점도 함께 암시한다. 다시 말해, 사람에 따라 달라질 만한 것은 내용이나 메시지라기보다 오히려 그 내용이나 메시지를 전달할 때의 어조다. 바울은 21절에서 이런 질문을 제시한다. "내게 말해 보라. 너희 율법 아래에 있고 싶어 하는 자들아, 너희가 율법을 귀 기울여 듣지 않느냐?" 이 질문의 대답은 "듣는다"와 "듣지 않는다"이다. 그들은 "듣는다." 그들은 매주 그들에게 낭독되는 율법을 "듣는다[=귀 기울여 듣는다]." 그렇지만 그들은 "듣지 않는다." 그들은 매주 낭독되는 율법을 "듣지[=이해하고 순종하지]" 않는다. 그는 30절에서 또 다른 질문, "그러나 성경이 무엇을 말하느냐?"를 제시하고 이 대목을 맺는다. 바울은 갈라디아 사람들이 듣고 있는 그것을 그대로 따르는 게 자신의 바람임을 피력하면서, 이를 밑받침하는 근거를 성경에서 인용한다. 따라서 그들은 바울의 이 서신을 그저 바울이 새로 한 말처럼 들어서는 안 되고, 도리어 이미 그들이 공동으로 들었던 오경 속의 말씀, 오래된 말씀으로 들어야 한다.

여기서 마지막으로 다룰 두 단서는 5:2과 6:6에 있다. 바울은 5:2에서 그들이 그들에게 낭독되는 바울의 서신을 공동으로 들을 때에 마치 바울이 그들에게 말하고 있는 것처럼 상상하며 들어주길 재차 바란다. "들으라!"라는 말이 그 근거다. 바울이 서신을 읽어 주는 이, 그리고 청중과 관련하여 제시하는 이런 생각은 그가 6:6에서 제시하는 명령, "말씀을 배우는 이들은 말씀을 가르치는 이와 모든 좋은 것을 함께하라"와 잘 어우러진다. 이 명령이 수동태인가 능동태인가와 상관없이, 우리 연구와 관련하여 강조해 둘 점은 그리스도인의 공동 읽기 사건이 벌어지는 동안 이 공동 읽기에 참여한 이들이 공유하는 책임이 존재했다는 점이다. 이는 이렇게 추정하는 공동 읽기 관습이 실재했음을 일러 주는 또 다른 증거다(참고. 고전 9:14).

에베소서

에베소서를 회람 서신으로 썼음을 일러 주는 강력한 증거가 있으며, 그런 증거가 신약성경의 다른 많은 기록보다도 많이 존재한다.[140] 이런 해석을 가능케 하는 가장 강력한 외부 증거는 이 서신 첫 구절(1:1)에 들어 있는 텍스트 전승이다. 이 텍스트 전승에는 종종 "에베소에 있는"이라는 말이 생략되어 있기도 하다. 서신 내부를 들여다보면, 많은 불특정인, 일반적 성격(특징) 규정, 그리고 상황과 관련된 세부 묘사가 빠진 점을 발견할 수 있는데, 이런 점 역시 이 서신을 회람 서신으로 보는 해석에 힘을 실어 준다. 그러나 설령 "에베소에 있는"이라는 말이 본디 있던 말일지라도, 라이너 슈빈트 (Rainer Schwindt) 같은 학자는 여전히 이런 견지에서 이 서신을 회람 서신으로 보는 가설이 옳다고 주장하며, 무엇보다 이 서신에 **교회**라는 말이 없다는 것을 그 근거로 든다.[141]

---

[140] 에베소서 저자가 누구인가를 둘러싼 논쟁은 우리 연구 범위 밖이지만, 내가 바울을 저자로 보는 몇 가지 중요한 이유를 살펴보려면, Harold W. Hoehner, *Ephesians: An Exegetical Commentary* (Grand Rapids: Baker Academic, 2002), pp. 2-61를 보라.

[141] *Das Weltbild des Epheserbriefes*, WUNT 148 (Tübingen: Mohr Siebeck, 2002), pp. 55-62, 특히 p. 60. 참고. Clinton E. Arnold, *Ephesians: Exegetical Commentary on the New Testament*

로마 제국 아시아 속주 전체 교회들이 회람했던 이 서신은 우리 연구와 관련해서도 분명 중요하지만, 그래도 이 서신이 수신자가 공동으로 읽게끔 쓴 서신임을 증명할 수 있을 때만 중요할 뿐이다. 여기서 이런 주장을 지지하는 몇몇 구체적 본문을 언급해 보겠다.

실제로 얼마나 많은 교회가 이 서신을 받았는가와 상관없이, 이 서신 저자가 어느 특정 개인이 아니라 신자 공동체를 상대로 이야기하고 있는 것(1:1)만은 틀림없다. 마찬가지로, 우리 연구서의 다른 부분에서 볼 수 있듯이, 2인칭 복수 대명사와 동사가 등장하는 점, 그리고 1:13처럼, 신자들이 함께 모여 진리의 말씀을 듣는 것을 표현할 때 보통 사용하는 문구와 용어가 등장하는 점은 공동 읽기 사건의 존재를 가리키는 단서다. 하지만 다행히도 저자는 이런 정황을 그저 추측만 하는 게 아니라, 이 공동체 역시 이 서신 같은 텍스트를 공동으로 읽고 있다는 것이 그의 생각임을 분명하게 밝힌다. 그는 3:4에서 이렇게 말한다. "너희가 이것을 읽으면, 내가 그리스도의 신비를 이해했음을 너희가 인식할 수 있으리라." 그가 여기서 하는 이 말은 그가 이 청중이 받아서 공동으로 읽었을 법한 또 다른 문서를 추측하며 언급한 말["내가 위에서 몇 마디 말로 적었듯이…너희는 이미 하나님이 내게 사명을 맡기심(the commission)에 관하여 들었다", 3:2-3] 뒤에 곧바로 등장한다.

빌립보서

바울이 빌립보 사람들에게 쓴 서신은 빌립보에 살고 "그리스도 예수 안에 있는 모든 성도"에게 보낸 것이다. 바울은 서신 서두에서 "모든"이라는 말을 여러 차례 사용함으로써(1, 3, 7, 8절; 개역개정의 3절과 8절에는 "모든"이라는 말이 없으나, 헬라어 본문에는 있다—옮긴이), 성도의 단결을 독려할 뿐 아니라, 이 성

(Grand Rapids: Zondervan, 2010), pp. 23-29.

도들이 그의 서신을 공동으로 읽으리라는 생각도 함께 피력한다. 이와 같은 생각을 밑받침하는 또 다른 증거를 첫 장 마지막 절에서 찾을 수 있다. 바울은 30절에서 성도들이 이전에 그들 눈으로 보았던 고난을 그들에게 되새겨 주지만(살전 2:2; 행 16:16-40), 동시에 이것은 그가 현재 겪는 고난, 곧 그들이 "지금 듣는" 고난을 일컫는다.

바울은 글을 이어 가다가, 2장에서 시 혹은 찬송을 하나 포함시킨다(6-11절).[142] 저자, 해석, 글의 형태를 둘러싼 문제들은 우리의 현재 관심사에 영향을 미치지 않는다. 이 찬송을 누가 썼든, 이 찬송이 의미하는 게 무엇이든, 이것이 시든 찬송이든 아니든, 적어도 바울계 무리들이 이를 공동으로 들었다는 점에는 학자들이 널리 동의하고 있다. 빌립보서를 공동으로 읽었다는 점도 이 견해를 밑받침한다.

이 서신을 받은 회중이 그들이 모인 자리에서 낭독되는 이 서신을 계속 듣는다. 바울은 이런 그들에게 3장에서 자신을 생생히 묘사한 시각 이미지를 제공한다. 그는 18절에서 이렇게 말한다. "내가 이제 심지어 눈물을 흘리며 너희에게 말하니." 존 로이먼(John Reumann)은 이렇게 주장한다. "'내가 이제 말하노니'(legō)는 이 서신을 빌립보에서 큰 소리로 낭독해야 했음을 반영한다.…사도는 이 서신과 서신을 전달한 이를 통해 권위 있게 말한

---

[142] Benjamin Edsall과 Jennifer R. Strawbridge는 근래 이 구절들을 찬송(찬송시)이라 부르지 말고 오히려 고양된 산문으로 불러야 한다고 주장했다. "The Songs We Used to Sing? Hymn 'Traditions' and Reception in Pauline Letters", *JSNT* 37, no. 3 (2015): pp. 290-311. 이들은 고대 이교도들이 정의한 ὕμνος의 의미, 그리고 초기 기독교 문헌이 이런 고전 글귀를 수용한 사례를 살펴보고 이런 결론을 내린다. 이들이 자신들의 논문 결론에서 그렇게 주장하는 근거가 주로 침묵이라 언급한 것은 올바르지만(p. 306), 이들이 플루타르코스(*Mor.* 4.36)나 필론(*Agr.* 18; *Plant.* 33; *Somn.* 1.7), 아리아노스(*Alex.* 1.4,11)처럼 1세기에 이런 용어를 사용한 다른 많은 이교도 저자는 물론이요, 이보다 중요한 시편 같은 유대교 성경까지 망라하여 다루지 않고, 도리어 플라톤, 테온, 퀸틸리아누스 같은 인물에게만 의존하는 것처럼 보이는 것은 흥미로운 일이다. 따라서 이들의 주장(p. 306)과 달리, 이를 여전히 시나 찬송으로 보는 사람들에게 입증 책임이 꼭 옮겨 가지는 않는다. 아울러 Michael W. Martin and Bryan A. Nash, "Philippians 2:6-11 as Subversive *Hymnos*: A Study in the Light of Ancient Rhetorical Theory", *JTS* 66, no. 1 (2015): pp. 90-138를 참고하라.

다."¹⁴³ 바울은 사람들이 이 서신을 공동으로 읽고 있으리라 추정하면서, 마치 자신이 그들과 함께 있는 것처럼, 그들에게 직접 이야기한다.¹⁴⁴ 마찬가지로, 바울은 공동체 전체에게 이야기하면서도, 때로는 유오디아와 순두게 같은 특정인에게, 역시 자신이 거기에 있는 것처럼 이 서신을 통하여, 말을 건넨다(4:2). 월터 핸슨(G. Walter Hansen)은 이 여자들과 관련하여 이렇게 언급한다. "[바울이] 온 교회에 제대로 그리고 온 교회 지체가 이해할 수 있게 낭독될 서신에서 이 여자들의 이름을 언급했다는 것은 그가 이 서신 전체에서 여러 방식으로 다룬 불화 문제의 주요 원인 가운데 하나가 무엇인가를 일러 준다. 바울이 이 두 여자에게 주 안에서 **같은 마음을 가지라**고 당부한 것은 그가 [2:2에서] 이 공동체 전체에게 던진 큰 도전을 다시금 되새겨 준다."¹⁴⁵

바울은 마지막 인사로 이 서신을 맺기에 앞서, 빌립보 교회에게 그들이 바울 안에서 배우고, 받고, 듣고, 본 것을 실천하라고 명령한다(4:9). 이 네 동사는 여러 이유 때문에 모두 중요하지만, 여기에서는 "받다"라는 동사 하나만 골라 다뤄 보겠다. 기록된 전승을 받음을 표현하는 데 쓸 수 있는 말이기 때문이다(막 7:4; 고전 15:3; 살전 2:13; 살후 3:6).¹⁴⁶ 여기에서는 성경 밖의 텍스트 둘만 보기로 인용해 본다.

---

143 *Philippians: A New Translation with Introduction and Commentary* (New Haven: Yale University Press, 2008), p. 593.
144 서신 쓰기에서 나타나는 이런 모습을 더 많이 관찰하여 제시한 결과를 보려면, Mathilde Cambron-Goulet, "Orality in Philosophical Epistles", in *Between Orality and Literacy: Communication and the Adaptation in Antiquity*, ed. Ruth Scodel, MnS 367 (Leiden: Brill, 2014), 10:148-174.
145 *The Letter to the Philippians* (Grand Rapids: Eerdmans, 2009), p. 282.
146 BDAG, p. 768. *TDNT* 4.13="기독교 전승 사슬에서 어떤 전승을 고정된 형태로 받다.…그리스도인이 지킬 도덕, 그리스도인의 할라카를 규정한 법을 물려받다."

내 짐작컨대, 장차 내 내러티브를 읽을[παραληψομένοις] 사람들은 그 일을 믿기 힘든 일이라 생각할 것 같습니다. (Letters of Aristeas 296)

헤라클레온이 『베드로의 설교』라는 제목이 붙은 책에서 인용한 글들을 제시하고 그것들을 읽으면서[παραλαμβανόμενα], 이 책이 진짜인지 가짜인지 아니면 진짜와 가짜가 섞여 있는 것인지 꼼꼼하게 조사하는 것은 지나친 일이다. (Keryg. 6)

다시 빌립보서로 돌아가자. 바울은 이 지점에 이르러 그의 서신을 사람들이 공동으로 읽고 있으며 그가 그들에게 나누어주고 있는 것을 그들이 받아들여 행동으로 옮기리라고 추측한다. 그렇다고 "받다"라는 말이 꼭 기록된 전승을 받아들임만을 의미하지는 않지만,[147] 여기에서는 그런 의미로 보인다.

골로새서

골로새에 있는 교회에 보낸 서신은 십중팔구 "특별히 필요한 일이 있어 쓴" 서신이었지만, 이 서신 역시 이 장소에서만 읽지 않고 다른 곳에서도 공동으로 읽었던 서신임이 분명하다.[148] 실제로 바울은 이렇게 분명히 말한다. "이 서신이 너희 가운데서 읽힌 뒤에는 라오디게아인의 교회에서도 읽히게 하라"(4:16). 제임스 던은 이것이 처음부터 바울이 그가 쓴 서신 가운데 적어도 몇몇은 그가 특히 수신자로 지목한 이를 넘어 다른 곳에서도 공동으로

---

[147] BDAG, pp. 767-768. 참고. *NIDNTTE*, pp. 79-85; *TDNT* 4.11-14.
[148] 이 서신이 바울이 쓴 것인가를 놓고 논쟁이 이어지고 있지만, 이런 논쟁은 여기서 다룰 이슈가 아니다. 그러나 나는 Douglas J. Moo, *The Letters to the Colossians and to Philemon* (Grand Rapids: Eerdmans, 2008), pp. 28-41가 논하고 변호하는 바울 저작설이 가장 설득력이 있다고 본다.

읽히리라 추측했음을 보여 준다고 믿는다.[149] 크리스토퍼 자이츠(Christopher Seitz)는 이렇게 덧붙인다. "확실한 것은 바울이 단일 서신(수신자를 특정한 서신—옮긴이)도 더 많은 수신자를 가질 수 있다고 생각한다는 것이다.…나는 이것이 바울이 본디 가졌던 의도였으며, 그것이 그가 말해야 할 것을 어떤 식으로 써서 보냈는지 일러 준다고 본다."[150]

아울러 이 구절은 공동 읽기 사건을 통해 (전승이나 가르침의) 질을 통제했다는 것도 일러 준다. 바울은 그들에게 또 다른 특정 서신을 공동으로 읽으라 명한다. "또 라오디게아에서 오는 서신도 읽게 하라"(4:16). 그렇다면, 이것은 단순히 공동 읽기 사건을 넘어, 사도가 성경이 아닌 문서를 교회에서 공개리에 낭독하도록 허가한 사례인 셈이다. 마틸드 캉브롱-굴레(Mathilde Cambron-Goulet)는 이 구절을 플라톤의 글에 들어 있는 한 본문과 비교한 뒤, 이렇게 결론짓는다. "서신 저자는 자기가 쓴 서신이 '공개' 서신임을 인식하고 있다고 일러 줄 뿐 아니라, 수신인들에게 이 서신을—그저 한 사람이 읽고 또 한 사람에게 전달하는 식으로 읽지만 말고—함께 모여 읽으라고 독려하는데, 이런 읽기는 결국 강한 공동체 의식으로 이어진다. 서신을 읽는 이들이 그들 자신의 집에 머물지 않고 함께 모이기 때문이다."[151] 이런 이해는 발레리 알리킨의 주장, 곧 "처음에는 사도들이 쓴 서신을 읽는 것이 전례 행위가 아니었다. 오히려 이 서신들은 그저 받은 서신으로서 읽혔다. 서신 전달자가 가져온 서신이 이 전달자가 수신자들에게 읽어 줄 수 있는 서신이면, 전달자가 수신자들에게 읽어 줄 수 있었다"는 주장과 정반대다. 알리킨은 그가 말하는 전례 행위가 무슨 의미인지 정확하게 정의하지 않는

---

149 James D. G. Dunn, *The Epistles to the Colossians and to Philemon* (Grand Rapids: Eerdmans, 1996), p. 286.
150 *Colossians* (Grand Rapids: Brazos, 2014), p. 191.
151 Cambron-Goulet, "Orality in Philosophical Epistles", 10:162.

다. 이로 보아, 그는 많은 신약성경 저자가 그들이 쓴 서신을 공예배 모임 때 공동으로 읽으리라 추정하거나 공동으로 읽으라고 요구한 다양한 글을 적절히 다루지 않는 것 같다. 더구나, 바울은 적어도 일부 공동체가, 설령 성경과 같은 반열에 있지 않은 글이라도, 그들의 모임 때 다른 공동체들과 더불어 기꺼이 그런 글을 읽고 나누려 할 것이며 그렇게 할 수 있으리라는 것을 당연시한다. 따라서 바로 이 한 구절은 초기 그리스도인 공동체들이 어떤 문헌을 어떻게 베끼고, 퍼뜨리며, 모았는가를 들여다볼 수 있는 유일한 창을 제공한다. 더구나, 여기서 볼 수 있는 사도의 이런 허가는 공동체가 행했을 질 통제에 또 다른 차원을 더해 준다. 이런 허가가 가능하려면, 공동 읽기 자체가 효과 있게 이루어져야 하기 때문이다.

4:16은 공동 읽기 사건과 관련하여 골로새서에서 가장 자주, 그리고 분명하게, 인용되는 구절이며, 구절 자체만 놓고 봐도 신약성경의 다른 어느 구절보다 많이 "공동 읽기"를 언급하는 구절이다. 그렇지만, 이 구절이 공동 읽기 사건이라는 관점에서 고찰해 봐야 할 중요한 요소를 지닌 유일한 구절은 아니다. 이를테면, 3:16은 공동체가 한 몸으로 올리는 공동 예배에 초점을 맞춘다. 실제로, 무는 이렇게 말한다. "이 구절은 우리에게 초창기 그리스도인의 예배를 들여다볼 수 있는 창을 제공하는 희소한 구절 가운데 하나다."[152] 여기에서는 가르침을 강조한다는 점도 볼 수 있지만, 하나 더 볼 수 있는 것이 있다. 3:16 본문에 들어 있는 "그리스도의 말씀"을 "그리스도가 하신 말씀"으로 번역해야 하는가(즉, 소유격을 주격으로 번역해야 하는가) 아니면 "그리스도를 알리는 말씀"으로 번역해야 하는가(즉, 소유격을 목적격으로 번역해야 하는가)와 상관없이, "그리스도의 말씀"이 예배의 중심이 되어야 한다는 게 그것이다. 더구나, 특히 저자가 시와 "영에서 나온 노래", 곧 즉석

---

[152] *The Letters to the Colossians and to Philemon* (Grand Rapids: Eerdmans, 2008), p. 290.

에서 지어 부르는 노래일 가능성이 더 높은 노래를 분명히 구분해 놓은 점을 고려하면, 시라는 말을—이 시가 구약성경의 시편을 가리키든, 그리스도인이 새로 만든 시이든—글로 적어 놓은 텍스트로 이해하는 것이 여러 면에서 타당하다. 따라서 성도들이 기록된 텍스트를 공동으로 노래하고 있는 모습을 추정한다는 것은 읽기의 원리를 다시금 일러 주는 셈이다. 물론 이 읽기는 반향(反響)과 멜로디를 동반할 수도 있다(참고. 계 15:3-4; 눅 1:46-55). 다시 말해, 기록된 텍스트를 노래한다는 것은 모든 사람이 그 텍스트를 외워 한 목소리로 부를 수 있을 정도로 함께 읽거나, 참여자들이 그 텍스트 사본을 다 갖고 있거나, 둘 다인 경우를 전제한 말이다.

데살로니가전서와 데살로니가후서

데살로니가전서와 데살로니가후서는 신약성경에서 발견할 수 있는 공동 읽기 사건 언어와 근거 가운데 가장 분명한 몇 가지를 담고 있다.[153] 사실, 어떤 학자도 이 두 서신이 공동 읽기 사건을 증언한다는 견해에 반대하는 주장을 펴지 않는다. 심지어 티모시 밀리노비치(Timothy Milinovich)는, 데살로니가전서의 구조를 고려할 때, 그리고 이 서신 전체에서 나타나는 주제들과 연계하여 생각해 볼 때, 이 서신은 사람들 앞에서 하는 연설 실연(oratorical performance)으로 봐야 한다는 주장까지 펼치면서, 이렇게 써 놓았다. "교회 공동체의 예배 모임은 이 서신이 암시하는 실연이 펼쳐지는 마당(정황)이다. 공동체 사람들은 낭독되는 서신에 귀를 기울이면서, 이제 그 자리에 없고

---

[153] 바울이 데살로니가전서를 썼음을 의심하는 이는 아무도 없으나, 데살로니가후서의 경우에는 바울이 쓴 게 아니라는 것이 학계의 통설이라는 공통된 오해가 있다. 근래에 Jeffery Weima와 Paul Foster가 증명했듯이, 사람들이 존재한다고 생각하는 이런 통설은 존재하지 않는다. 사실, 영어권 저작과 독일어권 저작을 통틀어 살펴보면, 지금도 데살로니가후서는 바울이 쓴 것이라는 견해가 대세이며, 우리 연구서도 이 견해를 따른다. Jeffrey A. D. Weima, *1-2 Thessalonians* (Grand Rapids: Baker Academic, 2014), pp. 46-54; Paul Foster, "Who Wrote 2 Thessalonians? A Fresh Look at an Old Problem", *JSNT* 35, no. 2 (2012): pp. 150-175를 보라.

떠나간 이들이 남긴 빈 자리를 절감한다."[154] 많은 해석자가 동의하듯이, 데살로니가전서가 40년대 어느 시점에 바울이 처음으로 쓴 서신이라면, 방금 묘사한 그림은 특히 주목할 만한 가치가 있다.[155]

여기에서는 이를 염두에 두고, 바울의 말을 따를 경우, 공동 읽기 사건이 과연 얼마나 널리 퍼져 있었을지 일러 줄 만한 한 가지 주요 요소를 살펴보겠다. 아울러, 이 두 서신에서 공동 읽기 사건과 가장 뚜렷하게 관련이 있는 본문들도 언급해 보겠다.

이 두 서신의 저자는 데살로니가뿐 아니라 여러 곳에서 함께 모여 있는 모든 신자에게 진정 관심을 갖고 있는 것으로 보인다. 그는 2:14에서 "유대에 있는 교회들"을 언급한다. 마찬가지로, 4:10에서는 "마케도니아에 있는 모든 형제자매"를 포함시킨다. 고든 피는 이를 두고 이렇게 말한다. "딱히 문단 전체를 살펴보지 않더라도, [10절의] 이 문장에는 놀라운 요소가 있다. 그가 그들이 현재 서로 나누는 사랑이 넓은 지역에 미치고 있음을 되새겨 주는 게 그것이다.…이는 당시의 '온 마케도니아'가 동쪽으로는 마케도니아 평원의 빌립보, 서쪽으로는 아드리아해에 이르러, 결국 그 중간에 있는 베뢰아까지 아울렀기 때문이다.…[이 때문에] 그가 섬기는 공동체들이 서로 알고 지냄은 바울의 끊임없는 관심사였다."[156]

이렇게 알고 지냄에는, 다른 곳에서도 볼 수 있듯이, 서신 교환도 포함되었다. 교회들은 당연히 서신을 써서 서로 주고받고, 받은 서신은 공동으로

---

154 "Memory and Hope in the Midst of Chaos: Reconsidering the Structure of 1 Thessalonians", *CBQ* 76, no. 3 (2014): pp. 498-518, 이 부분은 p. 517.
155 Gerd Lüdemann은 근래 내놓은 그의 저작에서 데살로니가전서가 40년대 후반(49년경)에 기록되었다는 학계의 통설에 이의를 제기하며, 40년대 초(41년경)에 기록되었다는 주장을 제시한다. *The Earliest Christian Text: 1 Thessalonians*, rev. ed. (Salem, OR: Polebridge, 2013), 특히 pp. 75-112.
156 *The First and Second Letters to the Thessalonians* (Grand Rapids: Eerdmans, 2009), pp. 160-161.

읽었을 것이다(예를 들어, 골 4:16을 보라). 이뿐 아니라, 이렇게 서로 알고 지냄은 우리 연구서가 고찰해야 할 또 다른 특징을 암시한다. 서로 비슷한 공동 읽기 관습이 그것이다. 데살로니가에 있는 교회와 "온 마케도니아"에 있는 교회들이 하나가 되는 한 가지 방법은 그들이 함께 읽고 있던 내용이었다. 이 서신 저자는 계속하여 그들에게 "이런 말로 서로 격려하라"(4:18)고 말할 뿐 아니라, 센 말투로 이렇게 강조한다. "내가 주를 힘입어 너희에게 엄숙히 명하니 이 서신을 그들 모두에게 읽어 주어라"(5:27).

5:27과 관련된 두 요점을 차례로 살펴보겠다. 첫째, 데살로니가전서와 후서를 통틀어 1인칭 복수가 1인칭 단수로 바뀌는 구절이 오직 다섯 있는데, 5:27도 그 가운데 하나다(이곳의 1인칭 단수는 아마도 사도 바울일 것이다). 바울은 사람들이 그의 서신을 공동으로 읽기를 원하지만, 여기에서는 그가 으레 쓰는 "내 손으로 직접"이라는 말을 포함시키지 않는다(고전 16:21; 갈 6:11; 골 4:18; 살후 3:17; 몬 19절). "이 때문에 이 두 번째 권고 부분과 뒤따르는 축도는 일종의 서명으로 보는 게 타당하다."[157] 둘째, 읽어 주라는(ἀναγνωσθῆναι) 명령은 단순히 한 저자에게서 온 서신으로 들으라는 말이 아니라, "주 앞에서" 한 명령으로 들으라는 말이다.[158] 이 둘을 함께 고려하면, 자신이 쓴 서신을 사람들이 확실히 공동으로 읽게 하는 것이 저자의 목표 가운데 하나다. 저자는 이 목표를 확실히 이루고자, 그것이 곧 사도의 뜻이요 하나님의 뜻임을 강조한다. 나아가 베른하르트 외스트라이히(Bernhard Oestreich)는 이 구절에 들어 있는 이 명령이 필시 이 공동체에 암시했을 몇 가지 의미를 강조한다. 요컨대, 그는 모든 신자가 한 몸을 이루게끔 모든 이가 사도

---

157 Weima, *1-2 Thessalonians*, p. 429.
158 F. F. Bruce가 지적하듯이, 이것은 "이 서신을 받는 이들에게 이 문제와 관련하여 바로 주께 책임을 지듯이 행동하라는 호소"였다. *1 & 2 Thessalonians*, WBC 45 (Nashville: Thomas Nelson, 1982), p. 135.

바울에 관하여 똑같은 정보, 똑같은 유형의 접근 방법을 가져야 한다고 주장한다.[159]

바울이 데살로니가전서에서 그가 쓴 서신을 공동으로 읽으라고 호소한 점을 고려할 때, 데살로니가후서는 서신을 받은 이들이 첫 번째 서신을 공동으로 읽었으리라고 추정하면서(특히 2:15), 이 두 번째 서신도 그렇게 읽으리라고 추정하는 것 같다. 사실, 첫 번째 서신의 중요성을 분명히 밝히고 강조하는 것이, 이 두 번째 서신을 누가 썼든, 이 두 번째 서신의 목적 가운데 하나로 보인다. 예를 들면, 바트 어만(Bart Ehrman)은 그의 견해를 이렇게 요약한다. "근래 유행하는 언어를 사용하여 표현하면, 데살로니가후서는 데살로니가전서를 어떻게 읽으라는 '읽기 지침'을 제공하는 것 같다."[160]

이렇게 은근히 암시하는 것뿐 아니라, 강조하고 넘어가야 할 특별한 구절이 적어도 넷 있다. 첫째, 저자들은 자신들이 "우리에게서 왔다 하는" 위조 서신을 알고 있다고 말한다(2:2). 사람들이 실제로 이 위조 서신을 공동으로 읽었으리라고 상상하기는 어렵지 않다. 사람들이 이런 서신을 공동으로 읽었을 이유 가운데 하나는 이런 서신이 분명 어떤 사도, 혹은 실라나 디모데처럼, 권위 있는 또 다른 사람들에게서 왔기 때문이다. 다른 것보다 특히 우리 연구와 관련하여 중요하게 유념해 둘 점은 이미 1세기에—서신이 아주 중요했던 공동체 안에서—사람들이 공동으로 읽게 할 목적으로 서신을 위조하는 일이 있었다는 것이다. 이는 다시 십중팔구 공동 읽기에 민감

---

[159] "Leseanweisungen in Briefen als Mittel der Gestaltung von Beziehungen (1 Thess 5.27)", *NTS* 50, no. 2 (2004): pp. 224-245.

[160] *Forgery and Counterforgery: The Use of Literary Deceit in Early Christian Polemics* (New York: Oxford University Press, 2013), p. 169. 하지만 이 연구서는 여기서 (혹은 다른 곳에서) "읽기 지침"이라는 말을 쓰기가 조심스럽다. 이런 말을 어떤 서신이 위작이라는 견해를 밑받침하는 근거로 종종 사용하기 때문이다. 예를 들면, Eckhart Reinmuth, "Die Briefe an die Thessalonicher", in *Die Briefe an die Philipper, Thessalonicher und an Philemon*, NTD 8.2 (Göttingen: Vandenhoeck & Ruprecht, 1998), pp. 105-204, 특히 pp. 161-162를 보라.

히 반응하는 경우를 만들어 내고 증가시켰을 텐데, 이런 민감한 반응 사례는 2세기 증거에서 훨씬 많이 나타난다. 문서를 위조했던 중요한 이유는 공동 읽기 사건이 그 사회로 침투하는 출입문이었기 때문이다. 필시 아주 많은 위작이 있었으리라는 점을 고려하면,[161] 이 텍스트들을 실제로 공동으로 읽는 일이나 공동으로 읽으리라 추정하는 일은 결코 사소한 문제가 아니었을 것이다. 사실, 이 주제를―가령, 그 시대에는 글을 읽을 수 있는 이가 극소수였다는 통설[162]처럼―신약 연구에서 통설처럼 작동하고 있는 몇몇 가정에 비춰 보면, 대다수 사람이 각자 자신의 필사본을 소유하려면 엄청난 대가를 치러야 했지만,[163] 정작 그 효과는 기껏해야 아주 미미했을 것이다.[164] 이러니, 필시 고대에 왜 이렇게 많은 위조(위작)가 있었는지 의아해 하는 이들도 있을 것이다. 스탠리 포터와 브라이언 딘(Bryan Dean)은 그 원인을 이렇게 밝혀 놓았다. "위조(위작)도 나름 시장성이 유망할 정도로 책 시장이 컸다."[165] 나는 나아가 위조 수준이 높았다는 것은 공동 읽기 사건의 수준도 높았음을 일러 주는 근거 같다고 주장하고 싶다.

둘째, 이 서신 저자들은 전승(tradition)이라는 용어를 사용한다. 첫 번째 사례가 2:15인데, 이 구절에서는 복수로 등장한다. 저자들은 이 말에 "우리"라는 말을 덧붙이며, 이 말을 강조한다. 이 말은 이 문서가 기록될 즈음에

---

[161] Ehrman은 *Forgery and Counterforgery*에서 50개가 넘는 위작이 있었다고 주장한다.
[162] Joel B. Green, Jeannine K. Brown, and Nicholas Perrin, *Dictionary of Jesus and the Gospels*, 2nd ed. (Downers Grove: IVP Academic, 2013), pp. 644-645.
[163] Randolph E. Richards, *Paul and the First-Century Letter Writing: Secretaries, Composition and Collection* (Downers Grove: InterVarsity, 2004).
[164] Harry Gamble은 위에서 언급한 사용료(책에 들어가는 비용) 외에도, 이런 점을 언급한다. "기독교는 변두리에 머물고, 대개 배우지 못했으며, 실제로 그 시대 문화에 맞섰던 소수였기에, 그들의 텍스트도 외부인에게 큰 호소력을 발휘하지 못했다. 이런 기독교는 상업적 책 매매에 전혀 관심이 없었다." "The Book Trade in the Roman Empire", in *The Early Text of the New Testament* (New York: Oxford University Press, 2012), pp. 23-36, 이 부분은 p. 32.
[165] "Oral Texts? A Reassessment of the Oral and Rhetorical Nature of Paul's Letters in Light of Recent Studies", *JETS* 55, no. 2 (2012): pp. 323-341, 이 부분은 p. 329.

는 이미 많은 기록이 전승으로 자리 잡았음을 일러 준다. 고든 피는 이렇게 말한다. "여기서 쓴 '전승'이라는 말은 바울이 자라난 유대교 안에서 유구한 역사를 지니고 있다. 바울이 이 말을 쓰는 것은 그의 가르침이 동시에 훨씬 더 큰 신앙 공동체에 속해 있음을 일러 주는 그 나름의 방법이다."[166] 바울은 3:6에서도 같은 말을 사용하는데, 그는 이 구절에서 온 회중이 공동으로 읽고 있는 그의 서신을 통해 다시금 그들에게 분명히 이야기한다. 그가 말하려는 요지는 그들이 어떤 놀라운 일이나 새로운 가르침을 기대하지 말아야 한다는 것 같다. 그의 서신을 읽는 것 자체가 초기 그리스도인 공동체 안에서 사람들을 모두 모아 놓고 가르치던 일에 비길 만한데, 이는 이런 서신 읽기가 글로 기록된 전승을 공동 읽기 사건을 통해 보존하는 힘을 갖고 있었음을 증명한다. 위마는 이렇게 덧붙인다. "데살로니가 신자들이 바울의 말을 하나님 말씀으로 받아들였으며 이 말이 현재 그들의 삶 속에서 역사하고 있음을 보여 주는 증명 내지 증거는 이 신자들이 유대에서 핍박받던 교회들을 본받으려 한 것에서 찾을 수 있다."[167]

셋째, 3:14은, 비록 간단한 언급에 불과하지만, 저자들이 이 서신을 통해 전하려는 메시지에 관하여 이야기하며, 교회들이 이 서신의 가르침에 순종하지 않는 이가 있는지 특히 주의 깊게 살펴야 한다는 것을 이야기한다. 이는 공동체가 모인 자리에서 낭독되는 이런 텍스트를 듣는 공동체를 염두에 둘 뿐 아니라, 나아가 이런 공동 읽기 사건과 관련된 전승의 질 통제도 염두에 둔 말이다.

넷째, 바울은 이 서신을 맺으면서 그가 쓴 다른 서신들을 강조한다. 그는 3:17에서 이렇게 말한다. "나 바울은 내 손으로 직접 이 인사를 전한다. 이

---

[166] Fee, *The First and Second Letters to the Thessalonians*, p. 305.
[167] Weima, *1-2 Thessalonians*, p. 165.

것은 내 모든 서신에 남기는 표시이니, 이것이 내가 서신을 쓰는 방식이다." 우리는 이 서신 수신자들이 전에 바울이나 다른 이들에게서 얼마나 많은 서신을 받았는지 확실하게 밝혀내지 못하지만, 바울이 이 서신을 쓸 때 즈음에는 그가 섬기는 교회들에 서신을 보낼 때 수신자들이 공동으로 읽게 하며 다른 교회에도 그 서신을 전하여 역시 공동으로 읽게 할 의도로 서신을 보내는 습관을 갖고 있었던 것만큼은 확실하다. 아울러 마지막의 이런 말은 정말로 그가 쓴 글과 거짓 교사들이 쓴 글(이를 테면, 이 대목에 앞서 언급했던 위조 서신 같은 글)을 구분하게 하려는 목적도 담고 있다.

디모데전서

이 서신에는, 설교(딤전 4:13; 5:17)와 가르침(딤전 3:2; 4:11, 13; 5:17; 6:2)처럼, 교육 활동을 언급하는 곳이 여러 곳 있다.[168] 그리스도인 공동체의 모임과 가장 분명하게 관련이 있는 본문(딤전 4:13)은 "읽기" 활동을 강조한다. 아울러 바울은 지금 디모데나 디도에 그치지 않고 더 넓은 청중을 상대로 이야

---

[168] 목회 서신의 저작 시기와 저자를 놓고 논쟁이 이어지고 있다. 여기에서는 한정된 지면 때문에 이 문제를 더 충실히 논하지 못한다. 서로 대립하는 세 주장을 훌륭히 개관하고, 그 세 주장 가운데 내가 설득력이 있다고 생각하는 바울 저작설과 1세기 저작설을 훌륭히 변호한 글을 보려면, William D. Mounce, *Pastoral Epistles*, WBC 46 (Nashville: Thomas Nelson, 2000), pp. civ-cxiii를 보라. 참고. George W. Knight, *The Pastoral Epistles* (Grand Rapids: Eerdmans, 1992), pp. 28-32; Peter Walker, "Revisiting the Pastoral Epistles, Part I", *EJT* 21, no. 1 (2012): pp. 4-16; idem, "Revisiting the Pastoral Epistles, Part II", *EJT* 21, no. 1 (2012): pp. 120-132. Preston T. Massey, "Cicero, the Pastoral Epistles, and the Issue of Pseudonymity", *ResQ* 56, no. 2 (2014): pp. 65-84. 아울러 여기에서는, 특히 우리 연구에 비춰 볼 때, 스미스가 자신이 살펴본 네 서신(고린도전서, 디모데전서와 후서, 디도서) 전체에서 교육 환경과 교육 우선순위가 일관되게 나타나며, 네 서신에서 의미 있는 차이가 보이지 않는다는 점을 적절히 증명한 것을 강조하는 게 중요하다. Smith, *Pauline Communities as 'Scholastic Communities'.* Benjamin Wolfe도 이 저자가 성경에 관하여 제시하는 가르침을 바울과 베드로서 그리고 필론이 제시하는 가르침과 비교한 다음, 이 저자가 성경에 관하여 제시하는 가르침이 바울계 전승에 속하지 않는다는 견해를 정당화할 근거가 전혀 없음을 증명했다. "The Place and Use of Scripture in the Pastoral Epistles" (PhD diss., University of Aberdeen, 1990), 특히 pp. 157-307. 다시 말해, 이 서신의 저작 시기 및 저자와 관련하여 우리 연구서의 입장을 지지하는 이 요인들을 추가로 이 방정식(논쟁)에 포함시켜야 한다.

기하는 것 같다. 조지 나이트 3세(George Knight III)는 디모데와 디도에 그치지 않고 그보다 넓은 청중을 암시하는 세 특징이 있다고 믿는다면서, 그 세 특징을 논한다. 첫째, 이 서신 저자는 교회 전체(딤전 2:1이하), 여자들(딤전 2:9이하), 감독(주교)과 집사(딤전 3:1이하), 노예(딤전 6:1이하)를 상대로 직접 이야기한다. 둘째, 그는 때로 에둘러 더 넓은 그룹들에게 말을 건넨다(딛 2:6; 3:1). 셋째, 이 모든 서신에는 서신 서두에 나오는 개개 수신자를 넘어 더 많은 이를 염두에 둔 축도가 들어 있다(딤전 6:21; 딤후 4:22; 딛 3:15).[169] 마르틴 디벨리우스(Martin Dibelius)와 한스 콘첼만(Hans Conzelmann)은 이 마지막 점을 강조하면서, 이렇게 써 놓았다. "복수형인 '너희와'(ὑμῶν)는 이 특별한 내용을 담은 글이 서신에서 밝힌 수신자와 상관없이 그보다 넓은 범위의 무리에게 보내는 것이라는 인식을 반영한다."[170] 분명 이 복수형이 이 주장이 옳다고 증명해 주지는 않는다. 예를 들어, 마운스(Mounce)는 우리가 선택할 수 있는 다른 견해를 다음과 같이 넷이나 더 열거한다. (1) 이 복수형은 위경이 저지른 실수였다, (2) 다른 몇몇 파피루스도 이와 똑같은 특징, 곧 어느 한 사람에게 글을 써 보내면서도 맺음말에서는 복수형을 사용하는 특징을 보여 준다, (3) 이 복수형은 서신을 받는 이들더러 공동으로 읽으라는 뜻이었다, (4) 이 복수형은 오로지 축도와 관련이 있을 뿐이다.[171] 이 견해 가운데 몇몇은 단수형인 서신 서두의 수신자와 일치시키고자 복수형("너희 모든 이와 함께")을 단수형("너와 함께")으로 바꿔 놓은 디모데전서 6:21의 사본 전승을 설명하는 데도 역시 도움이 될 것이다(사본 D 1739 sy를 보라).

하지만 이런 의견뿐 아니라, 또 하나의 강력한 주장을 제시해 볼 수 있

---

[169] *The Pastoral Epistles: A Commentary on the Greek Text* (Grand Rapids: Eerdmans, 1992), p. 6.
[170] *The Pastoral Epistles: A Commentary on the Pastoral Epistles*, ed. Helmut Koester, trans. Philip Buttolph and Adela Yarbro (Philadelphia: Fortress Press, 1972), p. 93.
[171] Mounce, *Pastoral Epistles*, p. 373.

다. 교회들이 이 서신을 공동으로 읽으면, 디모데와 디도가 그들 주위의 다양한 공동체 가운데서 사도의 사자라는 역할과 그에 걸맞은 권위를 갖고 있음을 이해하리라는 주장이 바로 그것이다. 바울은 심지어 3:14-15에서 이 서신을 쓰는 목적을 이렇게 말한다. "내가 늦어지면, 네가 하나님의 집에서 어떻게 행해야 하는지 알게 하고자 이 가르침을 네게 써 보내니, 이 집은 살아계신 하나님의 교회요 진리의 기둥과 터다." 타우너(Towner)는 이렇게 말한다.

> 바울은 그가 섬기던 교회를 떠나 있는 동안 권면을 담은 가르침을 그 교회에 전하는 방법으로 으레 서신을 사용하곤 했다. 사실, 이 말의 언어와 스타일은 다른 바울 서신에서 이와 비슷한 의도로 언급한 말[가령, 고후 13:10; 롬 15:24; 빌 2:23-24]과 완전히 일치한다.…여기서 이 말은 이 서신이 담고 있는 명령이라는 차원에 상응하는 공식 목적에 이바지하며, 무엇보다 디모데가 사도의 사자로서 이 공동체 안에서 갖고 있는 역할과 권위를 더 넓은 범위의 독자에게 되새겨 주는 데 이바지한다.[172]

마운스도 비슷한 주장을 제시한다. "바울은 디모데에게 이 서신을 써 보냈다. 하지만 그의 의도는 이 서신을 교회 전체가 읽게 하는 것이다. 이런 의도는 서신 전체에서 분명하게 나타나며, 미덥고 박식한 동역자가 아니라 골칫덩어리 에베소 교회에 보내는 말이 디모데전서에 많이 나오는 이유를 설명해 준다."[173]

그러나 설령 이 서신들이 오로지 어느 한 사람이 읽게 할 목적으로 쓴

---

172 Philip Towner, *The Letters to Timothy and Titus* (Grand Rapids, MI: Eerdmans, 2006), pp. 271-272.
173 Mounce, *Pastoral Epistles*, p. 373.

것이라 할지라도, 이 서신들에도 공동 읽기 사건에 관한 지식이 분명 존재하는 것 같다. 이를 가리키는 일부 근거는 분명 다른 근거보다 또렷하게 나타난다. 예를 들면, 이 서신 저자가 말하는 신화와 족보(1:4)가 정확히 무슨 의미인지 분명하지는 않으나, 저자를 반대하는 무리가 그 시대에 나온 다른 글들—이 글들은 철학과 관련된 글이거나 유대교와 관련된 글이거나 다른 글일 수도 있다(참고. 딤후 4:4; 딛 1:14)—을 읽고 가르치며 시간을 보냈다고 믿을 만한 강력한 이유들이 있다. 가령, 1:7은 깜냥도 없으면서 "율법 선생" (νομοδιδάσκαλοι)이 되려고 욕심내는 이들을 언급하는데, 이 말은 신약성경이 세 번만 사용한다(참고. 눅 5:17; 행 5:34). 누가는 사도행전 5장에서 랍비로서 유일하게 이름이 언급된 가말리엘을 가리키는 말로 이 말을 사용한다(5:34; 22:3). 게다가, 반대하는 무리는 성문 율법을 가르치는 이들이 되고 싶어 하는 것 같으나(1:6-7), 율법을 올바로 해석하지 못한다. 아바시아노는 이렇게 주장한다. "읽기가 반복하여 이루어졌을 가능성이 큼을 고려할 때, 바울은 그의 서신이 가르침에 사용되며, 선생들이 그가 넌지시 인용하는 성경 부분들을 공부하여 이해한 뒤, 이를 그들이 섬기는 그리스도인 공동체와 나누길 기대했을 수 있다."[174]

아울러 다른 많은 본문은 공동 읽기 사건이라는 틀 속에서 읽지 않았을 수도 있다. 감독이 가르칠 수 "있어야 한다"(δεῖ)는 본문(3:2)이 그런 예다. 우리 연구서의 다른 부분에서도 볼 수 있듯이, 가르침은 종종 공동 읽기를 동반했다. 마찬가지로, 여자들에게는 모든 일에 신실하라고 요구한다(3:11). 이런 일 가운데 하나가 그들의 자녀를 가르치는 것이다. 이런 강조점과 잘 들

---

[174] Abasciano, "Diamonds in the Rough", p. 170.
[175] Bruce K. Waltke, *The Book of Proverbs: Chapters 15-31* (Grand Rapids: Eerdmans, 2005), pp. 532-533를 보라.
[176] "아울러 너희는 너희 자녀에게 글을 가르쳐 그들이 살아가는 내내 하나님의 율법을 끊임없이 읽음으로 통찰을 갖게 하라." H. C. Kee, "Testament of the Twelve Patriarchs", in *Old Testament*

어맞는 곳이 잠언 31:26-27[175] 같은 유대교 성경, 「레위의 유언」 13:2[176]같은 다른 유대교 문헌, 그리고 디모데후서 1:5처럼 나중에 신약성경의 일부가 된 글이다. 아울러 바울은 디모데가 좋은 일꾼이면 "이런 것들"을 교회에 일러 주리라고 생각한다(4:6). "이런 것들"은 주위 문맥을 가리키는 말일 수 있으며, 십중팔구는 그럴 것이다. 그렇지만 "이런 것들"은 사도가 교회에 신실히 전달되길 원하는 그의 가르침 전부를 가리키는 말일 수도 있다. 이런 해석을 보완해 줄 법한 표현들이 더 있는데, 앞 절에 나오는 "하나님 말씀"이 그 예다(4:5). 이 "하나님 말씀"은 로마서 3:4 같은 특정 본문을 가리킬 수도 있고, 창세기 본문처럼 구약의 어느 한 대목 전체를 가리킬 수도 있다. 아니면 고린도전서 14:36처럼 복음의 메시지를 가리킬 수도 있고, 마가복음 7장에 나오는 말처럼 예수의 말씀을 가리킬 수도 있다. 어느 경우든, 이 말은 십중팔구 글로 기록된 텍스트를 가리킬 것이다.

논쟁 여지가 있긴 하지만, 이렇게 암시하는 본문 뒤에 신약성경 전체를 통틀어 공동 읽기를 가장 또렷하게 말하는 본문이 등장한다. 디모데전서 4:13이 그것이다. 이 본문을 보면, 저자가 디모데에게 공동 읽기를 우선시하라고 명령하는 것만큼은 누가 봐도 분명한 사실이나, 그것 말고도 짚고 넘어가야 할 세부 사실이 적어도 둘이나 있다. 첫째, 저자는 어떤 한 회당 공동체를 상대로 말하지 않는다(행 19장). 따라서 바울은 이렇게 공동 읽기를 강조할 때 유대인 공동체뿐 아니라 모든 그리스도인 공동체를 염두에 두었다. 둘째, 그는 분명 공동체가 함께 읽어야 할 것을 특정하여 제약하지 않지만, 그래도 그가 붙여 놓은 정관사는 우리 이해에 도움이 된다(τῇ ἀναγνώσει). 헬라어 본문은 여기서 "성경"을 말하지 **않는데도**, 대다수 역본은 성경이라는 말을 덧붙이는데, 이로 보아 "이 저자는 적어도 바울이 쓴

Pseudepigrapha, 1.792-793.

글 역시 구약성경이 된 책처럼 마음에 담고 있었을 가능성이 크다."[177] 루크 존슨(Luke Johnson)은 바울이 디모데에게 "공동체의 공적 생활에" 헌신할 것을 지시한 뒤, "우선 **에클레시아**(*ekklēsia*) 안에서 읽는 일부터 시작하라" 말한다고 써 놓았다. 이어 존슨은 이렇게 쓴다. "사실, 바울이 쓴 서신이 맨 처음 읽힌 곳은 분명 그런 공적 읽기가 벌어지는 자리였다."[178] 디모데가 바울이 여기서 제시하는 것을 따르고 그것을 그가 섬기는 공동체와 함께 나누면, 그것이 디모데와 그의 청중을 구원할 것이다(4:16).

마지막으로, 마이클 크루거(Michael Kruger)는 바울이 5:18에서 복음 전승(눅 10:7)을 성경으로 인용했을 개연성을 논하는데, 이 역시 언급할 만한 가치가 있다. 그는 그렇게 보는 중요한 이유 세 가지를 이렇게 제시한다. 첫째, 누가복음에서 인용한 말을 신명기 25:4과 나란히 놓아두고, 이 둘을 모두 "성경"이라 부른다. 둘째, 저자가 이런 형식에서 이 문구를 사용하지 않은 채 누가복음 이외의 다른 성문 텍스트를 사용한다. 셋째, 누가와 바울 사이에는 역사상 강한 연관 관계가 있다.[179] 이런 판단을 내리는 이는 크루거만이 아니다. 실제로 울프(Wolfe)는 목회 서신 안에서 성경이 어떤 위치를 차지하며 목회 서신이 성경을 어떻게 사용하는지 다룬 그의 연구에서 이렇게 언급한다. "모든 근거가 그것[디모데전서 5:18이 제시하는 주의 말씀]이 누가복음에서 나왔다고 가리킨다."[180] 우리 연구에 비춰 볼 때, 이들의 설득

---

[177] Andrew B. McGowan, *Ancient Christian Worship: Early Church Practices in Social, Historical, and Theological Perspective* (Grand Rapids: Baker Academic, 2014), p. 80.
[178] *The First and Second Letters to Timothy: A New Translation with Introduction and Commentary* (New York: Doubleday, 2001), p. 252.
[179] "Early Christian Attitudes toward the Reproduction of Texts", in *The Early Text of the New Testament*, ed. Charles E. Hill and Michael J. Kruger (New York: Oxford University Press, 2012), pp. 61-80, 이 부분은 pp. 67-69.
[180] Wolfe, "Scripture in the Pastoral Epistles", p. 105. 1세기에 문헌이 널리 보급되었음을 보여 주는 사례를 하나 살펴보려면, 내 논문 "Ancient Rome's Daily News Publication with Some Likely Implications for Early Christian Studies", *TynBull* 67, no. 1 (2016): pp. 145-160를 보라.

력 있는 논증은 이 서신 저자의 자료가 누가복음이었으며 공동 읽기 사건이 널리 퍼져 있었을 개연성을 인정해야 할 또 다른 이유를 제공한다.

디모데후서

디모데전서와 마찬가지로, 디모데후서도 에베소에 있는 공동체가 공동으로 읽게끔 써 보낸 서신임을 가리키는 근거가 많이 있다. 타우너는 바울이 이 서신 서두에서 자신이 누구인지 밝힌 내용(1:3)도 그런 근거 가운데 하나라고 믿는다. 그는 이렇게 말한다. "이 서신이 디모데가 일하던 교회(들)도 읽어야 할 서신이었음을 고려할 때, 바울의 주장은 당연히…그에게 반대하는 이들이나 사도의 권위를 거부하는 반대자들의 손아귀에 있는 이들을 겨냥했을 것이다."[181] 1:13-14에는 살펴봐야 할 또 다른 점들이 많이 있다. 첫 번째 단어(ὑποτύπωσιν)는 확립된 전승과 교리를 강조한다. 다음에, 바울이 "맡긴 (부탁한) 좋은 것"은 디모데가 이미 받아들인 것이다. 아울러 저자는 그것을 신뢰할 만한 길잡이나 패턴 역할을 해야 할 모델이나 형태나 기준으로서 드높인다. 이 모든 것은 이 메시지에 미래 세대까지 염두에 둔 연속성과 순수성이 담겨 있어야 함을 시사하는 것 같다. 요컨대, 하나님이 바울에게 맡기신 복음과 바울이 다른 이들에게 맡긴 복음, 그리고 그 다른 이들이 또 다른 이들에게 맡긴 복음은 동일한 복음이다.

2장을 보면, 분명 그의 메시지, 곧 그들에게 서로 가르치라고 당부한 메시지에 귀를 기울이는 많은 증인이 있었다(2절). 타우너는 이를 두고 이렇게 언급한다. "이런 단서는 이 메시지가 진짜임을 증명할 수 있는 다른 이들의 존재를 부각시켜 준다."[182] 더욱이, 그는 2:8에서 그들에게 다시 "내 복음"

---

181 Towner, *The Letters to Timothy and Titus*, p. 450.
182 Ibid., p. 490.

을 기억하라고 당부한다. 저자가 여기서 쓰는 말은 이 청중이 과거에 이미 공동 읽기를 통해 들었을 공식의 일부일 수도 있다. 이어 저자는 2:11-13에서 "이 말은 신뢰할 수 있으니(미쁘니)"라는 도입 문구를 제시한다. 그는 필시 이 서신을 쓸 때 이미 전승으로 자리 잡은 자료를 말하는 것 같다—이 문구는 바울이 자기가 말하려는 취지를 염두에 둔 말일 수도 있고 그렇지 않을 수도 있다. 디모데전서에서도 그랬지만, 디모데후서 저자도 디모데더러 하나님의 사람들에게 이 일을 계속하여 되새겨 줌으로써 기억케 하라고(현재 시제를 사용한다) 명령한다(2:14). 적어도 이 서신의 일부 역시 이 가르침에 포함되었을 것으로 보인다. 저자는 하나님 말씀을 다룬 직후, 2:15에서 강설 행위를 나타내는 용어를 이어 간다["되새겨 주다", "말"(words), "듣는 자들", "진리의 말씀", "헛된 말", "말"(saying); 2:14-18]. 우리 목적에 비춰 볼 때, 이런 용어들은 저자가 공동 읽기 관습을 강조한 것으로 볼 수 있다. 이를테면, 이 서신의 내용과 올바른 전달은 디모데의 가르침을 요약할 수 있는 말이었다. 저자는 이미 다른 곳에서 성경의 공적 읽기와 저자 자신이 쓴 서신을 사람들과 함께 나누는 것이 그런 가르침에 해당하는 예임을 확증했었다.

계속하여 3장에서는 특히 두 구절을 살펴봐야 한다. 첫째, 저자는 3:15에서 디모데가 "어릴 때"부터 거룩한 글들(성경)을 익히 알았음을 시사한다. 1:5에 비춰 볼 때, 십중팔구는 유대인이었던 디모데의 모친과 외조모가 그를 유대 전통 방식(신 6:2, 7, 20)대로 양육한 주요 인물이었을 것이다. 이들은 디모데라는 인격체가 형성되던 시절에 유대교 성경을 읽어 주고 가르쳤을 것이다.[183] 둘째, 이 서신 지자가 장려하는 "복음"은 그 기초가 성경이다

---

[183] 1세기에 교육받은 어머니와 여성을 다룬 자료를 더 살펴보려면, Bruce W. Winter, *Roman Wives, Roman Widows: The Appearance of New Women and the Pauline Communities* (Grand Rapids: Eerdmans, 2003); Craig Keener, "Women's Education and Public Speech in Antiquity", *JETS* 50, no. 4 (2007): pp. 747-759; Linda Belleville, "Ἰουνίαν ... ἐπίσημοι ἐν τοῖς ἀποστόλοις: A Re-examination of Romans 16:7 in Light of Primary Source Materials", *NTS*

(3:16). 다시 말해, 디모데가 바로 그 성경 안에서 받은 훈련이 그가 거짓 교사들에 맞서며 서 있는 토대를 틀림없이 형성했다. 거듭 말하지만, 유대인의 역사가 흘러오는 내내 이런 텍스트들을 공동으로 읽은 것이 그 뒤편에 자리해 있는 것으로 보이며, 분명 지금도 그런 공동 읽기를 변함없이 전면에 내세워야 한다.

저자는 4장에서도 이렇게 글을 공동으로 읽음을 계속 강조하는 것 같다. 저자는 디모데에게 말씀을 설교하고(4:2) 바른 것을 가르쳐야 한다(4:3)고 명령한다. 하지만 안정성이 없는 기준이라면, 그것을 어찌 기준이라 여기겠는가? 저자가 여기서 전하는 가르침을 섬기는 사역 활동은, 이 가르침이 구약성경이라는 거룩한 기록처럼 안정성을 갖고 있기에, 필시 신자들에게 용기를 불어넣어 줄 것이다. 실제로, 마가복음 14:9에 따르면, 그리스도도 "말씀을 설교하다"라는 문구를 살짝 바꿔, "복음이 설교되다(전파되다)"라고 말씀하신다.

타우너는 디모데후서 4:2-3과 관련하여 또 하나 고찰할 만한 가치가 있는 관찰 결과를 이렇게 제시한다. "이 본문은 (성경에서 가져온) 가르침을 담고 있는데, 이 가르침은 신자들이 성숙한 이로 자라 가게 하려 하며, 그 분위기도 대체로 적극적이다."[184] 이 해석이 저자가 4:4에서 사람들에게 제시되고 있던 신화와 관련하여 제기하는 반대 논증과 잘 들어맞는 것 같다. 여기서 저자가 경청과 관련하여 사용한 언어는 사람들이 선생들 무리 주위에 모이곤 했음을 암시한다. 이는 선생들이 모여 있다는 인상을 주는데, 이런 상황에서는 공동 읽기 사건이 쉬이 폭넓게 펼쳐졌을 것이다. 저자가 "귀"라는 은유를 사용한 것은 사람들이 어떤 메시지나 보고를 들으면서도 그것이

---

51 (2005): pp. 231-249를 보라.
[184] Towner, *The Letters to Timothy and Titus*, p. 602.

옳은지 틀린지 그들 스스로 판단하지 못한다는 것을 시사한다. 이런 묘사는 분명 공동 읽기 사건, 그중에서도 특히 이교도의 공동 읽기 사건과 비교해 보게끔 만들지만, 저자가 그런 의도로 이렇게 묘사한 것인가는 명확하지 않다. 신자들은 신화를 듣기보다 이 서신이 묘사하고 교회 전체에 널리 퍼진 진리에 귀를 기울여야 한다.

아울러 바울은 디모데에게 자신이 공동 읽기 사건 때 종종 사용했던 바로 그 물건을 가져오라고 요구한다. 그는 4:13에서 τὰ βιβλία, μάλιστα τὰς μεμβράνας를 가져오라고 당부한다. 이 말은 보통 "책들, 특히 양피지들(양피지에 쓴 것들)"로 번역해 왔다. 그러나 스키트(T. C. Skeat)는 1979년에 μάλιστα를 보충 해설로 받아들여야 한다고 제안했다.[185] 그렇게 받아들인다면, 이 문구 전체는 "책들, 곧 공책들(메모를 담아 놓은 책들, notebooks)"로 해석해야 한다. 그러나 그가 그런 제안을 내놓은 뒤, 다시 많은 학자가 그의 제안을 적절히 뒤집었다. 예를 들면, 김홍범(Hong Bom Kim)과 번 포이트레스(Vern Poythress)는 전통적 이해(즉, μάλιστα를 "특히"로 해석하는 견해)가 최선임을 설득력 있게 논증한다.[186] 하지만 이런 논증에도 불구하고, 요 근래 존 클로펀보그(Kloppenborg)는 이 문구 전체가 바울을 저자로서 부각시키려는 시도였으며, 아마도 바울 자신이 옥에 있는 동안에 사용하고자 가져오라 했을 수 있다고 주장했다. 그는 이어 "그러므로 여기 나온 βιβλία가 토라 책인지, μεμβράνα가 아무것도 적혀 있지 않은 것인지, 아니면 뭔가가 가득 적혀 있는 것인지 탐구하는 것은 핵심을 벗어난 일이다"라고 주장한다.[187] 하지만 특히 우리 연구에 비춰 볼 때, 오히려 그것이 핵심을 짚은 것

---

[185] "Especially the Parchments: A Note on 2 Timothy 4:13", *JTS* 30 (1979): pp. 173-177.
[186] Hong Bom Kim, "The Interpretation of μάλιστα in 1 Timothy 5:17", *NovT* 66 (2004): pp. 360-368; Vern Poythress, "The Meaning of μάλιστα in 2 Timothy 4:13 and Related Verses", *JTS* 53, no. 2 (2002): pp. 523-532.
[187] "Literate Media in Early Christ Groups: The Creation of a Christian Book Culture", *JECS* 22,

일 수도 있다. 만일 이 문구가 특정한 성경책과 양피지에 관하여 이야기하는 것이라면, 이는, 클로펜보그의 주장과 달리, 바울을 책을 읽어 주는 이나 저자로 부각시킴과 아무 상관이 없고, 오히려 공동 읽기 사건을 강조하는 또 다른 표지일 수도 있다.[188] 이런 해석이 옥중에서 사람들이 공동으로 읽을 서신을 써 보내는 그리스도인을 다룬 다른 기록(빌레몬서)과도 들어맞을 것이다. 더욱이, 이 문구를 쓴 목적이 바울의 글쓰기 능력을 알리는 데 있다거나, 혹은 그가 단지 그의 사명과 상관없이 사사로운 서신을 쓰길 원했다고 가리키는 분명한 근거도 존재하지 않는다. 이 구절이 바울의 글쓰기 능력을 다루고 있음을 설득력 있게 논증하는 유일한 방법은, 이 논지 전체와 상관없이, μεμβράνα를 안에 아무것도 적혀 있지 않은 재료로 이해하면서, 바울이 양피지에 글을 쓰는 데 필요한 다른 모든 재료—곧 여기서 전혀 언급하지 않은—를 갖고 있다고 생각하는 길밖에 없다. 우리가 이 문구를 어떻게 이해하든, 여기서 언급한 재료가 적어도 공동 읽기 사건의 목적에 적합한 것만은 분명하다. 그렇게 본다면, 바울, 그리고 그가 서신을 써 보낸 공동체들은 텍스트에 근거하여 가르치고 공동 읽기 사건에 아주 익숙한 이들일 가능성이 커지는 셈이다.

마지막으로, 이 서신은 복수형인 "너희"로 끝을 맺는데(4:22), 이는 중요하다. 이 "너희"에는 십중팔구 디모데의 동역자들, 즉 브리스길라, 아굴라, 오네시보로 집안 사람들이 포함될 것이다.[189] 루크 존슨은 이렇게 말한다. "일찍이 세 주석자, 크리소스토모스, 키루스의 테오도레토스, 몹수에스티아의

---

no. 1 (2014): pp. 21-59, 이 부분은 p. 33.
188 예를 들면, Kloppenborg가 참고하지 않은 Dietrich-Alex Koch는 이 본문이 특히 성경 두루마리를 가리킨다고 보면서, 특히 이런 두루마리가 비싸지 않았다는 점을 그 이유로 든다. *Die Schrift als Zeuge des Evangeliums: Untersuchungen zur Verwendung und zum Verständnis der Schrift bei Paulus*, BHT 69 (Tübingen: Mohr Siebeck, 1986), pp. 99-100.
189 Mounce, *Pastoral Epistles*, p. 601.

테오도로스가 읽은 본문에 모두 *meth' hēmōn*(우리와 함께)이 들어 있었다는 게 대단히 흥미롭다."[190] 특별히 이 문구에 관한 이해를 고려할 때, 그리고 널리 이 서신 전체를 살펴볼 때, 서신은 본질상 늘 공동으로(사람들이 모인 자리에서 사람들에게) 읽었던 것 같다. 따라서 이것은, 위에서 디모데전서를 다룰 때 언급했듯이, 위경 기록자의 실수도 아니요, 그 시대의 서신 쓰기 관습의 특징도 아니며, 끝부분의 축도에만 적용되는 것도 아니었다.

디도서

바울은 크레타 섬에 있는 디도를 그가 쓴 이 서신의 유일한 수신자로 지목하지만, 동시에 디도가 보살피는 다른 독자들, 청중, 교회들도 수신자로 생각하는 것 같다. 필립 타우너는 서신 서두의 문안 인사에서 더 넓은 범위의 청중에게 이 서신을 보냈음을 일러 주는 실마리를 몇 가지 찾아낸다(1:1-4). 예를 들면, "하나님이 택하신 자들"이라는 구약 언어가 1절에 나오는데, 이 말은 "필시 (디도뿐 아니라) 유대교 사상을 충분히 알고 있는 독자들을 가리키는 말일 것이다."[191] 타우너는 이것이 이 디도서의 나머지 부분과 일치한다고 주장하면서, 그 이유로 특히 교회를 돌보는 것이 바울의 주 관심사라는 점을 든다. 3절을 보면, 그리스도의 계시를 글로 기록해 놓은 복음을 세게 강조하는 것 같다. 이 복음은 (롬 3:2이 유대인에게 하나님 말씀이 맡겨졌다고 말하듯이) 바울에게 맡겨졌으며, 맡은 이가 널리 설교하여 전파해야 할 것이었다(롬 16:25-26과 비슷하다). 게다가, 바울은 4절에서 디도를 "믿음 안에서 나를 성실히 따르는 아들"이라 부름으로써 디도의 사역이 진실함을 인정한다. "이는 무엇보다 이 서신을 읽거나 듣는 이들에게 디도(와 거짓 주장을 펼

---

[190] Johnson, *Letters to Timothy*, p. 445.
[191] Towner, *The Letters to Timothy and Titus*, p. 667.

치지 않는 이들)가 사도를 대변한다는 것을 일러 준다."[192]

이 서신을 받은 이들이 이를 공동으로 읽으리라는 것이 바울의 생각이었음을 일러 주는 단서는 서두의 문안 인사뿐 아니라 더 있는 것 같다. 여기에서는 세 사례를 제시해 보겠다. 첫째, 바울은 서신 본론에서 장로의 자격을 논한다. 그 자격 가운데 하나가 회중을 가르치고 거짓 가르침에서 보호할 능력이다(1:9). 메시지가 정확한지 알 수 있는 한 가지 방법은, 이 서신을 쓰고 있는 바울처럼, 하나님을 그 자료(원천)로 삼고 있는 사도와 인연을 맺고 연락을 유지하는 것이다(1:3). 메시지가 정확한지 알 수 있는 또 다른 방법은 그 메시지의 내용이다. 실제로, 이 정확한 가르침을 크레타에 있는 교회들에게 제시해야 하는데, 그런 가르침의 완벽한 예가 바로 지금 디도가 그 손에 들고 있는 서신, 곧 바울이 그에게 보낸 서신이다.

둘째, 바울은 이 서신에서 디도에게 그의 사람들과 어떤 일을 함께하거나 나누라고 명한다. 이로 보아, 디도가 이 서신을 공동체 앞에서 읽음으로써 사도 바울의 가르침을 따르는 자신의 권위에 정당성을 부여했으리라고 추측해 볼 수 있다. 예를 들면, 바울은 1:13에서 디도에게 "그들을 날카롭게 꾸짖으라"고 명한다. 이는 아마도, 앞의 1:9에서 언급한 것처럼, 바울이 방금 제시한 가르침의 본을 장로들에게 보이라는 말 같다. 바울은 또 2:1에서 디도에게 가르치라고 명하는데, 교회를 가르치라고 은근히 암시하는 것 같다. 이어 같은 장 6절에는 디도에게 교회 안에 있는 특정 그룹, 곧 "젊은 남자들"을 가르치라고 명한다. 바울은 2장 마지막 절(15절)에서 다시 "이것들을 선포하라. 모든 권위로 권면하고 꾸짖으라"고 명한다. 일부 학자들은 이 마지막 명령("꾸지람")을 (고전 16:11처럼) 교회에게 직접 하는 말로 여

---

[192] Ibid., p. 674.
[193] Norbert Brox, *Die Pastoralbriefe* (Regensburg: Friedrich Pustet, 1963), p. 302.

기지만,[193] 인접 문맥을 고려하면, 그렇게 생각하기는 아직 힘든 것 같다. 예를 들어, 그다음 구절(3:1)의 첫 단어인 "되새겨 주어라"(remind)는 바울이 특히 디도에게 내리는 명령이다. 바울은 계속하여 8절에서 이렇게 쓴다. "이 말은 신뢰할 수 있다. 나는 네가 이것들을 강조함으로써, 하나님을 믿게 된 이들이 선한 일에 세심히 헌신하게 하길 원하노라. 이 일이 훌륭하며 모든 이에게 유익하다." 여기서 사람들이 종종 "강조하다"로 번역하는 단어(διαβεβαιοῦσθαι)는 가르침을 통해 글로 기록된 무언가를 전달한다는 의미를 강하게 담고 있으며, 이런 의미는 이 문맥에서도 분명하게 드러난다.

셋째, 바울의 마지막 문안 인사와 축도는 사람들이 그의 서신을 공동으로 읽었으리라는 또 다른 근거를 제공한다. 여기에서는 15절에 초점을 맞춰 보겠다. 바울은 디도에게 한 공동체에서 다른 공동체로 안부 인사를 전하라 말한 뒤, "은혜가 너희 모든 이에게 있을지어다"라고 말한다. 거의 모든 주석이 언급하듯이, 이 끝말은, "모든 이"라는 말이 추가되어 있다는 점에서, 다른 목회 서신의 끝말(딤전 6:21과 딤후 4:22)과 다르다. 윌리엄 마운스는 이렇게 말한다. "[여기서 쓴 복수형은] 디도에게 보낸 이 서신이 사사로운 서신의 모습을 띠고 있지만, 그럼에도 사사로운 서신이라기보다 공중을 상대로 보낸 서신임을 암시하거나, 이 서신이 결국 공중에게 널리 읽히리라는 것을 바울도 인식하고 있음을 암시한다."[194] 바울이 "모든 이"에게 축도함으로써 더 많은 이—십중팔구는 디도가 보살피는 여러 교회들—를 수신자에 포함시켰다고 보는 것이 가장 타당할 것 같다.

빌레몬서

사도 바울은 60년대 초에 로마에서 옥고를 치르면서(행 28:11-31), 골로새에

---

[194] Mounce, *Pastoral Epistles*, p. 459.

있는 빌레몬에게 서신을 써 보낸다(골 4:7-9). 고대의 서신 관습에 따르면, 빌레몬이 이 서신의 주된 수신인이었지만, 바울은 다른 세 사람을 수신자로 더 언급한다. 압비아, 아킵보, 그리고 빌레몬의 집에서 모이는 교회가 그것이다.[195] 모든 수신인을 꼼꼼히 주목하여 살펴봐야 하지만, 이 대목에서는 공동체 전체에 초점을 맞춰 보겠다. 이 서신 전체가 긴밀하게 결합해 있는 이 무리 속에 존재하는—개개인의 현실뿐 아니라—사회 현실을 반영하기 때문이다.[196] 다시 말해, 비록 이 서신이 다루는 이슈가 개인과 관련이 있긴 하지만, 그렇다고 그 이슈가 사사로운 문제는 아니다. 이런 견해는 빌레몬서의 중심 주제를 공동체 내부의 사귐으로 보는 라이트(N. T. Wright)의 견해[197]에 힘을 실어 준다. 오네시모와 빌레몬의 문제를 온 교회의 시야 속에 끌어들임으로써, 결국 빌레몬이 이 문제에 어떤 대답을 내놓을지 모든 이가 지켜보게 만든 셈이다. 따라서 여기에는 명예와 수치라는 차원도 함께 존재한다.

이 서신은, 수신인이 여럿이요 사귐이 중심 주제인 것처럼, 공동체와 관련된 측면을 여럿 갖고 있다. 이뿐 아니라, 사람들이 이 서신을 공동으로 읽었음을 아주 분명하게 일러 주는 세 근거를 이 서신 끝부분에서 찾을 수 있다. 첫째, 그는 자신이 이 서신을 그의 손으로 직접 쓰고 있다고 말한다(19절). 앞에서 말했듯이, 만일 이 서신이 필체의 변화를 알아차릴 수 있는 한 사람에게만 보낸 것이라면, 자기 손으로 직접 쓴다는 말은 논란을 일으킬

---

[195] Peter Arzt-Grabner, *Philemon* (Göttingen: Vandenhoeck & Ruprecht, 2003), pp. 112-114.
[196] Douglas Moo는 1차 청중과 2차 청중 식별의 중요성을 훌륭하고도 균형 잡힌 시각으로 두루 고찰한 결과를 제시한다. 예를 들면, 이 짧은 서신 전체가 2인칭 대명사와 동사 형태를 어떻게 사용하는지, 그리고 이런 형태들 사이에 어떤 전환이 일어나는지 관찰해 보는 게 중요하다. 아울러 가끔씩 "사적" 상황과 "공적" 상황을 구분하는 잘못된 이분법이 등장한다. 이런 문제들에 관하여 더 많은 정보를 알고 싶으면, Moo, *Colossians and Philemon*, pp. 361-378를 보라.
[197] Nicholas T. Wright, *Paul and the Faithfulness of God: Parts I and II* (Minneapolis: Fortress Press, 2013), pp. 16-22. 그는 이런 입장을 수십 년 동안 유지해 왔다. 예를 들어, *The Epistles of Paul to the Colossians and to Philemon* (Leicester: InterVarsity, 1986), pp. 183-187를 보라.

여지가 있을 것이다. 피츠마이어는 이렇게 써 놓았다. "이것 역시 이 서신이 그저 빌레몬에게 사사로운 용건으로 보낸 것이 아니라, 오히려 바울이 이 서신을 빌레몬의 집에 모인 교회에게 읽어 주어야 할 것으로서 보냈음을 일러 주는 근거다."[198] 둘째, 바울은 22절에서 "너희 기도를 통해 다시 너희에게 나아갈 수 있기를"이라 써 놓았다. 바울은 온 교회가 그를 위해 기도하는 것만이 그가 골로새로 갈 수 있는 유일한 길이라고 말한다. 여기서 바울은 복수 대명사를 썼다(ὑμῶν과 ὑμῖν). 이는 이 서신 서두에서 여러 수신인을 열거한 점과도 잘 들어맞는다. 무는 이를 고려하여 이렇게 결론짓는다. "이 서신은 빌레몬, 그리고 바울이 그에게 하는 요청에 초점을 맞추지만, 우리는 다시금 바울이 이 서신이 공동체 전체가 모인 자리에게 읽히라고 추정하는 모습을 본다."[199]

셋째, 바울은 25절에서 "주 예수 그리스도의 은혜가 너희 영과 함께 있을지어다"라고 쓴다. 바울은 으레 이렇게 "너희"라는 복수형을 사용하여 끝을 맺지만, 마르쿠스 바르트(Markus Barth)와 헬무트 블랑케(Helmut Blanke)는 이 복수형이야말로 "바울이 그의 이 서신을 사사로운 서신이 아니라 골로새에 있는 **공동체**에게 보내는 서신으로 이해했음을 다시 한번 분명하게 보여 주는" 증거라고 믿는다.[200] 바울은 이 서신 전체가 빌레몬의 집에 모이던 회중 전체 가운데서 낭독되리라 생각하고, 이 회중 전체에게 이 서신을 보낸다. 나아가 그가 "너희"와 "영"을 결합해 놓았다는 것은, 빌레몬뿐 아니라 이 회중 전체가 "은혜"가 필요한 오네시모의 고난을 품어 주어야 한다고 암시하는 것 같다.

---

[198] *The Letter to Philemon: A New Translation with Introduction and Commentary* (London: Doubleday, 2000), p. 118.
[199] Moo, *Colossians and Philemon*, p. 437.
[200] *The Letter to Philemon: A New Translation with Notes and Commentary* (Grand Rapids: Eerdmans, 2000), p. 498.

요컨대, 빌레몬서는 "여기저기 여행하며 말씀을 전하던 이와 별개로 텍스트 회람을 가능하게 만들어 주었던 구조가 존재했다"는 것을 뒷받침하는 또 다른 증거다. 이런 텍스트는 사람들 앞에서 실연할(perform) 의도로 쓴 것이 아니었기 때문이다.[201]

히브리서

히브리서로 알려진 이 기록이 설교인가 서신인가를 놓고 아직 논쟁이 있지만, 사람들이 이 기록을 공동으로 읽었는가라는 문제에서는 많은 논쟁이 없는 것 같다. 이 작품 자체에는 이를 공동으로 읽었을 개연성을 배제하는 표지가 아주 많다. 그럼에도, 여기에서는 그런 개연성을 시사하는 특징 가운데 몇 가지를 짚어보겠다.

저자가 이 글 전체에서 청중과 관련하여 제시하는 추정들은 많아 보이지만, 그런 추정 자체가 확실하게 식별되지는 않는다. 예를 들면, 저자는 청중이 구약성경의 많은 본문은 물론이요 「마카베오1서」 2장과 「마카베오2서」 7장 같은 다른 유대교 텍스트를 아주 잘 알고 있다고 추정한다.[202] 이렇게 청중이 이런 텍스트를 익히 알리라고 추정할 수 있는 한 이유는 사람들이 이런 텍스트들을 자주 공동으로 읽었을 개연성이 높다는 것을 그가 알기 때문이다. 실제로, 저자는 이 기록 첫 장에서 구약 본문을 많이 제시한 다음, 이렇게 말한다. "그러므로 우리는 우리가 들은 것에 더 유념하여 그것

---

201 O'Loughlin, "Luke 1:2."
202 Christian M. M. Brady, "What Shall We Remember, the Deeds or the Faith of Our Ancestors? A Comparison of 1 Macabees 2 and Hebrews 11", in *Earliest Christianity within the Boundaries of Judaism: Essays in Honor of Bruce Chilton*, ed. Alan Avery-Peck, Craig A. Evans, and Jacob Neusner, Brill Reference Library of Judaism 49 (Leiden: Brill, 2016), pp. 107-119를 보라.

에서 떠내려가지 않게 해야 한다"(2:1). 이는 저자가 구약 본문을 인용할 때, 가령 2:6에서 "그러나 누군가가 어딘가에서 증언하여 말하길"이라고 말하는 것처럼, 인용하는 이유를 설명하는 데 도움을 준다. 저자는 성경에서 말하는 이가 누구이거나 성경을 기록한 이가 누구인가를 그리 중요하게 여기지 않는다. 권위 있는 증언을 읽는다는 것(또는 낭독한다는 것)은 마치 하나님이 그 공동체에게 직접 말씀하시는 것과 같기 때문이다.

저자는 3:1에서 이 서신을 받는 그룹을 공통된 신앙고백을 가진 "거룩한 형제들"이라 부르고, 그들에게 "예수를 깊이 생각하라"고 권면한다. 저자는 이를 통해 하나님의 집인 이 공동체의 친밀함을 강조하고, 그들이 함께 모인 자리에서 낭독되는 이 서신을 듣고 있다는 사실을 역시 강조한다. 이어 저자는 그들이 모인 자리에서 낭독되는 이 글을 귀 기울여 듣고 있는 이들에게 또 다른 본문인 시편 95편의 경고에 귀를 기울이라고 권면한다. 하지만 만일 그들이 이렇게 공동으로 읽는 글을 듣기에 게으르고 둔하여(5:11) 기록된 하나님의 말씀에 순종하지 않으면(5:12), 여전히 "어린아이"일 뿐이다(5:13). 따라서 저자는, 이 서신을 쓸 때쯤(대략 기원후 60년-100년),[203] 공동 읽기가 많이 이루어지고 있다고 추정하여, 기초에서 다시 시작하길 원하지 않는다.

이 서신 전체를 살펴보면 공동 읽기 장면이 더 많이 등장하지만, 이 서신이 공동으로 읽을 서신으로서 기록되었음을 증명하는 데는 이미 언급한 것만으로도 충분하겠다. 그렇긴 하지만, 이미 언급한 장면이 썩 설득력이 있

---

[203] Harold W. Attridge, *The Epistle to the Hebrews: A Commentary on The Epistle to the Hebrews*, ed. Helmut Koester (Philadelphia: Fortress Press, 1989), pp. 6-9을 보라. 나는 무엇보다도 이 작품이 레위기가 제시하는 체계 전체를 현재 시제로 이야기한다는 점을 고려하여, 이 작품이 학자들이 추측하는 저작 시기 중 이른 때에(기원후 70년 이전) 기록되었다는 견해를 채택한다. Attridge는 이런 논지를 거부하고 저작 시기를 달리 산정하는데, 내가 보기엔 그의 견해가 적절치 않은 것 같다. Ibid., p. 8.

지는 않다. 하지만 저자는 맺음말에서 이것이 어느 한 개인에게 보내는 서신이라기보다 "형제들"이라는 회중에게 써 보내는 권면임을 분명히 밝힌다(13:22). 여기서 미루어 볼 수 있는 정황은, 특히 여기서 쓴 용어를 고려할 때, 비시디아 안디옥의 한 회당에서 펼쳐지는 공동 읽기 사건을 이야기한 사도행전 13:15(참고. 벧전 5:12)에서 발견할 수 있는 정황과 비슷하다. 이들은 모두 "권면의 말"이라는 문구를 쓸 뿐 아니라, 예수와 이스라엘에 관하여 비슷한 생각을 제시한다. 게다가, 세 번째 당사자가 등장하는 저자의 마지막 인사, "이탈리아에서 온 이들도 너희에게 인사를 전한다"(13:24)는 이런 유형의 서신을 공동으로 읽던 일이 단지 이 특정 공동체에 국한되지 않고 널리 퍼져 있었음을 일러 준다. 많은 학자가 지적하듯이, 비슷한 공동체들끼리 이런 안부 인사를 주고받았다는 것은 이들이 본질상 공동체였으며 서로 관심을 갖고 있었음을 확실하게 보여 준다.[204]

야고보서

기원후 3-4세기경, 유세비오스는 야고보서를 "많은 교회가 계속하여 공동으로 사용하는" 서신 가운데 하나로 언급한다(*Hist. eccl.* 3:31; 참고. 3:25). 나중에 나온 기록이 묘사한 이런 모습은 야고보서 저자가 그의 첫 청중에 관하여 하는 말, "흩어져 있는 열두 지파"와 일치한다.[205] 오늘날 이 공동체들이 정확히 어느 지역에 있었는지 확실하게 아는 이는 아무도 없지만, 그래도 이 서신이 의도한 청중이 널리 퍼져 있었다는 것만은 확실하다(아래에서

---

[204] David L. Allen, *Hebrews: An Exegetical and Theological Exposition of Holy Scripture*, NAC 35 (Nashville: B & H, 2010), pp. 631-632.
[205] 여기에서는 야고보서 저자에 관한 논쟁을 모두 살펴보지 않고, 다만 이 서신 저자가 주의 형제 야고보라는 이 서신 자체의 주장을 그대로 받아들인다는 것만 이야기하는 것으로 만족하겠다. 초기 기독교 증거도 이 견해를 지지한다.

"흩어져 있음"을 논한 내용을 보라).²⁰⁶ 야고보서가 공동체를 지향하고 있다는 것도 상상하기가 어렵지 않다. 심지어 패트릭 하틴(Patrick Hartin)은 "사회화"가 야고보서의 목적이라고 보며,²⁰⁷ 페터-벤 스미트(Peter-Ben Smit)는 야고보서가 갖고 있는 많은 특징이 "심포지움처럼 조직된 공동체"를 암시한다고 주장한다.²⁰⁸ 2인칭 복수 대명사를 계속 사용하는 점, 이 서신 독자들을 "내 형제들"이라 부르는 점, 교사들과 가르침을 언급하는 점은, 저자와 그의 글에서 강하게 드러나는 유대 배경은 물론이요,²⁰⁹ 공동 읽기 사건을 암시하는 또 다른 근거다.

이 서신을 널리 회람하라는 말에서 드러나는 이 서신의 의도, 이 서신이 공동체와 관련된 본질을 지니고 있다는 점, 그리고 이 서신이 사용하는 복수 용어뿐 아니라, 이 서신의 많은 구절이 이런 공동 읽기 개념을 추정하거나, 암시하거나, 천명한다. 댄 매카트니(Dan McCartney)는 1장 18절에 나오는 "진리의 말씀"은 십중팔구 성경을 가리킨다고 주장한다.²¹⁰ 이는 이 서신 수신자들이 듣고 있는 것, 즉 "말씀"을 다루는 인접 문맥, 특히 21-23절과 잘 들어맞는다. 앨리슨(Allison)은 이 "말씀"이 유대교 토라를 가리킨다고 설득

---

206 이 서신이 수신자로 지목한 이 그룹을 문자 그대로 해석하지 않고 비유로 해석한다 할지라도, 이 문제는 여전히 남을 것이다. Dale C. Allison, *The Epistle of James: A Critical and Exegetical Commentary* (New York: T&T Clark, 2013), pp. 115-116를 보라.
207 *James*, SP 14 (Collegeville, MN: Liturgical Press, 2003), p. 13.
208 "A Symposiastic Background to James?", *NTS* 58 (2011), pp. 105-122, 이 부분은 p. 122. 신약성경에서 야고보서만이 영향력 있는 사회적 모임과 관련하여 식사에 두드러진 위치를 부여했음을 보여 주는 유일한 기록은 아니다. 마가복음 저자는 마가복음 6장에서 헤롯의 생일 축하연과 뒤이어 등장하는 예수의 오병이어 이적(예수가 수많은 사람들을 먹이신 일)을 대비하려 했을 수 있는데, 마찬가지로 학자들도 예수의 식사와 심포지움을 비교했다. 다른 이들도 있지만 특히 David H. Sick, "The Symposium of the 5,000", *JTS* 66, no. 1 (2015): pp. 1-27; Susan Marks and Hal Taussig, eds., *Meals in Early Judaism: Social Formation at the Table* (New York: Palgrave Macmillan, 2014)을 보라. 아울러 도마행전 29, 49-50, 121, 133, 158; 요한행전 4-85, 89, 109-110 같은 묵시 작품을 보라.
209 Scot McKnight, *The Letter of James* (Grand Rapids: Eerdmans, 2011)를 보라.
210 *James* (Grand Rapids: Baker Academic, 2009), p. 110.

력 있게 논증한다.²¹¹ 따라서 우리 앞에는 큰 소리로 낭독되는 성경을 듣고 있는 한 공동체가 있는 셈이다. 아울러 이렇게 성경 읽기를 강조한 것은, 일찍이 윌리엄 오스털리(William Oesterley)가 25절과 관련하여 언급했듯이, 그 이미지가 허리를 굽혀 토라 두루마리를 보고 있는—"완전한 율법을 찾고자 [παρακύψας] 허리를 굽힌"²¹²—사람의 이미지임을 특히 가리키는 것이기도 하다.

이 연구서 4장에서 보았듯이, 유대교 회당에서는 으레 성경을 공동으로 읽었으며, 이는 다시 초기 그리스도인 회중들에게 영향을 미쳤다. 여기서 저자는 그의 청중에게 "심어진 말씀을 받으라"(1:21)고 지체 없이 가르친다. "심어진"(Ἔμφυτος)은 신약성경에서도 독특하게 여기 야고보서에서만 나타나는 말이다. 그리스도인은 늘 하나님 말씀을 경청하고, 믿으며, 그 말씀을 따라 행해야 한다.²¹³ 저자는, 그리스도인이 그렇게 하지 않으면, "듣고 잊어버리는 자"가 될 수 있다고 말하는데(1:25), 이렇게 듣고 잊어버림은 "모든 사람이 걸리기 쉬운 병이요, 끊임없이 계속하여 하나님 말씀에 귀를 기울임이라는 치료약이 필요한 병이다."²¹⁴ 따라서 이 공동체의 영성 형성은 공동 읽기 사건과 직접 연결되어 있다.

야고보서 저자는 2장 첫머리에서 그가 의도하는 청중의 범위가 아주 넓다고 보는 견해를 뒷받침하는 예를 제시한다—이 서신은 유대 땅에 사는 사람들과 그리스도를 믿는 이들에게 써 보낸 서신일 가능성이 높다.²¹⁵ 실제로, "흩어져 있는"이라는 말에서 알 수 있듯이, 그는 이 서신을 청중 앞에서

---

211 Allison, *James*, p. 319.
212 "The General Epistle of James", in *The Expositor's Greek New Testament*, rev. ed., ed. W. Robertson Nicoll (New York: Eerdmans, 1960), 4:385-476, 이 부분은 4:434.
213 McCartney, *James*, p. 118.
214 Ibid., p. 124.
215 다른 글도 있지만, 그 가운데서도 특히 John S. Kloppenborg, "Diaspora Discourse: The Construction of *Ethos* in James", *NTS* (2007): pp. 242-270를 보라.

낭독하는 일이 그의 청중에 속한 어느 회당에서나 일어날 수 있으리라고 추정한다. 그는 단순히 "회당"을 말하는 데 그치지 않고, "너희 회당"이라 부른다(그러나 회당 앞에 정관사는 붙이지 않았다, 2:2). 이 서신이 회람 서신임을 고려하면, 이런 언급은 여기서 제시하는 주장을 증명하는 데 중요하다. 이런 언급이 유대교 회당의 관습을 되울려 주는 말이든 아니든, 적어도 이 저자는 그의 서신이 이미 공동 읽기 사건에 참여하고 있는 여러 공동체에 전달되리라고 추정한다. 저자의 이런 추정을 뒷받침해 주는 증거가 또 다른 핵심 문언이다. 저자는 "흩어져 있는 이들"이 욥 이야기를 들었다고 추정한다(5:11). 이것이 이 저자가 그의 청중이 "들었다"고 추정하는 유일한 성경 이야기는 아니지만, 이 공동 읽기 사건의 초점을 대표하는 이야기이긴 하다. 따라서 바로 이 두 구절로 보아, 저자는 현재와 과거에 "흩어져 있는 이들"이 한 경험 가운데 성경을 공동으로 읽는 것도 들어 있다고 추정하는 것 같다.

베드로 서신

베드로전서

베드로전서는 회람 서신의 또 다른 예다. 이는 1:1에서 분명히 나타나는데, 여기서 저자는 서로 다른 많은 문화에 속한 많은 공동체를 이렇게 수신자로 언급한다. "본도, 갈라디아, 갑바도기아, 아시아, 그리고 비두니아에 흩어져 있는 나그네들에게." 저자는 여기서 여러 공동체를 수신자로 지목하긴 하지만, 이들에게는 저자가 추정하는 한 가지 공통분모가 있다. 그건 바로 이들이 모두 공동체 앞에서 낭독되는 성경은 물론이요, 아마도 다른 문헌 전승도 들었을 것이라는 추정이 바로 그것이다.[216] 심지어 벤저민 사전트(Benjamin Sargent)는 쿰란 공동체와 베드로 공동체 사이에는, 가령 성경에 특별한 관심을 보이는 것처럼, 몇 가지 유사점이 있다고 주장한다.[217]

저자가 첫머리에서 사용하는 유비 가운데 하나(1:24-25)는 유대교 성경에서 나온 것인데, 저자는 이 성경이 영원히 이어질 것이라고 말하며 그의 독자들이 이 성경을 이미 들었고 믿었다고 추정한다. 그는 "이 말씀이 너희에게 선포된 좋은 소식이다"라고 말하는데, 이것이 정확히 무슨 뜻인가는 분명치 않다. 그러나 이 말씀을 선포하는 일에 유대교 성경이나 그의 서신 같은 사도들의 서신을 읽거나 낭독하는 일이 포함되었음을 논증하기는 어렵지 않다. 아울러 그는 이 말씀이 세세토록 있다고 언급한다. 저자가 말씀이 세세토록 있다고 말하는 이유 가운데 하나는 사람들이 말씀을 자주 공동으로 읽는다고 추정하기 때문이다. 이렇게 추정하는 또 다른 근거를 4:11에서 볼 수 있는데, 여기서 저자는 누구든지 말하는 이는 "하나님의 말씀"을 하는 것같이 말해야 한다고 말한다. 저자가 여기서 하는 말이 정확히 무슨 의미인지 분명치 않지만, 말하는 활동에는 복음 전도, 가르침, 예언, 말로 노래함, 증언, 성경/서신을 공동으로 읽기가 포함되었다고 본다. 그렇지만 어쨌든, 우리 연구서 전체에서 보았듯이, 당시 널리 퍼져 있었던 공동 읽기 관습을 제외하지는 못한다.

저자는 이 서신을 맺으면서, 그가 쓴 이 서신을 "너희"(복수형)에게 전해

---

[216] 예를 들면, Peter Davids는 저자가 3:6에서 아브라함을 "그의 주"라 부른 사라를 언급한 것은 십중팔구 그 시대 청중이 익히 알고 있던 「아브라함의 유언」(Testament of Abraham)이 제시하는 성경 밖의 문헌 전승(들)을 참고한 것임을 설득력 있게 논증한다. A Theology of James, Peter, and Jude (Grand Rapids: Zondervan, 2014), pp. 143-144. 참고. Troy W. Martin, "The TestAbr and the Background of 1 Pet 3:6", ZAW 90 (1999): pp. 139-146.

[217] Written to Serve: The Use of Scripture in 1 Peter, ed. Chris Keith, LNTS 547 (London: T&T Clark, 2015).

준 실루아노를 언급한다(5:12).[218] 데이비즈가 언급하듯이, "서신 전달자는 서신을 전달했을 뿐 아니라, 대개 전달한 서신을 큰 소리로 읽어 주기도 했다."[219] 사실, 그동안 진행된 연구들은 고대 서신 전달자들이 종종 저자가 수신지에 직접 와 있는 것 같은 분위기를 전하기도 했으며, 어떤 사람이나 공동체가 저자의 의도를 이해하도록 돕는 데 중요한 역할을 할 때도 종종 있었음을 계속하여 보여 주었다.[220] 더글러스 해링크(Douglas Harink)는 그의 주석에서 이런 이해를 지지하는 주장을 편다. 그는 사도행전 15:32 같은 본문들을 지적하고 실루아노-필시 같은 사람일 것이다-를 바울의 사역과 연계하는 다른 본문들을 밝힌 다음, 이렇게 말한다. "실루아노는 '신실한 형제'로서 베드로가 직접 부여한 사명을 품고 그가 쓴 서신을 성령의 능력에 힘입어 그 회중들 앞에서 읽고 설명할 권위를 지닌 채 소아시아의 다양한 교회에 베드로의 서신을 전달한다."[221]

아울러 저자는 실루아노 혹은 각 공동체의 누군가가 이 서신을 읽어 줄 때를 빌려 그의 안부 인사를 전한다(5:13-14). 이 인사말은 저자가 이 공동체들을 피를 나눈 가족이나 가장 가까운 친구처럼 여기며-이 경우에는 그리스도를 참되게 믿는 이들이요 공동체 앞에서 낭독되는 이 서신을 경청하

---

[218] 실루아노가 베드로의 비서가 아니라 서신 전달자였음을 논증한 글을 보려면, E. Randolph Richards, "Silvanus Was Not Peter's Secretary: Theological Bias in Interpreting διὰ Σιλουανοῦ...ἔγραψα in 1 Peter 5:12", *JETS* 43, no. 3 (2000): pp. 417-432를 보라.
[219] Davids, *A Theology of James, Peter, and Jude*, p. 156.
[220] 다른 연구 결과도 있지만 특히 Akio Ito, "Paul the 'Herald' and the 'Teacher'", in *Sacred Words: Orality, Literacy, and Religion* (Leiden: Brill, 2011), pp. 351 370, 특히 pp. 351 352; Peter M. Head, "Letter Carriers in Ancient Jewish Epistolary Material", in *Jewish and Christian Scripture as Artifact and Canon*, ed. Craig A. Evans and H. Daniel Zacharias, LSTS 70 (London: T&T Clark, 2009), pp. 203-219; idem., "'Witnesses between You ans Us': The Role of the Letter-Carriers in 1 Clement", in *Studies on the Text of the New Testament and Early Christianity in Honor of Michael W. Holmes*, ed. Daniel M. Gurtner, Juan Hernández, and Paul Foster, NTTSD 50 (Leiden: Brill, 2015), pp. 477-493를 보라.
[221] *1 and 2 Peter* (London: SCM, 2009), p. 129.

는 이들이라 여기며 – 친근히 느끼고 있음을 재차 보여 준다. 더구나, 루이스 도넬슨(Lewis Donelson)이 언급하듯이, "'사랑의 입맞춤으로 서로 문안하라'라는 명령이 어느 때나 어디에서나 인사를 나누라는 말일 수도 있지만, 이것은 전례 때 인사를 나누라는 말일 가능성이 더 크다. 수신인은 이 서신을 공동체 모임 시간에 읽고 있으며, 어쩌면 바로 예배 때 읽고 있을지도 모른다. 사랑의 입맞춤으로 문안하라는 요구는 읽기를 마치고 서로 인사를 나누라는 요구다."[222]

베드로후서

헬라어로 쓴 이 서신 첫머리는 "연설에 어울리는 첫머리 역할을 한다."[223] 이 첫머리에는 누가 봐도 그리스식 수사임을 알아볼 수 있는 수사 표현이 존재한다. 그뿐 아니라, 저자는 여기서 그가 앞서 보냈던 서신을 이미 받아 보고 공동으로 읽었던 여러 회중 가운데 한 특정 회중이나 그룹을 상대로 이야기한다(1:1). "사랑하는 자들아, 이것이 내가 지금 너희에게 쓰고 있는 두 번째 서신이다"(3:1).[224] 각 서신의 구체적 목적이 무엇이든, 두 서신은 모두 공동 읽기와 가르침을 통해 전달되게끔 쓴 것이었다.

저자가 그의 서신이 공동체 앞에서 낭독되고 있다고 추정한다는 것을 가장 또렷이 보여 주는 표지 가운데 하나를 베드로후서 1:15에서 찾을 수 있다. 실제로, 피터 데이비즈는 이 구절이 "이 서신의 핵심 목적"이라고 제시한다.[225] 저자는 이 회중에게 글로 쓴 기록을 남겨 주었다. 덕분에 이 회중은

---

222 *I and II Peter and Jude: A Commentary* (Louisville: Westminster John Knox, 2010), p. 156.
223 Peter H. Davids, *The Letters of 2 Peter and Jude* (Grand Rapids: Eerdmans, 2006), p. 159.
224 학자들은 종종 베드로후서의 특징으로 헬레니즘 사상을 언급하지만, 이 서신 수신인들이 있는 곳이 정확히 어디인가를 놓고 아직까지 의견 일치를 이루지 못하고 있다. 소아시아, 그리스, 지중해 동쪽 끝 지역이 여전히 가장 그럴듯한 장소다.
225 Davids, *The Letters of 2 Peter and Jude*, p. 196.

어느 때라도 그의 서신을 계속 읽을 수 있게 되었으며, 이를 통해 그가 죽은 뒤에도 그의 가르침을 늘 되새길 것이다. "나는 내가 떠난 뒤에도 너희가 어느 때나 이것들을 되새길 수 있게 모든 노력을 기울이겠다." 마찬가지로, 그는 12-13절에서도 이 서신을 읽는 이들이 그가 나누어주고 있는 것들을 이미 알며, 이 서신이 "공동체 안에서 거듭거듭 낭독될 때마다 그것을 끊임없이 되새겨 줄 것"이라고 추정하는 것 같다.[226] 아울러 리처드 보컴이 덧붙이듯이, 이 서신은 "당장 이 서신을 읽고 있는 이들뿐 아니라 (1:12-15이 아주 분명하게 일러 주듯이) 이 유언자가 죽은 뒤에 이 서신을 읽을 이들에게도" 가르침을 끊임없이 되새겨 줄 것이다.[227] 베드로후서 저자도 그의 서신을 당시 사람들이 듣고 읽고 있던 다른 기록의 이야기들과 비교한다(1:16).[228] 전자는 이 저자의 증언을 포함하여 목격자의 증언에 근거한 진실이지만, 후자는 거짓이요 저자가 지어낸 것을 그 근거로 삼고 있을 뿐이다.

1장을 지나 더 앞으로 나아가면, 적어도 다른 세 구절―모두 3장에 있다―이 이 서신을 한 공동 읽기 사건 내지 수많은 공동 읽기 사건의 초점으로 보아야 할 강력한 근거를 더 제공한다. 첫째, 저자는 이 회중이 특히 거룩한 선지자들의 예언과 사도들이 전한 주의 명령을 기억하길 원한다(3:2). 데이비즈는 이렇게 말한다. "결국 그들(사도들)의 '명령'은 그들이 필시 매주 모일 때 읽었을 '거룩한 선지자들'의 말과 함께 '되새겨야' 할 것이 되

---

[226] Ibid., p. 192.
[227] *Jude, 2 Peter*, WBC 50 (Nashville: Thomas Nelson, 1983), p. 133. Bauckham이 이 구절들을 언급한 맥락은 그가 이 서신 저자가 채용한 "여러 장르의 조합"을 논하는 자리인데, 이는 이 서신이 널리 퍼져 읽혔다는 생각을 한층 더 뒷받침한다.
[228] 물론 이 저자가 순수하게 구전으로 떠도는 이야기들을 언급하고 있을 가능성도 있지만, 여러 이유를 고려할 때, 그럴 개연성은 없어 보인다. 필론, 플루타르코스, 스트라본, 요세푸스 같은 1세기 저자들의 몇몇 구체적 사례와 이런 사례를 비교한 결과를 보려면, Bauckham, *Jude, 2 Peter*, pp. 213-217를 보라. 아울러 Davids, *The Letters of 2 Peter and Jude*, pp. 200-203를 보라.

었다."²²⁹

다른 주장이 있을 수도 있지만, 여기서 신약의 사도들과 구약의 선지자들을 연계한 것은 히브리 성경을 공동으로 읽은 것과 사도들의 글을 공동으로 읽은 것 사이에 또 다른 강한 연관관계가 있음을 보여 준다. 이런 생각에 더 힘을 실어 주는 구절이 15절과 16절이다. 이 두 구절은 바울이 그들에게 서신을 썼음을 분명하게 일러 주며(15절), 저자가 "다른 성경"과 함께 인용하는 그의 글이 함께 모여져 배포되고 있다는 것도 분명하게 일러 준다.²³⁰ 저자는 무지하고 흔들리는 이들도 그의 작품에 접근할 수 있으며 그의 작품을 읽을 수 있다고 말한다(16절). 이 말은 바울의 글을 인증하는 역할을 할 뿐 아니라, 그의 서신을 잘못 읽을 가능성을 경고하는 것이기도 하다.

요한 서신

요한1서

요한1서 저자는 요한복음 프롤로그를 암시하는 말로 그의 서신을 시작한다.

῍Ο ἦν ἀπ᾽ ἀρχῆς (요일 1:1)

Ἐν ἀρχῇ ἦν ὁ λόγος (요 1:1)

두 구절의 의미와 표현은 일부 달라도, 그리고 요한1서 1:1이 요한복음 1:1

---

229 Davids, *The Letters of 2 Peter and Jude*, p. 262.
230 학계는 저자가 언급하는 바울 서신(들)이 어떤 것인지 규명할 능력에 관하여 여태까지 전혀 공감대를 형성하지 못했다. 동시에 바울은 때로, 고전 14:37처럼, 성경과 대비하여 그의 글이 가지는 지위를 그 자신이 어떻게 생각하는지 밝힌다. E. Randolph Richards, "The Codex and the Early Collection of Paul's Letters", *BBR* 8 (1998): pp. 151-166를 보라.

보다 단어 숫자는 적어도, 일부 학자가 두 본문의 글 사이에 강한 연관성이 있다고 주장할 만큼, 요한1서 1:1 본문은 요한복음 1:1 본문을 강하게 되울려 준다.[231] 정말 그렇다면, 이 공동체가 공동체 앞에서 낭독되는 이 복음서를 이미 들었다고 일러 주는 근거가 존재하는 셈이다.[232] 주디스 류(Judith Lieu)는 이렇게 써 놓았다. "대다수 고대 청중은 텍스트를 읽기보다 누군가가 읽어 주는 텍스트를 들었으리라는 점을 고려하면, 특별히 **독자들**의 시선을 끌거나 **독자들**을 설득하려고 고안한 기술을 밝혀내기가 어려울 수도 있으나…어떤 의미에서는 요한1서가 구사하는 설득 전략이 이 글 안팎에 존재하는 텍스트를 되울려 주며 그런 텍스트에 호소한다는 점에서 문학적이다."[233]

하지만 더 분명한 것은 이 사도 서신을 낭독하는 자리가 전례라는 점이다. 저자는 분명 이 서신이 소아시아에서 공동으로 읽히리라 추정한다는 뜻을 글로 적어 보낸다. 예를 들면, 그는 2:1에서 이렇게 분명히 말한다. "내 어린 자녀들아, 나는 너희가 죄를 짓지 않게 하려고 이것들을 쓰고 있다." 그는 같은 장 뒷부분(2:12-17)에서 이 서신이 낭독될 때 듣고 있다고 추정하는 교회 내부의 다양한 그룹, 즉 아이들, 아버지들, 청년들을 하나하나 열거한다. 더욱이, 저자는 그의 서신을 듣는 이들에게 영을 시험해 보라는 명령을 내린다(4:1). 영을 시험해 보라는 말은 거짓 선지자들과 관련이 있는 것 같다. 따라서 이 공동체들이 회중에게 전해진 메시지들을 비판의 눈으로 검증하고 토론해야 한다고 설명하는 것이 가장 설득력이 있을 것 같다. 이렇

---

231 Colin G. Kruse, *The Letters of John* (Grand Rapids: Eerdmans, 2000), pp. 51-57.
232 세 요한 서신은 모두 그 수신인으로 소아시아에 있는 공동체들을 지목한다. 이 전승은 적어도 이레나이우스까지 거슬러 올라간다. I. Howard Marshall, *The Epistles of John* (Grand Rapids: Eerdmans, 1978), p. 47를 보라.
233 *I, II, III John: A Commentary* (Louisville: Westminster John Knox, 2008), p. 5.

게 거짓 선지자들을 시험해 보는 것은 다른 초기 기독교 문헌에서도 볼 수 있다. 예를 들어, 『디다케』를 보면, 거짓 교사를 분간할 수 있는 한 방법으로 그 가르침의 내용을 살펴볼 것을 제시한다(11.1-12.1).

요한2서

이 서신은 첫 두 단어("장로")부터 이미 뭔가 중요한 것을 암시한다. "장로"라는 말을 썼다는 것은 단순히 어떤 개인이 서신을 쓰고 있다는 차원을 넘어 더 많은 것을 시사한다. 이 용어는 한 그룹ー이 경우에는 한 교회와 그 지체들ー을 다스릴 권위를 가진 사람을 가리키며, 신약성경의 다른 곳에서 볼 수 있듯이(참고. 행 11:30; 빌 1:1; 딤전 5:17; 딛 1:5; 벧전 5:1 등), 이 직무를 맡은 자에게 감독권과 지도권을 부여하는 게 보통이다. 하워드 마샬(I. Howard Marshall)은 저자가 그의 이름을 여기에 담지 않은 것은 바로 그의 이름보다 그의 지위가 중요하기 때문이라고 말하면서도, 그가 여기서 쓴 장로라는 말이 교회론의 관점에서 정확히 무슨 의미인지 알 수는 없다고 말한다.[234]

이 장로는 첫머리에서 그의 독자들을 이렇게 밝힌다. "택함을 받은 부인과 그의 자녀들에게." 그는 그의 수신인을 지목하여 밝힘으로써, 그들이 속한 지역 교회가 공동으로 그가 글로 써 보내는 이 메시지를 받아들일 준비를 하게 한다. 하지만 저자는 자신이 글로 써 보내는 이 메시지가 새로운 게 아니라 그들이 처음부터 갖고 있던 것이라고 말한다(5절). 저자는 여격 형태인 "부인에게"를 사용하여 수신인을 밝히면서, 다시금 교회 전체를 염두에 둔다. 뒤이어 등장하는 권면은, 저자가 믿기에, 그들이 모두 이미 아는 것이요 "처음부터" 들은 것이다(6절). 저자는 그들이 "그 가르침 안에" 늘 머물

---

[234] Marshall, *Epistles of John*, pp. 59-62.

러야 한다고 말한다(9절).

나아가, 마지막 몇 구절은 공동체가 글로 적힌 텍스트를 공동으로 읽었음을 가리키는 또 다른 중요한 근거들을 담고 있으며, 이것 역시 살펴봐야 한다. 저자는 10절에서 자신이 보내는 서신을 또 다른 편력 교사들이 가져다가 읽게 하는 그들의 텍스트와 비교한다. 예를 들면, "가져오다"(φέρω)라는 동사는, 비유가 아니라 문자 그대로 뭔가 가져온 것을 가리킬 수 있다(눅 23:26). 저자는 이런 이단 교사들을 교회에 "맞아들이지" 말라고 경고하면서, 특별히 "인사"(χαίρειν)라는 단어를 골라 쓰는데, 이는 보통 그리스 서신의 서두에서 쓰는 인사를 가리킨다.[235] 마샬은 11절을 다루면서, 저자가 겨냥한 청중을 재차 강조하며 이렇게 말한다. "하지만 이 장로가 단순히 교회를 구성하는 개인들이 아니라 교회 자체에게 명령한다는 점에 주목해야 한다."[236] 저자는 이렇게 글로 써서 강조한 점을 마무리하면서, 그들에게 쓸 것이 아직도 많이 있지만(12절), 자신이 직접 그들을 찾아갈 수 있기를 더 원한다고 말한다. 서신은 그의 교회가 그들의 교회에 전하는 인사로 마친다(13절).

요한3서

저자는 요한2서처럼 요한3서에서도 "장로"라는 말로 시작한다. 하지만 이번에는 서신을 어떤 공동체에 보내지 않고 어떤 개인에게, 곧 "사랑하는 가이오에게" 보낸다. 이 두 인물의 조합은 이것이 그저 사사로운 서신이라기보다 오히려 사신(私信)을 통한 교회와 교회 사이의 공적 소통이었음을 암시한다.[237] 우리 연구와 관련지어 살펴보면, 이 서신을 애초부터 공동으로 읽

---

235 Kruse, *Letters of John*, p. 214.
236 Marshall, *Epistles of John*, p. 74.
237 다른 문헌도 있지만, 특히 ibid., p. 82를 보라.

을 서신으로 썼다는 것을 일러 주는—명백히 일러 주지는 않아도 은연중에 일러 주는—두 가지 중요한 단서가 있다. 이 단서들은 9절과 15절에서 찾을 수 있다.

저자는 9절에서 그가 "교회에" 쓴 서신을 언급한다. 불행히도, 저자는 디오드레베라는 이가 이 서신을 억류했다고 말한다. 현대 학자들은 이 사건을 여러 가지 상이한 방식으로 재구성했지만, 그래도 학자들은 요한3서가 이 교회를 수신인으로 명확히 지목하지는 않았어도 이 서신이 이 교회에 보내려는 또 다른 서신이라는 데에는 공통된 이해를 형성하고 있는 것 같다. 따라서 장로가 가이오에게 바라는 것은 오로지 그가 이 서신을 공동체가 모인 자리에서 읽어 주는 것일 수 있다.

15절도 이 해석과 잘 들어맞는 것 같은데, 15절은 이 서신을 공동으로 읽는 공동 읽기 사건이 있으리라는 전망에 힘을 실어 주는 요소를 적어도 둘 더 제시한다. 첫째, 장로는 필시 이 서신을 보내기 전에 그의 회중과 함께 나눈 것 같다. 그의 교회 지체들(벗들)도 이 서신을 통해 안부 인사를 전하기 때문이다. 이는, 설령 이 장로가 서신 자체를 지체들에게 읽어 주지는 않았을지라도, 지체들이 이 서신에 대해 알고는 있었음을 의미한다. 마찬가지로, 이 서신 저자와 그의 교회는 디오드레베를 따르지 않는 가이오 교회 지체들(벗들)도 그들이 보낸 안부 인사를 함께 나누리라고 추정하는 것 같다. 따라서 두 회중은 필시 그들 공동체 앞에서 낭독되는 이 서신을 들은 것 같다.

유다서

유다서 저자는 이 서신 수신인인 공동체를 자세히 밝히지 않는다. 오히려 "부르심을 받은 이들에게"라는 말은 어느 지역에나 있는 모든 그리스도인 그룹을 가리킨다(1절).²³⁸ 하지만 우리는 그의 청중에 관하여 몇 가지 것을 밝혀낼 수 있다. 피터 데이비즈가 제시하는 한 가지 세부 사실이 있다. 이 서신 저자가 수신인인 이들이 "히브리 성경의 내러티브…[그리고] 「에녹1서」와 「모세의 유언」을 익히 안다고 예상한다"는 게 그것이다.²³⁹ 리처드 보컴은 더 자세히 파고들어 가, 이 저자가 "적어도 구약을 사용하는 것만큼 유대교 외경 작품도 폭넓게 사용한다"고 말한다.²⁴⁰ 이는 이 공동체가 책을 좋아했다는 주장을 뒷받침하는 것이거나, 아니면 이런 문헌을 회람하고 수용하는 일이 일부 학자의 주장보다 널리 퍼져 있었다는 주장을 뒷받침하는 것일 수 있으며, 둘 다일 수도 있다.²⁴¹ 「에녹1서」가 쿰란에서 인기가 있었다는 사실을 고려할 때, 만일 베드로후서 저자가 「에녹1서」를 "불신했다기보다 익히 알지 못하여"²⁴² 이 책을 일부러 언급하지 않은 것이라면, 전자가 특히 더 힘을 얻을 것 같다.²⁴³

저자는 수신인을 "사랑하는 자들"(3절)이라 부른 다음,²⁴⁴ 그들이 필시 공동 읽기 자리에서 허다히 들었을("모두 알고 있는") 텍스트와 전승을 그들에게 되새겨 준다(5절). 이것이 무난한 추정 같다. 십중팔구는 청중 가운데 글을 읽지 못하는 사람도 있었을 것이요, 대다수 사람은 자기 필사본도 없고

---

238 팔레스타인이라는 장소가 정확하지는 않지만, 지중해 동부 지역이 여전히 가장 개연성이 큰 장소이며, 시리아, 소아시아, 이집트도 선택 가능한 장소로 생각해 볼 수 있다.
239 *The Letters of 2 Peter and Jude* (Grand Rapids: Eerdmans, 2006), p. 18.
240 Bauckham, *Jude, 2 Peter*, p. 7.
241 초기 교회가 유다서와 「에녹1서」를 수용한 것에 관하여 근래의 평가를 살펴보려면, Nicholas J. Moore, "Is Enoch Also among the Prophets? The Impact of Jude's Citation of 1 Enoch on the Reception of Both Texts in the Early Church", *JTS* 64, no. 2 (2013): pp. 498-515를 보라. 참고. Fiona Grierson, "The Testament of Moses", *JSP* 17, no. 4 (2008): pp. 265-280; Gene L. Green, *Jude & 2 Peter* (Grand Rapids: Baker Academic, 2008), pp. 26-33.
242 Moore, "Is Enoch Also among the Prophets?", p. 513.
243 Mark A. Jason, *Repentance at Qumran: The Penitential Framework of Religious Experience in the Dead Sea Scrolls* (Minneapolis: Fortress Press, 2015), p. 25.
244 Curtis Giese는 이것이 신약성경에 나오는 서신서 첫머리에서 이 단어의 복수형이 등장하는 유일한

이 저자가 인용하는 모든 텍스트와 전승에 접근하지도 못했을 것이기 때문이다. 이것은, 비록 확실하게 말하지는 않지만, 초기 그리스도인 모임이 따랐던 읽기 관습을 일러 주는 또 다른 근거다. 이는 곧 1세기에 히브리 성경 속의 율법과 선지자들과 성문서뿐 아니라, 그보다 많은 작품을 공동으로 읽었음을 의미한다.

요한계시록

요한계시록은 신약성경을 통틀어 공동 읽기 사건을 가장 분명하게 가리키는 말 가운데 하나를 담고 있다. "이 예언의 말씀을 큰 소리로 읽는 자는 복이 있으며, 그 말씀에 기록된 것을 듣고 지키는 자는 복이 있도다"(1:3). 이 말 하나만 해도 저자가 자신의 작품이 공동체 앞에서 큰 소리로 낭독되리라 예상했음을 증명해 준다. 더구나, 이 구절은 이 계시가 그리스도의 모든 "노예"(=그리스도인)에게 주어졌음을 천명한 첫 구절 뒤에 곧바로 등장한다. 이 프롤로그에 뒤이어 2:1부터 3:22까지 역사 속에 실재했던 소아시아 일곱 교회(에베소, 서머나, 버가모, 두아디라, 사데, 빌라델비아, 라오디게아 교회; 1:4)에 각각 서신으로 써 보낸 일곱 설교가 등장한다. 그러나 이 책이 이 일곱 교회를 넘어 더 넓은 청중까지 아우르고 있음을 고려하면, 이 책이 의도하는 청중은 일곱 교회를 넘어 더 넓은 범위에 이른다. 그레고리 빌은 이렇게 말한다. "여기 나온 숫자[일곱, 1:4]는 '가득 참'(완전함)을 나타내는 비유요…부분으로 전체를 나타내는 비유다. 역사 속에 존재했던 이 일곱 교회는 소아시아에 있었던 모든 교회를 대표하는 것으로 보이며, 십중팔구는

사례임을 올바로 지적하면서, 이 용어가 많은 기능을 하고 있다고 주장한다. *2 Peter and Jude* (St. Louis: Concordia, 2012), p. 243.

더 넓게 세상 모든 교회를 대표하는 것으로 보인다."[245] 빌은 계속하여, 요한계시록 전체가 온 세상이 심판받을 것을 이야기한다는 점, 그리고 요한계시록이 다른 곳에서는 일곱 회중을 더 이상 언급하지 않는다는 사실을 고려할 때, 이 작품의 진짜 수신자는 세상의 모든 교회라고 주장한다.

요한계시록은 텍스트를 이어 가면서 거짓 가르침에 초점을 맞춘다. 이런 거짓 가르침은 이 책이 분명하게 강조하는 버가모와 두아디라뿐 아니라 필시 더 많은 교회에서 발견되었을 것이다. 하나님의 계시를 하나님의 언약 백성을 위한 책에 기록한다는 개념(1:11)은 구약성경 전체, 특히 다가오는 심판을 이야기하는 텍스트(출 34:27; 사 8:1; 30:8; 렘 36:2, 32; 합 2:2)뿐 아니라 다른 유대교 문헌도 언급한다. 예를 들어, 「에스라4서」 14:1-48에 나오는 일곱 번째 환상이자 마지막 환상을 보면, 하나님이 에스라에게 거룩한 책들을 회복하여 일부(스물네 권)는 사람들이 널리 볼 수 있는 책으로 만들고 다른 책들(칠십 권)은 오직 현자(賢者)만 볼 수 있는 책으로 남겨 두라고 명령하신다. 그런 다음 에스라가 하늘로 올림을 받는다(이를 더 자세히 논한 내용은 3장을 보라).

아울러 요한계시록에는 전에 기록된 증언이 가득하다. 그러나 이 저자는 그가 참조한 이런 증언의 출처를 분명히 밝히지 않는다. 이런 이유 때문에 현대 독자들에겐 이 책 전체에서 등장하는 많은 고대 이미지와 상징을 해석하는 일이 특히 버거운 과제가 되었다. 그렇긴 하지만, 우리는, 우리 논지를 고려할 때, 이 책 저자가 교회들이 공동으로 읽으라고 써 보낸 서신에 일부러, 유대교 성경처럼, 전에 기록된 글을 사용하고 자신이 하려는 말과 전에 기록된 글에 담긴 말이 같음을 밝혔다고 봐야 하며, 또 그렇게 보는 것이 타당하다. 미래의 독자들을 생각하여 붙인 많은 편집 주(17:9)와 책에 관

---

[245] *The Book of Revelation* (Grand Rapids: Eerdmans, 1999), p. 186.

한 많은 언급(1:11; 3:5; 13:8; 17:8; 20:12, 15; 21:27; 22:7, 9, 10, 18, 19)에도 같은 말을 할 수 있겠다.

하지만 방금 언급한 일곱 서신 설교와 관련하여 몇 가지 더 언급할 만한 가치가 있는 것이 있다. 첫째, 교회에 써 보내는 명령 숫자(2:1, 8, 12, 18; 3:1, 7, 14)와 똑같은 숫자만큼 교회에게 기록된 글을 들으라는 가르침을 제시한다(2:7, 11, 17, 29; 3:6, 13, 22). 둘째, 기록된 이 말을 들어야 한다고 강조한다는 것은 교회들이 다른 거짓 가르침을 듣고 있었음을 암시한다. 이렇게 보는 견해에 힘을 실어 주는 근거가 바로 이 서신을 써 보낸 많은 교회를 거짓 교사와 동일시한다는 사실이다. 이 교회들에도 구약성경을 참조하고 인용하는 이들이 있었지만,[246] 이들은 발람(2:14), 니골라 당(2:15), 이세벨(2:20), 사탄(2:24)의 가르침을 따랐다. 교회들이 거짓 가르침을 듣고 있었음을 암시하는 또 다른 근거요 심지어 가르침의 질을 통제해야 한다는 뜻까지 밝히는 곳은 몇몇 교회에게 사도라 하는 이들의 가르침을 검증하고 그들이 거짓임을 밝혀내라고 권하는 구절이다(2:2). 그러나 이 구절은 그들이 모두 그런 가르침을 검증할 조치를 취했다고 추정한다(참고. 19:10). 글의 전체 맥락과 몇몇 문구를 고려할 때—가령 "네가 받고 들은 것을 기억하라"(3:3)라는 명령을 고려할 때—그런 조치 가운데 하나가 바로 유대교 성경이었다고 보는게 타당할 것 같다. 교회가 심지어 사도라 자칭하는 교회와 연관된 그룹 가운데에서도 그들의 가르침이 일관되지 않음을 분별할 수 있었다는 사실은 가르침의 질을 통제했음을 강하게 시사한다. 빌은 이렇게 말한다. "가르침에 들어 있는 오류를 경계하라는 이런 경고는 바울이 에베소의 첫 세대 그리스도인들에게 거짓 교사를 조심하라고 당부한 말을 반영한 말일지도 모른다.…결국 여기서 강조하는 것은 교회가 믿는 교리 자체의 순수성을 지키는

---

[246] Aune, *Revelation 1-5*, p. 149를 보라.

데 힘쓰라는 것이다."²⁴⁷ 이 그림이, 앞서 언급한 『디다케』(11.1-12.1)처럼, 신약성경 밖에 존재하는 몇몇 초창기 기독교 문서에서 볼 수 있는 모습과 잘 들어맞는다.

셋째, 저자는 영(성령)이 기록된 텍스트를 통해 하시는 말씀을 들으라는 문구를 반복하는데, 이 문구는 구원과 함께 다가오는 약속된 유업—즉, 공동체 앞에서 낭독하게끔 글로 써 놓은 계시를 듣는 이들이 그 계시에 순종하느냐에 따라 받을지 여부가 달려 있는 유업—을 차지하고 받을 수 있는 능력과 관련이 있다. 신약성경에 있는 책 가운데 그 책이 성경과 같은 책이라고 담대하게 주장하는 유일한 책이 요한계시록인데, 이는 공동 읽기 사건에 관하여 그 어느 곳보다 분명하게 이야기하는 곳이다. 토비아스 니클라스(Tobias Nicklas)는 이렇게 말한다. "밧모섬에 있는 선견자 요한이 계시 받은 이 책[요한계시록]은 사람들이 이 책을 하나님의 말씀이요 그리스도의 말씀으로 이해하길 신약성경의 다른 어느 책보다 많이 원한다."²⁴⁸ 더욱이, 저자는 뒤에 가서(계 7:14),²⁴⁹ 적어도 마태복음을 하나님 말씀 및 그리스도의 말씀과 같은 책에 포함시키면서, 그 복음서를 신자들이 공동으로 읽는 유대교 성경과 나란히 놓기를 전혀 불편해하지 않는다. 이를 달리 말하면, 이처럼 1세기 끝 무렵에 마태복음을 하나님 말씀이요 그리스도의 말씀으로 인정했다는 것은 이미 공동체가 공동으로 읽고 있던 내용의 질을 통제했음을 암시한다.

넷째, 소아시아에 있는 사탄의 회당을 언급하는 곳이 둘 있다. 2:9과 3:9이 그곳이다. 역사 연구를 통해 이 회당의 정체를 자세히 혹은 대강이라도

---

247 Beale, *Revelation*, p. 229.
248 "'The Words of the Prophecy of This Book': Playing with Scriptural Authority in the Book of Revelation", in *Authoritative Scriptures in Ancient Judaism* (ed. Mladen Popović; Leiden: Brill, 2010), pp. 309-326, 이 부분은 p. 309.
249 이 구절은 마 24:21, 곧 "큰 환난"을 언급한 부분을 인용한다.

밝혀내는 일과 상관없이,[250] 이 말은 적어도 그리스도의 노예(=그리스도인)인 사람들에 맞서는 공동 읽기 사건이 벌어진 곳들이 있었음을 일러 준다. 이 그나티오스의 『빌라델비아인에게 보내는 서신』 6.1처럼 후대에 나온 문서에 따르면, 이 지역에서는 그리스도인 공동체와 유대인 공동체의 다툼이 여전히 문제였던 것 같다. 이런 그리스도인 공동체의 사례를 넘어, 사해 사본에도 서로 다른 읽기 공동체 사이에 벌어진 유사 사례들을 인용하는 텍스트가 몇 있다(1QM I, 1; IV, 9; XV, 9; 1QS V, 1-2, 10-20; 1QH II, 22; VII, 34; 참고. CD I, 12; XI, 7-9).[251] 그러나 여기서 중요한 점은 공동 읽기 사건 장소와 기회가 훨씬 많이 존재했다는 점이다.

요한계시록에는, 이 일곱 서신 설교 외에도, 1세기에 공동 읽기 사건이 널리 퍼져 있었음을 암시하는 특징들이 더 있으며, 이 특징들도 살펴봐야 한다. 그 가운데 몇 가지를 여기서 언급해 보겠다. 첫째, 요한계시록이 제시하는 유비들은 두루마리와 같이 공동 읽기 사건에서 볼 수 있는 재료들을 종종 묘사한다. 요한계시록 저자는 글을 담고 있는 두루마리를 읽을 수 없다는 것만으로도 쓸쓸한 눈물을 흘린다(5:4). 그러자 한 장로가 그 두루마리를 열어(5:5) 읽을 수도 있는 이가 있을 것이라며 그를 위로한다. 더욱이, 마지막 인(印) 바로 앞에 있는 인을 연 뒤에, 두루마리가 말리는 것처럼 하늘이 열리는 이미지가 등장한다(6:14). 여기서 중요한 점은 이 저자가 종종 그가 보는 환상들을 그의 청중들이 살아가는 동안 어느 시점에 틀림없이 보았을 일—공동 읽기 사건 때 두루마리를 마는 일(참고. 10:9-11; 두루마리를 먹

---

[250] Siang-Nuan Leong, "Windows to the Polemics against the So-Called Jews and Jezebel in Revelation: Insights from Historical and Co(n)textual Analysis" (PhD diss., University of Edinburgh, 2009).

[251] 더 자세한 설명과 비교를 살펴보려면, W. Schrage, "συναγωγή", in *Theologisches Wörterbuch zum Neuen Testament* (eds. Gerhard Kittel, et al.: Stuttgart: Kohlhammer, 1949-1979), 7:798-850, 특히 p. 827를 보라.

은 뒤 많은 사람에게 예언한다는 개념)—과 함께 묘사한다는 것이다.

둘째, 저자는 땅에 있는 모든 이에게 영원한 복음을 선포하면서 자기 위로 날아가는 천사를 보았다고 말한다(14:6). 저자가 천사가 "가진"(또는 "쥔", ἔχω) 영원한 복음을 볼 수 있다는 사실은 천사가 모든 이에게 선포하는 복음을 담고 있는 것으로서 손으로 만질 수 있는 게 있음을 암시한다. 요한계시록만 따져도 100회 정도 사용되었으며 신약성경 전체를 놓고 보면 600회 넘게 사용된 ἔχω는, 그 용례에서 볼 수 있듯이, 아주 많은 의미를 가진 말로, "쥐다, 가지다, 소유하다, 꽉 붙잡다"라는 뜻을 가지고 있다.[252] 예를 들어 1:16을 보면, 인자가 일곱 별을 쥐고 있다(ἔχων). 또 1:18을 보면, 인자가 죽음과 음부의 열쇠를 쥐고 있다(ἔχω). 10:2을 보면, 강한 천사가 그 손으로 펼쳐진 작은 두루마리를 쥐고 있다(ἔχων). 다시 말해, 공동 읽기 사건 때처럼, 누군가가 무언가를 들고 공동체 앞에서 복음을 제시하는 모습이 존재한다.[253]

셋째, 저자의 글이 이어지면서, 사람들이 모세의 노래와 하늘에 있는 어린 양의 노래를 부르는 모습이 나타난다(15:3-4). 이는 공동 예배 사건에서 가져온 이미지를 더 제시한 것일 수도 있다. 공동체가, 모세의 노래와 같이, 기록된 송가나 텍스트를 노래하는 모습은 유대교의 공동 예배 사건과 기독교의 공동 예배 사건에서 모두 발견할 수 있다.[254] 이곳이 전례 관습을 강조한다는 점을 고려할 때, 요한계시록에 등장하는 다양한 하늘의 노래는 이런 노래를 불렀던 초기 공동체 예배 사건에 그 기원을 두고 있을지도 모른

---

[252] *NIDNTTE*, 2.346-349. 참고. *TDNT*, 2.816-832; *BDAG*, pp. 420-422.
[253] 그 어떤 주석가도 그들이 쓴 비평 주석에서, 딱히 합당한 이유를 밝히지도 않은 채, 이런 선택지를 고려하거나 검토하지 않는다는 게 특이하다.
[254] Jennifer Knust and Tommy Wsserman, "The Biblical Odes and the Text of the Christian Bible: A Reconsideration of the Impact of Liturgical Singing on the Transmission of the Gospel of Luke", *JBL* 133, no. 2 (2014): pp. 341-365를 보라.

다(가령 4:8하, 11; 5:9-10, 12, 13하; 7:10하, 12; 11:15, 17-18; 12:10-12; 19:1하-3, 6하-8; 21:3하-4).

넷째, 요한계시록에는, 암묵적이든 명시적이든, 쓰기와 읽기 그리고 텍스트와 관련된 용어를 사용하는 말(담화)이 많다. 심지어 21:5-8에는 하나님이 말씀하시는, 상당히 짧은 담화가 등장하는데, 여기에서도 그의 말은 기록된 성경 속에 들어 있다. 적어도 이것은 딱히 읽기 사건에만 국한되지는 않은 이런 말이 기록된 텍스트를 그 기초로 삼았음을 한층 더 암시한다(참고. 누가복음 2장의 시므온). 물론 이 말은 저자의 문학적-신학적 창작물이다.

요한은 마지막 장(22장)에서 그가 이 작품을 시작할 때 초점을 맞추었던 공동 읽기로 다시 돌아온다. 예를 들면, 그는 일부러 그가 1:3에서 제시했던 권면을 결론에서 제시하는 몇 가지 말과 연계하는 것 같다—명백하게 연계하기도 하고 은연중에 연계하기도 한다. 그는 이 책에서 하는 말이 그리스도의 노예들에게 하는 말이요, 그 자신도 그들과 같은 그리스도의 노예라고 재차 말한다(22:9). 그는 이 책의 말을 지키는(=듣고 순종하는) 이에게 복이 있으리라고 거듭 말한다(22:7). 천사가 그에게 "때가 가깝기" 때문에 이 책을 봉인하지 말라고 명령하는데, 이는 모든 이가 공동체 앞에서 낭독되는 이 책을 들을 기회를 가져야 함을 암시한다(22:10). 이 명령은, 이와 반대로 행하라는 명령—10:4에서 일곱 우레가 말했던 것을 봉인하라는 명령처럼—이 먼저 등장하지 않았다면, 분명치 않은 명령처럼 보였을 수도 있다.

게다가, 예수는 "이것들"이 교회들을 위한 것임을 증언하신다(22:16).[255] 이

---

[255] Kenneth Strand는 요한계시록에 나오는 예수의 증언과 관련하여, 계 11:3-12에 나오는 두 증인이 곧 "하나님 말씀'과 '예수 그리스도의 증언'이거나, 아니면 우리가 오늘 구약 선지자들의 메시지와 신약 사도들의 증언이라 부르는 것"이라는 독창적 주장을 제시한다. "The Two Witnesses of Rev 11:3-12", *Andrews University Seminary Studies* 19, no. 2 (1981): pp. 127-135, 이 부분은 p. 134. 이런 해석은, 특히 우리 연구에 비춰 봐도, 분명 호소력이 있지만, 십중팔구는 이를 받아들이는 이가 없을 것이다. 요한계시록이 그 두 증인을 사람들을 떠나 하늘로 올라가기(11:12) 전에 싸움에 져서 죽임을 당한 사람들(11:7)로 묘사하기 때문이다.

텍스트 전달과 관련하여 짚어 볼 흥미로운 역사 사실 하나는 일부 사본이 천사가 그것들을 "증언하다"를 그것들을 "가르치다"로 바꿔 놓은 것이다.[256] 이것은 필시 해석사(史) 속에서 이해된 교회의 가르침을 암시한다. 그들은, 공동체가 이 책을 공동으로 읽을 때, 그것을 들음으로써 "이것들"을 받았기 때문이다(아래의 더 자세한 논의를 보라). 마찬가지로, 전치사 ἐπί(개역개정은 이 말을 "교회들을 위하여"로 번역했고, 공동번역은 "교회에"로 번역했다—옮긴이)를 다양하게 해석할 수 있다는 것도 마지막 문구의 해석에 영향을 미쳤을 수 있다. 이 ἐπί는 "…위에, …도 역시, …에 맞서, …를 위해, …때문에, …를 위해, …안에서, …가운데, …에 관하여 등" 여러 가지로 해석할 수 있다. 요한계시록에 나오는 전치사들의 용법과 의미는 그때그때마다 다르지만, 이 서신은 역사 속에 존재했던 소아시아의 일곱 교회가 상징하는 모든 참된 교회에 써 보낸 것 같다. 그렇게 본다면, 저 전치사는 "…를 위해", "…에게", 혹은 "…가운데"로 이해하는 것이 가장 좋을 것 같다. 문맥상 이런 해석을 지지하는 근거를 마지막 몇 구절에서 찾을 수 있다. 예수는 22:18 상반절에서 당신이 공동체 앞에서 낭독되는 이 책을 듣는 이들에게 증언하신다는 것을 재차 확인해 주신다. 이는 공동 읽기의 중요성을 다시금 확인해 주는 말이기도 하다(참고. 갈 3:15; 벧후 3:16). 그뿐 아니라, 그는 지금 공동체 앞에서 낭독되고 있는 이 책에 무언가를 "더하거나" 이 책에서 무언가를 "빼는 자[특정 지역의 교회/전 세계의 모든 교회]"에게 강한 경고를 덧붙인다(22:18-19). 이런 유형의 경고는 보통 성경 본문에서 나타나기보다 공문서나 공중을 상대로 한 명문(새김글)에서 등장한다.[257] 전승의 질 통제와 관련된 이런 말은 그리스도인뿐 아니라 어느 누구에게나 중요한 의미를 암시한다. 로열

---

[256] 요한계시록 에필로그의 세부 내용과 그에 관한 자세한 논의를 보려면, Beale, *The Book of Revelation*, pp. 1122-1157를 보라.

[257] David E. Aune, *Revelation 17-22* (Nashville: Thomas Nelson, 1998), pp. 1208-1216를 보라.

티(Royalty)는 이렇게 말한다. "읽기는 말씀을 큰 소리로 낭독하는 수동 행위가 아니라, 해석과 이해를 동반한 능동적 과정이다. 무엇보다 읽기는 정치 행위이며, 바로 그런 점 때문에 위협이기도 하다."[258]

마지막 구절과 단어는 이 책이 공동으로 읽게 쓴 책이었음을 재차 확인해 준다. "주 예수의 은혜가 모든 성도와 함께 있을지어다"(22:21).[259] 미첼 레디쉬(Mitchell Reddish)는 이를 한 단계 더 밀어붙여 이렇게 주장한다. "이 책에서 축도 앞에 나오는 마지막 말은 버가모에 있던 이들을 포함하여 회중이 대답으로 한 말일 수도 있다: '아멘. 오소서, 주 예수여!'"[260]

요약

이 연구서의 주된 주장은 1세기에 공동 읽기 사건이 널리 퍼져 있었다는 것이다. 우리는 이번 장에서 신약성경 기록을 근거로 삼아 공동 읽기 사건이 얼마나 널리 퍼져 있었는지 밝혀 보았다. 이 책 2장에서 언급했듯이, 우리가 그저 ἀναγινώσκω 같은 단어나 회당 같은 장소만 찾았다면, 많은 공동 읽기 사건과 그런 사건이 하나하나 일어난 장소들을 밝히지 못하고 놓쳐 버렸을 것이다. 이를 아주 잘 보여 주는 예가 누가복음 1:63이다. 이 구절은 회당을 언급하지도 않고 ἀναγινώσκω 같은 말도 언급하지 않으나, 유대 어느 고을에서 일어난 공동 읽기 사건을 증언한 구절로 봐야 한다.

우리가 바로 앞 장에서 논한 작품들에서 발견했듯이, 공동 읽기 사건

---

[258] Robert M. Royalty, "Don't Touch This Book! Revelation 22:18-19 and the Rhetoric of Reading (in) the Apocalypse of John", *BibInt* 12, no. 3 (2004): pp. 282-299, 이 부분은 p. 295.
[259] 대다수 사본의 마지막 단어는 "아멘"이지만, 가장 중요한 사본 가운데 몇 가지는 그렇지 않다(A 1006 1841). 이 이문(異文)을 누구나 예상할 수 있는 변형이라고 아주 쉽게 설명할 수 있다는 점, 그리고 이런 변형을 신약성경의 다른 많은 책에서도 볼 수 있다는 점을 고려할 때, 이를 원문으로 받아들여서는 안 된다.
[260] "Hearing the Apocalypse in Pergamum", *PRSt* 41, no. 1 (2014): pp. 3-12, 이 부분은 p. 12.

에 어느 정도 노출된 경험을 했던 장소들은 넓게 퍼져 있었다. 당연한 일이겠지만, 어떤 장소는 자세히 밝혀진 반면(나사렛), 확실치 않은 장소도 있다(사마리아). 또 어떤 장소들은 신약성경 저자(들)가 제시하는 세부 내용에 따라 나뉘기도 한다. 예를 들면, 바울이 빌립보의 빌립보 사람들에게 보낸 서신은 빌립보를 제시하지만, 사도행전 16장에 비춰 볼 때, 누가가 이 장소에서 일어난 공동 읽기 사건을 잘 알고 있었다고 결론지을 만큼 강력한 증거가 존재하지 않는다. 그럼에도, 우리는 스무 곳이 넘는 장소를 특정하여 밝혔다(물론 공동 읽기 사건은 다양한 시대에 걸쳐 일어났으며, 그 정도 역시 서로 다르다). 로마, 고린도, 아가야, 빌립보, 데살로니가, 크레타, 갈라디아, 에베소, 골로새, 라오디게아, 가버나움, 나사렛, 예루살렘, 갈릴리, 다마스쿠스, 키프로스, 비시디아 안디옥, 이고니온, 더베, 루스드라, 베뢰아, 아테네, 밀레도, 서머나, 버가모, 두아디라, 사데, 빌라델비아가 그런 곳이다. 주목할 만한 점은 이 장소 가운데 앞서 3장에서 언급한 곳과 일치하는 곳이 몇 개 있다는 것이다. 아테네, 소아시아, 예루살렘, 고린도, 다소, 로마가 그런 곳이다. 공동 읽기 사건에 어느 정도라도 노출된 지역으로서 동서남북으로 가장 멀리 떨어진 곳을 지도에서 찾아보면, 서쪽은 로마, 동쪽은 다마스쿠스, 북쪽은 빌립보, 남쪽은 예루살렘과 가사 사이 사막길이라 할 수 있다.

게다가, 공동 읽기 사건에 노출된 지역을 더 넓은 지역 단위로 열 개가 넘게 밝혀 보았다. 신약성경 저자들이 아주 넓은 지역을 가리키는 명칭을 사용하여 나타낸 지명 가운데에는 아시아 속주, 유대, 마케도니아, 본도, 갑바도기아, 비두니아, 그리스, 갈릴리, 나사렛이 있었으며, 가사와 예루살렘 사이에 있는 고을들처럼, 그 이름이 나와 있지 않은 많은 고을과 성읍과 동네도 들어 있었다. 그뿐 아니라, 지역을 불문하고 흩어져 있는 사람들이 살 법한 지역을 통칭하는 "디아스포라"처럼, 모호한 수신인도 많이 있었다. 따라서 신약성경이 언급하는 모든 장소가 다 공동 읽기 사건이 일어난 증거를 보여 주지는 **않는다**. 실제로 나도 암비볼리와 아볼로니아를 포함한 몇몇 장소는, 신약성경 저자들이 묘사한대로, 공동 읽기 사건에 노출되지 **않았다**고 확실하게 주장했다.

아울러 누가복음 19:47, 20:1, 21:37-38 같은 몇몇 본문은 사본을 직접 읽는 것과 십중팔구는 관련이 **없을** 것이라는 점도 언급했다. 그러나 어떤 때는, 누가복음 4:17-20과 사도행전 8:28의 경우처럼, 두루마리(사본)를 직접 읽는 경우도 있었지만, 사도행전 17:2-4, 18:24-28, 28:23-31처럼, 필시 메모나 발췌문이나 본문을 모아 놓은 것을 사용했을 법한 경우도 있었다. 더불어, 나는 한 무리 사람들이 무언가를 읽고 있어도 공동 읽기 사건으로 간주하지 **말아야** 할 몇몇 경우(가령, 요 19:19-20)가 있음을 강조했으며, 한 개인이 무언가를 읽고(ἀναγινώσκω) 있어도 역시 읽기 사건으로 간주해서는 **안 될 경우**(행 23:34; 참고. 눅 10:26)가 있다고 강조했다. 따라서 우리가 논한 신약성경의 모든 기록이나 에피소드가 공동 **읽기** 사건을 분명하게 일러 주는가라는 문제와 상관없이, 신약성경 저자들의 기록에는 공동 읽기 사건이 지리상 넓은 지역에 두루 퍼져 있었으며 비단 도시에서만 이런 사건이 일어난 것은 아니었다는 생각을 뒷받침해 주고도 남을 만한 근거가 한 가득 존재하는 것 같다.

나는 단순히 공동 읽기 사건이 일어났을 법한 장소를 지도에서 찾아보는 차원을 넘어, 이 주제가 신약성경의 많은 특정 본문 해석에 미칠 수 있는 영향에 관하여 몇 가지 새로운 통찰을 제시했다. 마가복음 14:9, 사도행전 19:20, 로마서 10:18, 고린도전서 11:2, 고린도후서 3:2, 4:2, 에베소서 5:26, 디모데후서 4:2-4, 13, 히브리서 2:6, 요한계시록 14:6, 22:16이 그런 예다. 게다가, 우리는 새로운 해석(혹은 새로운 의미를 함축한 해석)을 제시하지 않을 때도, 누가복음과 요한계시록의 사건들을 다룰 때처럼, 신약성경의 많은 기록과 에피소드의 역사 배경을 분명히 밝히고 제시해 보았다.

나아가, 우리는 적어도 몇몇 기독교 텍스트가 공동 읽기 사건을 통해 아주 빠르고 폭넓게 회람되었으며, 이것이 기원후 첫 몇 세기 동안 벌어진 기독교의 급속한 팽창에 기여했다는 것도 밝혀 보았다. 베드로전서와 유다서 같은 일부 기록은 심지어 책을 아주 좋아하여 「에녹1서」와 「아브라함의 유언」처럼 기독교 텍스트가 아닌 텍스트도 알고 있었던 공동체를 상정(想定)했다. 복음서 기자들은 십중팔구 자신들의 작품이 널리 퍼지고 공동체가 모인 자리에서 읽히리라고 예상했을 것이다(막 14:9).

아울러 신약성경에는, 사도행전과 갈라디아서, 베드로전서, 야고보서처럼, 그런 의도를 분명히 밝히진 않았어도 아예 책 전체가 더 넓은 회람과 공동 읽기를 지향하는 책도 있다는 것을 언급했다. 그리스도인 공동체를 공동 읽기 사건을 통해, 그리고 그 사건 안에서, 정의할 때도 종종 있었다. 사실, 바울이 가장 먼저 쓴 서신이요 가장 오래된 서신이라는 데 모든 이가 공감하는 서신을 보면, 이미 바울도 사람들이 자신의 서신을 활용할 사회 정황, 곧 공동 읽기 사건을 충분히 잘 알고 있다(살전 5:27). 바울은 갈라디아서에서 그들이 들은 전승의 질을 통제하지 않은 것과 그들을 설득하려는 자신의 시도가 헛일이라는 것에 자신이 느낀 좌절을 전한다. 따라서 그가 그의 이런 해석을 뒷받침할 근거를 제시하는 목적 가운데 하나는 그의 청중이 공동체 앞에서 낭독되는 그의 서신을 듣고 이 서신을 다른 전승들과 비교해 보게 하려는 것이다.

전부는 아니어도 많은 그리스도인 공동체가 그들이 공통으로 물려받은 문헌을 바르게 읽을 수 있는 가장 좋은 방법을 찾으려 했다(행 19:9-10). 여기서 공동 읽기 사건이 특정 전승이나 해석 혹은 전승과 해석 모두를 통제하는 데 도움을 주었음을 일러 주는 텍스트를 몇 개만 언급해 본다. 누가복음 4:28-29, 13:14-15, 19:47-48, 요한복음 7:40-44, 12:34, 18:21, 사도행전 13:42, 17:18, 18:26, 20:30-31, 고린도전서 14:26, 갈라디아서 3:13-14, 데살로니가후서 3:14, 베드로후서 3:16, 요한계시록 22:18-19이 그런 예다. 이런 읽기 문화 전반을 살펴본 결과, 이런 사건들이 기독교 전승의 질을 실제로 통제했으리라는 것을 예상해 볼 수 있다. 더욱이, 요한1서는 공동체에게 거짓 선지자들의 메시지를 비판의 눈으로 평가함으로써 이런 선지자들을 검증하라고 요구한다(4:1-6). 그런가 하면, 사도의 인증(골 4:16; 벧후 3:15-16), 공의회가 내린 결정(행 16:4), 혹은 두루마리(성경을 기록한 사본) 검토(행 17:11)를 통해, 공동체가 모인 자리에서 누군가가 읽은 것이 진짜요 틀림없음을 확인한 경우도 있었다. 이를 모두 종합해 보면, 전승의 질 통제와 관련하여 이런 공동 읽기 사건에 끊임없이 초점을 맞췄음을 알 수 있다.

가르침(눅 4:14), 선포(행 15:21), 토론(행 17:2), 보고 회람(눅 7:17) 모두가 기록된 텍스트와 관련이 있었던 지점이 있었다. 신약성경 저자들은 기록된 텍스트를 다양한 형태로 제시했다(아래 표를 보라).

용어 표

텍스트나 기록의 유형	본문	헬라어 본문
거룩한 기록들(성경)	딤후 3:15	ἱερὰ γράμματα
계보(족보)	마 1:1	Βίβλος γενέσεως
기록된 말씀	롬 3:2 (참고. 행 7:38)	τὰ λόγια
내러티브	눅 1:1	διήγησιν
두루마리 책	히 10:7	κεφαλίδι βιβλίου
마술 책들	행 19:19	βίβλους
모세의 책	막 12:26	τῇ βίβλῳ Μωϋσέως
미래의 새김글(위에 쓴 것)	계 21:12	ἐπιγεγραμμένα
새김글(주화에 새긴 글)	눅 20:24	ἐπιγραφήν

생명책	계 3:5	τῆς βίβλου τῆς ζωῆς
서신들	벧후 3:16	ἐπιστολαῖς
서판	눅 1:63	πινακίδιον
서판(은유)	고후 3:2	πλαξίν
선지자의 책	행 7:42	βίβλῳ τῶν προφητῶν
선지자들의 글	롬 16:26	γραφῶν προφητικῶν
성경 두루마리	눅 4:17	τὸ βιβλίον
성경 본문	행 8:32	ἡ περιοχὴ τῆς γραφῆς
성문 법조문	롬 2:27	γράμματος
손으로 쓴 법조문	골 2:14	χειρόγραφον
손으로 쓴 인사말	고전 16:21	ἀσπασμὸς τῇ ἐμῇ χειρὶ
시편 책	눅 20:42	βίβλῳ ψαλμῶν
양피지	딤후 4:13	τὰς μεμβράνας
위에 달린 명패	눅 23:38	ἐπιγραφὴ
위조된 서신	살후 2:2	ἐπιστολῆς ὡς δι' ἡμῶν
율법 책	갈 3:10	τῷ βιβλίῳ τοῦ νόμου
이 예언 책	계 22:19	τοῦ βιβλίου τῆς προφητείας ταύτης
이 책	요 20:30	τῷ βιβλίῳ τούτῳ
이사야의 말을 담은 책	눅 3:4	βίβλῳ λόγων Ἠσαΐου
이혼 증서	막 10:4	βιβλίον ἀποστασίου
차용증	눅 16:6-7	τὰ γράμματα
호적	눅 2:2	ἀπογραφὴ

광범위한 장소, 참여자, 문화도 공동 읽기 사건이 널리 퍼져 있었음을 확인해 준다. 공적 성격을 지닌 공동 읽기 사건(아테네에서 있었던 공동 읽기 사건을 들려주는 행 17장)과 사사로운 공동 읽기 사건(예루살렘에서 있었던 공동 읽기 사건을 들려주는 행 5:42)이 있었다. 이런 사건은 작을 수도 있었고(행 8장), 클 수도 있었다(요 6:59). 회당처럼, 공식적 자리도 있었다(마 4:23). 그런가 하면, 야외 장터처럼, 비공식적 자리도 있었다(행 17:17). 아울러 이 둘 사이에

긴 장소가 곳곳에 많이 있었다. 개인의 집(눅 1:40), 법정(행 18:12-13), 바울의 숙소(행 28:23), 솔로몬의 주랑(행 3:11), 성전 뜰(막 12:25), 두란노 학당(행 19:9), 주의 성전(눅 1:9), 거룩한 곳(눅 1:21-22), 에클레시아(행 11:26), 공중 집회(행 19:30-31)가 그런 예다. 성경은 사회 하층민들이 이런 모임에 참여했다고 종종 묘사한다(요 6:31; 행 8:27). 이는 공동 읽기 사건이 계층의 경계를 초월하여 널리 퍼져 있었음을 보여 준다.

게다가 외부인이 그리스도인의 공동 읽기 사건에 관심을 보이거나 심지어 참여했음을 보여 주는 사례도 있다. 사도행전 19:13이나 데살로니가후서 2:2(참고. 행 20:30)이 그런 예다. 그리스도인은 때때로 새로운 장소에서 공동 읽기 사건을 시작하기도 했다(행 18:7; 19:8). 보통 때 올리는 예배 자리 밖에서도 성경을 읽고 인용했다는 것은 이런 공동체가 가르치는 공동체요 텍스트에 의존하는 공동체였다는 생각에 힘을 실어 준다. 에티오피아처럼 먼 곳에서 온 여행자도 기록을 갖고 있었으며, 공동 읽기 사건이 그런 텍스트를 가장 잘 이해할 방법이라고 생각했다(행 8장). 그런가 하면, 공동 읽기 사건에서 많은 유비를 인용하기도 한다(고후 3장). 다양한 장르의 텍스트를 읽거나 낭송하는 일을 말하거나 추정하는 곳들이 있는데, 그런 텍스트에는 구약성경(시 110), 유대교 문헌(「에녹1서」), 이교도 시인의 시(아라토스), 사도들의 명령(행 15:30), 사도 서신(로마서), 신화(딤전 1:4)가 있다. 그리스도인의 공동 읽기 사건을 밑받침하는 증거는, 이미 예상할 수 있는 것처럼, 구약성경을 읽는 것뿐 아니라, 골로새서 4:16이나 데살로니가전서 5:27이 말하듯이, 새 기록을 읽는 경우도 있었음을 보여 주었다.

공동 읽기 사건은 이처럼 사회 모든 계층에 걸쳐 폭넓고 다양하게 전개되었다. 나아가, 신약성경 저자들은 그들 자신의 공동 읽기 사건을 증언할 뿐 아니라, 자신의 청중이 다른 공동 읽기 사건에 참여한다고 추정하기도 했다. 예를 들면, 그들은 종종 그들 자신의 청중이 이미 공동 읽기 사건 때

들었을 법한 것을 추정하거나, 그들 자신의 청중에게 그런 것을 되새겨 주기도 했다(엡 3:2-3). 실제로, 신약성경의 모든 기록은 애초에 기록할 때부터 공동으로 읽을 기록으로 쓴 것이라는 주장도 있었다. 모든 신약성경 저자는, 지리상 어느 곳에 있든지, 공동 읽기 사건에 노출되는 경험을 하고/하거나 이런 사건이 일어나고 있다고 추정했다. 실제로, 일부 그리스도인 저자들은 공동으로 읽을 것을 분명하게 명한다(딤전 4:13). 또 어떤 그리스도인 저자들은 그런 사건을 축복하기도 한다(계 1:3). 또 다른 저자들은 그런 사건이 유대인과 그리스도인 가운데 널리 퍼져 있다고 언급한다(누가복음-사도행전). 그리스도인 공동체와 유대교 공동체 사이에 존재하는 유사점 가운데에는 문해력이 높다는 점과 거룩한 텍스트를 높이 여긴다는 점이 있다. 우리는 그리스도인이 그런 공동 읽기 사건 때 읽은 것 가운데에는 새 기록도 들어 있었음을 언급함으로써 그리스도인의 읽기 문화가 지닌 독특성을 보여 주었다. 이처럼 공동 읽기 사건은 널리 그리스도인 공동체 가운데에서도 관습처럼 자리 잡았다. 그러나 그 사건의 정확한 형태는 장소와 시간에 따라 달랐을 수도 있다.

  마지막이지만 결코 소소하지 않은 점을 하나 짚어 보자면, 그리스-로마 저자들이 쓴 작품들을 다루었던 앞장과 이번 장 사이에는, 단순히 공동 읽기 사건이 널리 퍼져 있었다는 것뿐 아니라, 주목할 만한 유사점이 몇 가지 존재한다. 예를 들면, 그리스-로마 저자들의 작품과 신약성경 저자들의 기록에는 위조, 비교, 통제, 공동 읽기 사건의 무대, 읽기 정도, 장르의 범위, 그리고 같은 작품을 여러 차례에 걸쳐 여러 장소에서 읽음을 다룬 사례나 이런 것들을 언급하는 내용이 모두 들어 있다.

  요컨대, 신약성경 기록은 1세기 공동 읽기 사건을 이해할 역사의 틀을 확립하는 데 도움을 줄 뿐 아니라, 이런 공동 읽기 사건이 지리상 넓은 지역에 걸쳐 두루 퍼져 있었음을 보여 준다. 이렇게 넓은 범위에 걸쳐 퍼져 있었다는 점은 더 넓게 그리스-로마 세계와 유대 세계에 존재했던 패턴들과도 일치한다. 아울러, 요한복음 12:32-34, 사도행전 18:26, 골로새서 4:16, 데살로니가전서 5:27, 요한1서 4:1, 요한계시록 2:2과 22:18-19 같은 본문들은 공동 읽기 사건이 문헌 전승의 질을 통제하는 역할도 수행했음을 증명해 주었다. 물론 몇몇 세부 내용에는 여전히 의문이 들 수도 있다. 하지만 전체 구조는 확고하게 세워진 것 같다. 따라서 기원후 1세기에는 공동 읽기 사건이 널리 퍼져 있었다고 주장하는 것이 타당하다.

7장

결론

이것이 이 서신의 끝입니다. 정말 끝입니다. 설령 내가 잊어버린 무언가가 더 생각날지라도, 이제 글귀 하나 덧붙이지 않겠습니다.
_플리니우스, 「서신」 3.9.37(61-113년경)

그동안 우리는 1세기에 있었던 공동 읽기 사건을 전혀 주목하지 않았다. 이 바람에 결국 기독교가 등장했던 그리스-로마의 사회-역사 맥락에 대한 우리의 이해도 빈약해지고 말았다. 나는 단순히 기원후 2세기에 그 전의 전통을 모방한 관습이 존재했었다고 추정하는 차원을 넘어, 이미 기원후 1세기에 공동 읽기 사건이 넓은 지역에 걸쳐 두루 퍼진 관습으로 자리 잡고 있었음을 논증했다. 다시 말해, 공동 읽기 사건은 기원후 1세기 로마 제국에 널리 퍼져 있던 현상이었다. 학자들이 이런 사건들이 널리 퍼져 있었음을 조사해 본다면, 고대 읽기 관습 및 문헌 전승의 질을 통제했던 여러 유형의 방법에 관한 그들의 이해도 더 깊어질 수 있을 것이며, 그에 따라 바로 그 시대에 기독교 전승을 통제하고 형성했던 방법도 더 정확하게 재구성하여 묘사해 볼 수 있을 것이다.

1장에서는 공동 읽기 사건에 관한 현재 학계의 연구에 좋지 않은 영향을 미치고 있는 몇 가지 흠 있는 가설과 주목할 만한 빈틈을 살펴보아야 했다. 거기서 나는 많은 학자가 적어도 기원후 2세기까지도 로마 제국에는 공동 읽기 사건이 널리 퍼져 있지 않았다는 가설 아래 연구 작업을 펼치고 있음을 제시했으며, 그런 사건이 문헌 전승의 질을 통제하는 방법으로서 기능했을 가능성을 언급한 학자는 극소수에 불과함을 지적했다. 아울러 나는 이런 가설을 면밀히 검토하고 그런 틈새를 다룰 수 있는 가장 좋은 방법은 공동 읽기 사건이 일어난 장소를 판별하여 지도에 표시해 보는 것이라는 것도 밝혀 보았다. 실제 공동 읽기 사건과 관련된 개념 및 통제와 관련하여 훨씬 많은 것을 다뤄 볼 수도 있었으나, 거기에서는 장소에 초점을 맞췄다.

2-4장에서는 그리스-로마의 사회-역사 맥락, 즉 경제적, 정치적, 사회적 맥락을 형성했던 산문의 힘에 초점을 맞춰 보았다. 우리는 공동 읽기 사건을 발생시킨 이런 조건들이 이 사건을 확산시키는 요인이 되었다고 결론지었다. 나는 1세기의 정황을 분석하는 동안, 공동 읽기 사건이 전승의 질을

통제하는 수단으로 활용되었음을 확인해 주는 텍스트를 몇 가지 미리 제시하면서, 이런 사건이 일어난 지리적 범위를 규명하는 일을 우리가 해야 할 과업으로 남겨 두었다. 아울러 4장에서는 그리스도인의 공동 읽기 사건에 배경이 되었던 유대교를 다루었다. 초기 그리스도인 공동체는 유대교의 문헌 문화와 관습을 적어도 일부 물려받았지만, 이런 문화와 관습을 다양한 방식으로 바꾸고 변형시켰다.

5장에서는 21세기 저자들이 축적한 증거를 통해 공동 읽기 사건이 로마 제국에 두루 퍼져 있었음을 실증했다. 전승의 질을 통제하던 다양한 방법도 밝혀 보았는데, 가령 스트라본이 공동체 앞에서 그들의 작품을 낭송하는 시인들 가운데 존재하는 텍스트의 차이를 강조하고 비판한 일, 그리고 대(大) 세네카가 손님들에게 사람들 앞에서 낭독되는 글을 비판의 시선으로 검토하고 논해 보라고 권유한 일이 그런 예다. 그러나 거기에서는 이 연구서의 주된 논지를 고려하여, 20곳이 넘는 장소에 초점을 맞췄다.

우리는 6장에서 신약성경 기록을 통해 공동 읽기 사건이 너른 지역에 퍼져 있었다는 결론을 내렸다. 아울러 우리는 저자들이 이런 사건에 관하여 썼다는 것도 논증했다. 각 저자가 그들의 책을 어디서 기록했든, 이 저자들 자신이 비슷한 공동 읽기 사건을 경험했다는 게 그 논증의 근거였다. 우리는 이런 사실에서 몇 가지 다른 함의를 끄집어냈는데, 가령 공동체가 그들 앞에서 낭독되는 글을 들으며 일관되지 못한 가르침을 분별할 필요성을 시사한 게 그 예다. 그러나 여기에서도 다시 한번 우리의 중심 논지가 타당함을 보았다.

요컨대, 이처럼 관찰을 통해 발견한 결과들은 기원후 1세기에 공동 읽기 사건이 현재 학계의 통설이 추정하는 것보다 지리상 넓은 지역에 퍼져 있었고 더 흔한 일이었음을 보여 준다. 아울러, 우리는 공동 읽기 사건이 일어난 사회적 무대가 광범위했음을 증명했다. 장례식과 법정 재판에서도 서신을 읽었다. 양육을 위해 거룩한 텍스트를 읽기도 했다. 학교에서도 글을 읽었다. 공중이 모인 자리에서 시를 읽기도 했다.

아울러, 이 연구서에서 제시한 증거는 일찍이 문헌 전승 속에 깊이 뿌리내린 전승의 질 통제 수단이 틀림없이 더 다양했다는 것도 보여 주었다. 우리는 상이한 여러 종류의 전승의 질 통제 수단을 구별해 보려고 시도하지도 않았고, 각 문헌 전승이 그런 공동 읽기 사건에서 어떻게 영향을 받았는가도 정확히 추적해 보지 않았다. 그래도 전승의 질을 통제하는 다양한 수단을 사용했다는 것은 이런 연구에, 특히 태동기 기독교의 역사 배경을 다루는 연구에 여러 의미를 시사한다.

이 연구는 신약 연구와 초기 기독교 기원 연구에 적어도 두 가지 중요한 기여를 한다. 첫째, 공동 읽기 사건이 널리 퍼져 있었다는 것은 예수 전승 형성, 초기 기독교 책 문화의 윤곽, 그리고 신약성경 텍스트가 전달될 수 있게 해 준 요인들에 관하여 다음과 같이 새롭고도 중요한 질문들을 불러일으킨다. 공동 읽기 사건이 고대의 문해 수준과 관련하여 시사하는 것은 무엇인가? 공동 읽기 사건은 전승을 얼마만큼이나 통제했는가? 그리스도인 공동체가 공동 읽기 사건을 통해 기독교와 경쟁하는 다른 기록들을 배척한 일은 얼마나 일찍 시작되었을까? 공동 읽기 사건은 다른 차이와 통제를 뛰어넘는 통일성을 부여했는가?

둘째, 기원후 1세기에 전승의 질을 통제하는 또 다른 방법이 작동하고 널리 퍼져 있었음을 확인해 주었다. 1세기에는 어떤 도시 지역의 자그마한 사회 단위만이 그런 공동 읽기 사건에 참여할 수 있었으리라는 단순한 생각은 뒤집어졌다. 오히려, 공동 읽기 사건은 초기 그리스도인, 필론, 그리고 다른 많은 이가 참여했던, 복잡하고 다양한 국면을 지닌 문화 마당 속에 깊이 스며들어 있었다. 발전해 가는 전승, 폭넓은 사회 스펙트럼, 광범위한 기독교 세계에 존재하던 다양한 문헌 형식 가운데 존재하던 공통분모 가운데 하나가 공동 읽기 사건이었다는 것이 밝혀졌고, 이런 사건이 기독교 전승 전달을 통제하는 요인으로서 널리 퍼져 있었다는 것도 밝혀졌다. 이런 신선한 통찰들은 초창기 교회의 본질을 역사의 관점에서 재구성하는 일은 물론이요 정경 형성과 텍스트 전달에 관한 이야기에도 유익한 정보를 제공할 잠재력을 갖고 있다.

부록: 몇 가지 추가 증거

여기서 제시하는 텍스트는 모두 공동 읽기 사건을 어느 정도 보여 주는 예다. 내 목표는 다만 이 연구서에서 자세히 살펴보지 않았던 텍스트들을 추려 뽑아 더 제시해 보는 것이다. 다시 말해, 5장에서 살펴본 1세기 저자 20명과 6장에서 살펴본 1세기 문헌 27개 외에, 적어도 60명의 저자가 쓴 또 다른 텍스트 142개를 추가로 이 논의에 포함시켜 다뤄 보겠다. 당연한 일이지만, 나는 내가 다루는 시대 범위를 다소 넓혀 1세기 앞뒤 몇 세기 동안에 (즉, 기원전 100년경부터 기원후 200년에 이르는 기간에) 나온 텍스트 몇 개를 이 사례에 포함시켰다. 여기서 제시하는 텍스트와 맥락의 양은 제한된 것이지만,[1] 그럴지라도, 기원후 1세기와 그 시기를 전후하여 일어난 공동 읽기 사건을 언급한 숫자, 그리고 이런 텍스트의 출처인 자료가 아주 다양한 점은 공동 읽기 사건이 예수 시대에 영향을 미친 발자취가 얼마나 넓은가를 여실히 보여 준다.

---

1 주된 자료는 우리 연구서가 앞서 언급한 자료와 똑같다.

고대 랍비의 기록

미쉬나(기원후 2세기경)

1. [제사장들이] 읽는 내내 [어떻게 읽어야 하는지] 아는 이들과 [어떻게 읽어야 하는지] 모르는 이들을 **인도하곤 했다**. (Bik. 3:7e)
2. 그달 열다섯째 날에 **그들이** 성벽으로 에워싸인 성읍들에서 **메길라** [Megillah, 에스더서가 들어 있는 두루마리]를 **읽었다**. (Seqal. 1:1b)
3. 그들은 그에게 법정에 속한 장로들을 넘겨주었고, 또 **그들은** 그날 행해야 할 의식을 **그에게 읽어 주었다**. (Yoma 1:3a)
4. 그가 [성경을] 읽는 데 익숙하면, 그는 읽었다. 그렇지 않으면, **그들이 그에게 읽어 주었다**. (Yoma 1:6c-d)
5. 대제사장이 [여인의 뜰에] 와서 읽었다. 그가 아마포 옷을 입는 동안에 읽길 원하면, [그 옷을 입으면서] 읽는다. 그렇지 않으면, 그가 입을 흰 예복을 입으며 읽는다. 공동체 직원이 토라 두루마리를 가져다가 그것을 공동체 우두머리에게 주면, 그 공동체 우두머리는 그것을 [제사장들의] 우두머리에게 주고, 제사장들의 우두머리는 그것을 대제사장에게 준다. **대제사장은 일어나 그것을 받고 읽는다**. (Yoma 7:1a-d)
6. 노예나 여자나 미천한 사람이 그를 위해 읽어 주는데, 그는 그들이 그리한 뒤에 무엇을 말해야 하는지 말함으로써 대답한다. 그러나 이것이 그에겐 저주다. 성인 남자가 **그를 위해 읽어 주면**, 그는 그가 그리한 뒤에 [그저] "할렐루야"라고 대답한다. (Sukkah 3:10)
7. 회당 뒤에서 이리저리 왔다 갔다 하는 사람, 혹은 그의 집이 회당 근처인 사람, 그리고 뿔피리 소리를 들었거나 에스더서가 담긴 두루마리를 **읽는 소리를 들은** 사람은, [그것을 통해 그가 행할 의무를 이행하고자] 귀를 기울였다면, 그가 할 의무를 다한 것이다. (Ros Has. 3:7d-h)

8. [에스더서가 담긴] 두루마리는 [아다르의] 열한째 날이나 열두째 날이나, 열셋째 날이나, 열넷째 날, [혹은] 열다섯째 날에 읽는다.…[만일] 열넷째 날이 월요일에 겹치면, 동네들과 큰 고을들은 그날에 그것을 읽는다.

(Meg. 1:1a, 2b)

9. 회중을 섬기는 일꾼이 토라 두루마리를 가져다가 그것을 회중의 지도자에게 주고, 회중의 지도자는 그것을 제사장의 우두머리에게 주고, 그 우두머리는 그것을 대제사장에게 준다. **그러면 대제사장은 서서 그것을 받고 그 안에서 읽는다.** (Sotah 7:7b)

10. 아그립바 왕이 서서 그것을 받고 선 채로 읽으니, 현자들이 그 때문에 그를 칭송했다. (Sotah 7:8g)

11. **제사장이 먼저 읽으면**, 다음에 레위인이 읽고, 다음에 이스라엘 사람이 읽으니, 이는 평화를 지키기 위함이다. (Git. 5:8b)

12. 그리고 독사(讀士)가 읽는다. (Mak. 3:14)

13. **랍비 엘리에제르 벤 아자리아가 이 주해를 야브네 포도밭에서 현자들에게 강설한다.** (Ketub 4:6b)

14. 랍비 아키바가 이렇게 말했다. "우리가 회당에서 무엇을 발견하는가? 거기에 사람이 많으나 적으나 마찬가지다. [독사가] 말한다. '주를 송축할지어다.'" (Ber. 7:3k)

외경과 위경

에녹1서(기원전 2세기-기원후 1세기경)

15. 그들이 내게 그들을 용서해 달라고 간청하는 글을 그들을 위해 써 줄 수 있는지 물었으니, 나는 **그들을 위해 하늘의 주 앞에 간청하는 글을 읽으려 한다.** (13:4)

마카베오3서 (기원전 1세기경)

16. 그러자 **그들은 그에게 율법을 읽어 주었다.** 그러나 그는 제 주제도 모른 채 그들이 그를 받아 주어야 한다고 외쳤다. 그러면서 그는 그들은 이런 영예를 빼앗길지라도 자신은 결코 뺏기지 않으리라고 말했다. (1:12)

바룩4서 (기원후 1세기-2세기경)

17. 그 독수리가 말했다. "예레미야야, 내가 네게 말하노니, 가서 이 서신을 공포하여, 사람들에게 읽어 주어라." 그 뒤, 그는 이 서신을 공포하고, **사람들에게 읽어 주었다.** (7:21)

아리스테아스 (기원전 3세기-기원후 1세기경)

18. 왕의 재가를 받고자 그 법령을 가져다 **왕에게 읽어 주었을 때,** 그 법령에는 "그전에 그 땅에 있었거나 그 직후에 그 땅에 잡혀 온 모든 포로"라는 문구를 제외한 다른 모든 규정이 들어 있었다. 왕은 그의 큰 도량과 커다란 마음으로 이 구절을 법령에 집어넣은 뒤, 속량에 필요한 금전을 군수 총감과 왕실 금융 책임자에게 모두 맡기라고 명령했다. (26)

19. **우리는** 모든 백성을 모은 뒤, 그들이 우리 하나님을 향한 당신의 헌신을 알 수 있게 **그것을 그들에게 읽어 주었다.** (42)

20. 모든 유대인의 관습대로, 그들은 그들의 손을 바다에 [씻고] 하나님께 기도한 다음, 그들이 몰두하고 있던 특별한 본문을 **전심전력을 다해 읽고 번역했다.** (305)

21. 데메드리오는 그 작품을 완성하자, 그 작품을 번역하고 **그것을 모든 이에게 읽어 준** 장소에 유대인을 모았다. 그 장소에는 번역자들이 있었는데, 이들도 그들에게 큰 유익을 주었다 하여 그들에게서 큰 환대를 받았다. (308)

22. **책들을 읽은 뒤**, 제사장들, 번역자들과 유대인 공동체의 장로들, 그리고 그 백성의 지도자들이 일어서서 말하길, 이토록 탁월하고 거룩하고 정확한 번역본이 만들어졌으니, 이 번역본을 이대로 보존하면서 절대 바꾸지 않는 것만이 옳다고 했다. (310)

23. 그 일을 왕에게 보고하자, 왕이 크게 기뻐했으니, 이는 그가 전에 고안한 것이 확실히 이행되었다고 느꼈기 때문이었다. **책 전체를 왕에게 읽어 주었더니**, 왕이 입법자의 정신에 크게 놀랐다. 왕이 데메드리오에게 이렇게 말했다. "역사가나 시인 가운데 이런 경이로운 업적을 언급하는 것이 가치 있다고 생각한 이가 아무도 없었다니 대체 어찌된 일인가?" (312)

위(僞)헤카타이오스(기원전 2세기-기원후 1세기경)

24. 그는 나중에, 그가 이미 이야기했던 사람을 언급하면서, 이렇게 말한다. "이 사람은 이렇게 존경받는 [지위를] 얻고 우리의 친밀한 벗이 되어, 몇몇 [사람들]과 함께 모여 **그들에게 ["두루마리"?] 전체를 읽어 주었다.** 이는 그것에 그들의 정착과 시민권에 관한 기록이 들어 있었기 때문이다." (6:8)

레갑 족속(기원후 1세기-4세기경)

25. 모든 수사(修士)들, 그리고 들은 모든 사람이 함께 모이자, 이 언약을 **모든 이에게 읽어 주었다.** (22:4)

시빌의 신탁(기원전 2세기-기원후 1세기경)

26. 독사(讀士)들이 그들에게 **쉽게 읽어 주고** 그들(독사들)이 활용한 결과를 그들에게 나누어 줄 수 있게. (0:11)

솔로몬의 유언(기원후 1세기-3세기경)

27. 그런 다음 **읽어 주는 사람**이 사람들이 많이 모인 방에서 큰 소리로 말하고 있던 사람에 관하여 세 번째로 이야기한다. (2)

초기 기독교 기록

클레멘스2서(기원후 2세기경)

28. 형제자매들아, 그러므로 **내가 하나님의 진리를 따라 너희에게 한 권면을 읽어 주노니**, 곧 기록된 글에 주목하여 너희가 너희 자신과 너희에게 읽어 주는 이를 구원할 수 있게 하라는 권면이다. (19:1)

디오그네토스(기원후 2세기경)

29. **네가 이 진리를 읽고** 이 진리에 귀를 기울이면, 하나님이 당신을 사랑하는 이들에게 그들이 받아야 할 대로 베풀어 주신다는 것을 알리라. (12:1)

이레나이우스(기원후 130-202년경)

30. 우리가 아래와 같이 **읽는** 그들의 글에서 그들이 제시하는 해석은 이렇다. (*Haer.* 1.25.5)

31. 만일 그가 그 스스로 교회 장로인 이들과 **더불어 성경을 열심히 읽는다면**, 모든 말씀이 그가 보기에도 일관성이 있어 보일 것이니, 그 장로 가운데(장로들의 가르침 가운데—옮긴이) 내가 지목했던 사도들의 가르침도 있다. (*Haer.* 4.32.1)

32. 참된 지식은 사도들의 가르침 [안에 존재하는 것]이요, 세계 전역에 있는 교회의 오래된 헌장이며, 그리스도의 몸이 대를 이어 내려온 주교들

을 따라 확실하게 나타남이니, 그들은 그것을 통해 그 참된 지식을 모든 곳에 존재하는 교회에 전해 주었고, 그 참된 지식이 우리에게도 이르렀다. 그 지식은, 아주 완전한 교리 체계로 말미암아, 어떤 성경 위조도 없이 보호되고 보존되었으며, [교회가 믿는 진리에는] 추가되거나 삭제된 곳이 전혀 없다. [그것은] **흠 없이 [하나님 말씀을] 읽음[에 있고]**, 성경을 따라, 어떤 위험이나 신성모독도 없이, 율법에 맞게 부지런히 행하는 강설에 있다. [무엇보다 그것은] 사랑이라는 탁월한 은사[에 있으니], 이 사랑은 지식보다 값지고, 예언보다 영광스러우며, [하나님이 주시는] 다른 모든 은사보다 뛰어나다. (Haer. 4.33.8)

33. 이런 것들이 한 [본문]과 관련하여 그들 가운데 존재하는 변형이니, 곧 같은 성경을 놓고 일치하지 않는 의견들을 주장하는 셈이다. 바로 **그 본문이 낭독되자**, 그들은 모두 눈살을 찌푸리고 머리를 흔들며, 그들이 대단히 숭고한 말을 하는 것 같지만 모든 이가 그 안에 담겨 있는 사상의 위대함을 이해하지 못한다고 말하면서, 그러기에 가장 으뜸가는 지혜는 침묵이라고 말한다. (Haer. 4.35.4)

순교자 유스티누스(기원후 100-165년경)

34. 이는 **우리가 두려워하지 않고 그것들을 읽을** 뿐 아니라, 그대도 알다시피, 그것들을 그대에게 가져와 그대가 살펴보고 그 내용이 모든 이를 기쁘게 하리라는 것을 알 수 있게 하기 때문이다. (Apol. 1:44).

파피아스(기원후 1세기-2세기경)

35. 우리가 지금 이야기하는 사람 파피아스는 그가 사도들의 말을 사도들을 따랐던 이들에게 받았다고 인정하면서도, 그 자신 역시 아리스티온과 장로 요한에게 들었다고 말한다. 어쨌든 그는 그들의 이름을 빈번히

언급하고 그들이 일러 준 전승을 그의 기록에 포함시킨다. 우리가 한 이 말을 그 독자가 빠짐없이 읽게 하라. (3.7)

헤르마스의 목자(기원후 2세기경)

36. 그러므로 그대는 작은 책을 두 권을 써서, 하나는 클레멘스에게 보내고 하나는 그라프테에게 보내라. 그러면 클레멘스가 그것을 해외의 도시들에 보내리니, 이는 그것이 그의 일이기 때문이다.…그러나 그대 자신도, 교회를 다스리는 장로들과 함께, 그것을 **이 도시에 읽어 주어라.** (8:3)

테르툴리아누스(기원후 160-220년경)

37. 우리는 함께 모여 **신성한 글을 읽는다.** (*Apol.* 39)

그리스-로마 협회

푸테올리의 두로 출신 정착민들이 두로시(市)에 보내는 서신
(기원후 174년)

38. 라케스가 보낸, 두로 정착민의 서신이 **낭독되었다.** (AGRW 317)

이오바코이(로마 시대에 디오니소스 신을 숭배하던 모임―옮긴이)의 규칙
(기원후 164/165년)

39. 그(부사제)가 전(前) 사제들이 작성한 **규칙을 읽었다.**…그러자 회장(*proedros*)인 아프로디시오스의 아들 루푸스가 이렇게 물었다. "누가 들어도 이 규칙이 좋은 것 같으니, 낭독된 규칙을 비준하고 비(돌기둥)에 새겨야겠습니다. 찬성하면 손을 드십시오." (AGRW 7)

그리스 저자들과 로마 저자들

아테네의 아폴로도로스(기원후 1세기-2세기경)

40. 테베 주민들은 **그들이 스핑크스의 수수께끼를 읽을 때마다** 스핑크스를 제거해야 한다고 선언한 신탁을 갖고 있었다. (LCL 121: 348-349)

티아나의 아폴로니오스(기원후 15-100년경)

41. 그 뒤에, 민회에서, 대단한 두 정치인, 곧 부자들의 당과 민중들의 당에서 각각 나온 킬론과 니논이 피타고라스학파 사람들을 비판하고, 그들에게 그들이 져야 할 책임을 나누어주었다. 이 두 사람이 각자 연설했다. 킬론의 연설이 더 길었고, 다른 한 연설이 그 뒤를 이었는데, 이 연설자는 자신이 피타고라스학파의 비밀을 조사했다고 주장했다. 그러나 사실 그는 피타고라스학파 사람들을 지독히 모욕하려는 의도를 품은 채 그들의 혐의를 담은 문서를 위조하고 작성하여, 그 문서를 서기에게 넘겨주고, **그것을 사람들에게 읽어 주라고 말했다.** (LCL 458: 102-103)

아피아노스(기원후 95-165년경)

42. **이 서신들을 읽자,** 일부 사람들은 이 서신들을 믿을 수 없다고 생각했지만, 다른 이들은 이 서신들을 믿었다. (LCL 2: 192-193)

43. 로마에서 **키케로는 사람들에게** 집정관의 보고를 **읽어 주었다.** (LCL 5: 92-93)

44. 그러자 그는, 마치 자신의 뜻을 거스르는 옥타비우스를 위압하듯이, 자신 옆에 충분한 경호대를 배치한 뒤, 서기에게 **위협이 담긴 목소리로 제안된 법을 사람들에게 읽어 주라고 명령했다.** 서기가 읽기 시작했지만, 옥타비우스가 다시 읽지 말라고 제지하자, 서기가 멈췄다. (LCL 4: 24-25)

45. 나는 내 자신의 정서보다 그대들의 정서를 목소리로 담아낼 수 있게 읽겠다. (LCL 4:492-493)

아풀레이우스(기원후 125-170년경)

46. 그런 다음 그는 높은 연단에 올라가 **한 책을** 글자 하나도 빼지 않고 **큰 소리로 읽었다.** (LCL 453: 266-267)

아테나이오스(기원후 2세기말-3세기초경)

47. 그 서신이 키오스 사람들에게 **낭독된** 뒤, 거기 있던 소피스트 테오크리토스가 자신은 이제 호메로스의 글귀를 이해했다고 말했다. (LCL 327: 142-145)

48. 예를 들면, 므네시프톨레모스가 **그의「역사」를 읽어 주었다.** (LCL 274: 64-65)

디오 카시우스(기원후 155-235년경)

49. 이 일 뒤에 그가 원로원을 소집했다. 그 자신은 목이 쉬었다며 연설을 하지 않고, **그가 쓴 원고를** 재무관(*quaestor*)에게 주어 읽게 **했다.** (LCL 83: 348-349)

50. 그는 열일곱 살 때 통치하기 시작했다. 처음에 그는 군막으로 들어가, 세네카가 그를 위해 써 준 연설을 **병사들에게 읽어 준** 뒤, 클라우디우스가 그들에게 주었던 모든 것을 그들에게 주겠다고 약속했다. 그는 또 원로원 앞에서 비슷한 연설을 읽었다. 이것도 역시 세네카가 써 준 것이었다. 그 결과, 그의 연설을 은으로 만든 서판에 새겨 넣어 새 **집정관이** 임기를 시작할 때마다 그에게 읽어 주어야 한다는 표결이 이루어졌다. (LCL 176: 36-37)

디오도로스 시켈리오테스(기원전 90-30년경)

51. 테라메네스는 그에게 반대하며, 그에게 평화 조약 조문을 **읽어 주었다**.
    (LCL 399: 16-17)

52. 사제들이 그들의 거룩한 책에 보존된 행전에 있는 글을 왕에게 **읽어 주었으니**, 도움이 될 수 있는 글이었다. (LCL 279: 252-253)

53. 이 서신을 **읽자**, 사령관들과 모든 마케도니아 사람들이 큰 혼란에 빠졌다. (LCL 377: 184-185)

할리카르나소스의 디오니소스(기원전 60-7년경)

54. 그때, 그가 사람들을 모아 놓고, 그 전투 동안에 일어난 모든 일을 그들에게 일러 주며, 그들에게 로마 원로원의 정령을 **읽어 주었다**.
    (LCL 347: 136-137)

마르쿠스 코르넬리우스 프론토(기원후 100-160년경)

55. 내가 그대를 위해 골라 뽑은 내 연설 표본을 그대가 그대 아버지에게 직접 **읽어 주었고**, 그것들을 힘써 낭독했다. (LCL 112: 164-165)

56. 그대는, 마치 극장이나 연회 자리에서 **책을 읽곤 하던 때처럼**, 아주 진지한 얼굴로 공중이 모인 집회를 돌아다녔다. (LCL 112: 206-207)

겔리우스(기원후 125-180년경)

57. 헤로데스가 으레 하던 대로 헬라어를 사용하여 이렇게 말했다. "철학자 가운데에서도 가장 강한 이들이여, 내가 스토아학파 사람 가운데 가장 위대한 이인 에픽테토스의 책을, 그가 여러분이 하는 말 같은 큰 담화에 관하여 생각하고 말한 것을 읽게 해 주시오. 이는 우리가 여러분이 문외한이라 부르며 여러분의 질문에 대답하지 못하는 사람이기 때문이

오." 그런 다음 그는 그들에게 에픽테토스의 담화 첫 권을 가져다달라고 요청했다.…그 책이 오자, 내가 주를 단 그 본문이 **낭독되었다.** (LCL 195: 8-9)

58. 플라톤이 쓴 『향연』이 철학자 타우로스 앞에서 낭독되고 있었다. (LCL 212: 268-269)

그리스 명문집(기원전 1세기-기원후 2세기경)

59. 그는 정말 시인 가운데 가장 탁월한 사람으로서 그의 낭송을 들은 이에게 저녁을 제공한다. 그러나 만일 그가 **그들에게 시를 읽어 주고도** 그들을 굶긴 채 집으로 보낸다면, 그 자신의 광기가 그의 머리로 돌아갈지어다. (LCL 85: 258-259)

60. 엘리소스는 사랑을 할 정도로 무르익은 나이이며, 그야말로 매력이 넘치는 방년 16세다. 아울러 그는 크고 작은 매력이 넘치며, **꿀 같은 목소리로 글을 읽는다.** (LCL 85: 290-293)

호라티우스(기원전 65-8년경)

61. 그는 끔찍한 낭송으로 배운 자나 못 배운 자나 가리지 않고 모든 이가 도망가게 만든다. 한 사람을 붙잡으면, 그를 꽉 붙잡고 **그 사람이 죽을 때까지 읽는다.** 피로 포식할 때까지 피부에 달라붙어 떨어지지 않는 거머리 같다. (LCL 194: 488-489)

유베날리스(기원후 1세기 말엽-2세기 초)

62. 오늘 내 잔치는 또 다른 오락 형태를 제공할 것입니다. 우리는 일리아스 저자의 글을 낭송하고 호메로스의 탁월함에 도전하는 멋진 마로의 시를 낭송할 것입니다. 이런 시라면, **어떻게 낭송하느냐는 중요하지 않습니**

다. (LCL 91: 414-415)

63. 문학의 소망과 동기는 오로지 카이사르에게 달려 있습니다. 젊은이들이여, 일하시오!…텔레시누스여, 만일 그대가 다른 어딘가에 있는 그대의 행운에게서 도움을 받고자 한다면, 그리고 그것이 그대로 하여금 노란 양피지를 가득 채우게 한다면, 차라리 밖에 나가서 땔감을 가져오고, 그대가 지은 작품은 베누스(Venus)의 남편에게 주거나, 아니면 여러분의 책을 창고에 보관하여 벌레가 파먹게 하는 편이 나을 것이오. 가련한 그대여, 펜을 꺾어 버리고 그대가 자그마한 골방에 처박혀 멋진 시를 쓴답시고 밤새 벌였던 싸움들을 싹 지워버리시오. 그대가 얻은 것이라곤 말라빠진 이파리로 만든 관과 초라한 상(像)뿐이구려. (LCL 91: 298-300)

리비우스(기원전 59-기원후 17년경)

64. 이런 일들이 벌어지고 있는 동안, 퀸투스 파비우스 픽토르가 델피에 있는 그의 사절에게서 로마로 돌아와, **손으로 적은 글에서 신탁으로 받은 답을 읽어 주었다.** (LCL 355: 32-33)

65. 일부 당국자는 그가 그들을 참수하기 전에 원로원 정령이 **낭독되었다고** 말한다. (LCL 367: 60-61)

66. 그들은 즉시 그 책을 요구한 다음, 그에게 그 책을 읽게 했다. (LCL 313: 368-369)

67. 그 조건들이 낭독되자, 그는 이렇게 외친다. "유피테르여, 들으소서. 알바롱가 사람들의 아버지의 아버지(pater patratus: 로마 사제 가운데 하나로서, 주로 다른 도시와 조약을 맺고 관리하는 일을 담당했다―옮긴이)여, 들으소서. 알바 백성들이여, 그대들은 들으시오. 이 조약 조건이 처음부터 끝까지 **사람들 앞에서,** 하나도 속이지 않고, **이 서판에, 혹은 이 밀랍에 적힌 그대로 낭독되었으며,** 여기 모인 이들은 오늘 이 조건들을 분명하게 이

해했소이다. 이 조건에 따르면, 로마 사람들은 가장 먼저 떠나는 이가 되지 않을 것이오." (LCL 114: 84-85)

68. 사람들이 원로원 문으로 달려들어, 그 서신을 원로원에서 낭독하기 전에 먼저 로스트라(대형 연단)에서 낭독하라고 외쳤다.…그 서신은 먼저 **원로원에서 낭독된 뒤, 민회 앞에서 낭독되었다.** (LCL 367: 408-409)

69. 원로원 정령을 사절들에게 읽어 주었다. (LCL 396: 6-7)

70. **민회에 보내 읽게 한 서신에는**, 먼저, 그가 아테네에 베푼 관대한 행동에 관한 평가가 들어 있었고, 둘째로, 그가 필리포스에 맞서 펼친 작전에 관한 설명이 들어 있었으며, 마지막으로, 그들이 필리포스를 붙잡고 있는 동안에 그에게 맞서 전쟁을 벌이라는 조언이 들어 있었다.

(LCL 295: 46-47)

71. 재무관 마르쿠스 세르기우스가 이 서신을 **원로원에게 읽어 주었다.**
(LCL 295: 336-337)

루키아노스(기원후 2세기경)

72. 부자들은 그 축제가 열리기 오래 전부터 그들 친구 한 사람 한 사람의 이름을 서판에 기록하게 했다.…그들은 늘 이것을 손에 갖고 있어야 했다.…그런 뒤 오후 늦게, 그 친구 명단을 **그들에게 읽어 주어야 했다.**

(LCL 430: 108-109)

73. 소피스트인 히피아스는 그곳에서 태어난 사람이다. 그와 케오스의 프로디코스, 키오스의 아낙시메네스와 아크라가스의 폴로스, 그리고 다른 많은 이가 모인 구경꾼 앞에서 늘 직접 그들의 글을 낭독했으며[λόγους ἔλεγον], 이를 통해 곧 명성을 얻었다. (LCL 430: 144-145)

74. 그러나 역사 기록의 오류에 관하여 말해 보면, 그대도 관찰을 통해 그런 오류들이 내가 글을 읽는 자리에 많이 참석했다가 알아차린 오류와 같은

종류임을 십중팔구 발견할 것이며, 특히 그대가 모든 이를 향해 귀를 활짝 연다면 더더욱 그러할 것이다. 그러나 이렇게 잘못 기록된 일부 역사를 사례로 다시 거론하는 것은 잘못된 일이 아닐 것이다.

(LCL 430: 10-11)

마르쿠스 아우렐리우스(기원후 121-180년)

75. 그는 그들의 소청을 경청하고, 많은 점에서 은밀히 비통해했지만, 아테네 민회가 제기한 불만, 곧 아테네 민회 사람들이 헤로데스가 많은 감언이설로 그리스 총독들을 꾀려 했다며 헤로데스를 공공연히 공격하고, 어떤 곳에서는 심지어 "오, 쓰디쓴 감언이여!"라고 외치는가 하면, 또 어떤 곳에서는 "역병으로 죽은 이들이 행복하도다!"라고 외친 내용을 담은 불만을 **그에게 읽어 주었을** 때는, 그가 들은 내용에 깊이 감동하여 모든 이가 보는 가운데 눈물을 흘렸다. (LCL 58: 368-369)

76. 그리하여 나는 서신을 보내 **병사들에게 읽어 주게** 했다.

(LCL 113: 314-315)

파우사니아스(기원후 110-180년경)

77. 한 마술사가 방으로 들어가 제단에 마른 나무를 쌓는다. 그는 먼저 그의 머리 위에 티아라를 쓰고 그리스인은 알아들을 수 없는 외국어로 이런 혹은 저런 신에게 기도나 노래를 하는데, 그 기도나 노래는 **책에 있는 기도를 읊조린 것이다.** (LCL 188: 546-547)

페르시우스(기원후 34-62년경)

78. 여러분은 어떻게 생각하는가? 그 시가 마침내 부드러운 리듬을 타고 흘러가면서, **예리한 손톱이 이음매[iunctura] 위로 부드럽게 미끄러진다.**

현대 시인은, 마치 한 눈을 감은 채로 다림줄을 늘일 때처럼, 한 연을 매끈하게 펼치는 방법을 알고 있다. 그의 목표가 도덕이나 사치나 고관대작의 잔치를 비판하는 말을 하는 것이든 아니든, 뮤즈는 우리 시인에게 아주 멋지고 황홀한 내용을 제공한다. 이제 우리는 숭고한 정서를 만들어 보겠다고 조잡한 그리스 시를 끄적거리곤 했던 사람들, 작은 숲이나 기껏 묘사하고 풍성한 시골이나 칭송하는 문외한들을 가르치고 있다.

(LCL 91: 54-55)

소(小) 플리니우스(기원후 61-113년경)

79. 그 여자는 지성이 탁월합니다.…게다가, 이 사랑은 그녀에게 문학에 대한 관심을 가져다주었습니다. 그녀는 내 작품을 베껴 그것을 읽고 또 읽다가 끝내 다 외웁니다.…내가 **읽어 주면**, 그녀는 가까운 커튼 뒤에 앉아 단어 하나도 남김없이 음미하며 아주 맛나게 들이마십니다.

(LCL 55: 296-297)

80. 그대가 **내 독자 가운데 한 사람**이라는 사실이 새로운 작품에 작지 않은 격려가 됩니다. (LCL 55: 310-311)

81. 그는 목욕을 마치고 저녁을 들기 전에 잠시 누워 쉽니다. 그리고 뭔가 가볍고 마음을 진정시켜주는 글이 **낭독되는** 동안 귀를 기울입니다.

(LCL 55: 160-161)

82. 한 저자가 남달리 솔직한 **작품을 읽기** 시작하더니, **다른 날 읽을** 부분을 남겨 두었습니다. 내가 이름을 밝히지 않으려는 누군가의 친구들이 그에게 다가와서, **남은 부분을 읽지** 말라고 간청했습니다. 이런 것이 바로 사람들이 그들의 행동에 관하여 들을 때 느끼는 수치입니다만, 그들은 들으면 부끄러워할 일을 행할 때도 아무런 부끄러움을 느끼지 않았습니다. 저자는 그들의 요청을 따랐습니다. 그러면 그가 진정성을 잃지 않고

도 잘 살아갈 수 있지만, 책은, 그들의 행동처럼, 그대로 남고 늘 남아 있을 것이기 때문입니다. **책은 늘 읽힐 것입니다.** 더더군다나, 이렇게 읽기를 늦추면, 오히려 알리지 않고 남겨 둔 정보 때문에 그것을 듣고 싶어 하는 사람들의 호기심만 날카로워질 것입니다. (LCL 59: 136-137)

83. 당신은 나더러 **친구 무리에게 내 연설을 읽어 주라고 촉구합니다.**…내가 이런 읽기에 동의한다면, 내 의도는 분명 모든 법률 전문가를 초대하는 것입니다. (LCL 55: 146-147)

84. 이것이 그가 해야 할 공무와 분주한 도시의 삶 속에서도 늘상 하던 일이었습니다. 그 나라에 있을 때, 그가 그의 일을 떠나는 시간은 목욕하는 시간이 유일했습니다. 내가 말하는 목욕이란 그가 실제로 물에 몸을 담그는 것을 말합니다. 그는 누군가가 그 몸을 닦아 주고 말려 줄 때도, **그에게 책을 읽어 주게 하거나** 메모를 받아 적게 했습니다. 여행할 때면, 다른 모든 책임에서 자유로움을 느껴 1분이라도 더 일을 하려고 했습니다. 그는 늘 그 옆에 책과 공책을 지닌 비서를 두었으며, 겨울에는 그의 손을 긴 소매로 보호하여, 아무리 혹독한 날씨에도 일할 시간을 뺏기지 않으려 했습니다. (LCL 55: 176-177)

85. 당신은 사랑스러운 곳에 삽니다. 바닷가와 바다에서 운동도 할 수 있고, **대화도 있고, 당신이 읽을 책이나 당신에게 읽어 주게 할 책도 있습니다.** (LCL 55: 304-305)

86. 어떤 것도 완벽해지고픈 내 욕구를 채워 주지 못합니다. 나는 공중의 손에 무언가를 쥐어 주는 것의 중요함을 결코 잊지 못합니다. 나는, 어떤 작품이든 그것이 세상 모든 이에게 영원히 만족을 안겨 주는 작품이 되게 하려면, 몇 번씩 고쳐 써야 하고 **수많은 사람들에게 읽혀야** 한다는 데 적극 찬동합니다. (LCL 55: 522-523)

87. 나 자신은 내 연설이 **큰 소리로 낭독될 때**는 칭송을 듣길 바라지 않지

만, 그 연설이 출판되어 그 텍스트가 읽힐 수 있을 때는 칭송을 듣고 싶습니다. (LCL 55: 518-519)

88. 나는 아내와 단 둘이 식사를 하거나 친구 몇 사람과 식사를 할 때면, 식사하는 동안 **책 하나를 큰 소리로 읽게** 합니다. (LCL 59: 154-155)

89. 나는 라우렌툼에 있는 내 집에 머무르는 동안, 아시니우스 갈루스의 작품을 **내게 큰 소리로 읽어 주게** 했습니다.…그 뒤, 내가 로마로 돌아왔을 때, 나는 관심 있는 친구들에게 그 작품들을 읽어 주었습니다.…사람들은 내가 지은 시들을 읽고 베꼈는데, 심지어 라틴어를 배운 그리스 사람들은 내 작은 책에서 자신들이 좋아하는 글을 골라 키타라(하프)나 수금에 맞춰 노래로 부르기도 했습니다. (LCL 55: 490-491)

90. 그는 아룰레누스 루스티쿠스가 기소되게 도왔으며, 루스티쿠스를 비판하는 **그의 연설을 공중 앞에서 읽음으로써** 루스티쿠스의 죽음을 기뻐한다고 선언했습니다 (그는 나중에 이 연설을 출간했습니다). 그는 이 연설에서 비텔리우스의 마크라는 낙인이 찍힌 "스토아학파의 원숭이"라는 말을 사용했습니다. (LCL 55: 10-11)

91. 파울루스는 **사람들 앞에서 읽은 뒤**, 말을 시작했습니다.
(LCL 55: 424-425)

플루타르코스(기원후 46-120년경)

92. 헤르미포스에 따르면, 이것은 **칼리스테네스에게 큰 소리로 글을 읽어 주었던** 노예 스트로이보스가 아리스토텔레스에게 들려준 이야기다.
(LCL 99: 380-381)

93. 아울러 그는 그가 **큰 소리로 그들에게 읽어 준** 시들과 잡다한 연설을 썼다. 그는 이런 글들을 칭송하지 않은 이들을 면전에 대고 글도 모르는 야만인이라 부르곤 했으며, 종종 그들을 모두 목매달아 죽이겠다고 조

롱하고 비웃었다. (LCL 99: 444-445)

94. 데모스테네스의 연설은, **큰 소리로 낭독하면**, 문장 배열과 힘이 아주 탁월했다. 이제, 글로 기록된 그의 연설이 그 안에 거칠고 씁쓸한 내용을 많이 담고 있음은 새삼 언급할 필요가 없다. 그러나 그는 즉석에서 하는 대답을 할 때도 유머가 있었다. (LCL 99: 28-29)

95. 그런 다음, 나머지 서신들을 시라쿠사 사람들에게 **큰 소리로 읽어 주었는데**, 그 서신들에는 여자들의 탄원과 간청이 많이 들어 있었다.…이 모든 **서신이 큰 소리로 낭독되었을 때**, 마땅히 그런 일이 일어났어야 하는데도, 시라쿠사 사람들은 디온의 굳건함과 아량에 전혀 놀라지 않았다. (LCL 98: 68-69)

96. 아울러 그들은 델포이에서 또 다른 응답을 가져와, 스파르타에서 회람시켰다. 이 응답은 아주 오래되고 조잡한 신탁들로 거기 사제들의 비밀 기록 안에 들어 있으나, 법률상 그 기록을 읽을 수 있는 이들조차도 이런 글에 접근할 수 없으며, 다만 아폴론에게서 난 누군가가 오랜 시간이 흐른 뒤에 와서 그 기록을 지키는 이들에게 그가 아폴론에게서 났음을 일러 줄 수 있는 증표를 제시하면, 그 신탁들이 들어 있는 서판을 얻을 수 있다고 선언했다. 이런 방법이 준비되자, 세일레노스가 아폴론의 아들의 신분으로 가서 신탁들을 요구하게 된다. 그러자 그 비밀을 간직하고 있는 사제들은 그에게 그의 출생에 관한 모든 질문에 관하여 정확한 대답을 요구하고, 정말로 그가 아폴론의 아들이라는 확신을 갖게 되자, 그에게 그 기록을 보여 주게 된다. 그런 다음, 세일레노스는, **많은 증인이 지켜보는 자리에서, 예언들을**, 특히 그 왕국과 관련된 예언을 **큰 소리로 읽어 주게 된다**. 이 예언으로 말미암아 모든 계획이 만들어졌다. 아울러 이 예언은 스파르타 사람들의 명예와 이익을 고려하여 가장 훌륭한 시민 가운데서 그들의 왕을 뽑아야 한다고 선언했다. (LCL 80: 306-307)

97. 왕의 서신이 큰 소리로 낭독된 뒤. (LCL 100: 224-225)

98. 디오니시오스가 이 서신을 **필리스토스에게 읽어 주었다.** (LCL 98: 28-29)

99. 그 시대의 어떤 사자보다도 큰 목소리를 가졌던 데메트리오스가 **손으로 쓴** 문서에서 다음 정령을 읽어 주었다. (LCL 98: 354-355)

100. 그대의 한 벗이 **엉터리 시를** 읽고 어리석으며 터무니없는 연설을 한다면, 그대는 어찌 하겠는가? (LCL 405: 60-61)

101. 킬론과 비아스가 제시하는 교훈들이 **우리 자녀가 시에서 읽은 것과** 같은 결론에 이른다면…이것이 옳고 유익하기 때문이다.
(LCL 197: 188-189)

102. 소포클레스는, 그의 아들들이 그를 치매라고 공격하자, 이에 맞서 자신을 변호하면서, 「콜로노스의 오이디푸스」에 들어 있는 합창의 **첫 노래를 큰 소리로 읽었다**고 한다. (LCL 321: 86-87)

103. 우리가 함께 모여 **플라톤의 글을 읽었을 때.** (LCL 425: 20-21)

104. 이는 글과 음악을 가르치는 선생들이 먼저 **그들의 제자에게 악보를 연주해 보이거나 글을 읽어 줌으로써** 그들에게 어찌해야 하는지 보여 주듯이…하기 때문이다. (LCL 321: 116-117)

105. 그는 로도스 사람들에게 크테시폰을 비판하는 그의 연설을 **읽어 줌으로써** 그의 힘을 과시했다. (LCL 321: 392-393)

106. 재료를 섞고 있는 **향료 제조자들에게 신성한 글을 읽어 주고 있다.**
(LCL 306: 186-187)

107. 그러나 하그노니데스가 자신이 준비한 **칙령을 큰 소리로 읽었다.**…그 칙령을 큰 소리로 읽고 난 뒤…. (LCL 100: 226-227).

108. 그 서신이 큰 소리로 **낭독되자,** 피고들은 대답할 용기를 잃어버리고 말았다. (LCL 46: 514-515)

109. 이는 안토니우스가, 원로원에 대항하여, **사람들 앞에서 많은 이의 마**

음을 끌어당길 제안이 들어 있는 카이사르의 서신을 **읽었기** 때문이다.
(LCL 87: 270-271)

110. 내 벗들이여, 나는 **어제 우리에게 큰 소리로 낭독된** 「사냥 찬가」가 운동을 좋아하는 우리 젊은이들의 뜨거운 피를 과도하게 자극하여 그들이 다른 모든 직업은 그저 하찮은 것으로, 혹은 중요하지 않은 것으로 여기며 오로지 이 사냥에만 빠져들까 싶어 아주 두렵기만 하네.
(LCL 406: 318-319)

프로페르티우스(기원전 48-15년경)

111. "그렇다면 그대는 지금 그대의 유명한 책이 그대를 전설로 만들어 주었으며 그대의 '킨티아'[프로페르티우스의 첫 책]가 **포룸 전역에서 낭독되고 있다고** 말하는 건가?" (LCL 18: 170-171)

퀸투스 쿠르티우스(기원후 1세기경)

112. 클레안더가 그들의 지도자들에게 왕이 쓴 서신을 받아들이고 그것을 **병사들에게 읽어 주라고** 명령했다. (LCL 369: 138-139)

113. 그리스 병사들이 그들의 왕을 죽이거나 배반하려 한다는 내용이 들어 있는 다리우스의 서신을 중간에서 가로챘다. 알렉산드로스는 그를 향한 그리스 병사들의 선의와 충성을 철저히 신뢰했기 때문에, 이 서신을 **무리 앞에서 읽어 주어야** 할지 고심했다. (LCL 368: 256-257)

골라 뽑은 파피루스 글(기원후 41년)

114. 나는 사람들의 수가 많아서 모든 이가 그 도시가 받은, 가장 신성하고 가장 자애로운 그 서신을 **낭독하는 자리에 참석하기가** 불가능함을 알았다. 따라서 나는 그 서신을 공공장소에 널리 게시하여, 그대들이 그

서신을 한 사람씩 한 사람씩 읽고 우리 신이신 카이사르의 위엄을 찬미하며 그 도시를 향한 그의 호의에 감사하게 하는 것이 필요하다고 여겼다. (LCL 282: 78-79)

소(小) 세네카(기원전 4년경-기원후 65년)

115. 때로는 한 연사가 아주 작은 글씨로 쓰고 아주 꼼꼼하게 만 거대한 연구 작품을 연단 위로 가져간다. 그는 **큰 대목을 읽어 준** 다음, 이렇게 말한다. "여러분이 원하시면, 예서 멈추겠습니다." 그러면 무리가 소리친다. "**계속 읽으시오! 계속 읽으시오!**" 그 연사가 그때 거기서 잠자코 있기를 열렬히 바라는 이들이 그 입으로 이렇게 소리친다. (LCL 77: 58-61)

스타티우스(기원후 45-96년경)

116. 그의 시구가 그리도 세련되었으니, 로마의 어느 청춘이, **어느 소녀가** 그것을 외우지 않으리요? (LCL 206: 52-53)

수에토니우스(기원후 69-140년경)

117. 코르두바의 마르쿠스 안나이우스 루카누스가 네로가 황위에 있은 5년째 되던 해에 열린 경연 대회에서 "네로 송덕가"(Eulogy of Nero)라는 시로 시인으로서 처음 등단했다. 그 뒤, 그는 **사람들에게** 폼페이우스와 카이사르가 벌인 "내전"을 다룬 그의 시를 **읽어 주었다.**…그가 그 시를 읽고 있을 때, 네로는 갑자기 원로원 회의를 소집하고 밖으로 나가 버렸다. 그 자리에 찬물을 끼얹으려는 동기를 빼면, 다른 이유는 없었다. (LCL 38: 482-483)

118. 그 시인의 목소리에 문제가 생겨 시를 읽지 못하게 될 때마다 마이케

나스가 **그의 순서를 넘겨받아 읽었다.**…그 뒤 오랜 시간이 흘러 그 내용이 마침내 형태를 갖추게 되자, **베르길리우스는 그에게 책 셋 모두를, 곧 1권과 4권과 6권을 읽어 주었다.** 이 작품의 마지막 권은 **그 낭독 자리에 있던** 옥타비아에게 현저한 영향을 미쳤다. 그가 그녀의 아들을 다룬 시구 "너는 마르켈루스가 될지어다"에 이르렀을 때, 그녀가 혼절하여 깨어나기 힘들게 되었기 때문이다. **아울러 그는 또 다른 다양한 사람들에게 그의 시를 읽어 주었지만, 큰 무리 앞에서는 결코 읽지 않았다.** 이럴 때면 그는 대개 사람들의 비평에서 유익을 얻고자 그가 자신 없어 하는 본문을 뽑아 읽었다. (LCL 38: 456-457)

119. 그는 다양한 종류의 산문 작품을 많이 썼으며, 그 가운데 일부를, 마치 다른 이들이 강의실에서 하듯이, **그의 친밀한 벗들에게 읽어 주었다.** 그가 쓴 "카토에 관하여 브루투스에게 보내는 답변"이 그 예다. 그는 **이런 글들을 읽어 줄 때,** 거의 끝까지 읽었지만, 나이가 많다보니, 피곤해지면 티베리우스에게 넘겨 마치게 했다. (LCL 31: 274-275)

120. 이는 헬라어와 라틴어로 **산문을 낭독하는 경연이** 있었기 때문이다. (LCL 38: 332-333)

121. 그는 심지어 **책 전체를 원로원에게 읽어 주면서,** 공표를 통해 사람들의 이목을 그 책에 집중시켰다.…그는 같은 시대를 살아가던 재능 있는 사람들을 늘 격려하면서, **그들이 읽는 글에 정중하고도 끈기 있게 귀를 기울였다.** 그런 글에는 시와 역사뿐 아니라, 연설과 대화도 들어 있었다. 그러나 그는 그런 주제를 가장 유명한 저술가가 아주 진지하게 다루지 않고 이런저런 작품이 무턱대고 다루는 주제로 삼는 것에 화를 내면서, 종종 집정관에게 아첨 연설로 그의 이름을 더럽히지 말라고 비판했다. (LCL 31: 278-280)

122. 그는 심지어 **공중 앞에서 글을 읽었다.** (LCL 38: 326-327)

타키투스(기원후 56-120년경)

123. 티베리우스는 그 법을, 원로원이 그에 대항하여 공표한 정령과 함께, **큰 소리로 읽어 주라고** 명령했다. 그런 다음, 그는 루키우스 피소에게 의견을 물었다. (LCL 249: 630-631)

124. 이제 나는 그대가 내가 지금 하는 말을 마치 날 때부터 **웅변에 재능이** 없는 이들을 놀라게 하여 그들이 아예 **시를 짓는 일**을 못하게 하려 하는 것처럼 오해하지 말기를 바란다. 그들이 진정으로 이런 **문학 분야**에서 그들의 여가를 보낼 만한 즐거운 오락을 발견할 수 있다면, 그리하여 그들 스스로 **명예의 전당**에 그 이름을 올릴 수 있다면, 시를 지어도 좋으리라. 나는 모든 **문학 표현** 형태, 모든 **문학 표현** 분야에 신성하고 장엄한 무언가가 있다고 믿는다. (LCL 35: 252-253)

125. 이런 의견, 그리고 그와 같은 것들을 큰 소리로 읽자, 황제는 불쾌함을 분명하게 드러냈다. (LCL 322: 184-185)

126. 그 일이 있고 다음 날, 쿠리아티우스 마테르누스가 그의 "카토"를 **읽어 주었다**.…그 일은 그 고을의 화제가 되었다. (LCL 35: 232-233)

127. 안토니우스가 키빌리스에게 보낸 서신이 **모인 병사들 앞에서 낭독되자**, 병사들은 의심을 품게 되었다. (LCL 249: 58-59)

128. 그들이 그때 한 연설은 **오늘까지도 낭독되어** 칭송을 듣는다. (LCL 35: 322)

129. 그들은 이미 권면을 통해 서로 상대를 세워 주었는데, 베스파시아누스가 보낸 서신은 그들을 더 타오르게 만들었다. 플라쿠스는 그 서신을 숨길 수 없어, **총회 앞에서 큰 소리로 읽어 주었다**. (LCL 249: 46-47)

130. 플라비우스 지도자들은 이 서신을 집회 때 그 병사들에게 읽어 줌으로써 그 병사들에게 더 큰 확신을 심어 주었다. 이는 카이키나(Caecina)가, 베스파시아누스를 공격하길 두려워하는 것처럼, 비굴한

말로 서신을 쓴 반면, 그들의 장군들은 비텔리우스를 모욕하려는 욕구를 명백히 드러내며 조롱하는 말로 서신을 썼기 때문이었다. (LCL 111: 344-345)

131. 더욱이, 그는 모든 서신을 여러 군단의 독수리 담당 병사(라틴어로 독수리를 뜻하는 Aquila는 용맹한 로마 군단의 상징이었으며, 군단마다 이 상징을 책임진 병사가 있었다―옮긴이)에게 넘김으로써 가장 나쁜 선례를 세웠다. 이 병사들은 그 서신들이 사령관들에게 들통 나기 전에 **일반 병사들에게 읽어 주었다.** (LCL 249: 48-49)

고대의 다른 기록

에비온복음(기원후 2세기경)

132. 그러나 그들은 진리의 질서를 지워버리고, 그 말씀을 **그에 따른 읽기를** 통해 모든 이가 쉽게 알 수 있는 말씀으로 바꿔 버렸다. (7)

히브리복음(기원후 2세기경)

133. 히브리어로 쓴 복음서, 곧 **나사렛 사람들이 읽는** 복음서에 따르면,…나아가 우리는 우리가 방금 언급한 복음서에서 다음과 같은 글을 발견한다. (2)

134. **우리가 히브리복음에서 읽었듯이,** 주는 당신 제자들에게 말씀하신다. (5)

135. 히브리복음에 따르면, **나사렛 사람들은 그 복음서를 읽곤 한다.** (6)

나사렛복음(기원후 2세기경)

136. **우리는** 우리가 자주 언급했던 그 복음서에서 엄청나게 큰 상인방돌이 부서져 나뉘었다는 글을 **읽는다.** ― 다른 사본의 본문: 그러나 **우리는**

히브리어로 쓴 그 복음서에서 "성전 휘장"이 찢어졌다는 말은 **읽지 않**지만, "엄청나게 큰 성전 상인방돌이 무너졌다"는 말을 읽는다. (21)

137. 우리는 나사렛 사람들이 사용하는 복음서에서 이런 말을 **읽는다**. "광채가 그의 눈에서 앞으로 뻗어 나가자, 그들은 그것에 놀라 도망갔다." (25)

도마유아복음(기원후 2세기경)

138. 담대히 학교 안으로 들어간 그는 독서대에 놓인 한 책을 발견하고, 그것을 집어 들었으나, 그 안에 있는 글자들은 **읽지 않았다**. (1.15.2)

139. 의사 집에 간 그는 그곳에 있던 한 책을 발견하고 그 책을 집어 펼쳤으나, 그 **책에 기록된 것은 읽지 않았다**. (3.13.2)

베드로의 설교(기원후 2세기경)

140. 이 설교 속의 베드로는 사도들에 관하여 이야기하면서, 이렇게 말한다. "그러나 우리는, 우리가 갖고 있던 선지자들의 책을 펼친 뒤, 때로는 비유로 표현하고 때로는 수수께끼 같은 말로 표현하며 때로는 직접 아주 많은 말로 표현한 예수 그리스도의 이름을 발견했다. 우리는 거기서 예수 그리스도의 오심과 죽음과 십자가 그리고 유대인이 그에게 가한 다른 모든 고통, 그리고 그의 부활과 예루살렘이 세워지기 전에 하늘로 붙들려 올라갈 것을 발견했다. 그는 기록된 이 모든 일을 겪으셔야 했으며, 그의 뒤에도 이런 일이 있을 것이다. 따라서 우리는 이런 일에 관한 지식을 얻자, 그에 관하여 기록된 것을 통해 하나님을 믿게 되었다." 그리고 조금 뒤, 그는 이런 말로 예언들이 하나님의 섭리를 통해 왔음을 덧붙인다. "이는 우리가 하나님이 그들에게 명령하신 것을 알기 때문이니, 성경이 없으면 우리는 아무 말도 하지 않는다." (4)

141. 헤라클레온의 말을 「베드로의 설교」라는 제목이 붙은 책에서 가져다 제

시하고 그 말을 강조하면서, 그 책이 진짜인지 가짜인지 아니면 둘이 섞여 있는지 탐구한다는 것은 해도 해도 지나친 일이다. (6)

142. 그러나 만일 어떤 이가 우리에게 「베드로의 가르침」이라 불리는 그 책에서 주가 그 제자들에게 "나는 몸이 없는 귀신이 아니다"라고 말씀하셨다고 말하는 본문을 제시한다면, 그는 먼저 **그 책이 교회의 책 가운데 하나로 간주되지 않는다**는 점에 답변해야 한다. (7)

참고 도서

Abasciano, Brian J. "Diamonds in the Rough: A Reply to Christopher Stanley Concerning the Reader Competency of Paul's Original Audiences." *NovT* 49 (2007): 153-183.

Achtemeier, Paul J. "*Omne verbum sonat*: The New Testament and the Oral Environment of Late Western Antiquity." *JBL* 109 (1990): 3-27.

Adams, Edward. *The Earliest Christian Meeting Places: Almost Exclusively Houses?* LNTS 450. London: T&T Clark, 2013.

_____. "Placing the Corinthian Communal Meal." In *Text, Image, and Christians in the Graeco-Roman World: A Festschrift in Honor of David Lee Balch*, edited by Aliou Cissé Niang and Carolyn Osiek, 22-37. PTMS 176. Eugene, OR: Wipf and Stock, 2012.

Albl, Martin C. "The Testimonia Hypothesis and Composite Citations." In *Composite Citations in Antiquity. Volume 1, Jewish, Graeco-Roman, and Early Christian Uses*, edited by Sean A. Adams and Seth M. Ehorn, 182-202. London: T&T Clark, 2015.

Alexander, Loveday. *Acts in Its Ancient Literary Context: A Classicist Looks at the Acts of the Apostles*. LNTS 298. London: T&T Clark, 2005.

_____. "Ancient Book Production and the Circulation of the Gospels." In *The Gospels for All Christians: Rethinking the Gospel Audiences*, edited by Richard Bauckham, 71-112. Grand Rapids: Eerdmans, 1998.

———. "What if Luke Had Never Met Theophilus?" *BibInt* 8 (2000): 161-170.

Alikin, Valeriy A. *The Earliest History of the Christian Gathering: Origin, Development and Content of the Christian Gathering in the First to Third Centuries.* Leiden: Brill, 2010.

Allan, Donald J. "ΑΝΑΓΙΓΝΩΣΚΩ and Some Cognate Words." *CQ* 30, no. 1 (1980): 244-251.

Allen, David L. *Hebrews: An Exegetical and Theological Exposition of Holy Scripture.* NAC 35. Nashville: B&H, 2010.

Allison, Dale C. *The Epistle of James: A Critical and Exegetical Commentary.* New York: T&T Clark, 2013.

Apicella, Catherine, Marie-Laurence Haack, and François Lerouxel, eds. *Les affaires de Monsieur Andreau: Économie et société du monde romain.* Scripta antiqua 61. Bordeaux: Ausonius Éditions, 2014.

Arafat, K. W. "Treasure, Treasuries and Value in Pausanias." *CQ* 59, no. 2 (2009): 578-592.

Arnal, William E. "Itinerants and Householders in the Earliest Jesus Movement." In *Whose Historical Jesus?* William E. Arnal and Michael R. Desjardins, 7-24. SCJ 7. Waterloo, ON: Wilfred Laurier University Press, 1997.

Arnaldo Marcone. "Scrittura quotidiana e relazioni sociali nel mondo romano." In *Les affaires de Monsieur Andreau: économie et société du monde romain*, edited by Catherine Apicella, Marie-Laurence Haack, and François Lerouxel, 301-310. Scripta antiqua 61. Bordeaux: Ausonius Éditions, 2014.

Arnold, Clinton E. *Ephesians: Exegetical Commentary on the New Testament.* Grand Rapids: Zondervan, 2010.

Arzt-Grabner, Peter. *Philemon.* Göttingen: Vandenhoeck-Ruprecht, 2003.

Ascough, Richard S., Philip A. Harland, and John S. Kloppenborg, eds. *Associations in the Greco-Roman World: A Sourcebook.* Waco, TX: Baylor University, 2012.

Attridge, Harold W. *Hebrews: A Commentary on the Epistle to the Hebrews.* Hermeneia. Philadelphia: Fortress Press, 1989.

Aune, David E. "Prolegomena to the Study of Oral Tradition in the Hellenistic World." In *Jesus, Gospel Tradition and Paul in the Context of Jewish and Greco-Roman Antiquity*, 220-255. WUNT 303. Tübingen: Mohr Siebeck, 2013.

———. *Revelation 17-22.* Nashville: Thomas Nelson, 1998.

Autero, Esa. "Social Status in Luke's Infancy Narrative: Zechariah the Priest." *BTB* 41, no. 1 (2011): 36-45.

Averna, Daniela. "La suasoria nelle preghiere agli dei: Percorso diacronico dalla

commedia alla tragedia." *Rhetorica* 27, no. 1 (2009): 19-46.
Aviam, Mordechai. "The Decorated Stone from the Synagogue at Migdal: A Holistic Interpretation and a Glimpse into the Life of Galilean Jews at the Time of Jesus." *NovT* 55 (2013): 205-220.
Backhaus, Knut. "Im Hörsaal des Tyrannus (Apg 19.9): Von der Langlebigkeit des Evangeliums in kurzatmiger Zeit." *ThGl* 91, no. 1 (2001): 4-23.
Bagnall, Roger S. "The Effects of Plague: Model and Evidence." *JRA* 15 (2002): 114-120.
____. *Everyday Writing in the Graeco-Roman East*. Berkeley: University of California, 2011.
Bailey, Kenneth. "Informal Controlled Oral Tradition and the Synoptic Gospels." *AJT* 5 (1991): 34-54.
Baird, Jennifer A. "Scratching the Walls of Houses at Dura-Europos." in *Proceedings of the XIV Congressus Internationalis Epigraphiae Graecae et Latinae: Öffentlichkeit—Monument—Text*, edited by Werner Eck, 489-491. Berlin: de Gruyter, 2014.
Baird, Jennifer, and Claire Taylor, eds. *Ancient Graffiti in Context*. New York: Routledge, 2010.
Balch, David L., and Annette Weissenrieder, eds. *Contested Spaces: Houses and Temples in Roman Antiquity and the New Testament*. WUNT 285. Tübingen: Mohr Siebeck, 2012.
Bar-Ilan, Meir. "Review of *Jewish Literacy in Roman Palestine*." *HS* 44 (2003): 217-222.
Barrett, C. K. *A Critical and Exegetical Commentary on the Acts of the Apostles*. 2 vols. New York: T&T Clark, 2004.
Barth, Markus, and Helmut Blanke. *The Letter to Philemon: A New Translation with Notes and Commentary*. Grand Rapids: Eerdmans, 2000.
Batluck, Mark. "Religious Experience in New Testament Research." *CBR* 9, no. 3 (2011): 339-363.
Batovici, Dan. "A Few Notes on the Use of the Scripture in Galatians." *Sacra Scripta* 11, no. 2 (2013): 287-301.
Bauckham, Richard. "Eyewitnesses and Critical History: A Response to Jens Schröter and Craig Evans." *JSNT* 31, no. 2 (2008): 221-235.
____. "For Whom Were Gospels Written?" *HTS* 55, no. 4 (1999): 865-882.
____. "In Response to My Respondents: Jesus and the Eyewitnesses in Review." *JSHJ* 6 (2008): 225-253.

———. *Jesus and the Eyewitnesses: The Gospels as Eyewitness Testimony*. Grand Rapids: Eerdmans, 2006.

———. *Jude, 2 Peter*. WBC 50. Nashville: Thomas Nelson, 1983.

Bauckham, Richard, and Stefano De Luca. "Magdala as We Know It." *EC* 6 (2015): 91-118.

Beale, Gregory. *The Book of Revelation*. Grand Rapids: Eerdmans, 1999.

Beale, G. K., and D. A. Carson, eds. *Commentary on the New Testament Use of the Old Testament*. Grand Rapids: Baker Academic, 2007.

Bede. *Expositio Actuum Apostolorum*, edited by Max L. W. Laistner. Brepols: Turnholt, 1983.

Begg, Christopher. "Josephus' and Pseudo-Philo's Rewritings of the Book of Joshua." In *The Book of Joshua*, edited by Ed Noort, 555-588. BETL 250. Leuven: Peeters, 2012.

Belleville, Linda. "Ἰουνίαν . . . ἐπίσημοι ἐν τοῖς ἀποστόλοις: A Re-examination of Romans 16:7 in Light of Primary Source Materials." *NTS* 51 (2005): 231-249.

Ben Ezra, Daniel Stökl. "Canonization—a Non-linear Process?: Observing the Process of Canonization through the Christian (and Jewish) Papyri from Egypt." *ZAC* 12 (2008): 193-214.

———. "Old Caves and Young Caves: A Statistical Reevaluation of a Qumran Consensus." *DSD* 14, no. 3 (2007): 313-333.

Ben-Ami, Doron, and Yana Tchekhanovets. "The Lower City of Jerusalem on the Eve of Its Destruction, 70 C.E.: A View from Hanyon Givati." *BASOR* 364 (2011): 81.

Benefiel, Rebecca R. "*Litora mundi hospita*: Mobility and Social Interaction in Roman Campania." PhD diss., Harvard University, 2005.

Berder, Michel. "'Ne soyez pas comme ⋯', 'Ne faites pas comme ⋯': Étude des formules rhétoriques de demarcation attribuées à Jésus dans l'Évangile de Matthieu." *Transversalités* 129 (2014): 61-75.

Bernier, Jonathan. *Aposynagōgos and the Historical Jesus in John: Rethinking the Historicity of the Johannine Expulsion Passages*. BIS 122. Leiden: Brill, 2013.

Bexley, Erica M. "Performing Oratory in Early Imperial Rome: Courtroom, Schoolroom, Stage." PhD diss., Cornell University, 2013.

Bird, Michael F. *The Gospel of the Lord: How the Early Church Wrote the Story of Jesus*. Grand Rapids: Eerdmans, 2014.

———. "The Purpose and Preservation of the Jesus Tradition: Moderate. Evidence for a Conserving Force in Its Transmission." *BBR* 15, no. 2 (2005): 161-185.

Bloomer, W. Martin. "Quintilian on the Child as Learning Subject." *Classical World* 105, no. 1 (2011): 109-137.

_____. *Valerius Maximus and the Rhetoric of the New Nobility*. Chapel Hill: University of North Carolina Press, 1992.

Bloomfield, Ronald. "Reading Sacred Texts Aloud in the Old Testament." ThM thesis, Southern Baptist Theological Seminary, 1991.

Blunt, Alfred W. F. *The Apologies of Justin Martyr*. Cambridge Patristic Texts. Cambridge: Cambridge University Press, 1911.

Bock, Darrell L. *Acts*. Grand Rapids: Baker, 2007.

_____. *Luke*. Vol. 2, 9:51-24:53. Grand Rapids: Baker, 1996.

Bockmuehl, Markus. "New Testament *Wirkungsgeschichte* and the Early Christian Appeal to Living Memory." In *Memory in the Bible and Antiquity: The Fifth Durham-Tuebingen Research Symposium*, edited by Stephen C. Barton, Loren T. Stuckenbruck, and Benjamin G. Wold, 341-368. WUNT 212. Tübingen: Mohr-Siebeck, 2007.

Boesenberg, Dulcinea. "Philo's Descriptions of Jewish Sabbath Practice." *Studia Philonica Annual* 22 (2010): 143-163.

Bokedal, Tomas. *The Formation and Significance of the Christian Biblical Canon: A Study in Text, Ritual and Interpretation*. London: T&T Clark, 2014.

Botha, Pieter J. J. "'I Am Writing This with My Own Hand⋯': Writing in New Testament Times." *Verbum et Ecclesia* 30, no. 2 (2009): 1-11.

_____. *Orality and Literacy in Early Christianity*. Biblical Performance Criticism 5. Eugene, OR: Cascade, 2012.

Bovon, François. "The Emergence of Christianity." *ASE* 24, no. 1 (2007): 13-29.

_____. *Luke 1: A Commentary on the Gospel of Luke 1:1-9:50*. Edited by Helmut Koester. Translated by Christine M. Thomas. Hermeneia. Minneapolis: Fortress Press, 2002.

Bowman, A. K., and A. Wilson, eds. *Settlement, Urbanisation and Population: Oxford Studies in the Roman Economy*. Vol. 2. Oxford: Oxford University Press, 2011.

Bradley, Keith. "Roman Society: A Review." *CJ* 107, no. 2 (2011): 230-236.

Brady, Christian M. M. "What Shall We Remember, the Deeds or the Faith of Our Ancestors? A Comparison of 1 Maccabees 2 and Hebrews 11." In *Earliest Christianity within the Boundaries of Judaism: Essays in Honor of Bruce Chilton*, edited by Alan Avery-Peck, Craig A. Evans, and Jacob Neusner, 107-119. Brill Reference Library of Judaism 49. Leiden: Brill, 2016.

Braund, Susanna. "Seneca Multiplex: The Phases (and Phrases) of Seneca's Life and Works." In *The Cambridge Companion to Seneca*, edited by Shadi Bartsch and Alessandro Schiesaro, 15-28. Cambridge: Cambridge University Press, 2015.

Bremmer, Jan N. *Initiation into the Mysteries of the Ancient World*. Berlin: De Gruyter, 2014.

Brox, Norbert. *Die Pastoralbriefe*. Regensburg: Friedrich Pustet, 1963.

Bruce, F. F. *1 and 2 Thessalonians*. WBC 45. Nashville: Thomas Nelson, 1982.

Bullard, Collin B. *Jesus and the Thoughts of Many Hearts: Implicit Christology and Jesus' Knowledge in the Gospel of Luke*. LNTS 530. London: T&T Clark, 2015.

Bultmann, Rudolf. *Jesus and the Word*. New York: Scribner's, 1934.

Burtchaell, James T. *From Synagogue to Church: Public Services and Offices in the Earliest Christian Communities*. Cambridge: Cambridge University Press, 1992.

Burton-Christie, Douglas. *The Word in the Desert: Scripture and the Quest for Holiness in Early Christian Monasticism*. Oxford: Oxford University Press, 1993.

Butts, James R. "The *Progymnasmata* of Theon: A New Text with Translation and Commentary." PhD diss., Claremont Graduate School, 1986.

Byatt, Anthony. "Josephus and Population Numbers in First Century Palestine." *PEQ* 105 (1973): 51-60.

Byrskog, Samuel. "A New Perspective on the Jesus Tradition: Reflections on James D. G. Dunn's *Jesus Remembered*." JSNT 26, no. 4 (2004): 459-471.

_____. *Story as History—History as Story: The Gospel Tradition in the Context of Ancient Oral History*. WUNT 123. Tübingen: Mohr-Siebeck, 2000.

Cambron-Goulet, Mathilde. "Orality in Philosophical Epistles." In *Between Orality and Literacy: Communication and Adaptation in Antiquity*, edited by Ruth Scodel, 10:148-174. MnS 367. Leiden: Brill, 2014.

Campbell, Jonathan G. *The Use of Scripture in the Damascus Document 1-8, 19-20*. BZAW 228. Berlin: De Gruyter, 1995.

Carcopino, Jérôme. *Daily Life in Ancient Rome: The People and the City at the Height of the Empire*. Edited by Henry T. Rowell. Translated by E. O. Lorimer. Mitchham, Victoria, Australia: Penguin, 1956.

_____. *La Vie quotidienne à Rome à l'apogée de l'Empire*. Paris: Hachette, 1939.

Cargill, Robert R. "The State of the Archaeological Debate at Qumran." *CBR* 10, no. 1 (2011): 101-118.

Caro, José Manuel Sánchez. "La Biblia, libro de la Iglesia, libro de la Humanidad." *Salm* 59 (2012): 15-39.

Carr, David M. *Writing on the Tablet of the Heart: Origins of Scripture and Literature*. New York: Oxford University Press, 2005.

Carras, George. "Dependence or Common Tradition in Philo *Hypothetica* VIII 6.10-7.20 and Josephus *Contra Apionem* 2.190-219." *Studia Philonica Annual* 5 (1993): 24-47.

Carrié, Jean-Marie. "Le livre comme objet d'usage, le livre comme valeur symbolique." *Antiquité Tardive* 18 (2010): 181-190.

Chan, Samuel S. H. "The Preached Gospel as the Word of God: An Old Question Revisited with Special Reference to Speech Act Theory." PhD diss., Trinity Evangelical Divinity School, 2006.

Chancey, Mark A. "Disputed Issues in the Study of Cities, Villages, and the Economy in Jesus' Galilee." In *The World of Jesus and the Early Church: Identity and Interpretation in Early Communities of Faith*, edited by Craig A. Evans, 53-68. Peabody, MA: Hendrickson, 2011.

Chapman, David W., and Eckhard J. Schnabel. *The Trial and Crucifixion of Jesus: Texts and Commentary*. WUNT 344. Tübingen: Mohr Siebeck, 2015.

Chapple, Allan. "Getting Romans to the Right Romans: Phoebe and the Delivery of Paul's Letter." *TynBull* 62, no. 2 (2011): 195-214.

Charlesworth, James H. "4 Maccabees: A New Translation and Introduction." In *The Old Testament Pseudepigrapha*, edited by James H. Charlesworth, 2:531-564. Peabody, MA: Hendrickson, 2009.

─────, ed. and trans. *The Odes of Solomon: The Syriac Texts*. Missoula, MT: Scholars, 1977.

─────, ed. *The Old Testament Pseudepigrapha*. Vol. 2. Peabody, MA: Hendrickson, 2009.

─────, ed. *Papyri and Leather Manuscripts of the Odes of Solomon*. Durham, NC: Duke University Press, 1981.

Charlesworth, James H., and Mordechai Aviam. "Reconstructing First-Century Galilee: Reflections on Ten Major Problems." In *Jesus Research: New Methodologies and Perceptions*, edited by James H. Charlesworth and Brian Rhea, 103-137. The Second Princeton-Prague Symposium on Jesus Research, Princeton 2007. Grand Rapids: Eerdmans, 2014.

Charlesworth, Scott D. "Public and Private: Second- and Third-Century Gospel Manuscripts." In *Jewish and Christian Scripture as Artifact and Canon*, edited by Craig A. Evans and H. Daniel Zacharias, 148-175. London: T&T Clark, 2009.

Childs, Brevard S. *The Church's Guide to Reading Paul: The Canonical Shape of the*

Pauline Corpus. Grand Rapids: Eerdmans, 2008.

Chilton, Bruce, Darrell Bock, Daniel M. Gurtner, Jacob Neusner, Lawrence H. Schiffman, and Daniel Oden, eds. *A Comparative Handbook to the Gospel of Mark: Comparisons with Pseudepigrapha, the Qumran Scrolls, and Rabbinic Literature*. NTGJC 1. Leiden: Brill, 2010.

Choi, Agnes. "Urban-Rural Interaction and the Economy of Lower Galilee." PhD diss., University of St. Michael's College, 2010.

Ciampa, Roy E. *The Presence and Function of Scripture in Galatians 1 and 2*. WUNT 2, book 102. Tübingen: Mohr Siebeck, 1998.

Cohen, Naomi G. *Philo's Scriptures: Citations from the Prophets and Writings, Evidence for a Haftarah Cycle in Second Temple Judaism*. JSJSup 123. Leiden: Brill, 2007.

Collar, Anna. *Religious Networks in the Roman Empire*. Cambridge: Cambridge University Press, 2013.

Collins, Adela. *Mark: A Commentary*. Edited by Harold W. Attridge. Minneapolis: Fortress Press, 2007.

Collins, John J. "The Site of Qumran and the Sectarian Communities in the Dead Sea Scrolls." In *The World of Jesus and the Early Church: Identity and Interpretation in Early Communities of Faith*. Edited by Craig A. Evans, 9-22. Peabody, MA: Hendrickson, 2011.

Corbett, Joey. "New Synagogue Excavations in Israel and Beyond." *BAR* 37, no. 4 (2011): 52-59.

Corbier, Mireille. *Donner à voir, donner à lire: Memoire et communication dans la Rome ancienne*. Paris: CNRS, 2006.

Courtney, Edward. *A Companion to Petronius*. Reprint ed. Oxford: Oxford University Press, 2010.

Craffert, Pieter F. and Pieter J. J. Botha. "Why Jesus Could Walk on the Sea but He Could Not Read and Write: Reflections on Historicity and Interpretation in Historical Jesus Research." *Neot* 39, no. 1 (2005): 5-35.

Cribiore, Raffaella. "Education in the Papyri." In *The Oxford Handbook of Papyrology*, edited by Roger S. Bagnall, 320-337. Oxford: Oxford University Press, 2009.

_____. *Gymnastics of the Mind: Greek Education in Hellenistic and Roman Egypt*. Princeton, NJ: Princeton University Press, 2001.

Crossan, John Dominic, and Jonathan L. Reed. *Excavating Jesus: Beneath the Stones, behind the Texts*. San Francisco: HarperCollins, 2001.

Dalzell, A. "C. Asinius Pollio and the Early History of Public Recitation at Rome." *Hermathena* 86 (1955): 20-28.

Dark, K. R. "Archaeological Evidence for a Previously Unrecognised Roman Town near the Sea of Galilee." *PEQ* 145, no. 3 (2013): 185-202.

Davids, Peter H. *The Letters of 2 Peter and Jude*. Grand Rapids: Eerdmans, 2006.

____. *A Theology of James, Peter, and Jude*. Grand Rapids: Zondervan, 2014.

Davies, Andrew. "What Does It Mean to Read the Bible as a Pentecostal?" *JPT* 18 (2009): 216-229.

Davies, William, and Dale Allison. *A Critical and Exegetical Commentary on the Gospel According to Saint Matthew*. Vol. 3, *Commentary on Matthew XIX-XXVIII*. Edinburgh: T&T Clark, 1997.

Davis, P. J. "Roman Games." In *The Oxford Encyclopedia of Ancient Greece and Rome*, edited by Michael Gagarin, 3:264-271. Oxford: Oxford University, 2010.

de Boer, Martinus. *Galatians: A Commentary*. Louisville: Westminster John Knox, 2011.

de Jonge, Henk Jan. "The Use of the Old Testament in Scripture Readings in Early Christian Assemblies." In *The Scriptures of Israel in Jewish and Christian Tradition: Essays in Honour of Maarten J. J. Menken*, edited by Steve Moyise, Bart J. Koet, and Joseph Verheyden, 376-392. SNT 148. Leiden: Brill, 2013.

de Luca, Stefano, and Anna Lena. "The Mosaic of the Thermal Bath Complex of Magdala Reconsidered: Archaeological Context, Epigraphy and Iconography." In *Knowledge and Wisdom: Archaeological and Historical Essays in Honour of Leah Di Segni*, edited by G. C. Bottini, L. D. Crupcala, and J. Patrich, 1-33. SBF Collectio Maior 54. Milan: Terra Santa, 2014.

den Hollander, William. *Josephus, the Emperors, and the City of Rome: From Hostage to Historian*. AJEC 86. Leiden: Brill, 2014.

deSilva, David A. *4 Maccabees*. Sheffield: Sheffield Academic, 1998.

DeSmidt, David B. "The Declamatory Origin of Petronius' *Satyrica*." PhD diss., Columbia University, 2006.

Deutsch, R. "Roman Coins Boast 'Judaea Capta.'" *BAR* 36, no. 1 (2010): 51-53.

Dibelius, Martin, and Hans Conzelmann. *The Pastoral Epistles: A Commentary on the Pastoral Epistles*. Edited by Helmut Koester. Translated by Philip Buttolph and Adela Yarbro. Philadelphia: Fortress Press, 1972.

Dickerson, Patrick L. "Apollos in Acts and First Corinthians." PhD diss., University of Virginia, 1998.

Dobbin, Robert F. *Epictetus, Discourses Book I: Translated with an Introduction and*

Commentary. Oxford: Oxford University Press, 1998.

Doering, Lutz. *Ancient Jewish Letters and the Beginnings of Christian Epistolography*. WUNT 298. Tübingen: Mohr Siebeck, 2012.

Donelson, Lewis. *I and II Peter and Jude: A Commentary*. Louisville: Westminster John Knox, 2010.

Dorsey, David. *The Roads and Highways of Ancient Israel*. Baltimore: John Hopkins University Press, 1991.

Downs, David J. "Economics, Taxes, and Tithes." in *The World of the New Testament: Cultural, Social, and Historical Contexts*. Edited by Joel B. Green and Lee Martin McDonald, 156-168. Grand Rapids: Baker Academic, 2013.

du Toit, Jacqueline S. *Textual Memory: Ancient Archives, Libraries and the Hebrew Bible*. Social World of Biblical Antiquity 2.6. Sheffield: Sheffield Phoenix, 2011.

Duncan, Carrie E. "The Rhetoric of Participation: Gender and Representation in Ancient Synagogues." PhD diss., University of North Carolina at Chapel Hill, 2012.

Dunn, James D. G. "Altering the Default Setting: Re-envisaging the Early Transmission of the Jesus Tradition." *NTS* 49 (2003): 139-175.

_____. "Did Jesus Attend the Synagogue?" In *Jesus and Archaeology*, edited by James H. Charlesworth, 206-222. Grand Rapids: Eerdmans, 2006.

_____. *The Epistles to the Colossians and to Philemon*. Grand Rapids: Eerdmans, 1996.

_____. *Jesus Remembered: Christianity in the Making*. Vol. 1. Grand Rapids: Eerdmans, 2003.

_____. "On History, Memory and Eyewitnesses: In Response to Bengt Holmberg and Samuel Byrskog." *JSNT* 26, no. 4 (2004): 473-487.

Dupont, Dom Jacques. "Notes sur les Actes des Apôtres." *RB* 66 (1955): 45-59.

Dupont, Florence. "The Corrupted Boy and the Crowned Poet: or, The Material Reality and the Symbolic Status of the Literary Book at Rome." in *Ancient Literacies: The Culture of Reading in Greece and Rome*, edited by William A. Johnson and Holt N. Parker, translated by Holt N. Parker, 143-163. Oxford: Oxford University Press, 2009.

_____. "*Recitatio* and the Space of Public Discourse." In *The Roman Cultural Revolution*, edited by T. Habinek and A. Schiesaro, 44-59. Cambridge: Cambridge University Press, 1997.

Eddy, Paul. "Orality and Oral Transmission." In *Dictionary of Jesus and theGospels*, 2nd ed., edited by Joel B. Green, Jeannine K. Brown, and Nicholas Perrin, 641-

650. Downers Grove: IVP Academic, 2013.

Edsall, Benjamin, and Jennifer R. Strawbridge. "The Songs We Used to Sing? Hymn 'Traditions' and Reception in Pauline Letters." *JSNT* 37, no. 3 (2015): 290-311.

Edwards, James. *The Gospel according to Luke*. Grand Rapids: Eerdmans, 2015.

Ehrman, Bart. *Forgery and Counterforgery: The Use of Literary Deceit in Early Christian Polemics*. New York: Oxford University Press, 2013.

Elizur, Zeev. "The Book and the Holy: Chapters in the History of the Concept of Holy Book from the Second Temple Period to Late Antiquity." PhD diss., Ben Gurion University, 2012 (Hebrew).

Elliott, David J. "4 Maccabees." In *The Apocrypha*, edited by Martin Goodman, 239-242. Oxford: Oxford University Press, 2012.

Elliott, J. K. *New Testament Textual Criticism: The Application of Thoroughgoing Principles*. NovTSup 137. Leiden: Brill, 2010.

Enos, Richard, and Terry Peterman. "Writing Instruction for the 'Young Ladies' of Teos: A Note on Women and Literacy in Antiquity." *Rhetoric Review* 33, no. 1 (2014): 1-20.

Erdkamp, P. "Beyond the Limits of the 'Consumer City': A Model of the Urban and Rural Economy in the Roman World." *Historia* 50 (2001): 332-356.

Evans, Craig. "How Long Were Late Antique Books in Use? Possible Implications for New Testament Textual Criticism." *BBR* 25.1 (2015): 23-37.

Eve, Eric. *Behind the Gospels: Understanding the Oral Tradition*. Minneapolis: Fortress Press, 2014.

Falk, Daniel K. *Daily, Sabbath, and Festival Prayers in the Dead Sea Scrolls*. Edited by F. García Martínez and A. S. van der Woude. STDJ 27. Leiden: Brill, 1998.

Fantham, Elaine. *Roman Literary Culture: From Plautus to Macrobius*. 2nd ed. Baltimore, MD: Johns Hopkins University Press, 2013.

Fee, Gordon. *The First and Second Letters to the Thessalonians*. Grand Rapids: Eerdmans, 2009.

_____. *The First Epistle to the Corinthians*. Grand Rapids: Eerdmans, 1987.

Ferguson, Everett. *Backgrounds of Early Christianity*. 3rd ed. Grand Rapids: Eerdmans, 2003.

Fiensy, David A., and James Riley Strange. "The Galilean Village in the Late Second Temple and Mishnaic Periods." In *Galilee in the Late Second Temple and Mishnaic Periods. Vol. 1, Life, Culture, and Society*, edited by David A. Fiensy and James Riley Strange, 177-207. Minneapolis: Fortress Press, 2014.

Finley, Susan. "Celsus Library of Ephesus: The Man and the City behind the

Famous Façade." *Libri* 64, no. 3 (2014): 277-292.

Finnegan, Ruth. *Literacy and Orality*. Oxford: Basil Blackwell, 1988.

Fisk, Bruce N. "Retelling Israel's Story: Scripture, Exegesis and Transformation in Pseudo-Philo's *Liber Antiquitatum Biblicarum* 12-24." PhD diss., Duke University, 1997.

_____. "Synagogue Influence and Scriptural Knowledge among the Christians of Rome." In *As It Is Written: Studying Paul's Use of Scripture*, edited by Stanley E. Porter and Christopher D. Stanley, 157-185. Atlanta: SBL, 2008.

Fitzgerald, William. *Martial: The World of the Epigram*. Chicago: University of Chicago Press, 2007.

Fitzmyer, Joseph A. *The Gospel according to Luke I-IX*. New York: Doubleday, 1981.

_____. *The Letter to Philemon: A New Translation with Introduction and Commentary*. London: Doubleday, 2000.

Focant, Camille. *The Gospel according to Mark: A Commentary*. Translated by Leslie Robert Keylock. Eugene, OR: Wipf and Stock, 2012.

_____. *Marc, un évangile étonnant: Recueil d'essais*. BETL 194. Leuven: Peeters, 2006.

Foley, John M. "Verbal Marketplaces and the Oral-Literate Continuum." In *Along the Oral-Written Continuum: Types of Texts, Relations and Their Implications*, edited by Slavica Ranković, Leidulf Melve, and Else Mundal 17-37. Turnhout, Belgium: Brepols, 2010.

Fontenrose, Joseph. *The Delphic Oracle: Its Responses and Operations, with a Catalogue of Respsonses*. Berkeley: University of California Press, 1978.

Foster, Paul. *The Gospel of Peter: Introduction, Critical Edition and Commentary*. TENTS 4, edited by Stanley E. Porter and Wendy J. Porter. Leiden: Brill, 2010.

_____. "Who Wrote 2 Thessalonians? A Fresh Look at an Old Problem." *JSNT* 35, no. 2 (2012): 150-175.

Fotopoulos, John. "Paul's Curse of Corinthians: Restraining Rivals with Fear and *Voces Mysticae* (1 Cor 16:22)." *NovT* 56 (2014): 275-309.

Frampton, Stephanie A. "Towards a Media History of Writing in Ancient Italy." PhD diss., Harvard University, 2011.

France, Richard T. *The Gospel of Mark*. Grand Rapids: Eerdmans, 2002.

_____. *Luke*. Edited by Mark L. Strauss and John H. Walton. Grand Rapids: Baker, 2013.

Fredriksen, Paula. "How Later Contexts Affect Pauline Content, or: Retrospect Is the Mother of Anachronism." In *Jews and Christians in the First and Second Centuries*, 17-51. Leiden: Brill, 2015.

Friedländer, Ludwig. *Roman Life and Manners under the Early Empire*, authorized translation of *Sittengeschichte Roms*, 7th edition, volume 3. Translated by J. H. Freese. New York: E. P. Dutton, 1910.

Friesen, Steve. "Poverty in Pauline Studies: Beyond the So-Called New Consensus." *JSNT* 26 (2004): 323-361.

Fuhrmann, Christopher. "Dio Chrysostom as a Local Politician: A Critical Reappraisal." In *Aspects of Ancient Institutions and Geography*, edited by Lee L. Brice and Daniëlle Slootjes, 161-176. IE 19. Leiden: Brill, 2015.

Funaioli, Giovanni B. "Recitationes." Pages 435-446 in *Paulys Realencyclopädie der classischen Altertumswissenschaft*. Stuttgart: Druckenmüller, 1949.

Gamble, Harry Y. "The Book Trade in the Roman Empire." In *The Early Text of the New Testament*, edited by Charles E. Hill and Michael J. Kruger, 23-36. New York: Oxford University Press, 2012.

_____. *Books and Readers in the Early Church: A History of Early Christian Texts*. New Haven: Yale University Press, 1995.

_____. "Literacy, Liturgy, and the Shaping of the New Testament Canon." in *The Earliest Gospels: The Origins and Transmission of the Earliest Christian Gospels; The Contribution of the Chester Beatty Gospel Codex P45*, edited by Charles Horton, 27-39. London: T&T Clark, 2004.

Gavrilov, A. K. "Techniques of Reading in Classical Antiquity." *CQ* 47, no. 1 (1997): 56-73.

Gerhardsson, Birger. *Memory and Manuscript: Oral Tradition and Written Transmission in Rabbinic Judaism and Early Christianity*. ASNU 22. Copenhagen, Denmark: Munksgaard, 1961.

_____. "The Secret of the Transmission of the Unwritten Jesus Tradition." *NTS* 51 (2005): 1-18.

Gibson, Craig. "How (Not) to Learn Rhetoric: Lucian's *Rhetorum Praeceptor* as Rebuttal of a School Exercise." *GRBS* 52 (2012): 89-110.

Giese, Curtis. *2 Peter and Jude*. St. Louis: Concordia, 2012.

Giesen, Heinz. "Poverty and Wealth in Jesus and the Jesus Tradition." In *Handbook for the Study of the Historical Jesus: How to Study the Historical Jesus*, edited by Tom Holmén and Stanley E. Porter, 4:3269-3303. Leiden: Brill, 2011.

Gillam, Robyn. *Performance and Drama in Ancient Egypt*. London: Duckworth, 2005.

Gilliard, Frank D. "More Silent Reading in Antiquity: *Non Omne Verbum Sonabat*."

JBL 112, no. 4 (1993): 689-696.

González, José Miguel. "*Rhapsōidos, Prophētēs,* and *Hypokritēs*: A Diachronic Study of the Performance of Homeric Poetry in Ancient Greece." PhD diss., Harvard University, 2005.

Goodacre, Mark. "Did Thomas Know the Synoptic Gospels? A Response to Denzey Lewis, Kloppenborg and Patterson." *JSNT* 36, no. 3 (2014): 282-293.

———. *Thomas and the Gospels: The Making of an Apocryphal Text.* Grand Rapids: Eerdmans, 2012.

Goodman, Martin. "Religious Variety and the Temple in the Late Second Temple Period and Its Aftermath." *JJS* 60, no. 2 (2009): 202-213.

Goswell, Gregory. "Titles without Texts: What the Lost Books of the Bible Tell Us about the Books We Have." *Colloq* 41, no. 1 (2009): 73-93.

Grant, Michael. *History of Rome.* New York: Scribner's, 1978.

Graudin, Arthur F. "Mark's Portrait of Jesus as Teacher." PhD diss., Claremont, 1972.

Graves, Michael. "The Public Reading of Scripture in Early Judaism." *JETS* 50, no. 3 (2007): 467-487.

Green, Gene L. *Jude and 2 Peter.* Grand Rapids: Baker Academic, 2008.

Green, Joel B., Jeannine K. Brown, and Nicholas Perrin. *Dictionary of Jesus and the Gospels.* 2nd ed. Downers Grove: IVP Academic, 2013.

Grierson, Fiona. "The Testament of Moses." *JSP* 17, no. 4 (2008): 265-280.

Gruber, Mayer. "Review Essay: The Tannaitic Synagogue Revisited." *RRJ* 5, no. 1 (2002): 113-125.

Gurd, Sean. *Work in Progress: Literary Revision as Social Performance in Ancient Rome.* Oxford: Oxford University Press, 2012.

Guthrie, George H. *2 Corinthians.* Grand Rapids: Baker Academic, 2015.

Haber, Susan. "Common Judaism, Common Synagogue? Purity, Holiness, and Sacred Space at the Turn of the Common Era." In *Common Judaism: Explorations in Second-Temple Judaism,* edited by Wayne O. McCready and Adele Reinhartz, 69-71. Minneapolis: Fortress Press, 2008.

Hadas, Moses. *The Third and Fourth Books of Maccabees.* Edited and translated by Moses Hadas. New York: Harper & Brothers, 1953.

Hadas-Lebel, Mireille. *Philo of Alexandria: A Thinker in the Jewish Diaspora.* Translated by Robyn Fréchet. SPA 7. Leiden: Brill, 2012.

Haenchen, Ernst. *The Acts of the Apostles: A Commentary.* Philadelphia: Westminster, 1971.

Haines-Eitzen, Kim. *The Gendered Palimpsest: Women, Writing, and Representation.*

in Early Christianity. Oxford: Oxford University Press, 2012.

Hansen, G. Walter. *The Letter to the Philippians*. Grand Rapids: Eerdmans, 2009.

Harink, Douglas. *1 and 2 Peter*. London: SCM, 2009.

Harland, Philip A. "Pausing at the Intersection of Religion and Travel." In *Travel and Religion in Antiquity*, edited by Philip A. Harland, 1-26. SCJ 21. Waterloo: Wilfrid Laurier University Press, 2011.

Harmon, Matthew S. "Letter Carriers and Paul's Use of Scripture." *JSPL* 4, no. 2 (2014): 129-148.

Harris, Murray J. *The Second Epistle to the Corinthians*. Grand Rapids: Eerdmans, 2005.

Hartin, Patrick. *James*. SP 14. Collegeville, MN: Liturgical Press, 2003.

Hartman, Lars. "On Reading Others' Letters." *HTR* 79 (1986): 137-146.

Harvey, R. A. *A Commentary on Persius*. Leiden: Brill, 1981.

Hawes, Greta. "Story Time at the Library: Palaephatus and the Emergence of Highly Literate Mythology." In *Between Orality and Literacy: Communication and Adaptation in Antiquity*, edited by Ruth Scodel, 10:125-147. MnS 367. Leiden: Brill, 2014.

Head, Peter M. "Letter Carriers in Ancient Jewish Epistolary Material." In *Jewish and Christian Scripture as Artifact and Canon*, edited by Craig A. Evans and H. Daniel Zacharias, 203-219. LSTS 70. London: T&T Clark, 2009.

_____. "'Witnesses between You and Us': The Role of the Letter-Carriers in *1 Clement*." In *Studies on the Text of the New Testament and Early Christianity in Honor of Michael W. Holmes*, edited by Daniel M. Gurtner, Juan Hernández, and Paul Foster, 477-493. NTTSD 50. Leiden: Brill, 2015.

Helzle, Martin. *Ovids Epistulae ex Ponto: Buch I-II Kommentar*. Heidelberg: Universitätsverlag C. Winter, 2002.

Hendrickson, G. L. "Ancient Reading." *CJ* 25, no. 3 (1929): 182-196.

Hengel, Martin. *Studies in the Gospel of Mark*. London: SCM Press, 1985.

Henze, Matthias. "4 Ezra and 2 Baruch: Literary Composition and Oral Performance in First-Century Apocalyptic Literature." *JBL* 131, no. 1 (2012): 181-200.

Hezser, Catherine. "The Torah versus Homer: Jewish and Greco-Roman Education in Late Roman Palestine." In *Ancient Education and Early Christianity*, edited by Matthew Ryan Hauge and Andrew W. Pitts, 5-24. London: T&T Clark, 2016.

Hickey, Todd M. "Writing Histories from the Papyri." In *The Oxford Handbook of Papyrology*, edited by Roger S. Bagnall, 495-520. Oxford: Oxford University Press, 2009.

Hill, Charles E., and Michael J. Kruger. *The Early Text of the New Testament*. New York: Oxford University Press, 2012.

Hill, David. "On the Use and Meaning of Hosea 6:6 in Matthew's Gospel." *NTS* 24, no. 1 (1977): 107-119.

Hoehner, Harold W. *Ephesians: An Exegetical Commentary*. Grand Rapids: Baker Academic, 2002.

Hogan, Karina M. *Theologies in Conflict in 4 Ezra: Wisdom Debate and Apocalyptic Solution*. JSJSup 130. Leiden: Brill, 2008.

Hollingsworth, Anthony L. "Recitation and the Stage: The Performance of Senecan Tragedy." PhD diss., Brown University, 1998.

Holmberg, Bengt. "Questions of Method in James Dunn's *Jesus Remembered*." *JSNT* 26, no. 4 (2004): 445-457.

Holmes, Michael W., ed. and trans. *The Apostolic Fathers: Greek Texts and English Translations*. 3rd ed. Grand Rapids: Baker, 2007.

———. "Working with an Open Textual Tradition: Challenges in Theory and Practice." in *The Textual History of the Greek New Testament: Changing Views in Contemporary Research*, edited by Klaus Wachtel and Michael W. Holmes, 65-78. Text-Critical Studies 8. Atlanta: SBL, 2011.

Horrell, David. "Domestic Space and Christian Meetings at Corinth: Imagining. New Contexts and the Buildings East of the Theatre." *NTS* 50 (2004): 349-369.

Horsfall, Nicholas. "Rome without Spectacles." *Greece and Rome* 42, no. 1 (1995): 49-56.

Horsley, G. H. R. *Homer in Pisidia: Degrees of Literateness in a Backwoods Province of the Roman Empire*. New South Wales, Australia: University of New England, 1999.

Horsley, Richard A. *Archaeology, History and Society in Galilee: The Social Context of Jesus and the Rabbis*. Harrisburg, PA: Trinity Press International, 1996.

Houston, George W. *Inside Roman Libraries: Book Collections and Their Management in Antiquity*. Chapel Hill: University of North Carolina Press, 2014.

Howell, Peter. *A Commentary on Book One of the Epigrams of Martial*. London: Athlone, 1980.

Huffmon, Herbert B. "The Oracular Process: Delphi and the Near East." *VT* 57 (2007): 449-490.

Hultgren, S. J. *From the Damascus Covenant to the Covenant of the Community: Literary, Historical, and Theological Studies in the Dead Sea Scrolls*. STDJ 66.

Leiden: Brill, 2007.

Hurtado, Larry W. *The Earliest Christian Artifacts: Manuscripts and Christian Origins*. Grand Rapids: Eerdmans, 2006.

_____. "The New Testament in the Second Century: Text, Collections and Canon." In *Transmission and Reception: New Testament Text-Critical and Exegetical Studies*, edited by J. W. Childers and D. C. Parker, 3-27. Piscataway, NJ: Gorgias, 2006.

_____. "Oral Fixation and New Testament Studies? 'Orality', 'Performance' and Reading Texts in Early Christianity." *NTS* 60 (2014): 321-340.

Hurtado, Larry W., and Chris Keith. "Writing and Book Production in the Hellenistic and Roman Periods." In *The New Cambridge History of the Bible: The Bible, from the Beginnings to 600*, edited by James C. Paget and J. Schaper, 63-80. Cambridge: Cambridge University Press, 2013.

Huskey, Samuel J. "Ovid's *Tristia* I and III: An Intertextual Katabasis." PhD diss., University of Iowa, 2002.

Huttner, Ulrich. *Early Christianity in the Lycus Valley*. Translated by David Green. AJEC 85. Leiden: Brill, 2013.

Hvalvik, Reidar. "All Those Who in Every Place Call on the Name of Our Lord Jesus Christ: The Unity of the Pauline Churches." In *The Formation of the Early Church*, edited by Jostein Ådna 123-144. WUNT 183. Tübingen: Mohr Siebeck, 2005.

Iddeng, Jon W. "*Publica aut Peri!*: The Releasing and Distribution of Roman Books." *Symbolae Osloenses* 81 (2006): 58-84.

Inwood, Brad, trans. *Seneca: Selected Philosophical Letters*. Oxford: Oxford University Press, 2007.

Ito, Akio. "Paul the 'Herald' and the 'Teacher.'" In *Sacred Words: Orality, Literacy, and Religion*, 351-370. Leiden: Brill, 2011.

Jacobson, Howard. *A Commentary on Pseudo-Philo's Liber Antiquitatum Biblicarum with Latin Text and English Translation*. Vol. 2. Leiden: Brill, 1996.

Janzen, Anna. "Der Friede im lukanischen Doppelwerk vor dem. Hintergrund der Pax Romana." PhD diss., Toronto School of Theology, 2001.

Jason, Mark A. *Repentance at Qumran: The Penitential Framework of Religious Experience in the Dead Sea Scrolls*. Minneapolis: Fortress Press, 2015.

Jensen, Morten Hørning. "Antipas: The Herod Jesus Knew." *BAR* 38, no. 5 (2012): 42-46.

_____. *Herod Antipas in Galilee: The Literary and Archaeological Sources on the*

Reign of Herod Antipas and Its Socio-economic Impact on Galilee. WUNT 2.215: Tübingen: Mohr Siebeck, 2006.

———. "Rural Galilee and Rapid Changes: An Investigation of the Socio- Economic Dynamics and Developments in Roman Galilee." *Biblica* 93, no. 1 (2012): 43-67.

Jervell, Jacob. *Die Apostelgeschichte: Übersetzt und erklärt*. Göttingen: Vandenhoeck & Ruprecht, 1998.

Johansson, Egil. "Literacy Campaigns in Sweden." *Interchange* 19 (1988): 135-162.

Johnson, Lee A. "Social Stratification." *BTB* 43, no. 3 (2013): 155-168.

Johnson, Luke. *The First and Second Letters to Timothy: A New Translation with Introduction and Commentary*. New York: Doubleday, 2001.

Johnson, William A. *Bookrolls and Scribes in Oxyrhynchus*. Reprinted paperback. Toronto: University of Toronto Press, 2013.

———. *Readers and Reading Culture in the High Roman Empire: A Study on Elite Communities*. New York: Oxford University Press, 2010.

———. "Toward a Sociology of Reading in Classical Antiquity." *AJP* 121, no. 4 (2000): 593-627.

Jones, Christopher. "Books and Libraries in a Newly-Discovered Treatise of Galen." *JRA* 22 (2009): 390-397.

———. "Towards a Chronology of Plutarch's Works." *JRS* 56, nos. 1-2 (1966): 61-74.

Judge, Edwin A. *The First Christians in the Roman World: Augustan and New Testament Essays*, edited by James R. Harrison. WUNT 229. Tübingen: Mohr Siebeck, 2008.

Kaiser, Otto. *Philo von Alexandrien: Denkender Glaube—eine Einführung*. Göttingen: Vandenhoeck & Ruprecht, 2015.

Kaster, Robert A. *Guardians of Language: The Grammarian and Society in Late Antiquity*. The Transformation of the Classical Heritage 11. Los Angeles: University of California Press, 1988.

Kee, Howard. "Testaments of the Twelve Patriarchs." In *The Old Testament Pseudepigrapha*, vol. 1, *Apocalyptic Literature and Testaments*, edited by James H. Charlesworth, 792-793. Peabody, MA: Hendrickson, 2009.

———. "The Changing Meaning of Synagogue: A Response to Richard Oster." *NTS* 40 (1994): 281-283.

———. "The Transformation of the Synagogue after 70 C.E.: Its Import for Early Christianity." *NTS* 36 (1990): 1-24.

Keegan, Peter. *Graffiti in Antiquity*. New York: Routledge, 2014.

Keener, Craig. *Acts: An Exegetical Commentary.* Vol. 2, 3:1-14:28. Grand Rapids: Baker Academic, 2013.

____. *Acts: An Exegetical Commentary.* Vol. 3, 15:1-23:35. Grand Rapids: Baker Academic, 2014.

____. "Women's Education and Public Speech in Antiquity." *JETS* 50.4 (2007): 747-759.

Keith, Chris. *Jesus against the Scribal Elite: The Origins of the Conflict.* Grand Rapids: Baker Academic, 2014.

____. *Jesus' Literacy: Scribal Culture and the Teacher from Galilee.* Reprint ed., LNTS 413 / LHJS 8. New York: T&T Clark, 2013.

Kelhoffer, James A. "'How Soon a Book' Revisited: ΕΥΑΓΓΕΛΙΟΝ as a Reference to 'Gospel' Materials in the First Half of the Second Century." *ZNW* 95 (2004): 1-34.

____. "If Second Clement Really Were a 'Sermon,' How Would We Know, and Why Would We Care? Prolegomena to Analyses of the Writing's Genre and Community." In *Early Christian Communities between Ideal and Reality*, edited by Mark Grundeken and Joseph Verheyden, 83-108. WUNT 342. Tübingen: Mohr Siebeck, 2015.

Kennedy, George A. *Progymnasmata: Greek Textbooks of Prose Composition and Rhetoric*, edited by George A. Kennedy. Atlanta: SBL, 2003.

Kennerly, Michele Jean. "Editorial Bodies in Ancient Roman Rhetorical Culture." PhD diss., University of Pittsburgh, 2010.

Kenney, Edward J. "Books and Readers in the Roman World", in *The Cambridge History of Classical Literature*. Vol. 2, *Latin Literature, Part 1: The Early Republic*, edited by W. V. Clausen and E. J. Kenney, 3-31. Cambridge: Cambridge University Press, 1983.

Kenyon, Frederic G. *Book and Readers in Ancient Greece and Rome.* Chicago: Ares, 1980.

Kim, Hong Bom. "The Interpretation of Μάλιστα in 1 Timothy 5:17." *NovT* 66 (2004): 360-368.

Klauck, Hans-Josef. *Ancient Letters and the New Testament: A Guide to Context and Exegesis.* Waco, TX: Baylor University Press, 2006.

Klein, Hans. *Das Lukasevangelium: übersetzt und erklärt.* Göttingen: Vandenhoeck & Ruprecht, 2006.

Klinghardt, Matthias. "Prayer Formularies for Public Recitation: Their Use and Function in Ancient Religion." *Numen* 46 (1999): 1-52.

Klink, Edward W., III, ed. *The Audience of the Gospels: The Origin and Function of the Gospels in Early Christianity*. LNTS 353. London: T&T Clark, 2010.

Kloppenborg, John S. "Diaspora Discourse: The Construction of Ethos in James." *NTS* (2007): 242–270.

———. "Did Thomas Know the Synoptic Gospels?: A Response to Denzey Lewis, Kloppenborg, and Patterson." *JSNT* 36, no. 3 (2014): 282–293.

———. "Literate Media in Early Christ Groups: The Creation of a Christian Book Culture." *JECS* 22, no. 1 (2014): 21–59.

———. "A New Synoptic Problem: Mark Goodacre and Simon Gathercole on Thomas." *JSNT* 36, no. 3 (2014): 199–239.

Knapp, Robert. *Invisible Romans: Prostitutes, Outlaws, Slaves, Gladiators, Ordinary Men and Women . . . the Romans That History Forgot*. London: Profile, 2011.

Knauer, Elfriede R. "Roman Wall Paintings from Boscotrecase: Three Studies in the Relationship between Writing and Painting." *Metropolitan Museum Journal* 28 (1993): 13–46.

Knight III, George. *The Pastoral Epistles: A Commentary on the Greek Text*. Grand Rapids: Eerdmans, 1992.

Knust, Jennifer, and Tommy Wasserman. "The Biblical Odes and the Text of the Christian Bible: A Reconsideration of the Impact of Liturgical Singing on the Transmission of the Gospel of Luke." *JBL* 133, no. 2 (2014): 341–365.

Koch, Dietrich-Alex. *Die Schrift als Zeuge des Evangeliums: Untersuchungen zur Verwendung und zum Verständnis der Schrift dei Paulus*. BHT 69. Tübingen: Mohr Siebeck, 1986.

König, Jason, Katerina Oikonomopoulou, and Greg Woolf, eds. *Ancient Libraries*. Cambridge: Cambridge University Press, 2013.

Kruger, Michael J. "Early Christian Attitudes toward the Reproduction of Texts." In *The Early Text of the New Testament*, edited by Charles E. Hill and Michael J. Kruger, 61–81. New York: Oxford University Press, 2012.

———. "Manuscripts, Scribes, and Book Production within Early Christianity." In *Christian Origins and Classical Culture: Social and Literary Contexts for the New Testament*, edited by Stanley E. Porter and Andrew W. Pitts, 15–40. Leiden: Brill, 2012.

Kruse, Colin G. *The Letters of John*. Grand Rapids: Eerdmans, 2000.

Lampe, Peter. *From Paul to Valentinus: Christians at Rome in the First Two Centuries*. Edited by Marshall D. Johnson. Translated by Michael Steinhauser. Minneapolis: Fortress Press, 2003.

_____. "Quintilian's Psychological Insights in His Institutio Oratoria." In *Paul and Rhetoric*, edited by J. Paul Sampley and Peter Lampe, 180-199. London: T&T Clark, 2010.

Larash, Patricia. "Martial's Lector, the Practice of Reading, and the Emergence of the General Reader in Flavian Rome." PhD diss., University of California at Berkeley, 2004.

Laronde, André, and Jean Leclant, eds. *La Méditerranée d'une rive á l'autre: Culture classique et cultures périphériques*. Paris: Académie des Inscriptions et Belles-Lettres, 2007.

Last, Richard. "Communities That Write: Christ-Groups, Associations, and Gospel Communities." *NTS* 58 (2012): 173-198.

_____. "The Social Relationships of Gospel Writers: New Insights from Inscriptions Commending Greek Historiographers." *JSNT* 37, no. 3 (2015): 223-252.

Lathrop, Gordon. *The Four Gospels on Sunday: The New Testament and the Reform of Christian Worship*. Minneapolis: Fortress Press, 2011.

Lattke, Michael. *Oden Salomos: Text, Übersetzung, Kommentar*. Part 2, Oden 15-28. NTOA 41.2. Göttingen: Vandenhoeck & Ruprecht, 2001.

_____. *Odes of Solomon: A Commentary*. Edited by Harold W. Attridge. Translated by Marianne Ehrhardt. Minneapolis: Fortress Press, 2009.

Leaf, Walter, ed. *Strabo on the Troad, Book XIII, Cap. 1*. Cambridge: Cambridge University Press, 1923.

Lee, Guy, and William Barr. *The Satires of Persius*. Liverpool: Francis Cairns, 1987.

Leibner, Uzi. *Settlement and History in Hellenistic, Roman, and Byzantine Galilee: An Archaeological Survey of the Eastern Galilee*. TSAJ 127. Tübingen: Mohr Siebeck, 2009.

Lenski, Noel. "Assimilation and Revolt in the Territory of Isauria, from the 1st Century BC to the 6th Century AD." *JESHO* 42, no. 4 (1999): 413-465.

Leong, Siang-Nuan. "Windows to the Polemics against the So-Called Jews and Jezebel in Revelation: Insights from Historical and Co(n)textual Analysis." PhD diss., University of Edinburgh, 2009.

Leppin, Hartmut. "Between Marginality and Celebrity: Entertainers and Entertainments in Roman Society." In *Social Relations in the Roman World*, edited by Michael Peachin, 660-678. Oxford: Oxford University Press, 2011.

Levine, Lee. *The Ancient Synagogue: The First Thousand Years*. New Haven: Yale University Press, 2005.

_____. "The Synagogues of Galilee." In *Galilee in the Late Second Temple and*

Mishnaic Periods, vol. 1, *Life, Culture, and Society*, edited by David A. Fiensy and James Riley Strange, 129-150. Minneapolis: Fortress Press, 2014.

Levison, John R. "The Spirit, Simeon, and the Songs of the Servant." In *The Spirit and Christ in the New Testament and Christian Theology*, edited by I. Howard Marshall, Volker Rabens, and Cornelis Bennema, 18-34. Grand Rapids: Eerdmans, 2012.

Lieu, Judith. *I, II, III John: A Commentary*. Louisville: Westminster John Knox, 2008.

Lincicum, David. "Paul and the *Testimonia: Quo Vademus?*" JETS 51, no. 2 (2008): 297-308.

———. "Philo's Library." *Studia Philonica Annual* 26 (2014): 99-114.

Lindmark, Daniel, ed. Alphabeta Varia: *Orality, Reading and Writing in the History of Literacy; Festschrift in Honour of Egil Johansson on the Occasion of His 65th Birthday, March 24, 1998*. Album Religionum Umense 1. Umeå, Sweden: Umeå University, 1998.

Löhr, Winrich. "The Theft of the Greeks: Christian Self Definition in the Age of the Schools." *Revue d'histoire ecclésiastique* 95 (2000): 403-426.

Long, Anthony. *Epictetus: A Stoic and Socratic Guide to Life*. Oxford: Oxford University Press, 2002.

Longenecker, Bruce. "Exposing the Economic Middle: A Revised Economy Scale for the Study of Early Urban Christianity." *JSNT* 31, no. 3 (2013): 243-278.

Lozynsky, Yuriy. "Ancient Greek Cult Hymns: Poets, Performers and Rituals." PhD diss., University of Toronto, 2014.

Lüdemann, Gerd. *The Earliest Christian Text: 1 Thessalonians*. Rev. ed. Salem, OR: Polebridge, 2013.

Luz, Ulrich. *Matthew 21-28: A Commentary*. Edited by Helmut Koester. Translated by James E. Crouch. Minneapolis: Fortress Press, 2005.

MacMullen, Ramsey. *Roman Social Relations: 50 B.C. to A.D. 284*. New Haven: Yale University Press, 1974.

Maier, Johann. "Jüdisch-christliches Milieu als Magnet für Intellektuelle in der Antike." *ThPQ* 158, no. 1 (2010): 39-49.

Mallen, Peter. *The Reading and Transformation of Isaiah in Luke-Acts*. Edited by Mark Goodacre. LNTS 367. London: T&T Clark, 2008.

Manuwald, Gesine. "The Speeches to the People in Cicero's Oratorical Corpora." *Rhetorica* 30, no. 2 (2012): 153-175.

Marks, Susan, and Hal Taussig, eds. *Meals in Early Judaism: Social Formation at the Table*. New York: Palgrave Macmillan, 2014.

Markus, Donka D. "Performing the Book: The Recital of Epic in First Century. C.E. Rome." *Classical Antiquity* 19, no. 1 (2000): 138-179.

———. "The Politics of Entertainment: Tradition and Romanization in Statius' *Thebaid*." PhD diss., University of Michigan, 1997.

Marquis, Timothy. "At Home or Away: Travel and Death in 2 Corinthians 1-9." PhD diss., Yale University, 2008.

Marshall, Anthony J. "Library Resources and Creative Writing at Rome." *Phoenix* 30, no. 3 (1976): 252-264.

Marshall, I. Howard. *The Epistles of John*. Grand Rapids: Eerdmans, 1978.

Martin, Konrad. "Labilität und Festigkeit des überlieferten Textes des Neuen Testaments und des Pastor Hermae: Demonstriert an wichtigen Textzeugen." *Sacra Scripta* 7, no. 1 (2009): 65-97.

Martin, Matthew J. "Interpreting the Theodotos Inscription: Some Reflections on a First Century Jerusalem Synagogue Inscription and E. P. Sanders' 'Common Judaism.'" *ANES* 39 (2002): 160-181.

Martin, Michael W., and Bryan A. Nash. "Philippians 2:6-11 as Subversive *Hymnos*: A Study in the Light of Ancient Rhetorical Theory." *JTS* 66, no. 1 (2015): 90-138.

Martin, Ralph. *2 Corinthians*. 2nd ed. WBC 40. Grand Rapids: Zondervan, 2014.

Mason, Steve. *Flavius Josephus: Translation and Commentary*. Vol. 9, *Life of Josephus*. Leiden: Brill, 2001.

Massey, Preston T. "Cicero, the Pastoral Epistles, and the Issue of Pseudonymity." *ResQ* 56, no. 2 (2014): 65-84.

Mattila, Sharon. "Revisiting Jesus' Capernaum: A Village of Only Subsistence-Level Fishers and Farmers?" In *The Galilean Economy in the Time of Jesus*, edited by David A. Fiensy and Ralph K. Hawkins, 75-138. Atlanta: SBL, 2013.

McCartney, Dan. *James*. Grand Rapids: Baker Academic, 2009.

McDonald, Lee Martin. *The Biblical Canon: Its Origin, Transmission, and Authority*. Peabody, MA: Hendrickson, 2008.

McGowan, Andrew B. *Ancient Christian Worship: Early Church Practices in Social, Historical, and Theological Perspective*. Grand Rapids: Baker Academic, 2014.

———. "'Is There a Liturgical Text in This Gospel?': The Institution Narratives and Their Early Interpretive Communities." *JBL* 118, no. 1 (1999): 73-87.

McGowan, Matthew M. *Ovid in Exile: Power and Poetic Redress in the* Tristia *and* Epistulae ex Ponto. MnS 309. Leiden: Brill, 2009.

McGrath, James F. "On Hearing (Rather than Reading) Intertextual Echoes: Christology and Monotheistic Scriptures in an Oral Culture." *BTB* 43, no. 2

(2013): 74-80.

McIver, Robert K. "Eyewitnesses as Guarantors of the Accuracy of the Gospel Traditions in the Light of Psychological Research." *JBL* 131, no. 3 (2012): 529-546.

McKenzie, John L. "The Word of God in the Old Testament." *TS* 21 (1960): 183-206.

McKnight, Scot. *The Letter of James*. Grand Rapids: Eerdmans, 2011.

McNutt, Walter B. "Philo of Alexandria: An Exegete of Scripture." PhD diss., University of Missouri, 2001.

Meeks, Wayne. *The First Urban Christians: The Social World of the Apostle Paul*. 2nd ed. New Haven: Yale University Press, 2003.

Meier, John P. "Jesus and the Sabbath." In *A Marginal Jew: Rethinking the Historical Jesus,* vol. 4, *Law and Love,* 235-341. New Haven: Yale University Press, 2009.

Metzger, Bruce M. "The Formulas Introducing Quotations of Scripture in the NT and the Mishnah." *JBL* 70, no. 4 (1951): 297-307.

_____. "The Fourth Book of Ezra: A New Translation and Introduction." In *The Old Testament Pseudepigrapha*, vol. 1, *Apocalyptic Literature and Testaments*, edited by James H. Charlesworth, 517-559. Peabody, MA: Hendrickson, 2009.

_____. "Literary Forgeries and Canonical Pseudepigrapha." *JBL* 91, no. 1 (1972): 3-24.

Meyers, Eric M. "Early and Late Synagogues at Nabratein in Upper Galilee: Regional and Other Considerations." In *A Wandering Galilean: Essays in Honour of Seán Freyne,* edited by Zuleika Rodgers, Margaret Daly-Denton, and Anne Fitzpatrick McKinley, 257-278. SJSJ 132. Leiden: Brill, 2009.

Michaels, J. Ramsey. *The Gospel of John*. Grand Rapids: Eerdmans, 2010.

Milavec, Aaron. *The Didache: Faith, Hope, and Life of the Earliest Christian Communities, 50-70 CE*. New York: Newman, 2003.

Milinovich, Timothy. "Memory and Hope in the Midst of Chaos: Reconsidering the Structure of 1 Thessalonians." *CBQ* 76, no. 3 (2014): 498-518.

Millard, Alan. *Reading and Writing in the Time of Jesus*. New York: New York University Press, 2000.

_____. "Zechariah Wrote (Luke 1:63)." In *The New Testament in Its First Century Setting: Essays on Context and Background in Honour of B. W. Winter on His 65th Birthday*, edited by P. J. Williams et al., 46-55. Grand Rapids: Eerdmans, 2004.

Miller, Robert D., II. *Oral Tradition in Ancient Israel: Biblical Performance Criticism*. Vol. 4. Eugene, OR: Cascade, 2011.

Moloney, Francis. "'For as Yet They Did Not Know the Scripture' (John 20:9): A Study in Narrative Time." *IrTheolQuart* 79, no. 2 (2014): 97-111.
Moo, Douglas J. *The Epistle to the Romans*. Grand Rapids: Eerdmans, 1996.
_____. *Galatians*. Grand Rapids: Baker Academic, 2013.
_____. *The Letters to the Colossians and to Philemon*. Grand Rapids: Eerdmans, 2008.
Moo, Jonathan A. *Creation, Nature and Hope in 4 Ezra*. FRLANT 237. Göttingen: Vandenhoeck & Ruprecht, 2011.
Moodie, Erin Kristine. "Metatheater, Pretense Disruption, and Social Class in Greek and Roman Comedy." PhD diss., University of Pennsylvania, 2007.
Moore, Nicholas J. "Is Enoch among the Prophets? The Impact of Jude's Citation of *1 Enoch* on the Reception of Both Texts in the Early Church." *JTS* 64, no. 2 (2013): 498-515.
Moreland, Milton. "The Inhabitants of Galilee in the Hellenistic and Early Roman Periods: Probes into the Archaeological and Literary Evidence." In *Religion, Ethnicity, and Identity in Ancient Galilee: A Region in Transition*, edited by Jürgen Zangenberg, Harold W. Attridge, and Dale B. Martin, 133-159. WUNT 210. Tübingen: Mohr Siebeck, 2007.
Morley, Neville. *Theories, Models and Concepts in Ancient History*. London: Routledge, 2004.
Morris, Mike, ed. *Concise Dictionary of Social and Cultural Anthropology*. Oxford: Wiley-Blackwell, 2012.
Mosser, Carl. "Torah Instruction, Discussion, and Prophecy in First-Century Synagogues." In *Christian Origins and Hellenistic Judaism: Social and Literary Contexts for the New Testament*, edited by Stanley E. Porter and Wendy J. Porter, 2:523-551. Leiden: Brill, 2013.
Mounce, William D. *Pastoral Epistles*. WBC 46. Nashville: Thomas Nelson, 2000.
Mueller, Hans-Friedrich. *Roman Religion in Valerius Maximus*. London: Routledge, 2002.
_____. "Valerius Maximus and the Social World of the New Testament." *CBQ* 51 (1989): 683-693.
Müller, Peter. *Verstehst du auch, was du liest? Lesen und Verstehen im Neuen Testament*. Darmstadt: Wissenschaftliche Buchgesellschaft, 1994.
Murphy, Frederick. *Pseudo-Philo: Rewriting the Bible*. New York: Oxford University Press, 1993.
Murphy, Holly L. "Reconstructing Home in Exile: Ovid's *Tristia*." MA thesis, University of Kansas, 2012.

Najman, Hindy. "How Should We Contextualize Pseudepigrapha? Imitation and Emulation in 4 Ezra." In *Flores Florentino: Dead Sea Scrolls and Other Early Jewish Studies in Honour of Florentino García Martínez*, edited by Anthony Hilhorst, Émile Puech, and Eibert Tigchelaar, 529–536. JSJSup 122. Leiden: Brill, 2007.

Nässelqvist, Dan. "Public Reading and Aural Intensity: An Analysis of the Soundscape in John 1–4." PhD diss., Lund University, 2014.

Nauta, Ruurd. *Poetry for Patrons: Literary Communications in the Age of Domitian*. Leiden: Brill, 2002.

Neusner, Jacob. *The Mishnah: A New Translation*. Repr. ed. New Haven: Yale University Press, 1991.

Newby, Zahra, and Ruth Leader-Newby. *Art and Inscriptions in the Ancient World*. Cambridge: Cambridge University Press, 2007.

Nicholls, Matthew C. "Galen and Libraries in the Peri Alupias." *JRS* 101 (2011): 123–142.

Nicklas, Tobias. "'The Words of the Prophecy of This Book': Playing with Scriptural Authority in the Book of Revelation." In *Authoritative Scriptures in Ancient Judaism*, edited by Mladen Popović, 309–326. Leiden: Brill, 2010.

Niederwimmer, Kurt. *The Didache: A Commentary*. Translated by Linda M. Maloney. Minneapolis: Fortress Press, 1998.

Niehoff, Maren R. "Why Compare Homer's Readers to Biblical Readers?" In *Homer and the Bible in the Eyes of Ancient Interpreters*, edited by Maren R. Niehoff, 3–14. JSRC 16. Leiden: Brill, 2012.

Nikiprowetzky, Valentin. *Le commentaire de l'écriture chez Philon d'Alexandrie: Son caractère et sa portée, observations philologiques*. Leiden: Brill, 1977.

Nikitinski, Oleg. *A. Persius Flaccus Saturae: Accedunt varia de Persio iudicia saec. XIV-XX*. Munich: K. G. Saur, 2002.

Noack, Christian. *Gottesbewußtsein: Exegetische Studien zur Soteriologie und Mystik bei Philo von Alexandria*. WUNT 2.116. Tübingen: Mohr Siebeck, 2000.

Nolland, John. "Classical and Rabbinic Parallels to 'Physician, Heal Yourself' (Lk. IV 23)." *NovT* 21, no. 3 (1979): 193–209.

Oakes, Peter. "Constructing Poverty Scales for Graeco-Roman Society: A Response to Steve Friesen's 'Poverty in Pauline Studies.'" *JSNT* 26, no. 3 (2004): 367–371.

Oakman, Douglas E. "Models and Archaeology in the Social Interpretation of Jesus." In *Social Scientific Models for Interpreting the Bible*, edited by John J. Pilch, 102–131. Leiden: Brill, 2001.

Oesterley, William. "The General Epistle of James." In *The Expositor's Greek New Testament*, edited by W. Robertson Nicoll, 4:385-476. Rev. ed. New York: Eerdmans, 1960.

Oestreich, Bernhard. "Leseanweisungen in Briefen als Mittel der Gestaltung von Beziehungen (1 Thess 5,27)." *NTS* 50, no. 2 (2004): 224-245.

Oldfather, W. A. *Epictetus: The Discourses as Reported by Arrian, the Manual, and Fragments*. Vol. 1. London: Heinemann, 1925.

O'Loughlin, Thomas. "Ὑπηρέται...τοῦ λόγου: Does Luke 1:2 Throw Light on to the Book Practices of the Late First-Century Churches?" In *Early Readers, Scholars and Editors of the New Testament*, edited by H. A. G. Houghton, 17-32. Piscataway, NJ: Gorgias, 2014.

O'Neill, Peter. "A Culture of Sociability: Popular Speech in Ancient Rome." PhD diss., University of California, 2001.

Oporto, Santiago Guijarro. "'Como está escrito': Las citas de la escritura en los comienzos de los evangelios." *Salmanticensis* 61, no. 1 (2014): 91-115.

Orsini, Pasquale, and Willy Clarysse. "Early New Testament Manuscripts and Their Dates: A Critique of Theological Palaeography." *ETL* (2012): 443-474.

Oster, Richard. "Supposed Anachronism in Luke-Acts' Use of ΣΥΝΑΓΩΓΗ: A Rejoinder to H. C. Kee." *NTS* 39 (1993): 178-208.

Overman, J. Andrew. "The Destruction of the Temple and the Conformation of Judaism and Christianity." In *Jews and Christians in the First and Second Centuries: How to Write Their History*, edited by Peter J. Tomson and Joshua J. Schwartz, 251-77. Compendia Rerum Iudaicarum ad Novum Testamentum 13. Leiden: Brill, 2014.

Pao, David. *Acts and the Isaianic New Exodus*. Grand Rapids: Baker Academic, 2000.

Pappalardo, Carmelo. "Synagogue." In *Encyclopedia of Ancient Christianity*, vol. 3. Downers Grove: InterVarsity, 2014.

Parker, David C. *Textual Scholarship and the Making of the New Testament*. New York: Oxford University Press, 2012.

Parker, Holt. "Books and Reading Latin Poetry." In *Ancient Literacies: The Culture of Reading in Greece and Rome*, edited by William A. Johnson and Holt N. Parker, 186-229. Oxford: Oxford University Press, 2009.

Peck, Harry, ed. *Harper's Dictionary of Classical Literature and Antiquities*. New York: Cooper Square, 1965.

Perkins, Larry. "'Let the Reader Understand': A Contextual Interpretation of Mark

13:14." *BBR* 16 (2006): 95-104.

Perrot, Charles. "The Reading of the Bible in the Ancient Synagogue." In *Mikra: Text, Translation, Reading and Interpretation of the Hebrew Bible in Ancient Judaism and Early Christianity*, edited by Martin Jan Mulder, 137-159. Assen, Netherlands: Van Gorcum, 1988.

Peterson, David G. *The Acts of the Apostles*. Grand Rapids: Eerdmans, 2009.

Phillips, Richard Lynn. "Invisibility Spells in the Greek Magical Papyri: Prolegomena, Texts, and Commentaries." PhD diss., University of Illinois at Urbana-Champaign, 2002.

Pokorný, Petr. *From the Gospel to the Gospels: History, Theology and Impact of the Biblical Term 'Euangelion.'* Beihefte zur Zeitschrift für die neutestamentliche Wissenschaft 195. Boston: De Gruyter, 2013.

Porter, Stanley E. "Paul's Bible, His Education and His Access to the Scriptures of Israel." *JGRChJ* 5 (2008): 9-41.

Porter, Stanley E., and Bryan R. Dyer. "Oral Texts? A Reassessment of the Oral and Rhetorical Nature of Paul's Letters in Light of Recent Studies." *JETS* 55, no. 2 (2012): 323-341.

Pothecary, Sarah. "Strabo, the Tiberian Author: Past, Present and Silence in Strabo's *Geography*." *Mnemosyne* 55, no. 4 (2002): 387-438.

Poythress, Vern. "The Meaning of μάλιστα in 2 Timothy 4:13 and Related Verses." *JTS* 53, no. 2 (2002): 523-532.

Price, Simon. "Religious Mobility in the Roman Empire." *JRS* 102 (2012): 1-19.

Rand, Michael. "Fundamentals of the Study of Piyyut." In *Literature or Liturgy? Early Christian Hymns and Prayers in Their Literary and Liturgical Context in Antiquity*, edited by Clemens Leonhard and Hermut Löhr, 107-125. WUNT 2.363. Tübingen: Mohr Siebeck, 2014.

Reddish, Mitchell. "Hearing the Apocalypse in Pergamum." *PRSt* 41, no. 1 (2014): 3-12.

Redford, Donald. "Literacy." In *The Oxford Encyclopedia of Ancient Egypt*, edited by Donald B. Redford, 2:297. Oxford: Oxford University Press, 2001.

Redman, Judith. "How Accurate Are Eyewitnesses? Bauckham and the Eyewitnesses in the Light of Psychological Research." *JBL* 129 (2010): 177-197.

Reed, Jonathan L. *Archaeology and the Galilean Jesus: A Re-examination of the Evidence*. Harrisburg, PA: Trinity Press International, 2000.

Regev, Eyal. "Flourishing before the Crisis: Mapping Judaean Society in the First Century CE." In *Jews and Christians in the First and Second Centuries*, 52-79.

Leiden: Brill, 2015.

Reinmuth, Eckhart. "Die Briefe an die Thessalonicher." In *Die Briefe an die Philipper, Thessalonicher und an Philemon*, 105-204. NTD 8.2. Göttingen: Vandenhoeck & Ruprecht, 1998.

Reumann, John. *Philippians: A New Translation with Introduction and Commentary*. New Haven: Yale University Press, 2008.

Rhoads, David. "Performance Events in Early Christianity: New Testament Writings in an Oral Context." In *The Interface of Orality and Writing*, edited by Annette Weissenrieder and Robert B. Coote, 166-193. WUNT 260. Tübingen: Mohr Siebeck, 2010.

Richards, Randolph E. "The Codex and the Early Collection of Paul's Letters." *BBR* 8 (1998): 151-166.

_____. *Paul and First-Century Letter Writing: Secretaries, Composition and Collection*. Downers Grove: InterVarsity, 2004.

_____. "Silvanus Was Not Peter's Secretary: Theological Bias in Interpreting διὰ Σιλουανοῦ...ἔγραψα in 1 Peter 5:12." *JETS* 43, no. 3 (2000): 417-432.

Richardson, Peter. Review of *Alexander to Constantine: Archaeology of the Land of the Bible*, by Eric M. Meyers and Mark A. Chancey. *BASOR* 370 (2013): 242-244.

_____. "Towards a Typology of Levantine/Palestinian Houses." *JSNT* 27, no. 1 (2004): 47-68.

Riesner, Rainer. *Jesus als Lehrer: Eine Untersuchung zum Ursprung der Evangelien-Überlieferung*. WUNT 2.7. Tübingen: Mohr Siebeck, 1988.

Rodriguez, Rafael. *Oral Tradition and the New Testament: A Guide for the Perplexed*. London: T&T Clark, 2014.

_____. "Reading and Hearing in Ancient Contexts." *JSNT* 32, no. 2 (2009): 151-178.

Rohmann, Dirk. *Christianity, Book-Burning and Censorship in Late Antiquity*. Arbeiten zur Kirchengeschichte 135. Berlin: De Gruyter, 2016.

Rohmann, Dirk, and Thomas Völker. "*Praenomen Petronii*: The Date and Author of the *Satyricon* Reconsidered." *CQ* 61, no. 2 (2011): 660-676.

Roller, Duane W. *The Geography of Strabo: An English Translation, with Introduction and Notes*. Cambridge: Cambridge University Press, 2014.

Roman, Luke. "The Representation of Literary Materiality in Martial's *Epigrams*." *JRS* 91 (2001): 113-145.

Root, Bradley. *First Century Galilee: A Fresh Examination of the Sources*. WUNT 2.378. Tübingen: Mohr Siebeck, 2014.

Rossi, Ornella. "Letters from Far Away: Ancient Epistolary Travel Writing and the

Case of Cicero's Correspondence." PhD diss., Yale University, 2010.

Rouwhorst, Gerard A. M. "The Reading of Scripture in Early Christian Liturgy." In *What Athens Has to Do with Jerusalem: Essays on Classical, Jewish, and Early Christian Art and Archaeology in Honor of Gideon Foerster*, edited by Leonard V. Rutgers, 305-331. Leuven: Peeters, 2002.

Royalty, Robert M. "Don't Touch This Book! Revelation 22:18-19 and the Rhetoric of Reading (in) the Apocalypse of John." *BibInt* 12, no. 3 (2004): 282-299.

Royse, James R. "Did Philo Publish His Works?" *Studia Philonica Annual 25* (2013): 75-100.

Ruiz-Montero, Consuelo R. "Chariton von Aphrodisias: Ein Überblick." *ANRW* 2.34.2 (1994): 1006-1054.

Runesson, Anders, Donald D. Binder, and Birger Olsson. *The Ancient Synagogue from Its Origins to 200 C.E.: A Source Book*. Leiden: Brill, 2010.

Russell, D. A. *Dio Chrysostom: Orations VII, XII, and XXXVI*. Cambridge: Cambridge University Press, 1992.

Safrai, Ze'ev. "Socio-Economic and Cultural Developments in the Galilee from the Late First to the Early Third Century CE." In *Jews and Christians in the First and Second Centuries*, 278-310. Leiden: Brill, 2015.

Sandmel, Samuel. "Philo Judaeus: An Introduction to the Man, His Writings, and His Significance." *ANRW* 2.21.1 (1984): 3-46.

Sarefield, Daniel C. "'Burning Knowledge': Studies of Bookburning in Ancient Rome." PhD diss., Ohio State University, 2004.

Sargent, Benjamin. *Written to Serve: The Use of Scripture in 1 Peter*. LNTS 547, edited by Chris Keith. London: T&T Clark, 2015.

Scheidel, Walter, and Steven J. Friesen. "The Size of the Economy and the Distribution of Income in the Roman Empire." *JRS* 99 (2009): 61-91.

Schellenberg, Ryan. *Rethinking Paul's Rhetorical Education: Comparative Rhetoric and 2 Corinthians 10-13*. ECL 10. Atlanta: SBL, 2013.

Schenkeveld, Dirk M. "Prose Usages of Ἀκούειν 'To Read.'" *CQ* 42, no. 1 (1992): 129-141.

Schiffman, Lawrence H. "The Early History of Public Reading of the Torah." In *Jews, Christians, and Polytheists in the Ancient Synagogue: Cultural Interaction during the Greco-Roman Period*. edited by Steven Fine, 44-56. London: T&T Clark, 1999.

Schnabel, Eckhard J. *Early Christian Mission: Paul and the Early Church*. Vol. 2. Downers Grove: InterVarsity, 2004.

_____. "The Muratorian Fragment: The State of Research." *JETS* 57, no. 2 (2014): 231-264.

Schnelle, Udo. "Das frühe Christentum und die Bildung." *NTS* 61. no. 2 (2015): 113-143.

Schrage, W. "συναγωγή." In *Theologisches Wörterbuch zum Neuen Testament*, edited by Gerhard Kittel et al., 7:798-850. Stuttgart: Kohlhammer, 1949-1979.

Schreck, C. J. "The Nazareth Pericope: Luke 4:16-30 in Recent Study." In *L'Évangile de Luc - The Gospel of Luke*, edited by F. Neirynck, 399-471. BETL 32. Leuven: Leuven University Press, 1989.

Schwartz, Matthew Barahal. "Torah Reading in the Ancient Synagogues." PhD diss., Wayne State University, 1975.

Schwartz, Seth. "How Many Judaisms Were There? A Critique of Neusner and Smith on Definition and Mason and Boyarin on Categorization." *JAJ* 2, no. 2 (2011): 208-238.

Schwindt, Rainer. *Das Weltbild des Epheserbriefes: Eine religionsgeschichtlich-exegetische Studie*. WUNT 148. Tübingen: Mohr Siebeck, 2002.

Scott, James C. "Protest and Profanation: Agrarian Revolt and the Little Tradition, Part I." *Theory and Society* 4, no. 1 (1977): 1-38.

_____. "Protest and Profanation: Agrarian Revolt and the Little Tradition, Part II." *Theory and Society* 4, no. 2 (1977): 211-246.

Seitz, Christopher. *Colossians*. Grand Rapids: Brazos, 2014.

_____. "Jewish Scripture for Gentile Churches: Human Destiny and the Future of the Pauline Correspondence, Part 1: Romans." *ProEccl* 23, no. 3 (2014): 294-308.

Seo, J. Mira. "Plagiarism and Poetic Identity in Martial." *AJP* 130, no. 4 (2009): 567-593.

Septimus, Gerald. "On the Boundaries of Prayer: Talmudic Ritual Texts with Addressees Other than God." PhD diss., Yale University, 2008.

Sham, Michael Norman. "Characterization in Petronius' *Satyricon*." PhD diss., University of New York at Buffalo, 1994.

Shauf, Scott. "The 'Word of God' and Retribution Theology in Luke-Acts." In *Scripture and Traditions: Essays on Early Judaism and Christianity in Honor of Carl R. Holladay*, edited by Patrick Gray and Gail R. O'Day, 173-191. NovTSup 129. Leiden: Brill, 2008.

Shaw, Deborah B. "The Power of Assumptions and the Power of Poetry: A Reading of Ovid's *Tristia* 4." PhD diss., University of California at Berkeley, 1994.

Shiell, William D. *Delivering from Memory: The Effect of Performance on the Early*

Christian Audience. Eugene, OR: Wipf & Stock, 2011.

———. *Reading Acts: The Lector and the Early Christian Audience*. Biblical Interpretation Series 70. Leiden: Brill Academic, 2004.

Sick, David H. "The Symposium of the 5,000." *JTS* 66, no. 1 (2015): 1-27.

Siniscalco, Paolo. "Travel—Means of Communication." In *Encyclopedia of Ancient Christianity*, 3:831-832. Downers Grove: InterVarsity, 2014.

Skeat, T. C. "Especially the Parchments: A Note on 2 Timothy 4:13." *JTS* 30 (1979): 173-177.

———. "The Use of Dictation in Ancient Book-Production." *Proceedings of the British Academy* 42 (1956): 179-208.

Skidmore, Clive. *Practical Ethics for Roman Gentlemen: The Work of Valerius Maximus*. Liverpool: Liverpool University Press, 1996.

Smit, Peter-Ben. "A Symposiastic Background to James?" *NTS* 58 (2011): 105-122.

Smith, Adrian. *The Representation of Speech Events in Chariton's Callirhoe and the Acts of the Apostles*. LBS 10. Leiden: Brill, 2014.

Smith, Claire S. *Pauline Communities as 'Scholastic Communities': A Study of the Vocabulary of 'Teaching' in 1 Corinthians, 1 and 2 Timothy and Titus*. WUNT 335. Tübingen: Mohr Siebeck, 2012.

Snyder, H. Gregory. "The Classroom in the Text: Exegetical Practices in Justin and Galen." In *Christian Origins and Greco-Roman Culture: Social and Literary Contexts for the New Testament*, edited by Stanley E. Porter and Andrew W. Pitts, 663-685. Leiden: Brill, 2013.

———. *Teachers and Texts in the Ancient World: Philosophers, Jews and Christians*. New York: Routledge, 2000.

Spence, Stephen. "The Separation of the Church and the Synagogue in First-Century Rome." PhD diss., Fuller Theological Seminary, 2001.

Spigel, Chad S. *Ancient Synagogue Seating Capacities: Methodology, Analysis and Limits*. TSAJ 149. Tübingen: Mohr Siebeck, 2012.

———. "Reconsidering the Question of Separate Seating in Ancient Synagogues." *JJS* 63, no. 1 (2012): 62-83.

Stanley, Christopher. "'Pearls before Swine': Did Paul's Audiences Understand His Biblical Quotations?" *NovT* 41, no. 2 (1999): 124-144.

Starr, Raymond J. "The Circulation of Literary Texts in the Roman World." *CQ* 37 (1987): 213-223.

———. "Reading Aloud: *Lectores* and Roman Reading." *CJ* 86, no. 4 (1991): 337-343.

Steele, R. B. "Quintus Curtius Rufus." *AJP* 36, no. 4 (1915): 402-423.

Stegemann, Wolfgang. "Background III: The Social and Political Climate in Which Jesus of Nazareth Preached." In *Handbook for the Study of the Historical Jesus: How to Study the Historical Jesus*, edited by Tom Holmén and Stanley E. Porter, 3:2291-2314. Leiden: Brill, 2011.

Stein, Robert H. *Mark*. Grand Rapids: Baker Academic, 2008.

Sterling, Gregory E. "The *Hypothetica*: Introduction." *Studia Philonica Annual* 20 (2008): 139-142.

_____. "Philo's Ancient Readers: Introduction." *Studia Philonica Annual* 25 (2013): 69-73.

Stern, Karen B. "Graffiti as Gift: Mortuary and Devotional Graffiti in the Late Ancient Levant." In *The Gift in Antiquity*, edited by Michael L. Satlow, 137-157. Oxford: Wiley-Blackwell, 2013.

Stevens, Benjamin. "*Per gestum res est significanda mihi*: Ovid and Language in Exile." *CP* 104, no. 2 (2009): 162-183.

Stewart, Alexander E. "Narrative World, Rhetorical Logic, and the Voice of the Author in 4 Ezra." *JBL* 132, no. 2 (2013): 373-391.

Stewart, Robert B., and Gary R. Habermas. *Memories of Jesus: A Critical Appraisal of James D. G. Dunn's Jesus Remembered*. Nashville: B&H Academic, 2010.

Stirewalt, M. Luther, Jr. "Greek Terms for Letter and Letter-Writing from Homer through the Second Century C.E." In *Studies in Ancient Greek Epistolography*, edited by Marvin A. Sweeney, 67-87. Atlanta: Scholars, 1993.

Stone, Michael E., and Matthias Henze. *4 Ezra and 2 Baruch: Translations, Introductions, and Notes*. Minneapolis: Fortress Press, 2013.

Stowers, Stanley K. "The Concept of 'Community' and the History of Early Christianity." *MTSR* 23 (2011): 238-256.

_____. *Letter Writing in Greco-Roman Antiquity*. Edited by Wayne A. Meeks. Philadelphia: Westminster, 1986.

Strand, Kenneth. "The Two Witnesses of Rev 11:3-12." *Andrews University Seminary Studies* 19, no. 2 (1981): 127-135.

Stroumsa, Guy. "The New Self and Reading Practices in Late Antique Christianity." *CHRC* 95 (2015): 1-18.

Struck, Peter T. "Reading Symbols: Traces of the Gods in the Ancient Greek-Speaking World." PhD diss., University of Chicago, 1997.

Sullivan, J. P. *Martial: The Unexpected Classic*. Cambridge: Cambridge University, 1992.

Sussman, Lewis A. *The Elder Seneca*. Leiden: Brill, 1978.

Tabbernee, Williams. "Material Evidence for Early Christian Groups during the First Two Centuries C.E." *ASE* 30, no. 2 (2013): 287–301.

Tellbe, Mikael. *Christ-Believers in Ephesus*. WUNT 242. Tübingen: Mohr Siebeck, 2009.

Theissen, Gerd. *The Social Setting of Pauline Christianity: Essays on Corinth*. Translated by John H. Schultz. Philadelphia: Fortress Press, 1982.

Thompson, Michael B. "The Holy Internet: Communication between Churches in the First Christian Generation." In *The Gospels for All Christians: Rethinking the Gospel Audiences*, edited by Richard Bauckham, 49–70. Edinburgh: T&T Clark, 1998.

Tomson, Peter J., and Joshua J. Schwartz. "The Destruction of the Temple and the Conformation of Judaism and Christianity." In *Jews and Christians in the First and Second Centuries: How to Write Their History*, edited by Peter J. Tomson and Joshua J. Schwartz, 251–277. Compendia Rerum Iudaicarum ad Novum Testamentum 13. Leiden: Brill, 2014.

Toner, Jerry. *Popular Culture in Ancient Rome*. Cambridge: Polity, 2009.

Tov, Emanuel. "A Qumran Origin for the Masada Non-biblical Texts?" *DSD* 7, no. 1 (2000): 58–63.

———. *Scribal Practices and Approaches Reflected in the Texts Found in the Judean Desert*. STDJ 54. Leiden, Brill, 2004.

———. *Textual Criticism of the Hebrew Bible, Qumran, Septuagint: Collected Essays*. Vol. 3. VTSup 167. Leiden: Brill, 2015.

Towner, Philip. *The Letters to Timothy and Titus*. Grand Rapids: Eerdmans, 2006.

Trebilco, Paul. *Self-Designations and Group Identity in the New Testament*. Cambridge: Cambridge University Press, 2012.

Tuckett, Christopher. "Jesus and the Sabbath." In *Jesus in Continuum*, edited by Tom Holmén, 411–42. WUNT 289. Tübingen: Mohr Siebeck, 2012.

Twelftree, Graham. "Jesus and Synagogue." In *Handbook for the Study of the Historical Jesus: How to Study the Historical Jesus*, edited by Tom Holmén and Stanley E. Porter, 3:2105–2134. Leiden: Brill, 2011.

Vakayil, Prema. "'Go and Teach the Word of God': Paul's Missionary Command to Thecla." *Indian Theological Studies* 49 (2012): 23–29.

van Dam, Harm-Jan. *P. Papinius Statius, Silvae, Book II: A Commentary*. Leiden: Brill, 1984.

van der Kooij, Arie. "The Public Reading of Scriptures at Feasts." In *Feasts and Festivals*, edited by Christopher Tuckett, 27–44. CBET 53. Leuven: Peeters,

2009.

van der Minde, Hans-Jürgen. *Schrift und Tradition bei Paulu*. Paderborn: Schöningh, 1976.

van Henten, Jan Willem. *The Maccabean Martyrs as Saviours of the Jewish People: A Study of 2 and 4 Maccabees*. JSJSup 57. Leiden: Brill, 1997.

Vatri, Alessandro. "Ancient Greek Writing for Memory: Textual Features as Mnemonic Facilitators." *Mnemosyne* 68 (2015): 750-773.

Vine, Cedric. *The Audience of Matthew: An Appraisal of the Local Audience Thesis*. LNTS. London: T&T Clark, 2014.

Voderholzer, Rudolf. "Liest Du noch oder glaubst Du schon? Überlegungen zur Benennung des Christentums als 'Buchreligion.'" TTZ 2 (2012): 101-111.

Walker, Henry John. *Valerius Maximus: Memorable Deeds and Sayings; One Thousand Tales from Ancient Rome*. Cambridge: Hackett, 2004.

Walker, Peter. "Revisiting the Pastoral Epistles, Part I." *EJT* 21, no. 1 (2012): 4-16.

_____. "Revisiting the Pastoral Epistles, Part II." *EJT* 21, no. 2 (2012): 120-132.

Wallace, Daniel B. *Granville Sharp's Canon and Its Kin: Semantics and Significance*. SBG 14. New York: Peter Lang, 2008.

Waltke, Bruce K. *The Book of Proverbs: Chapters 15-31*. Grand Rapids: Eerdmans, 2005.

Walton, John H., and D. Brent Sandy. *The Lost World of Scripture: Ancient Literary Culture and Biblical Authority*. Downers Grove: InterVarsity, 2013.

Ward, Richard F., and David J. Trobisch. *Bringing the Word to Life: Engaging the New Testament through Performing It*. Grand Rapids: Eerdmans, 2013.

Wasserman, Tommy. "The Early Text of Matthew." in *The Early Text of the New Testament*, edited by Charles E. Hill and Michael J. Kruger, 83-107. New York: Oxford University Press, 2012.

Watson, Francis. *Gospel Writing: A Canonical Perspective*. Grand Rapids: Eerdmans, 2013.

_____. *Paul and the Hermeneutics of Faith*. London: T&T Clark, 2004.

Webb, Kerry. "'The House of Books': Libraries and Archives in Ancient Egypt." *Libri* 63, no. 1 (2013): 21-32.

Weeden, Theodore. "Kenneth Bailey's Theory of Oral Tradition: A Theory Contested by Its Evidence." *JSNT* 7 (2009): 3-43.

Weima, Jeffery A. D. *1-2 Thessalonians*. Grand Rapids: Baker Academic, 2014.

_____. "Sincerely, Paul: The Significance of the Pauline Letter Closings." In *Paul and the Ancient Letter Form*, edited by Stanley E. Porter and Sean A. Adams, 307-

345. PAST 6. Leiden: Brill Academic, 2010.

Weiss, Herold. "The Sabbath in the Fourth Gospel." *JBL* 110, no. 2 (1991): 311-321.

———. "The Sabbath in the Synoptic Gospels." *JSNT* 38 (1990): 13-27.

Weiss, Zeev. "Theatres, Hippodromes, Amphitheaters, and Performances." In *The Oxford Handbook of Jewish Daily Life in Roman Palestine*, edited by Catherine Hezser, 623-640. Oxford: Oxford University Press, 2010.

White, Peter. "Bookshops in the Literary Culture of Rome." In *Ancient Literacies: The Culture of Reading in Greece and Rome*, edited by William A. Johnson and Holt N. Parker, translated by Holt N. Parker, 268-287. Oxford: Oxford University Press, 2009.

Wilburn, Andrew T. *The Greek Magical Papyri in Translation, Including the Demotic Spells*. Edited by Hans Dieter Betz. Chicago: University of Chicago Press, 1986.

———. Materia Magica: *The Archaeology of Magic in Roman Egypt, Cyprus, and Spain; New Texts from Ancient Cultures*. Ann Arbor: University of Michigan Press, 2013.

Williams, Craig A., ed. *Martial, Epigrams, Book Two*. Oxford: Oxford University Press, 2004.

Wilson, Brittany E. "'Neither Male nor Female': The Ethiopian Eunuch in Acts 8.26-40." *NTS* 60 (2014): 403-422.

Winter, Bruce W. *Roman Wives, Roman Widows: The Appearance of New Women and the Pauline Communities*. Grand Rapids: Eerdmans, 2003.

Winterbottom, Michael, ed. *The Minor Declamations Ascribed to Quintilian*. Berlin: De Gruyter, 1984.

———. "Recitatio." In *The Oxford Classical Dictionary*, 4th ed, edited by Simon Hornblower, Antony Spawforth, and Esther Eidinow, 1258. Oxford: Oxford University Press, 2012.

Wise, Christy N. "Banished to the Black Sea: Ovid's Poetic Transformations in *Tristia* 1:1." PhD diss., Georgetown University, 2014.

Wiseman, Timothy P. "Practice and Theory in Roman Historiography." In *Roman Studies: Literary and Historical*, vol. 1 of *Collected Classical Papers*, 244-262. Liverpool: Francis Cairns, 1987.

Witherington, Ben, III. "'Almost Thou Persuadest Me . . .': The Importance of Greco-Roman Rhetoric for the Understanding of the Text and Context of the NT." *JETS* 58, no. 1 (2015): 63-88.

Wolfe, Benjamin. "The Place and Use of Scripture in the Pastoral Epistles." PhD diss., University of Aberdeen, 1990.

Wright, Brian J. "Ancient Literacy in New Testament Research: Incorporating A Few More Lines of Enquiry." *TrinJ* 36, no. 2 (2015): 161-189.

_____. "'Ancient Rome's Daily News Publication with Some Likely Implications. for Early Christian Studies." *TynBull* 67, no. 1 (2016): 145-160.

_____. "The First-Century Inscription of Quintus Sulpicius Maximus: An Initial Catalogue of Lexical Parallels with the New Testament." *BBR* 27, no. 1 (2017): 53-63.

Wright, N. T. *The Epistles of Paul to the Colossians and to Philemon*. Leicester: InterVarsity, 1986.

_____. *Paul and the Faithfulness of God: Parts I and II*. Minneapolis: Fortress Press, 2013.

Wycislo, William E. "The De Ira: Seneca's Satire of Roman Law." PhD diss., University of Chicago, 1996.

Young, Stephen E. *Jesus Tradition in the Apostolic Fathers*. WUNT 311. Tübingen: Mohr Siebeck, 2011.

Yueh-Han Yieh, John. "One Teacher: Jesus' Teaching Role in Matthew's Gospel." PhD diss., Yale University, 2003.

Zangenberg, Jürgen K. "Archaeological News from the Galilee: Tiberias, Magdala and Rural Galilee." *EC* 1 (2010): 471-484.

_____. "Climate, Droughts, Wars, and Famines in Galilee as a Background for Understanding the Historical Jesus." *JBL* 131, no. 2 (2012): 307-324.

_____. "Das Galiläa des Josephus und das Galiläa der Archäologie: Tendenzen und Probleme der neueren Forschung." In *Josephus und das Neue Tes- tament: Wechselseitige Wahrnehmungen, II. Internationales Symposium zum Corpus Judaeo-Hellenisticum, 25-28, Mai 2006, Greifswald*, 265-294. WUNT 209. Tübingen: Mohr Siebeck, 2007.

_____. "Jesus der Galiläer und die Archäologie: Beobachtungen zur Bedeutung der Archäologie für die historische Jesusforschung." *MTZ* 64, no. 2 (2013): 123-156.

Zelnick-Abramovitz, Rachel. "Look and Listen: History Performed and Inscribed." In *Between Orality and Literacy: Communication and Adaptation in Antiquity*, edited by Ruth Scodel, 10:175-196. MnS 367. Leiden: Brill, 2014.

주제 찾아보기

가난 67-69, 90, 98, 131, 133, 145, 198, 222n31
가로챈 166, 191
가르치는 40n40, 121, 125, 167, 208, 220n27, 227, 234, 253, 265, 267, 278, 294, 337, 366
가버나움 67-68, 213, 226, 229, 332
가사(Gaza) 242-243, 332
가족/집안 77, 131, 142, 181, 183-184, 198, 234, 259-260, 267, 301, 314
갈라디아 77n44, 275, 277, 312, 332
갈레노스 33, 90
갈릴리 59, 64-69, 72, 79, 213, 216, 219, 223-224, 226, 229, 332
갈릴리의/갈릴리 사람 67, 190-191, 213, 235
경구 145-151, 154, 177, 199
경기대회 30, 46, 77-78, 164
경연 77-78, 92, 99, 163-164, 368-369
경제(의) 63-65, 68-76, 79-80, 83-84, 343

계약서/증서 17, 123-124, 199, 336
고린도 70, 139, 163, 198, 251-252, 266-268, 270-272, 274-275, 332
골로새 282, 304, 306
과장 15, 106n43, 127, 152, 164, 168, 172, 264, 274
교사 40n40, 93, 121n5, 122, 168, 172, 188, 208, 212, 223n32, 230, 264, 310, 318-320, 325
교육(의) 16, 40n40, 91, 94, 106, 121, 125, 132-133, 167-169, 184n78, 187, 208, 236, 251n83, 261, 268, 291n168, 298n183
구술 15, 35, 37-38, 40n42, 47-48, 53-54, 56, 102, 211, 217n18, 219, 232, 244, 252, 257, 269, 270-271
구술성 15, 47-48, 53
군인/병사 62, 81, 83, 104, 166-167, 193-194, 201, 356, 361, 367, 370-371
군중/무리 89-90, 118, 136, 157, 178-179,

194, 201, 214, 216, 220n27, 222, 225, 227, 230, 233-234, 237, 240, 253, 254-255, 280, 292, 294, 299, 305, 333, 363, 367, 368-369
그리스 30, 45, 49, 51, 59, 66, 70, 75, 81, 97, 99, 103, 119-120, 123, 131, 135, 138, 163-164, 166, 192, 198, 208-209, 225, 227, 242n66, 256, 270n125, 272, 315, 320, 332, 338, 343, 354-355, 358, 361-362, 364, 367
극장 66, 70n24, 76, 89, 98, 100, 163, 193-194, 199, 357
기도 30, 103-104, 156n45, 166, 221, 248, 306, 350, 361
기억 15, 37, 39, 44, 48n6, 56, 58, 106, 124, 131-132, 139, 142-143, 162, 168-172, 175, 195, 210, 216, 218, 223, 228, 231, 234, 240, 297-298, 316, 325

나사렛 213, 224-225, 229, 331-332, 371-372
네트워크 80, 83, 92, 138, 261
노래 30, 40, 132-133, 140-142, 161, 183, 215, 269n124, 284-285, 328, 361, 364, 366
노예 57, 83, 87, 90, 92n14, 95-96, 120, 160, 172, 176-177, 195, 198-199, 201, 237, 292, 323, 326, 329, 348, 364
니코폴리스 71, 123, 198

다마스쿠스 243-244, 274, 332
담화 93n15, 121, 123-125, 127, 156, 158-159, 161-164, 182, 198-199, 262-263, 328-329, 357-358
대 세네카 171-174, 201-202, 344
대중 17, 28, 80, 89, 92, 95n19, 97, 99, 154, 161, 178-179, 192
데살로니가 77n45, 249, 286-287, 290, 332
데오빌로 222, 235-236, 238, 259
도미티아누스 31, 78, 119n2, 120, 202
도서관 87, 90, 94, 96, 138, 185, 237
도시(의) 28-29, 32, 65-66, 68-70, 73, 80, 98-99, 101, 135, 141-142, 161, 164, 194-195, 201, 248-249, 333, 345, 354, 359, 363, 367-368
두란노 255, 336
두루마리 31, 46, 51, 71, 73, 112-113, 152, 162, 172, 199, 210-211, 215n14, 223n32, 228, 231-232, 235, 242, 249, 301n188, 311, 327-328, 333, 335-336, 348-349, 351
두아디라 323-324, 332
디다케 49-50, 318, 325
디베랴 66-67
디오니시오스 135-136, 366
디온 크리소스토모스 156-164, 199-202, 301

라오디게아 105, 206, 282-283, 323, 332
랍비(의) 109, 111, 113, 184n76, 223, 233n53, 239, 294, 348-349
레위의 유언 295
로마의 평화 75-79
루키아노스 33, 81, 91, 360-361
리비우스 78, 82, 103, 119, 131, 165, 359-360

마르티알리스 71, 77, 81, 89-90, 118, 145-154, 198, 199-200, 202

마을/동네 64, 66-67, 89, 98, 225, 231, 349
마카베오1서 243, 307
마카베오2서 58, 307
마카베오3서 52, 350
마카베오4서 182-184, 200
마케도니아 133, 166, 248, 286-287, 332, 357
막달라 66-68, 111
명문(새김글) 17, 31n6, 46, 80, 111, 330, 335
모세의 유언 322
미래 107, 203, 219, 220-221, 271, 297, 324, 335
밀레도 253, 257, 332

바다 350, 363
발레리우스 막시무스 131-134, 198, 200
버가모 323-324, 331-332
복음/복음서 31-32, 36-37, 105, 110, 116, 211, 213, 212-238, 246, 263, 264-265, 274-275, 295-299, 302, 313, 317, 326-328, 334, 371-372
부/번영 63-65, 68-69, 72-74, 84, 242n65
불태우다 141, 171n63, 183, 202, 257
브루기아 120, 163, 198, 229
비엘리트 80-81, 95, 98, 198, 216, 222n31
빌라델비아 323, 332
빌립 231, 242-243
빌립보 248-249, 279-282, 286, 332

사도(의) 32, 207, 241-242, 244, 262, 266, 268, 271, 280, 283-284, 287-288, 292-293, 295-297, 302-303, 313, 316, 318, 325, 329n255, 335, 337, 352-353, 372
서신(의) 137, 144, 190, 243, 275, 286, 290, 298, 302, 304, 310, 312, 315
서판 52, 92n14, 144, 168, 199-200, 222, 268, 335-336, 356, 359, 360, 365
선지자들 32, 183, 200, 232, 245, 247, 255, 258, 316, 318, 323, 329, 335-336, 372
선포 183, 208, 211, 219-220, 227, 232, 238, 245-246, 250-251, 257, 264, 270, 275, 303, 313, 327, 335
설교하다 219, 256-257, 275, 299, 302
소 세네카 178-182, 202, 368
소아시아 52, 66, 69, 119, 158, 198, 314-315, 318, 321n238, 323, 326, 330, 332
송가/찬송 183, 189, 199, 270, 280, 328
솔로몬의 유언 352
수사 30, 40n40, 102, 121n5, 137, 159, 165, 171-172, 193, 236, 251n83, 255, 263, 271, 274, 277, 315
순교자 유스티누스 32, 56, 207n1, 353
수수께끼 52, 176, 355, 372
수신인 266, 283, 304-306, 314-315, 319, 321, 322, 332
수에토니우스 44, 56, 78, 119, 368-369
스타티우스 77, 164-165, 368
스트라본 45, 80, 128-131, 200, 202, 316n228, 344
스페인 145, 167, 171, 178, 198
시 46, 54, 56n22, 57, 77, 82, 86, 89, 101, 108, 121n5, 132, 139-147, 149-155, 161, 164, 177, 198, 200
시골/농촌 32, 64, 66-69, 74, 98, 362
시인 46, 89-90, 101, 121n5, 129-130, 140-144, 148, 153, 161-161, 178, 180, 183, 192, 209, 344, 351, 358, 361-362, 368

시편의 시 216, 223, 240, 269, 280n142, 284, 308
신전 70n24, 96, 100, 192
신화 293, 299-300, 337
신탁 102, 351, 355, 359, 365
실연 15, 38-39, 56, 81, 93, 99, 104-105, 124-125, 130, 160, 164, 217n18, 285, 306
심포지움 92n14, 99, 157, 199, 310

아가야 252-254, 272, 332
아들들 183, 193, 366
아버지 106, 169, 183-184, 193, 201, 267, 318, 357, 359
아브라함의 유언 312n216
아테네 96n21, 107, 133, 137, 163, 198, 250, 332, 336, 355, 360-361
안디옥 182, 245, 247-248, 309, 332
안식일 114, 185-186, 226, 229, 245-249, 251, 273
안정성 15, 18, 41, 54, 134, 215n14, 299
알렉산드리아 28, 184-186, 194, 198
양피지 148, 162, 176, 200, 301, 336, 359
어린이 92, 187, 195-196, 201
어머니/모친 183-184, 232, 298
에녹1서 322, 334, 336, 349
에베소 77n43, 251-257, 260, 278, 293, 297, 323, 325, 332
에스라4서 196-197, 324
에픽테토스 70-71, 120-128, 198-199, 202, 357-358
엘리트 17, 20, 33, 68, 72, 80-81, 90, 94-96, 98, 115, 121n5, 274n135
여리고 111, 193, 198
여자(들) 92, 95n19, 97, 191, 195, 201, 229, 248, 281, 291, 294, 348, 362, 365

여행 75, 79-84, 119, 128, 245, 247, 253, 306, 363
연설 52, 54, 108, 133, 158, 163, 165, 168-169, 172-173, 178, 182, 190, 192, 198, 219, 225, 240, 250-252, 257, 285, 315, 355-357, 363-366, 369-370
영 270, 284, 306, 318, 326
예루살렘 65, 69-70, 110, 114, 190-191, 196, 198, 213, 222-223, 229-231, 238-243, 247, 257, 332, 336, 372
예배 34-35, 110, 114, 145, 191, 224, 238, 246, 249, 252, 270, 283-285, 315, 328, 337
예언 29, 110, 191, 212, 220, 269, 313, 316, 323, 327, 336, 353, 365, 372
오락 76, 80, 127, 133, 154, 358, 370
오비디우스 96, 101-102, 106, 131, 137-145, 199-200, 203
요세푸스 57-58, 72, 110, 113, 186-187, 189-196, 199-200, 202, 226, 259, 316n228
웅변(의) 93n15, 163, 167-168, 170-171, 177, 198-199, 370
웅변가 46, 121n5, 133-134, 156, 167, 170-171
위조/위작 93, 288-289, 291, 336, 338, 353, 355
위필론 188-189,
유대 65-66, 70, 111n53, 112, 120, 182-197, 215n14, 220n27, 225, 227, 286, 298, 310-311, 331-332, 338
유대교 108-116, 182, 184, 186-187, 207, 209-211, 220n27, 223-225, 227-228, 231, 240-242, 244-246, 249-250, 258-259, 262, 265, 274, 276,

280n142, 289, 294, 298, 302, 307, 310-313, 322, 325, 328, 337-338, 344
유베날리스 100, 156, 358-359
이동 75, 79-84
이스라엘 109, 215n14, 227-228, 238, 244, 309, 349
이집트 50, 59, 74n34, 77n41, 96n22, 104, 119, 184, 322n238
이탈리아 31, 51, 62, 119, 137, 146, 154, 163, 174, 179, 194, 198, 309
인구 20, 65-66, 68, 74, 79, 83, 115, 226, 245

자녀 70, 167, 267, 294, 318-319, 366
잘못된 98, 106, 130, 305n196, 361
장로 29, 58, 105, 187-188, 230, 243, 247, 257, 260, 303, 319- 321, 327, 348, 351-354
저작 33, 37n23, 38n27, 47n5, 54, 59, 87, 107n45, 119n2, 127, 135, 156, 182, 188, 196, 203, 252n86, 291n168, 308n203
전달(된) 17, 35, 54, 81, 122, 195n97, 261n108, 277, 295, 315
전례(의) 35n19, 37, 40, 110, 114, 283, 314, 318, 328
정경(의) 31, 35, 37, 212, 214, 217, 221-222, 224, 233, 346
정령 192, 198, 200, 357, 359-360, 366, 370
정치 65, 75-76, 79, 84, 87, 97, 173, 192, 330, 343
제국 16, 33, 72-73, 76, 80, 88, 198, 203, 208, 247, 264, 279, 343-344
증언 47, 128, 143, 163, 172, 186, 210-211, 231, 243-246, 250, 264, 271, 273, 276, 285, 307-308, 313, 316, 324, 329-331, 337
증인 250, 297, 329, 365
지중해 63-64, 73-75, 84, 104, 108, 255, 315n224, 321n238
진리 29, 71, 105, 257, 265, 279, 293, 300, 310, 352-353, 371
질 통제(전승/가르침의) 36, 39, 124, 202, 229, 250, 269, 284, 290, 330, 335, 345

책을 불태움(분서) 171-172, 202, 257
청중 38n27, 56n22, 81, 88, 91, 93, 105-108, 125, 129, 134-135, 137, 154-158, 160, 162, 168-169, 182, 184, 188-191, 193, 195, 202-203, 208, 215-216, 218-222, 230, 232, 235-236, 250-251, 253, 255, 257, 259, 262-263, 270-271, 276-279, 291, 296-297, 302, 305n196, 307, 309, 311-312, 318, 320-323, 327, 334, 337
축제/절기 52, 76, 78, 195, 199, 360
칙령 113, 194-195, 198, 200, 202, 366

카리톤 135-137, 199, 202
카피톨리누스 30, 46, 77-78, 164, 192
켈수스 174-175, 199-200, 202
쿰란 51, 55, 73, 109, 215n14, 227, 313, 322
퀸투스 쿠르티우스 루푸스 165-167, 367
퀸틸리아누스 167-171, 199-200, 209, 280n142
큰 소리로 읽어 주다 29, 54-56, 124-125, 134, 148, 169, 190, 206, 218-219, 222, 275, 313, 364-365, 370

주제 찾아보기

키케로 33n12, 57, 131-132, 169, 172-173, 355
키프로스 245

타키투스 62, 119, 171n65, 370-371
테르툴리아누스 354
토라 109, 184, 191, 216, 229-230, 232, 246, 310-311, 348-349
티베리우스 128n11, 131, 165, 174, 180, 194, 369-370

파우사니아스 30, 70, 94, 361
파피루스 47, 49-50, 73, 96n22, 111, 135, 147, 200, 292, 367
팔레스타인 51, 76, 112, 186, 188, 212, 321n238
페르시우스 154-156, 200, 202, 361-362
페트로니우스 89, 175-178, 200
편찬(의) 209,-212, 236, 258
풍자 89, 91, 145, 154-156, 198
프로페르티우스 81, 86, 140, 367
프루사 163, 198
플루타르코스 44, 57, 101, 118-119, 131, 280n142, 316n228, 364-367
필기/필사본/손으로 쓴 글 33, 44, 73, 171n65, 181, 199, 202, 215n13, 235, 237-238, 289, 322, 336, 366
필론 57-58, 108, 110, 184-188, 190, 200, 207n1, 280n142, 291n168, 316n228, 345
필사자/서기관 21, 50, 149, 197, 201, 214-216, 229-230, 233

학교 93, 120-122, 184n78, 188, 199, 255, 345, 372
헤롯 65, 111, 193-194, 259, 310n208

헤르마스의 목자 29, 31, 354
호라티우스 57, 102, 140, 165, 178, 358
환관 231, 242-243
황제 31, 74n34, 78, 89, 119, 131, 141, 145, 162, 167, 194, 201, 370
회당 55, 59, 66, 70n24, 98, 108n46, 109-116, 182, 184-188, 199, 207n1, 212-215, 220, 222-227, 229-231,233, 237, 239, 241, 243-255, 261, 266, 273, 295, 309, 311-312, 326, 331, 336, 348-349
회당장 229-230, 233, 253
회중 34, 105, 113, 195, 201, 213n10, 217, 224, 226, 229, 261, 263, 266n119, 270, 280, 290, 303, 306, 308, 311, 314-316, 318, 321, 324, 331, 349

ἀναγιν- 58, 136, 186-187, 192-193, 195, 218, 242, 245, 247, 272-273, 331, 333
ἀναγν- 122, 124-125, 136, 162, 164, 192, 194, 224, 245, 247, 273, 287, 295
βιβλ- 162, 185, 191, 199-200, 300, 335-336
ἔχω 327-328,

recitare 140, 146, 147, 173, 175, 179
recitas 143, 146, 150
recitatio 56-57, 87

저자 찾아보기

Abasciano, Brian J.(브라이언 아바시아노) 262n111, 263, 294
Achtemeier, Paul J. 53n13
Adams, Edward(에드워드 애덤스) 100n30, 101, 115n65
Albl, Martin C. 211n3
Alexander, Loveday(러브데이 알렉산더) 92n13, 236
Alikin, Valeriy A.(발레리 알리킨) 110, 283
Allan, Donald J.(도널드 앨런) 55
Allen, David L. 309n204
Allison, Dale C.(데일 앨리슨) 218, 309n206, 310
Arafat, K. W. 70n25
Arnal, William E. 40n38
Arnold, Clinton E. 278n141
Arzt-Grabner, Peter 305n195
Attridge, Harold W. 219n23, 227n44, 259n102, 308n203
Aune, David E. 95n18, 325n246, 330n257

Autero, Esa 222n31
Averna, Daniela 103n35
Aviam, Mordechai(모디카이 아비암) 68n18, 112

Backhaus, Knut 255n93
Bagnall, Roger S.(로저 배그놀) 47, 74n34, 121n5
Bailey, Kenneth(케네스 베일리) 39-40
Balch, David L. 100n30
Barr, William(윌리엄 바) 155
Barrett, C. K.(찰스 킹슬리 배러트) 241n63, 244, 247, 249, 250n82, 258n99, 259, 260n103
Barth, Markus(마르쿠스 바르트) 306
Batovici, Dan 276n138
Bauckham, Richard(리처드 보컴) 36, 37n23, 39, 41, 67-68, 83n57, 92n13, 107n44, 112, 213n9, 316, 322
Beale, G. K.(그레고리 빌) 265, 325,

329n256
Bede(베다) 259
Begg, Christopher(크리스토퍼 벡) 189
Belleville, Linda 298n183
Ben Ezra, Daniel Stökl 51n10, 96n22
Ben-Ami, Doron(도론 벤 아미) 69
Benefiel, Rebecca R.(레베카 베니필) 80
Berder, Michel 214n11
Bernier, Jonathan 214n10
Bexley, Erica M. 171n63
Binder, Donald D. 111n52
Bird, Michael F.(마이클 버드) 21, 40n40, 212n8
Blanke, Helmut(헬무트 블랑케) 306
Bloomer, W. Martin (마틴 블루머) 131n15, 132n18, 167-168
Bloomfield, Ronald 109n47
Blunt, Alfred W. F. 32n9
Bock, Darrell L.(대럴 복) 20, 113n59, 229n50, 213n51, 240, 248, 253n87
Boesenberg, Dulcinea(덜시니아 보젠버그) 185
Bokedal, Tomas 35n19
Bovon, François(프랑수아 보봉) 79, 104, 224, 227
Bowie, Ewen Lyall(유안 보위) 135
Bowman, A. K. 82n55
Bradley, Keith 87n3
Brady, Christian M. M. 307n202
Braund, Susanna 179n71
Bremmer, Jan N. 103n34
Brown, Jeannine K. 289n162
Brox, Norbert 303n193
Bruce, F. F. 287n158
Bullard, Collin B. 234n54
Bultmann, Rudolf Karl(루돌프 불트만) 40

Burtchaell, James T. 110n51
Burton-Christie, Douglas 269n124
Butts, James R. 30n5
Byatt, Anthony 226n43
Byrskog, Samuel(사무엘 뷔쉬코그) 37n23, 39

Cambron-Goulet, Mathilde(마틸드 캉브롱-굴레) 281n144, 283
Campbell, Jonathan G. 274n135
Carcopino, Jérôme(제롬 카르코피노) 87, 88, 91
Cargill, Robert R. 51n10
Caro, José Manuel Sánchez 104n39
Carras, George(조지 캐러스) 186
Carrié, Jean-Marie 48n6
Carson, D. A.(도널드 카슨) 265
Catchpole, David 37n23
Chan, Samuel S. H. 228n49
Chancey, Mark A. 74n36
Chapman, David W. 190n92
Chapple, Allan 261n108
Charlesworth, James H.(제임스 찰스워스) 68n18, 113n61, 182n75, 197n100, 211, 226n42
Charlesworth, Scott D. 21, 48n6
Childs, Brevard S. 260n106
Chilton, Bruce 113n59, 307n202
Choi, Agnes 83n59
Ciampa, Roy E. 215n13, 276n138
Clarysse, Willy 49n7
Cohen, Naomi G. 187n83
Collar, Anna 82n55
Collins, Adela(아델라 콜린스) 219
Collins, John J. 51n10
Conzelmann, Hans(한스 콘첼만) 292

Corbett, Joey 111n52
Courtney, Edward(에드워드 코트니) 176, 178n70
Cribiore, Raffaella 121n5
Crossan, John Dominic(존 도미닉 크로산) 39, 67n15

Dalzell, A. 56n22
Dark, K. R.(켄 다크) 68
Davids, Peter H.(피터 데이비즈) 35, 312n216, 313, 314n219, 315-316, 322
Davies, William(윌리엄 데이비스) 218
Davis, P. J. 77n40, 78n49
de Boer, Martinus(마르티뉴스 더 부어) 275
de Jonge, Henk Jan(헹크 얀 더 용어) 110
de Luca, Stefano(스테파노 데 루카) 67-68, 112
den Hollander, William 190n93
deSilva, David A. 182n75
DeSmidt, David B.(데이비드 더스미트) 176
Deutsch, R. 70n23
Dibelius, Martin(마르틴 디벨리우스) 292
Dickerson, Patrick L. 253n88
Dobbin, Robert F.(로버트 도빈) 122, 123n7
Doering, Lutz(루츠 되링) 138
Donelson, Lewis(루이스 도넬슨) 314
Dorsey, David(데이비드 도시) 64
Downs, David J. 63n1
Duncan, Carrie E. 108n46
Dunn, James D. G.(제임스 던) 39, 113n61, 282
Dupont, Dom Jacques 238n60
Dupont, Florence 57n24, 71n26
Dyer, Bryan R. 228n47

Edsall, Benjamin 280n142
Edwards, Douglas 111n53
Edwards, James(제임스 에드워즈) 227, 232n52
Ehrman, Bart(바트 어만) 17n3 37n24, 288, 289n161
Elizur, Zeev 48n6
Elliott, David J. 182n75
Erdkamp, P. 69n19
Evans, Craig(크레이그 에번스) 37n23, 38, 48n6, 51n10, 74n36, 307n202, 314n220

Falk, Daniel K. 111n51
Fantham, Elaine(일레인 팬덤) 177
Fee, Gordon(고든 피) 267, 286, 289, 290n166
Fiensy, David A.(데이비드 핀지) 64, 65n7, 111n53, 226n42
Fisk, Bruce N.(브루스 피스크) 189, 263n111
Fitzgerald, William(윌리엄 피츠제럴드) 146
Fitzmyer, Joseph A.(조지프 피츠마이어) 237, 267n120, 306
Focant, Camille(카미유 포캉) 223
Fontenrose, Joseph 102n33
Foster, Paul 31n7, 285n153, 314n220
Fotopoulos, John(존 포토풀로스) 271-272
France, Richard T.(리처드 프랑스) 219, 236n55
Fredriksen, Paula 113n60
Freyne, Seán 113n58, 226n42
Friedländer Ludwig 87n2
Friesen, Steven J.(스티븐 프리젠) 63n1, 72
Fuhrmann, Christopher J.(크리스토퍼 퍼먼) 156

Funaioli, Giovanni B. 56n22

Gamble, Harry Y.(해리 갬블) 34, 92n13, 114n64, 289n164
Gathercole, Simon James 53n14
Gavrilov, A. K. 53n13
Gerhardsson, Birger(비르예르 에르핫손) 41
Gibson, Craig 91n11
Giese, Curtis 322n244
Gillam, Robyn(로빈 길럼) 104
Gilliard, Frank D. 53n13
González, José Miguel 57n24
Goodacre, Mark(마크 구데이커) 40n40, 53, 222n29
Goodman, Martin 182n75
Goswell, Gregory 96n22
Grant, Michael(마이클 그랜트) 75
Graudin, Arthur F. 233n53
Graves, Michael 155n65
Green, Gene L. 322n241
Green, Joel B. 63n1, 289n162
Grierson, Fiona 322n241
Gruber, Mayer 115n65
Gurd, Sean 102n32
Gurtner, Daniel M. 113n59, 314n220
Guthrie, George H.(조지 거스리) 70n24, 272n130, 273

Haber, Susan 248n77
Hadas-Lebel, Mireille(미레이유 아다 르벨) 185
Haenchen, Ernst(에른스트 핸헨) 243, 250n81
Haines-Eitzen, Kim(킴 헤인스-아이츤) 73, 97
Hansen, G. Walter(월터 핸슨) 281

Harink, Douglas(더글러스 해링크) 314
Harland, Philip A. 79n51
Harmon, Matthew S. 262n111
Harris, Murray J.(머레이 해리스) 272-273, 275
Hartin, Patrick(패트릭 하틴) 310
Harvey, R. A. 156n45
Hawes, Greta 106n43
Head, Peter M. 314n220
Heide, Konrad Martin 49n8
Helzle, Martin 142n30
Hendrickson, G. L. 53n13
Hengel, Martin(마르틴 헹엘) 114
Henze, Matthias 196n99, 197n100
Hezser, Catherine 76n39, 161n49
Hickey, Todd M.(토드 히키) 47
Hill, Charles E. 34n14, 92n13, 114n64, 296n179
Hill, David 214n12
Hoehner, Harold W. 278n140
Hogan, Karina M. 197n102
Hollingsworth, Anthony L. 94n17
Holmes, Michael W.(마이클 홈스) 17, 29n1, 49, 314n220
Horrell, David 115n65
Horsfall, Nicholas(니콜라스 호스폴) 95
Horsley, G. H. R. 161n49
Horsley, Richard A. 67n15, 226n42
Howell, Peter 147n36
Hultgren, S. J. 51n10
Hurtado, Larry W.(래리 허타도) 15n1, 17n2, 18, 38, 48n6
Huskey, Samuel J. 139n27
Huttner, Ulrich 52n11
Hvalvik, Reidar 83n57

Iddeng, Jon W. 73n33
Inwood, Brad 181n72
Ito, Akio 314n220

Jacobson, Howard 189n90
Janzen, Anna(안나 얀첸) 76
Jason, Mark A. 322n243
Jensen, Morten Hørning(모르텐 옌센) 68
Jervell, Jacob(야콥 에르벨) 249, 254
Johnson, Lee A. 74n35
Johnson, Luke(루크 존슨) 295-296, 301
Johnson, William A.(윌리엄 존슨) 33, 48n6, 53n13, 54n15, 55n19, 57n23, 71n26
Jones, Christopher(크리스토퍼 존스) 94n16, 119
Jones, Horace(호레이스 존스) 128
Judge, Edwin A. 69n19

Kaiser, Otto 184n78
Kaster, Robert Andrew 40n40
Kee, Howard 294n176
Keener, Craig(크레이그 키너) 241n64, 243, 246, 252n84, 255, 256n94, 298n183
Keith, Chris(크리스 키스) 39, 224n34, 313n217
Kelhoffer, James A. 111n54, 246n74
Kennedy, George A. 30n5
Kennerly, Michele Jean(미셸 케널리) 102
Kenney, Edward J. 92n13
Kenyon, Frederic G. 92n13
Kim, Hong Bom(김홍범) 300
Klauck, Hans-Josef 254n90
Klein, Hans 228n49
Klinghardt, Matthias(마티아스 클링하르트) 103
Klink III, Edward W. 107n45
Kloppenborg, John S.(존 클로펜보그) 40n40, 53n14, 300, 301n188, 311n215
Knapp, Robert 98n26
Knauer, Elfriede R. 70n25
Knight III, George(조지 나이트 3세) 291
Knust, Jennifer(제니퍼 너스트) 39, 328n254
Koch, Dietrich-Alex 301n188
Kruger, Michael John(마이클 크루거) 34n14, 92n13, 114n64, 296
Kruse, Colin G. 317n231, 320n235

Lampe, Peter(페터 람페) 168, 169n62, 260n106
Larash, Patricia(패트리샤 라래쉬) 148
Laronde, André 82n55
Last, Richard 213n9
Lathrop, Gordon(고든 래드롭) 217
Leaf, Walter 130n14
Leclant, Jean 82n55
Lee, Guy(가이 리) 155
Leibner, Uzi 66n10
Lena, Anna 67
Lenski, Gerhard Emmanuel 74n35, 222n31
Lenski, Noel(노엘 렌스키) 69
Leong, Siang-Nuan 326n250
Leppin, Hartmut 77n40
Levine, Lee(리 레빈) 108n46, 111n53, 224-225
Levison, John R.(존 레비슨) 234
Lieu, Judith(주디스 류) 318
Löhr, Winrich 256n95

Long, Anthony(앤서니 롱) 124
Longenecker, Bruce(브루스 롱네커) 72
Lozynsky, Yuriy 270n125
Lüdemann, Gerd 286n155
Luz, Ulrich 218n21

MacMullen, Ramsay(램지 맥멀런) 98
Maier, Johann 98n28
Mallen, Peter 222n29, 225
Manuwald, Gesine(게지네 마누발트) 94n17, 192
Marks, Susan 310n208
Markus, Donka D.(돈커 마커스) 91n12, 164
Marquis, Timothy(티모시 마퀴스) 83
Marshall, I. Howard(하워드 마샬) 37n23, 234n54, 318n232, 319-320
Martin, Matthew J. 55n17
Martin, Michael W. 280n142
Martin, Ralph(랄프 마틴) 274
Mason, Steve(스티브 메이슨) 191
Massey, Preston T. 291n168
Mattila, Sharon 226n42
McCartney, Dan(댄 매카트니) 310, 311n213
McDonald, Lee Martin(리 마틴 맥도널드) 35, 63n1
McGowan, Andrew B. 56n20, 295n177
McGowan, Matthew M.(매슈 맥고원) 139n27, 145
McKenzie, John L. 228n49
McKnight, Scot 310n209
Meeks, Wayne 69n19, 254n90
Meier, John P. 113n62
Metzger, Bruce M.(브루스 메츠거) 32n8, 47n5, 197n100, 207

Meyers, Eric M.(에릭 마이어스) 112, 113n58
Michaels, J. Ramsay(램지 마이클스) 216, 220n27
Milavec, Aaron 50n9
Millard, Alan 222n30
Moloney, Francis(프랜시스 몰로니) 221
Moo, Douglas J.(더글러스 무) 260, 262n109, 264n113, 282n148, 305n196, 306n199
Moo, Jonathan A. 196n99
Moodie, Erin Kristine 96n21
Moore, Nicholas J. 322n241
Moreland, Milton 227n44
Morley, Neville 97n23
Morris, Mike 213n9
Mosser, Carl(칼 모서) 114n65, 241
Mounce, William D.(윌리엄 마운스) 291n168, 292-293, 301n189, 304
Mueller, Hans-Friedrich(한스-프리드리히 뮐러) 131
Müller, Peter 242n66
Murphy, Frederick(프레더릭 머피) 188
Murphy, Holly L. 139n26

Najman, Hindy 197n101
Nash, Bryan A. 280n142
Nässelqvist, Dan 48n6
Nauta, Ruurd (뤼르드 나우타) 148
Neusner, Jacob 113n59, 307n202
Nicholls, Matthew C. 94n16
Nicklas, Tobias(토비아스 니클라스) 326
Niederwimmer, Kurt 50n9
Niehoff, Maren R. 161n49
Nikiprowetzky, Valentin 187n84
Nikitinski, Oleg 156n45

Noack, Christian 188n86
Nolland, John 225n40

O'Loughlin, Thomas(토머스 오로클린) 237-238, 307n201
O'Neill, Peter 98n26
Oakes, Peter 72n30
Oakman, Douglas E. 67n15
Oden, Daniel 113n59
Oesterley, William(윌리엄 오스털리) 311
Oestreich, Bernhard(베른하르트 외스트라이히) 287
Oldfather, W. A.(윌리엄 올드파더) 121, 123n8
Olsson, Birger 111n52
Oporto, Santiago Guijarro 214n11
Orsini, Pasquale 49n7
Overman, John Andrew(앤드루 오버맨) 65

Pao, David(데이비드 파오) 228
Pappalardo, Carmelo 115n65
Parker, David C. 17n2, 38n29
Parker, Holt(홀트 파커) 53, 54n15, 56, 71n26
Patterson, Stephen John 37n23, 40n40, 53n14
Peck, Harry 77n40, 120n3, 128n11
Perkins, Larry 218n22
Perrin, Nicholas 289n162
Perrot, Charles 109n48
Pervo, Richard Ivan(리처드 퍼보) 259
Peterson, David G. 114n63
Phillips, Richard Lynn 103n35
Pokorný, Petr(페트르 포코르니) 37
Porter, Stanley E.(스탠리 포터) 31n7, 32n10, 73, 74n35, 92n13, 114n65, 228n47, 241n64, 263n111, 271n126, 289
Pothecary, Sarah 128n11
Poythress, Vern(번 포이트레스) 300
Price, Simon 82n55

Rand, Michael 110n51
Reddish, Mitchell(미첼 레디쉬) 331
Reed, Jonathan L. 67n15, 226n42
Regev, Eyal(에얄 레게브) 69
Reinmuth, Eckhart 288n160
Reumann, John(존 로이먼) 280
Rhoads, David(데이비드 로즈) 98
Richards, Randolph E.(랜돌프 리처즈) 21, 289n163, 313n218, 317n230
Richardson, Peter 101n30, 111n53
Riesner, Rainer 212n8
Rohmann, Dirk 171n65
Rolfe, John(존 롤프) 165
Roller, Duane W. 128n12
Roman, Luke(루크 로만) 145
Root, Bradley W.(브래들리 루트) 65, 79, 226
Rossi, Ornella 82n56
Rouwhorst, Gerard A. 111n51
Royalty, Robert M.(로버트 로열티) 256n96, 330, 331n258
Royse, James R. 185n79
Ruiz-Montero, Consuelo R. 135n21
Runesson, Anders 111n52
Russell, D. A. 162n50

Safrai, Ze'ev(제에브 사프라이) 65
Sandmel, Samuel 186n82
Sarefield, Daniel C. 171n65

Sargent, Benjamin(벤저민 사전트) 312-313
Scheidel, Walter 63n1, 74n34
Schellenberg, Ryan 251n83
Schenkeveld Dirk M. 57n26
Schnabel, Eckhard J.(에크하르트 슈나벨) 21, 32n8, 75n37, 190n92
Schnelle, Udo 213n9
Schrage, W. 327n251
Schreck, C. J. 225n38
Schwartz, Joshua J. 65n9
Schwartz, Matthew Barahal 109n48
Schwindt, Rainer(라이너 슈빈트) 278
Scott, James C. 96n21
Seitz, Christopher(크리스토퍼 자이츠) 262n111, 282-283
Seo, J. Mira 102n32
Septimus, Gerald 103n35
Sham, Michael Norman 178n70
Shauf, Scott 228n49
Shaw, Deborah B. 141n28
Shiell, William D.(윌리엄 쉴) 38n27, 99, 105, 106n42
Sick, David H. 310n208
Siniscalco, Paolo(파올로 시니스칼코) 79, 80n52
Skeat, T. C.(시어도어 스키트) 55n19, 300
Skidmore, Clive 132n17
Smit, Peter-Ben(페터-벤 스미트) 310
Smith, Adrian 135n21
Smith, Claire S.(클레어 스미스) 55n19, 267, 291n168
Snyder, H. Gregory(그레고리 스나이더) 32
Spence, Stephen 108n46
Stanley, Christopher(크리스토퍼 스탠리) 262

Starr, Raymond J. 53n13, 92n13
Steele, R. B. 165n59
Stegemann, Wolfgang(볼프강 슈테게만) 74
Stein, Robert H. 219n23
Sterling, Gregory E. 185n80
Stevens, Benjamin 101n31
Stewart, Alexander E. 197n101
Stirewalt, M. Luther, Jr. 254n90
Stone, Michael E. 196n99
Stowers, Stanley K. 107n44, 254n90
Strand, Kenneth 329n255
Strange, James Riley 65n7, 111n53, 225n37
Strawbridge, Jennifer R. 280n142
Stroumsa, Guy(기 스트룸사) 35
Struck, Peter T. 103n35
Sullivan, J. P. 77n47
Sussman, Lewis A. 171n64

Tabbernee, William 46n1
Taussig, Hal 310n208
Tchekhanovets, Yana(야나 체카보네츠) 69
Tellbe, Mikael(미카엘 텔베) 39
Theissen, Gerd 266n119
Thompson, Michael B. 83n57
Tomson, Peter J. 65n9
Toner, Jerry 95n19
Tov, Emanuel(에마누엘 토브) 73, 111, 112n53, 215n14
Towner, Philip(필립 타우너) 293, 297, 299, 302
Trebilco, Paul 53n12
Trobisch, David J. 56n21
Tuckett, Christopher 113n62, 196n98

Twelftree, Graham 114n65

Vakayil, Prema 97n23
Van Dam, Harm-Jan 78n48
van der Kooij, Arie 196n98
van der Minde, Hans-Jürgen 110n50
van Henten, Jan Willem(얀 빌렘 판 헨텐) 182
Vatri, Alessandro 57n23
Vine, Cedric 217n18
Voderholzer, Rudolf 104n39
Völker, Thomas 175n66

Walker, Henry John(헨리 워커) 131n16, 132, 133n19
Walker, Peter 291n168
Wallace, Daniel B.(대니얼 월리스) 17n3, 19-20, 237n58
Waltke, Bruce K. 294n175
Walton, John H. 236n55
Ward, Richard F. 56n21
Wasserman, Tommy(토미 바서만) 33, 34n14, 39
Watson, Francis(프랜시스 왓슨) 37n24 255
Weeden, Theodore 37n23, 40n42
Weima, Jeffrey A. D.(제프리 위마) 271, 285n153, 287n157, 290

Weiss, Herold 113n62
Weiss, Zeev(제브 바이스) 76
Weissenrieder, Annette 98n27, 101n30
White, Peter(피터 화이트) 71
Wikander, Örjan 64n5
Wilburn, Andrew T. 257n98
Williams, Craig A.(크레이그 윌리엄스) 149
Wilson, A. 82n55
Wilson, Brittany E. 242n65
Winter, Bruce W. 222n30, 298n183
Winterbottom, Michael 56n22, 211n1
Wise, Christy N. 138n25
Wiseman, Timothy P. 89n9
Witherington Ⅲ, Ben(벤 위더링턴 3세) 97, 228n47
Wolfe, Benjamin(벤저민 울프) 291n168, 296
Wright, N. T.(톰 라이트) 305
Wycislo, William E. 181n73

Young, Stephen E. 48n6
Yueh-Han Yieh, John 233n53

Zangenberg, Jürgen K.(위르겐 창언베르크) 66, 68, 226n43, 227n44
Zelnick-Abramovitz, Rachel(라헬 젤닉-아브라모비츠) 81, 88n8

성경 찾아보기

구약성경

창세기
15:6   275

출애굽기
16장   216
17:14-16   108
24:1-18   108n47
34:27   324

신명기
4:9   184
6:2   298
6:7   298
6:20   298
25:4   296
31:11-12   109

여호수아

8:30-35   109, 189

역대하
34:18   109
34:30   109

느헤미야
8장   113
8:7-8   109

시편
69:25   240
78편   216
95편   308
109:8   240
110편   337

잠언
31:26-27   295

이사야
6:9   258
8:1   324
13:46-47   246
40-55장   234, 235
44:3   220n27
55:1   220n27
58:11   220n27

예레미야
3:12   55
36:2   324
36:6   109
36:32   324

에스겔
33:24   268

요엘
2:16-21   240

요나
4:6   34

하박국
2:2   55n18, 324

스가랴
14:8   220n27

신약성경

마태복음
1:1   218n19, 335
4:23   208n5, 336
5:18   232
7:12   215
8:5-13   226
8:20   214
8:22   214
9:13   214
11:4-6   214
11:10   214
11:13   214
12:3   217
12:5   217
12:7   217
12:38-42   214
19:4   217
19:18-19   214
21:16   217
21:42   217
22:31   217
24:21   326n249
26:30   215

마가복음
2:10   219
3:30   219
6장   310n208
7장   295
7:3-4   219
7:4   281
7:13   228n47
10:4   336
10:19   215
12:25   336
12:26   335
12:35-44   223
13:9   220
13:10   219
13:14   218
14:9   219, 299, 333

누가복음
1:1   236, 335
1:1-4   235
1:2   236
1:4   236
1:8-25   238
1:9   336
1:21-22   336
1:39   222
1:40   100, 336
1:63   222, 331, 335
1:65   222
2장   223, 329
2:14   240
2:28-32   234
2:39   234
2:46   223
2:47   223
3:4   236, 336

4장   241, 245
4:14   335
4:15   223
4:16   249
4:16-20   246
4:16-30   224
4:17   336
4:17-20   333
4:21   225, 240
4:28-29   334
4:31-37   226
4:42   268
5:1   227
5:14   234
5:17   294
6:3   230
6:6-11   229
7:5   229
7:17   335
7:40   233
8:11   228n47
8:13   228n47, 245
8:15   228n47
8:21   228n47, 232
8:49   233
9:38   233
10:7   296
10:25   233
10:26   223, 333
11:28   228n47
11:45   233
12:13   233
13:10   229
13:14   229
13:14-15   334
13:15   230

16:6-7 336	7:14 213	2:16-21 240
16:17 232	7:28 213	2:22 259
16:29 233	7:33-34 220n27	2:46 239
18:18 233	7:35-36 220n27	3:11 239, 336
19:47 230, 333	7:40-44 220n27, 334	4:31 228n47
19:47-48 334	7:42 220n27	5장 294
20:1 230, 333	8:20 213	5:34 239, 294
20:21 233	9:2 233n53	5:42 239, 336
20:24 335	9:22 213	6장 241
20:28 230	10:35 220n27, 227,	6:2 228
20:37 233	228n47	6:7 241
20:39 233	11:8 233n53	6:8 241
20:42 336	11:28 233n53	6:9 139, 241
21:7 233	12:20 216	6:11 241
21:11 233	12:32-34 217, 338	7:38 335
21:37-38 230, 333	12:34 334	7:42 336
23:26 320	12:38 264	8장 231, 336, 337
24:13-35 243	12:42 213	8:1 241
24:19 230	13:13-14 233n53	8:27 337
24:27 237	16:2 213	8:28 242, 333
24:32 231, 249	16:13 242	8:31 242
24:44 231	17:18 220n27	8:32 336
24:45 231	17:20 221	8:35 242
24:46 249	18:20 213	8:36 243
	18:21 334	9장 243
요한복음	19:19-20 333	9:1-2 243
1:38 233n53	20:9 221	9:20 244
1:45 231n51	20:21 220n27	9:22 244
1:49 233n53	20:29 221	10:28 244
3:2 233n53	20:30 336	10:36 244
4:31 233n53	20:30-31 221	10:43 244
4:46 226		10:44 244
6:25 233n53	사도행전	11:1 228n47, 244
6:31 337	1:16 240	11:26 336
6:59 336	2:14 240	11:30 319
6:59-60 213	2:14-36 237	13:1-14:28 245

13:4-5   245
13:14   245
13:14-16   113
13:15   245, 309
13:16   245
13:27   246
13:42   246, 334
13:44   246
13:46-47   246
14:1   246
14:3   246
14:7   246
15:1-2   247
15:14   235
15:15-19   247
15:20   247
15:21   114, 247, 355
15:27   247
15:30   337
15:31   247
15:32   314
15:36-18:23   247
16장   332
16:1   247
16:4   247, 335
16:12   248
16:13   248
16:16-40   280
17장   336
17:1   249
17:2   237, 249, 255, 335
17:2-3   231
17:2-4   333
17:10   250
17:11   237, 355,
17:17   101, 250, 336

17:18   334
17:28   251
18:4   251
18:7   114, 337
18:7-11   251
18:8   252
18:11   228, 251
18:12-13   252, 336
18:15   252
18:17   253
18:19   251, 253, 255
18:24   237, 253
18:24-21:16   253
18:24-28   333
18:26   253, 334, 338
18:27   254
18:28   237, 254
19장   295
19:8   255, 337
19:9   100, 336
19:9-10   256, 334
19:13   256, 337
19:19   257, 335
19:20   257, 333
19:25-27   252n85
19:30-31   337
19:35-40   252n85
20:17   257
20:20-22   257
20:30-31   334
20:30   257, 260, 337
20:32   258
22:3   239, 294
23:26-30   252n85
23:34   333
24:2-8   252n85

25:24-27   252n85
28장   259
28:11-31   304
28:23   258, 336
28:23-31   333
28:26-27   258
28:30   258
28:31   258

로마서
1:7   260
2:13   53n12, 261
2:18   261
2:27   262, 336
3:2   262, 302, 335
3:4   195
3:10-18   262
3:19   262
4:3   263
7:1   262
7:7   262
9:6   274
10:8   263, 333
10:14   263, 264
10:15   263
10:17   264
10:18   264
12:7   264, 265
15:4   265
15:14   265
15:24   293
16:1-2   254
16:3-16   260
16:25-26   302
16:26   336

고린도전서
1:1　　266
1:2　　266
1:11　　266
1:12　　266
4:6　　266
4:14　　267
4:15　　127, 267
4:17　　267
5:1　　266
5:9　　266
5:11　　266
7:1　　266
7:30　　268
9:14　　278
11:2　　267, 333
11:23　　268
12:28-29　　269
14:19　　127
14:26　　269, 334
14:27-33　　270
14:33　　270
14:36　　195
14:37　　317n230
14:37-38　　270
15:3　　268, 270, 281
15:4　　270, 280
16:11　　270, 303
16:21　　271, 287, 336
16:22　　271

고린도후서
1:1　　272
1:13　　272
2:1-4　　266
2:3　　272

3장　　337
3:1　　272
3:1-3　　254
3:2　　272n129, 273, 333, 336
3:14　　273
3:14-16　　274
3:15　　272n129, 273
4:2　　274, 333
10:9　　272
10:10　　274
11:6　　275
11:24　　246
13:10　　275, 293

갈라디아서
1:14　　276
3:2　　275
3:8　　275
3:10　　276, 336
3:13　　276
3:13-14　　276, 334
3:15　　330
3:16　　276
4:20　　276, 277
4:21　　277
4:30　　277
4:31　　275
5:2　　277
6:6　　277
6:11　　271, 287

에베소서
1:1　　278, 279
1:13　　279
3:2-3　　279, 337

3:4　　272n129, 279
5:26　　333

빌립보서
1:1　　279, 319
1:3　　279
1:7　　279
1:8　　279
2:2　　281
2:23-24　　293
4:2　　281
4:9　　281

골로새서
2:14　　336
3:16　　284
4:7-9　　304
4:10　　254
4:16　　105, 206, 272n129, 282, 284, 286, 335, 337, 338
4:18　　271, 287

데살로니가전서
1:6-7　　245
2:2　　288
2:13　　281
2:14　　286
2:15　　250
4:10　　272, 286
4:18　　287
5:27　　105, 272n129, 287, 334, 337, 338

데살로니가후서
2:2　　288, 336, 337

2:15   54, 288, 289
3:6   281, 290
3:14   290, 334
3:17   271, 273n131, 287, 290

디모데전서
1:4   293, 337
1:6-7   294
1:7   294
2:1   291
2:9   292
3:1   292
3:2   291, 294
3:11   294
3:14-15   292
4:5   295
4:6   295
4:11   291
4:13   291, 295
4:16   296
5:17   291, 319
5:18   296
6:1   292
6:2   291
6:21   292, 304

디모데후서
1:3   297
1:5   298
1:13-14   297
2:8   297
2:11-13   297
2:14   298
2:14-18   298
3:15   110, 298, 335

3:16   298
4:2   219, 299
4:2-3   299
4:2-4   333
4:3   299
4:4   294, 299
4:13   300, 333, 336
4:22   292, 301, 304

디도서
1:1-4   302
1:3   302, 303
1:5   319
1:9   303
1:13   303
1:14   294
2:1   303
2:6   292, 303
3:1   292, 304
3:15   292

빌레몬서
19절   271, 287, 305
22절   306
25절   306

히브리서
2:1   307
2:6   307, 333
3:1   308
5:11   308
5:12   308
5:13   308
10:7   335
13:22   247, 308
13:24   309

야고보서
1:18   310
1:21   311
1:21-23   310
1:22-25   53n12
1:25   311
2:2   114, 312
5:14   114

베드로전서
1:1   312
1:24-25   313
3:6   312n216
4:11   313
5:1   319
5:12   309, 313
5:13-14   314

베드로후서
1:1   315
1:12-13   315
1:12-15   316
1:15   315
1:16   316
3:1   315
3:2   316
3:15-16   317, 335
3:16   330, 334, 335

요한1서
1:1   317
2:1   318
2:12-17   318
4:1   318, 338
4:1-6   335

요한2서

5절 319
6절 319
9절 319
10절 319
11절 320
12절 320
13절 320

요한3서

9절 320
15절 320, 321

유다서

1절 321
3절 322
5절 322

요한계시록

1:3 29, 323, 329, 338
1:4 323
1:11 324
1:16 328
1:18 328
2:1 324
2:1–3:22 323
2:2 325, 338
2:7 325
2:8 324
2:9 326
2:11 325
2:12 324
2:14 325
2:15 325
2:17 325
2:18 324
2:20 325
2:24 325
2:29 325
3:1 324
3:3 325
3:5 324, 335
3:6 325
3:7 325
3:9 326
3:13 325
3:14 325
3:22 325
4:8 328
4:11 328
5:4 327
5:5 327
5:9–10 328
5:12 328
5:13 328
6:14 327
7:10 328
7:12 328
7:14 326
10:2 328
10:4 329
10:9–11 327
11:3–12 329n255
11:7 329n255
11:12 329n255
11:15 328
11:17–18 328
12:10–12 328
13:8 324
14:6 327, 333
15:3–4 285, 328
17:8 324
17:9 324
19:1–3 328
19:6–8 328
19:10 325
20:12 324
20:15 324
21:3–4 328
21:5–8 328
21:12 335
21:27 324
22:7 324, 329
22:9 324, 329
22:10 324, 329
22:16 329, 333
22:18 324, 330
22:18–19 334, 338
22:19 324, 336
22:21 331

이 책에 등장하는 주요 인물

Abasciano, Brian J.(브라이언 아바시아노). 미국 신약학자요 목회자다. 영국 애버딘 대학교에서 철학 박사 학위를 받았다.

Adams, Edward(에드워드 애덤스, 1965-). 영국 신약학자다. 초기 기독교가 활동했던 사회 정황, 복음서, 바울 서신을 주로 연구해 오고 있다.

Aeschines(아이스키네스, 기원전 389-314년). 고대 그리스의 정치가요 웅변가였다.

Alexander, Loveday(러브데이 알렉산더). 영국 고전학자요 신약학자다. 바울 서신, 누가복음과 사도행전을 깊이 연구했고, 초기 기독교와 이를 둘러싼 그리스-로마 세계를 연구했다.

Alikin, Valeriy Alexandrovich(발레리 알리킨, 1974-). 러시아 신학자다. 초기 기독교 역사, 초기 그리스도인 공동체의 모임을 주로 연구하고 있다.

Allan, Donald James(도널드 앨런, 1907-1978). 영국 고전학자다. 플라톤과 아리스토텔레스를 깊이 연구했다.

Allison, Dale Clifford, Jr.(데일 앨리슨, 1955-). 미국 신약학자다. 역사 속 예수, 초기 기독교 역사, 종말과 내세, 유대교 외경과 위경 등을 깊이 연구해 왔다.

Anaximenex(아낙시메네스, 기원전 586-526년경). 고대 그리스 철학자였다.

Antiphon(안티폰, 기원전 480-411년). 고대 그리스 정치인이요 웅변가였다.

Antisthenes(안티스테네스, 기원전 445-365년). 그리스 아테네의 철학자요 소크라테스의 제자였다. 금욕주의를 강조했으며, 견유학파를 만든 인물로 알려져 있다.

Apollodorus(아테네의 아폴로도로스, 기원전 180-120년경). 고대 그리스 문법학자요 수사학자였다.

Apollonius(티아나의 아폴로니오스, 15-

100년경). 그리스 신피타고라스학파 철학자였다.

Appian(아피아노스, 95-165년경). 로마 시민권을 가졌던 그리스인 역사가다. 알렉산드리아 출신이며, 대표작으로 『로마사』(*Romaiká*)가 있다.

Apuleius(아풀레이우스, 124-170년경). 로마 제국 시대 누미디아 사람으로, 산문 작가이며 플라톤 철학자이자 수사학자다.

Aratus(아라토스. 기원전 315-240년경). 고대 그리스 시인이다. 지은 작품으로 『현상』(Φαινόμενα), 『예보』(날씨의 징조에 관하여, Διοσημεῖα)가 있다.

Arrian(아리아노스, 86-160년경). 로마 시대에 살았던 그리스인 역사가요 철학자였다. 스승 에픽테토스의 담화와 가르침, 강론을 엮은 책을 펴냈다.

Athenaeus(아테나이오스). 고대 그리스의 문법학자요 수사학자였다.

Attridge, Harold William(해롤드 애트리지, 1946-). 미국 신약학자다. 주로 헬레니즘 유대교, 초기 기독교 역사, 히브리서를 깊이 연구해 왔다.

Augustus(아우구스투스, 기원전 63-기원후 14년). 로마 제정 시대의 막을 연 군인이자 정치가다. 경쟁자였던 안토니우스를 악티움 해전에서 물리치고 정권을 장악한 뒤, 첫 황제에 올라 기원전 27년부터 죽을 때까지 제위에 있었다. 그는 자신을 첫 번째 시민(Princeps Civitatis)이라 불렀지만, 사실은 황제였다.

Autero, Esa J.(에사 아우테로). 핀란드 신약학자다. 신약 배경사, 성경에 나오는 빈부 문제, 사도행전, 복음서 등을 주로 연구하고 있다.

Aviam, Mordechai(모디카이 아비암, 1953-). 이스라엘 고고학자다. 갈릴리 주변 유적 발굴을 이끌었으며, 발굴 결과를 토대로 예수 시대 유대교의 모습을 재구성하는 데 노력했다.

Backhaus, Knut(크누트 박카우스, 1960-). 독일의 로마 가톨릭 사제요 신약학자다. 주로 사도행전, 히브리서, 요한계시록, 세례 요한을 연구해 왔다.

Bagnall, Roger Shaler(로저 배그놀, 1947-). 미국 고전학자다. 컬럼비아 대학교 교수였으며, 고대 이집트와 그리스의 파피루스를 깊이 연구했다.

Bailey, Kenneth Ewing(케네스 베일리, 1930-2016). 미국 신학자요 언어학자이며 저술가다. 중동에서 오래 생활한 경험을 바탕으로 중동의 관점에서 복음서를 이해하고 복음 전승 전달 과정을 이해하려고 했다.

Barr, William(윌리엄 바, 1922-?). 영국 고전 학자다.

Barrett, Charles Kingsley(찰스 킹슬리 배럿, 1917-2011). 영국 신약학자요 감리교 목사다. 20세기 영국 신약 신학을 대표하는 학자 가운데 하나로서, 사도행전, 로마서, 고린도 서신 등의 주석을 집필했다.

Barth, Markus(마르쿠스 바르트, 1915-1994). 스위스 신약학자이며, 칼 바르트의 아들이다. 바울 서신의 신학, 세례와 주의 만찬을 깊이 연구했고, 앵커 바이블 주석 집필에도 참여했다.

Bauckham, Richard John(리처드 보컴, 1946-). 영국 신약학자요 역사가다.

복음서와 요한 문헌을 깊이 연구했고, 초기 기독교의 복음 전승을 목격자의 증언이라는 각도에서 조명한 『예수와 그 목격자들』을 비롯하여 많은 저서를 집필했다.

Beale, Gregory K.(그레고리 빌, 1949-). 미국 성서학자다. 보수 신학의 시각에서 성경 해석을 연구해 왔으며, 신약의 구약 사용, 구약과 신약을 통섭하는 성경 해석을 연구해 왔다.

Bede(베다, 672-735년). 잉글랜드 베네딕도 수도회 수사이며 신학자였다. 『잉글랜드 교회사』(Historia ecclesiastica gentis Anglorum)를 썼다.

Begg, Christopher(크리스토퍼 벡, 1950-). 미국 구약 신학자이자 가톨릭 사제다. 주로 신명기, 이스라엘 역사, 요세푸스 문헌을 연구해 왔다.

Ben-Ami, Doron(도론 벤 아미, 1965-). 이스라엘 고고학자다. 옛 다윗성 발굴 작업을 이끌고 있으며, 이 발굴 결과는 옛 이스라엘 역사를 밝히는 데 큰 도움을 주고 있다.

Benefiel, Rebecca Ruth(레베카 베니필, 1975-). 미국 역사학자다. 주로 고대 로마 사회와 로마의 명문(새김글)을 연구하고 있다.

Ben Ezra, Daniel Stökl(다니엘 슈퇴클 벤 에즈라, 1970-). 독일의 유대교 및 초기 기독교 연구자다. 제2성전기 이스라엘 역사와 사해 사본을 주로 연구해 왔다.

Bias(비아스, 기원전 6세기경). 고대 그리스의 일곱 현자 중 하나로 꼽히는 인물이다.

Bird, Michael Frank(마이클 버드, 1974-). 호주의 복음주의 신약학자다. 호주 멜버른 리들리 칼리지에서 가르치며, 근래 많은 저작을 내놓고 있다.

Blanke, Helmut(헬무트 블랑케). 스위스 신약학자다. 마르쿠스 바르트의 제자이며, 스위스 바젤 대학교에서 박사 학위를 받았다.

Bloomer, William Martin Shepherd(마틴 블루머). 미국 고전학자다. 미국 노트르담 대학교 교수이며, 로마 문학, 수사학, 교육 제도를 주로 연구해 왔다.

Bock, Darrell Lane(대럴 복, 1953-). 미국 복음주의 신약학자다. 댄 브라운이 쓴 『다빈치 코드』를 반박하는 저서를 내기도 했다.

Boesenberg, Dulcinea L.(덜시니아 보젠버그). 미국 신학자이며 크레이튼 대학교 교수다. 주로 제2성전 시대 유대교를 연구하고 있다.

Bokedal, Tomas(토마스 보케달, 1966-). 스웨덴 신약학자다. 초기 그리스도인 공동체, 바울 서신, 복음 전승 전달, 정경과 신학의 관계 등을 주 연구 대상으로 삼고 있으며, 영국 애버딘 대학교에서 가르친다.

Bovon, François(프랑수아 보봉, 1938-2013). 스위스 성서학자요 역사가다. 초기 기독교 역사를 깊이 연구했으며, 누가복음도 역시 깊이 연구했다.

Bowie, Ewen Lyall(유안 보위, 1940-). 영국의 고전 헬라어 학자요 그리스 문학자다. 주로 고대 그리스의 시와 희극을 깊이 연구했다.

Brox, Norbert(노르베르트 브록스, 1935-2006). 독일의 가톨릭 교회사 학자다. 초기 교회사, 교리사, 목회 서신을 주로 연구했다.

Bruce, Frederick Fyvie(프레더릭 브루스, 1910-1990). 영국 신약학자다. 바울 서신, 성경의 신빙성을 비롯한 여러 주제를 깊이 연구했으며, 20세기 신약 신학계에 많은 영향을 미쳤다.

Bultmann, Rudolf Karl(루돌프 불트만, 1884-1976). 독일 신학자요 해석학자다. 실존 철학의 영향을 받아 성경의 비신화화 작업을 시도했고, 특히 성경 본문 뒤편에 자리한 고대의 삶이 여러 양식을 띤 본문으로 표현되었다고 보아 양식사 연구 방법을 복음서 해석에 적용하여 많은 영향을 미쳤다.

Byrskog, Samuel(사무엘 뷔쉬코그, 1957-). 스웨덴 신약학자다. 스웨덴 룬드 대학교 교수이며, 초기 교회의 복음 전승과 전승 전달을 깊이 연구해 왔다.

Callisthenes(칼리스테네스, 기원전 360년경-327년). 옛 마케도니아의 역사가다.

Cambron-Goulet, Mathilde(마틸드 캉브롱-굴레). 캐나다 교육학자다. 특히 고대 철학 교육 현장에서 지식 전달이 어떻게 이루어졌는가를 연구해 왔다.

Carcopino, Jérôme(제롬 카르코피노, 1881-1970). 프랑스 역사가요 저술가다. 로마 제정 시대 역사를 깊이 연구했다.

Carras, George P.(조지 캐러스). 미국의 고전학자요 신학자, 역사학자다. 제2성전 시대 유대교, 누가복음, 필론을 비롯한 유대 저술가들의 자료를 깊이 연구해 왔다.

Carson, Donald Arthur(도널드 카슨, 1946-). 캐나다 신약학자다. 신약 해석학, 신약의 구약 사용 등, 신약 신학 전반에 걸쳐 폭넓은 연구를 해 왔다.

Catchpole, David(데이비드 캐치폴, 1938-). 영국 신약학자다. 역사 속 예수, 초기 예수 공동체, 복음서를 깊이 연구했다.

Catullus(Gaius Valerius Catullus, 카툴루스, 기원전 84-54년). 로마 공화정 말기 시인으로서 오비디우스와 베르길리우스에게 영향을 주었다고 한다.

Chariton(카리톤). 그 삶에 관하여 확실히 알려진 것은 없으나, 기원후 1세기에 소설을 써서 발표했다고 한다.

Charlesworth, James Hamilton(제임스 찰스워스, 1940-). 미국 신약학자다. 주로 유대교와 기독교의 외경 및 위경, 사해 사본, 요세푸스, 신약 복음서 등을 연구해 왔다.

Chilon(킬론, 기원전 6세기경). 스파르타 사람이며, 고대 그리스의 일곱 현자 가운데 하나로 꼽힌다.

Chrysippus(크리시포스, 기원전 279-206년). 고대 그리스의 스토아철학자다. 논리학과 윤리학, 물리학에도 조예가 깊었다.

Cicero(Marcus Tullius Cicero, 키케로, 기원전 106-43년). 로마의 정치가요 철학자이며 웅변가다. 그가 글로 남긴 라틴어는 고전 라틴어 체계 확립에 큰 받침돌이 되었다.

Cleander, Marcus Aurelius(클레안더, 기원후 190년에 사망). 노예 출신 자유인이었고, 로마 코모두스 황제의 총신이었다.

Collins, Adela Yarbro(아델라 콜린스, 1945-). 미국 신약학자이며 저술가다. 마가복음, 요한계시록, 종말론에 깊은 관심을 갖고 연구해 왔다.

Conzelmann, Hans(한스 콘첼만, 1915-1989). 독일 신약학자다. 불트만의 제자였으나, 불트만의 양식사 해석론을 극복하고 편집사의 시각에서 복음서를 해석하려 했으며, 현재 속으로 뚫고 들어온 하나님 나라를 예수의 주된 메시지로 이해했다.

Courtney, Edward(에드워드 코트니, 1932-2019). 영국계 미국인 고전학자다. 스탠포드 대학교 교수였으며, 유베날리스, 페트로니우스를 비롯한 고대 로마 작가의 시와 산문을 주로 연구했다.

Crassus, Lucius Licinius(루키우스 크라수스, 기원전 140-91년). 로마의 정치가요 웅변가다. 키케로의 스승이었다. 키케로는 그가 쓴 『웅변가에 관하여』(De Oratore)에서 크라수스를 비중 있게 다룬다.

Cribiore, Raffaella(라파엘라 크리비오레, 1948-). 이탈리아에서 태어나 지금은 미국 뉴욕 대학교에서 가르치는 고전학자다. 기원전 4세기부터 기원후 4세기에 이르는 고대의 교육 체계, 파피루스, 고전 수사학을 집중 연구해 왔다.

Crossan, John Dominic(존 도미닉 크로산, 1934-). 아일랜드계 미국 신약학자다. 역사 속 예수와 기독교 초기 역사, 포스트모던 해석학을 응용한 성경 연구에 진력했으며, 예수 세미나를 이끌었다.

Dark, Ken(neth) Rainsbury(켄 다크,1961-). 영국 고고학자다. 주로 기원후 1세기 로마가 지배하던 브리타니아, 그리고 중동 지역을 깊이 연구했다.

Davids, Peter Hugh(피터 데이비즈, 1947-). 캐나다 신약학자요 가톨릭 사제다. 베드로 서신, 유대서, 야고보서를 깊이 연구했다.

Davies, William David(윌리엄 데이비스, 1911-2001). 웨일스 신약학자이며, 미국과 영국에서 활동했다. 초기 기독교와 유대교의 관계, 복음서, 신약 신학을 두루 연구했으며, 그가 쓴 『Paul and Rabbinic Judaism』은 그의 제자 에드 샌더스의 『바울과 팔레스타인 유대교』에 영향을 주었다.

de Boer, Martinus Christianus(마르티뉘스 더 부어, 1947-). 네덜란드 신약학자다. 바울 서신에 나타난 종말론, 요한 문헌이 묘사하는 예수 등을 깊이 연구했다.

de Jonge, Henk Jan(헹크 얀 더 용어, 1943-). 네덜란드 신약학자다. 에라스뮈스의 헬라어 신약성경 번역을 둘러싼 그 시대의 논쟁, 예수의 부활과 속죄 등을 깊이 연구했다.

Demosthenes(데모스테네스, 기원전 384-322년). 고대 그리스 아테네의 정치가요 웅변가였다.

Dibelius, Martin Franz(마르틴 디벨리우스, 1883-1947). 독일 신약학자다. 역사 속 예수를 깊이 연구했으며, 양식사학파를 대표하는 학자이기도 하다.

Dio Cassius(디오 카시우스, 155-235년경). 로마의 정치가요 역사가였다.

Diodorus Siculus(디오도로스 시켈리오테스, 기원전 90-30년경). 고대 그리스 역사가였다.

Dionysius, Aelius(아일리오스 디오니시오스). 로마 하드리아누스 황제 때 활동한 수사학자이자 음악학자였다.

Dionysius of Halicarnassus(할리카르나소스의 디오니소스, 기원전 60-7년경). 그리스의 역사가요 수사학자였다.

Doering, Lutz(루츠 되링, 1966-). 독일 신약학자다. 초기 기독교와 제2성전 시대 유대교를 주로 연구하며, 뮌스터 대학교 교수다.

Donelson, Lewis R.(루이스 도넬슨, 1949-). 미국 신약학자이며 장로교 목사다. 신약성경의 목회 서신과 공동 서신을 주로 연구했다.

Dorsey, David Alden(데이비드 도시, 1949-2014). 미국 구약 신학자요 성경 번역가다. 고대 이스라엘의 도로 상황을 주로 연구했으며, NLT 번역 출간에 참여했다.

Dunn, James Douglas Grant(제임스 던, 1939-2020). 영국 신약학자다. 초기 기독교의 기원과 복음 전승, 성령, 바울 신학 등 여러 주제를 폭넓게 깊이 연구했다.

Dupont, Florence(플로랑스 뒤퐁, 1943-). 프랑스 고전 문학자다. 고대 그리스 문학과 로마 문학을 깊이 연구했다.

Edsall, Benjamin(벤저민 에드샬, 1982-). 호주 신약학자다. 초기 그리스도인의 성경 해석 방법, 초기 그리스도인의 읽기 관습, 바울 서신 등을 주로 연구하고 있다.

Edwards, Douglas(더글러스 에드워즈, 1950-2008). 미국 고고학자다. 이스라엘 세포리스와 키르베트 카나 유적 발굴을 지휘했다. 그의 발굴은 예수가 물로 포도주를 만든 이적을 행하셨던 곳을 확인해 주었다.

Edwards, James Robert(제임스 에드워즈, 1945-). 미국 장로교 목회자요 신약학자다. 주로 복음서와 로마서를 깊이 연구했다.

Ehrman, Bart Denton(바트 어만, 1955-). 미국 신약학자다. 현재는 불가지론과 무신론 입장에 서 있다고 하는데, 주로 신약 본문비평, 역사 속 예수, 악과 고난이라는 이슈를 연구해 왔다.

Epictetus(에픽테토스, 55년경-135년). 그리스의 스토아 철학자다. 철학이 그저 이론이 아니라 삶의 방식임을 가르쳤으며, 엄격한 절제를 강조했다.

Evans, Craig Alan(크레이그 에번스, 1952-). 미국 신약학자다. 복음서, 사해 사본, 역사 속 예수 등에 관심을 갖고 연구해 왔다.

Fantham, Elaine(일레인 팬텀, 1933-2016). 영국계 캐나다 고전학자다. 특히 로마 희극과 서사시, 수사학, 로마 여성들의 생활을 깊이 연구했고, 그리스-로마 역사와 문학의 상관관계를 연구했다.

Fee, Gordon Donald(고든 피, 1934-). 미국계 캐나다인 성서학자다. 오순절 교회 소속이지만, 철저한 성경 주해를 토대로 성령을 연구해 왔으며, 번영신학을 통렬히 비판했다.

Fiensy, David Arthur(데이비드 핀지, 1948-). 미국 신약학자다. 예수 시대 전후의 유대, 특히 갈릴리 지역의 사회상과 경제 상황을 주로 연구했다.

Fisk, Bruce N.(브루스 피스크, 1959-). 미국 신약학자다. 바울 서신, 1세기 유대인의 성경 해석, 1세기 유대인 저술가들의 문헌을 주로 연구해 왔다.
Fitzgerald, William Claiborne(윌리엄 피츠제럴드, 1952-). 영국의 고전학자요 비교문학자다. 주로 고대 로마 시와 산문을 깊이 연구했다.
Fitzmyer, Joseph Augustine(조지프 피츠마이어, 1920-2016). 미국 예수회 사제요 신약학자다. 특히 사해 사본과 초기 유대교 문헌 연구에 크게 이바지했다.
Focant, Camille(카미유 포캉, 1946-). 벨기에 가톨릭 신학자요 신약학자다. 마가복음과 바울 서신을 깊이 연구했다.
Fotopoulos, John(존 포토풀로스, 1967-). 미국 신약학자다. 초기 기독교 역사와 그 시대 그리스-로마 상황, 역사 속 예수, 바울 서신을 주로 연구하고 있다.
France, Richard Thomas(리처드 프란스, 1938-2012). 영국의 성공회 사제이자 신약학자다. 공관복음을 깊이 연구했으며, 마태복음, 마가복음, 누가복음 주석을 집필했다.
Freyne, Seán(션 프레인, 1935-2013). 아일랜드 신약학자다. 예수 시대 갈릴리의 생활상, 복음서, 초기 유대교와 기독교 역사를 주로 연구했다.
Friedländer, Ludwig Henrich(루트비히 프리트랜더, 1824-1909). 독일의 고언어학자요 역사가다. 고대 로마의 일상생활과 관습을 주로 연구했다.
Friesen, Steven J.(스티븐 프리젠, 1954-). 미국 신약학자다. 초기 기독교 시대에 바울 선교지였던 고린도와 에베소 등의 정황을 깊이 연구했다.
Fronto, Marcus Cornelius(마르쿠스 코르넬리우스 프론토, 100년경-160년대). 로마 문법학자요 수사학자이며 변론가였다.
Fuhrmann, Christopher J.(크리스토퍼 퍼먼). 미국의 사학자다. 고대 로마와 그리스의 정치, 군사, 문화, 종교 등을 두루 연구하고 있다.

Galba(Servius Sulpicius Galba, 갈바, 기원전 3-기원후 69년, 재위 68-69년). 로마 황제였으며, 제위에 오른 지 일곱 달 만에 암살당했다.
Galen(갈레노스, 129-210년). 로마 시대 그리스인 의사요 철학자다.
Gamble, Harry Y.(해리 갬블, 1941-). 미국 종교학자다. 초기 기독교의 문헌 관습, 초기 기독교 시대의 구술 전승과 기록 문헌의 관계 등을 깊이 연구했다.
Gathercole, Simon James(사이먼 개더콜, 1974-). 영국 신약학자다. 제임스 던의 제자이며, 유다복음과 도마복음 같은 외경을 깊이 연구했다.
Gellius, Aulus(아울루스 겔리우스, 125-180년). 로마의 수필가요 문법학자다.
Gerhardsson, Birger(비르예르 에르핫손, 1926-2013). 스웨덴 신약학자다. 신약복음 전승의 전달과 보존을 깊이 연구했다.
Gibson, Craig A.(크레이그 깁슨, 1968-). 미국 고전학자다. 고대 그리스와 로마 문헌, 로마의 법과 생활 풍속, 남녀 양성의 성문제를 주로 연구했다.
Giese, Curtis P.(커티스 기즈). 미국 성서학자다. 주로 그리스-로마 시대 유대교를 깊이 연구했다.
Gillam, Robyn Adams(로빈 길럼, 1952-).

영국의 이집트 학자다. 고대 이집트의 드라마와 종교 제의를 주로 연구했다.
Goodacre, Mark(마크 구데이커, 1967-). 영국 신약학자이며 미국 듀크대 교수다. 공관복음이 주 관심사이며, 마가복음 우선설을 지지하고 Q를 부인한다.
Grant, Michael(마이클 그랜트, 1914-2004). 영국 고전학자다. 고대 로마 역사를 깊이 연구했으며, 프리랜서 저술가이자 번역가로 활동하며, 고대사 분야에서 많은 저작을 남겼다.
Guthrie, George Howard(조지 거스리, 1959-). 미국 신약학자다. 히브리서를 주로 연구해 왔다.

Hadas-Lebel, Mireille(미레이유 아다 르벨, 1940-). 프랑스의 역사학자다. 주로 고대사, 그중에서 특히 헬레니즘 시대와 로마 시대 유대교 역사를 깊이 연구해 왔다.
Haenchen, Ernst(에른스트 핸헌, 1894-1975). 독일 성서학자다. 정경 복음서와 도마복음 같은 영지주의 복음서를 주로 연구했다.
Haines-Eitzen, Kim(킴 헤인스-아이츤, 1967-). 미국 종교학자다. 주로 초기 기독교, 초기 유대교, 고대 중동 종교를 연구해 왔다.
Hansen, G. Walter(월터 핸슨, 1946-). 미국 신약학자요 목회자다. 바울 서신, 누가복음-사도행전, 신약 해석학을 주로 연구했다.
Harink, Douglas Karel(더글러스 해링크, 1953-). 캐나다 신학자다. 바울 서신, 윤리, 현대 신학, 조직 신학을 두루 연구해 왔다.
Harris, Murray James(머레이 해리스, 1939-). 영국 신약학자다. 복음서가 그려 내는 예수, 바울 서신 등을 주로 연구해 왔다.
Hartin, Patrick John(패트릭 하틴, 1944-). 남아프리카 신약학자다. 바울 서신, 야고보서, 복음서, 신약 해석을 주로 연구해 왔다.
Hawes, Greta(그레타 호즈). 호주의 신화학자다. 고대 그리스 신화, 고대 그리스 사람들이 신화를 이야기하고 나누었던 정황 등을 주로 연구하고 있다.
Hecataeus(헤카타이오스, 기원전 550-478년경). 고대 그리스의 지리학자요 역사가였다.
Hengel, Martin(마르틴 헹엘, 1926-2009). 독일 신학자요 역사학자다. 제2성전기 기독교와 유대교, 헬레니즘과 유대교, 헬레니즘과 기독교의 관계를 깊이 연구했다.
Hermippus(헤르미포스, 기원전 5세기경). 옛 그리스의 희극 작가였으며, 펠로폰네소스 전쟁 시기에 활동했다고 한다.
Hickey, Todd Michael(토드 히키). 미국 고전 학자다. 로마 시대 파피루스와 사회 경제 상황을 주로 연구했으며, UC 버클리 대학교의 교수다.
Holmes, Michael William(마이클 홈스, 1950-). 미국 신약학자다. 신약성경뿐 아니라 속사도 시대 교부 문헌도 깊이 연구했다.
Horace(호라티우스, 기원전 65-8년). 로마 공화정 말과 제정 초기에 활동한 서정 시인이요 풍자 작가다.
Horsfall, Nicholas(니콜라스 호스폴, 1946-

2019). 영국 사학자요 고언어학자다. 로마 시대 문학, 특히 베르길리우스를 깊이 연구했다.

Horsley, Richard A.(리처드 호슬리, 1939-). 미국 종교학자다. 주로 역사 속 예수를 깊이 연구해 왔다.

Hurtado, Larry Weir(래리 허타도, 1943-2019). 미국 신약학자다. 초기 기독교가 예수를 하나님과 같은 이로 섬겼던 것이 아주 일찍부터 등장했다는 주장을 펴, 20세기 후반까지 학계를 지배해 온 독일 종교사학파와 양식사학파의 주장에 강력한 도전장을 던졌다.

Hvalvik, Reidar(라이다 발빅, 1951-). 노르웨이 신약학자다. 초기 기독교 유대계 그리스도인의 신앙, 초기 그리스도인의 기도 등을 깊이 연구했다.

Irenaeus(이레나이우스, 130-202년경). 초기 기독교 주교요 신학자였던 그리스인이다. 현재 프랑스 남부 지역에서 기독교 공동체를 확산시켰고, 이단에 맞서 기독교 교리를 변증하는 데 힘썼다.

Isocrates(이소크라테스, 기원전 436-338년). 고대 그리스 수사학자요 웅변가였다. 수사 학교를 열어 변론과 수사를 가르치기도 했다.

Jensen, Morten Hørning(모르텐 옌센, 1972-). 덴마크 신약학자다. 주로 기원후 1세기 갈릴리 지역의 상황을 깊이 연구하고 있다.

Jerome(히에로니무스, 347-420년). 로마 시대 사제요 신학자이며 성경 번역자다. 원전 성경을 라틴어로 번역했다.

Jervell, Jacob Stephan(야콥 예르벨, 1925-2014). 노르웨이 신약학자다. 역사 속 예수, 누가복음과 사도행전, 사도행전이 그려 내는 바울 등을 깊이 연구했다.

Johnson, Luke Timothy(루크 존슨, 1943-). 미국 신약학자다. 주로 초기 기독교를 둘러싼 유대 세계와 그리스-로마 세계의 상황, 목회 서신, 누가복음-사도행전 등을 연구해 왔다.

Johnson, William Allen(윌리엄 존슨, 1956-). 미국 고전학자다. 고대 그리스와 로마의 읽기 문화와 관습을 깊이 연구했다.

Jones, Christopher Prestige(크리스토퍼 존스, 1940-). 영국 역사학자요 고전학자다. 로마 시대 기독교와 이교의 관계, 로마 문화와 사회상 등을 깊이 연구했다.

Jones, Horace Leonard(호레이스 존스, 1879-1954). 미국 고전학자다. 코넬 대학교 교수였으며, 스트라본의 『지리』를 영어로 번역했다.

Josephus(요세푸스, 37-100년경). 유대계 로마 역사가다. 1차 유대-로마 전쟁 때는 유대인 지휘관으로 활약하다 로마에 항복한 뒤, 베스파시아누스의 측근이 되었으며, 1세기 유대 역사를 기록했다.

Justin Martyr(순교자 유스티누스, 100-165년). 로마의 기독교 탄압에 맞서 그리스도인의 도덕성을 변호한 초기 교회 기독교 변증가요 가장 유명한 로고스 이론 주창자였다.

Kaster, Robert Andrew(로버트 캐스터, 1948-). 미국 고전어 학자요 고전학자다. 주로 라틴어, 고대 로마 문학, 로마의 수사학을 연구했다.

Keener, Craig Steven(크레이그 키너, 1960-). 미국 신약학자다. 복음서와 사도행전, 바울 서신, 요한 문헌에 이르기까지 두루 연구하며 왕성한 집필 활동을 펼치고 있다.

Keith, Chris(크리스 키스). 영국 신약학자다. 예수, 예수 시대의 종교 문화, 예수 시대의 기록 전통 등을 주로 연구해 왔다.

Klinghardt, Matthias(마티아스 클링하르트, 1957-). 독일 신학자다. 복음서의 형성 과정, 초기 그리스도인 공동체의 신앙생활, 마르키온 등을 깊이 연구해 왔다.

Kloppenborg, John Seargeant(존 클로펜보그, 1951-). 캐나다 신약학자다. Q를 포함하여 초기 기독교 기록의 기원과 자료를 깊이 연구해 왔다.

Knight III, George William(조지 나이트 3세, 1931-). 미국 목회자요 신약학자다. 신약 헬라어, 신약성경에 나타난 남성과 여성의 역할, 목회 서신 등을 주로 연구했다.

Knust, Jennifer Wright(제니퍼 너스트, 1966-). 미국 신약학자다. 초기 기독교 역사와 고대 지중해 세계 문화에 관심을 갖고 연구해 왔다.

Kruger, Michael John(마이클 크루거). 미국 신약학자다. 초기 교회의 신약 정경 수용과 해석을 주로 연구해 왔다.

Lampe, Peter(페터 람페, 1954-). 독일 신약학자다. 초기 기독교 역사, 특히 1세기와 2세기 로마의 기독교, 바울 서신, 초기 기독교 관련 고고학 분야를 주로 연구해 왔다.

Larash, Patricia(패트리샤 라래쉬). 미국 고전 학자다. 보스턴 대학교에서 가르치고 있으며, 로마 시대의 수사학, 어린이 교육, 문화 전반을 두루 연구하고 있다.

Lathrop, Gordon Wendel(고든 래드롭, 1939-). 미국 복음주의 루터교회 목사요 전례학자다. 전례학, 영성 신학을 주로 연구했다.

Lee, Arthur Guy(가이 리, 1918-2005). 영국 고전학자요 시인이다. 오비디우스, 카툴루스 같은 로마 시인들을 깊이 연구했다.

Lenski, Gerhard Emmanuel "Gerry"(게르하르트 렌스키, 1924-2015). 미국 사회학자다. 종교 사회학, 사회 불평등을 주로 연구했으며, 경제 진화론을 주장했다.

Lenski, Noel Emmanuel(노엘 렌스키, 1965-). 미국 사학자다. 로마 제정 시대 정치, 경제, 사회, 종교 상황을 주로 연구했다.

Levine, Lee Israel(리 레빈, 1939-). 미국의 유대교 랍비요 고고학자이며 유대교 연구자다. 유대교 회당, 고대 유대교와 헬레니즘을 주로 연구했다.

Levison, John R.(존 레비슨, 1956-). 미국의 구약 신학자다. 구약성경에 나타난 성령, 유대교의 성령론 등을 깊이 연구했다.

Lieu, Judith Margaret(주디스 류, 1951-). 영국 신학자요 종교사학자다. 초기 기독교의 정체, 신약 본문 해석, 초기 기독교 역사를 주로 연구해 왔다.

Livy(리비우스, 기원전 64-기원후 12년경). 로마 역사가다. 로마가 세워졌다는 기원전 753년 이전의 초창기 전설 시대부터 아우구스투스 시대까지 로마 역사를 다룬 『로마사』(Ab Urbe Condita Libri)를 저술했다.

Long, Anthony Arthur(앤서니 롱, 1937-). 영국 고전학자이며 UC 버클리 대학교 교수로서, 고대 그리스와 로마의 철학을 깊이 연구했다.

Longenecker, Bruce W.(브루스 롱네커, 1961-). 미국 신약학자다. 복음서와 바울 서신, 신약 신학, 해석학에 걸쳐 다양한 연구 활동을 펼치고 있다.

Longus(롱고스). 기원후 2세기에 레스보스 섬에 살면서 글을 썼다는 로마 시대 작가다.

Lucian(루키아노스, 120-180년) 사모사타의 루키아노스로 알려져 있는 인물로서, 로마 시대 그리스 풍자 작가요 수사학자다.

Lycurgus(리쿠르고스). 기원전 9세기에 스파르타에서 활동했다는 입법자다. 스파르타를 군국주의 체제로 전환시킨 인물이다.

MacMullen, Ramsay(램지 맥멀런, 1928-). 미국 역사학자다. 고대 로마 사회사, 로마 사회에서 기독교와 이교의 관계를 깊이 연구했다.

Manuwald, Gesine(게지네 마누발트, 1974-). 독일 고전학자다. 특히 로마의 비극, 서사시, 키케로의 웅변 등을 깊이 연구해 왔다.

Markus, Donka D.(돈커 마커스, 1961-). 미국 고전학자다. 고대와 중세 라틴어 문 작품을 주로 연구하며, 미시간 대학교에서 가르친다.

Marquis, Timothy Luckritz(티모시 마퀴스, 1977-). 미국 신약학자다. 주로 바울 서신과 바울이 활동했던 로마의 정황을 연구하고 있다.

Marshall, Ian Howard(하워드 마샬, 1934-2015). 스코틀랜드 신약학자다. 누가의 작품에 관심이 많아, 누가복음과 사도행전을 깊이 연구했고, 신약 신학에도 큰 관심을 보였다.

Martial(마르티알리스, 40-102년경). 고대 로마의 풍자 시인이다.

Martin, Ralph Philip(랄프 마틴, 1925-2013). 영국 신약학자다. 신약 전반을 두루 연구했으며, 마가복음, 고린도후서, 야고보서 등의 주석을 집필했다.

Mason, Steve Neil(스티브 메이슨, 1957-). 캐나다 역사가다. 그리스-로마 시대 유대 역사, 초기 기독교 역사, 요세푸스를 주로 연구해 왔다.

Mattila, Sharon Lea(샤론 마틸라). 미국 종교학자다. 주로 예수 시대 유대 지방과 그리스-로마의 생활상을 연구해 왔다.

Maximus, Valerius(발레리우스 막시무스). 기원후 1세기에 활동한 로마 저술가로서, 도덕 교훈을 담은 역사 일화를 모은 『기억할 만한 말과 행위』(Factorum et dictorum memorabilium)를 저술했다.

McCartney, Dan G.(댄 매카트니, 1950-). 미국 신약학자요 장로교 목회자이며 음악가다.

McDonald, Lee Martin(리 마틴 맥도널드,

1942-). 신약학자로서 정경의 기원, 신약 신학, 초기 교회사를 깊이 연구했으며, 현재는 캐나다 아카디아 대학교 명예 교수다.

McGowan, Andrew Brian(앤드루 맥고완, 1961-). 호주 신학자요 성공회 사제다. 미국 예일 대학교 교수이며, 고대 기독교 성찬, 음식 문화를 주로 연구했다.

Metzger, Bruce Manning(브루스 메츠거, 1914-2007). 성서학자요 성경 번역자이며 성경 본문비평의 대가였다. *UBS* 헬라어 신약성경 편집을 이끌었다.

Meyers, Eric M.(에릭 마이어스, 1940-). 미국의 성서학자요 고고학자다. 제2성전기 유대교와 초기 기독교 역사를 주로 연구했다.

Michaels, John Ramsay(램지 마이클스, 1931-2020). 미국 신약학자다. 요한 문헌, 히브리서 등을 깊이 연구했으며, 여러 주석을 집필했다.

Millard, Alan Ralph(앨런 밀러드, 1937-). 영국의 고대 셈어 학자다. 요르단, 시리아에서 고대 유적 발굴에 참여하기도 했으며, 고대 설형 문자, 셈어 명문(새김글) 등을 깊이 연구해 왔다.

Moloney, Francis James(프랜시스 몰로니, 1940-). 호주 가톨릭 사제이며 신약학자다. 신약 복음서, 성경 해석 문제를 주로 연구했다.

Moo, Douglas J.(더글러스 무, 1950-). 미국 신약학자다. 로마서와 야고보서를 비롯하여 신약 서신서를 깊이 연구했으며 여러 주석을 썼다.

Morley, Neville(네빌 몰리, 1969-). 영국 역사학자다. 로마 시대 사회사 및 경제사를 주로 연구하며, 로마 시대 상거래와 노예제 등을 깊이 연구해 왔다.

Mosser, Carl(칼 모서, 1972-). 미국 신약학자다. 초기 기독교와 제2성전기 유대교의 모습, 신약성경 해석을 주로 연구해 왔다.

Mounce, William Douglas(윌리엄 마운스, 1953-). 미국 신약학자다. 신약 헬라어를 깊어 연구해 왔으며, 신약학자 로버트 마운스(Robert Hayden Mounce, 1921-2019)의 아들이기도 하다.

Mueller, Hans-Friedrich(한스-프리드리히 뮐러, 1959-). 미국 역사학자요 고전 언어학자다. 주로 로마 시대 고전과 역사를 연구했으며, 에드워드 기번이 쓴 『로마 제국 쇠망사』 축약판을 편집하기도 했다.

Murphy, Frederick James(프레더릭 머피, 1949-2011). 미국 신약학자다. 주로 초기 유대교와 초기 기독교 역사를 연구했다.

Nauta, Ruurd Robijn(뤼르드 나우타). 네덜란드의 고전학자다. 주로 로마 시대 시를 연구해 왔다.

Nerva, Marcus Cocceius(네르바, 30-98년, 재위 96-98년). 로마 12대 황제다. 180년, 마르쿠스 아우렐리우스 황제의 죽음때까지 이어지는 소위 5현제 시대의 개막을 알린 황제였다.

Nicklas, Tobias(토비아스 니클라스, 1967-). 독일의 로마 가톨릭 신학자다. 주로 고대 기독교 외경, 요한계시록, 70인역을 깊이 연구해 왔다.

Nikitinski, Oleg Dmitrijewitsch(올레그 니키틴스키, 1967-2015). 러시아에서

태어나 독일에서 공부하고 연구 활동을 펼쳤던 고전학자요. 17-18세기 라틴어 산문 작품 연구자다.

Oesterley, William Oscar Emil(윌리엄 오스털리, 1866-1950). 영국 구약 신학자다. 고대 유대교, 고대 이스라엘의 제의, 종말론 사상, 히브리 시, 유대 메시아 사상 등을 두루 연구했다.

Oestreich, Bernhard(베른하르트 외스트라이히, 1949-). 독일 신학자다. 구약 선지자 시대에 하나님의 메시지를 효과 있게 전달하려 했던 방법에 관심을 갖고 연구해 왔다.

Oldfather, William Abbott(윌리엄 올드파더, 1880-1945). 미국 고전학자다. 고대 그리스 로크리스 지역을 집중 연구했으며, 미국에서 고전학 연구 기틀을 만드는 데 기여했다.

O'Loughlin, Thomas(토머스 오로클린, 1958-). 영국의 역사 신학자다. 노팅엄 대학교 교수이며 주로 중세 초기 신학을 깊이 연구해 왔다.

Oporto, Santiago Guijarro(산티아고 기하로 오포르토, 1957-). 스페인 신약학자다. 살라망카 대학교 교수이며, 신약 복음서, 복음서의 기록 과정 등을 깊이 연구해 왔다.

Otho, Marcus Sulvius(오토, 32-69년, 재위 69년 1월 15일-69년 4월 16일). 로마 황제였다. 제위에 오른 지 석 달 만에 스스로 목숨을 끊었다.

Overman, John Andrew(앤드루 오버맨, 1955-). 미국 신학자요 역사학자다. 초기 기독교 시대 기독교와 유대교의 관계, 디아스포라 유대교의 상황, 로마 지배 당시 유대 상황을 주로 연구했다.

Parker, Holt N.(홀트 파커, 1956-). 캐나다 출신 고전학자다. 아우구스투스 시대 시와 그리스 서정시, 로마의 희극을 주로 연구했다.

Parmenion(파르메니온, 기원전 400-330년경). 고대 마케도니아의 장군이며, 필리포스와 그 아들 알렉산드로스 때 마케도니아군에 있었다.

Patterson, Stephen John(스티븐 패터슨, 1957-). 미국 신약학자다. 예수, 기독교의 기원, 도마복음이 주 관심사다.

Pausanias(파우사니아스, 110-180년경). 고대 그리스 여행가요 지리학자다. 고대 그리스를 직접 여행하고 그 모습을 기록한 『그리스 기행』(*Hellados Periegesis*)을 남겼다.

Pervo, Richard Ivan(리처드 퍼보, 1942-2017). 미국 성공회 사제이자 신약학자였다. 주로 누가복음과 사도행전을 깊이 연구했다.

Peterson, David Gilbert(데이비드 피터슨, 1944-). 영국 신약학자다. 신약성경에 등장하는 성화와 거룩, 완전함이라는 개념을 깊이 연구했다.

Petronius(페트로니우스, 27년경-66년). 로마 제정기 네로 시대의 정치인이요 저술가다.

Philo(필론, 기원전 20-기원후 50년경). 헬레니즘 시대 유대인 철학자다. 알레고리를 활용하여 유대교 토라와 그리스 철학을 결합하려고 시도했다.

Pliny(플리니우스, 61-113년경). 고대 로마의 법률가요 저술가이며 정치인이다.

그가 쓴 『서간집』(Epistolae)은 벗과 동료에게 보낸 서신을 모은 것으로 1세기 로마 역사와 일상생활을 들여다 볼 수 있게 해 주는 귀중한 자료다.
Pliny the Elder(대 플리니우스, 23-79년). 로마 정치인이요 자연 철학자다. 백과사전의 효시라 할 『박물지』(Naturalis Historia)를 썼다.
Plutarch(플루타르코스, 46-120년경). 그리스의 역사가요 작가이며 중기 플라톤주의자다. 나중에 로마 시민이 되었다.
Pokorný, Petr(페트르 포코르니, 1933-). 체코의 성서학자요 개신교회 목사이며 교육자다. 예수와 그를 둘러싼 이야기에 관심을 쏟았고, 복음서, 신약 신학, 교회의 복음 전승을 깊이 연구했다.
Pollio, Gaius Asinius(가이우스 폴리오, 기원전 75-기원후 4년). 로마의 정치가요 군인이며 웅변가이자 시인, 극작가였다. 플루타르코스 같은 이는 역사를 기록할 때 폴리오가 남긴 기록을 자료로 활용했다고 한다.
Porter, Stanley E.(스탠리 포터, 1956-). 미국 신약학자다. 신약 헬라어 구문론을 깊이 연구했다.
Poythress, Vern Sheridan(번 포이트레스, 1946-). 미국의 기독교 철학자요 신약학자다. 과학 철학, 종말론, 성경 해석, 성경 번역 등 다양한 주제에 관심을 보여 왔다.
Prodicus(프로디코스, 기원전 465-395년경). 고대 그리스 철학자이며 첫 세대 소피스트에 속하는 인물이다.
Propertius(프로페르티우스, 기원전 50-기원전 15년경). 로마의 서정 시인이다.

Reddish, Mitchell Glenn(미첼 레디쉬, 1953-). 미국 신약학자요 침례교 목사다. 주로 기독교와 유대교의 묵시 문헌을 연구해 왔다.
Reed, Jonathan L.(조너선 리드). 미국 신약학자요 성경 고고학자다. 주로 예수 시대 갈릴리 지방의 생활상을 깊이 연구해 왔다.
Regev, Eyal(에얄 레게브, 1970-). 이스라엘 고고학자다. 제2성전기 이스라엘 역사를 주로 연구하고 있다.
Reumann, John Henry Paul(존 로이먼, 1927-2008). 미국 신약학자다. 바울 서신, 복음서 속의 예수를 깊이 연구했고, 빌립보서 주석을 썼다.
Rhoads, David(데이비드 로즈, 1941-). 미국 신약학자다. 복음서를 주로 연구했으며, 특히 마가복음을 많이 연구했다.
Richards, Ernest Randolph(랜돌프 리처즈). 미국 신약학자다. 주로 바울 서신을 깊이 연구했다.
Richardson, Peter(피터 리처드슨, 1935-). 캐나다 고고학자이며 토론토 대학교 명예 교수다. 초기 기독교 공동체의 신앙과 생활상을 주로 연구했다.
Rolfe, John Carew(존 롤프, 1859-1943). 미국 고전학자다. 코넬 대학교, 하버드 대학교, 미시간 대학교 교수였으며, 『롭(Loeb) 고전 총서』에 들어 있는 많은 라틴어 작품을 번역했다.
Root, Bradley W.(브래들리 루트, 1980-). 미국 역사학자다. 초기 기독교 시대 유대 지역 사회사, 전쟁사 등을 주로 연구한다.
Royalty, Robert M.(로버트 로열티, 1961-).

미국 신학자다. 초기 기독교와 유대교 역사를 주로 연구했으며, 특히 이단의 역사를 깊이 연구했다.

Safrai, Ze'ev(제에브 사프라이, 1948-). 이스라엘 역사학자다. 제2성전기 이스라엘 역사를 주로 연구하면서, 미쉬나를 사회-경제 관점에서 주석하는 일에 진력해 왔다.

Scheidel, Walter(발터 샤이델, 1966-). 오스트리아 역사학자다. 주로 고대 사회사와 경제사를 연구하고 있다.

Schellenberg, Ryan S.(라이언 셸렌버그). 미국 신약학자다. 초기 기독교 역사와 그 시대 문헌을 주로 연구하고 있다.

Schnabel, Eckhard Johannes(에크하르트 슈나벨, 1955-). 독일 신약학자다. 초기 교회의 선교 활동, 복음서와 바울 서신을 깊이 연구했다.

Schwindt, Rainer(라이너 슈빈트, 1965-). 독일의 가톨릭 신약학자다. 에베소서, 바울 서신과 요한 문헌의 기독론을 주로 연구해 왔다.

Seitz, Christopher Reese(크리스토퍼 자이츠, 1954-). 미국 구약 신학자요 성경 해석학자이며, 미국 성공회 사제다. 구약 선지서를 깊이 연구했다.

Seneca the Younger(세네카, 기원전 4년경-기원후 65년). 고대 로마의 정치가요 스토아철학자이며 작가다. 그가 쓴 『서간집』(Epistulae Morales ad Lucilium)은 시칠리아 정무관(재무관 대리)이었던 루킬리우스에게 보낸 서신을 모아 놓은 것이다.

Senecio, Quintus Sosius(소시우스 세네키오). 기원후 1세기에 살았던 로마 원로원 의원이다. 도미티아누스 황제와 트라야누스 황제가 총애했다고 한다.

Serapion(세라피온). 안디옥 주교(191-211년)이자 초기 교회 교부였다. 여러 신학 작품을 남겼다 하나, 몇몇 단편만 전해졌다.

Sextius, Quintus, the Elder(대 퀸투스 섹스티우스). 기원전 1세기에 활동한 로마 철학자이며, 피타고라스주의와 스토아주의를 결합한 철학 사상을 펼친 이로 알려져 있다.

Shiell, William David(윌리엄 쉴, 1972-). 미국 신약학자요 실천 신학자다. 주로 신약 본문의 수사, 신약 본문의 설교에 관심을 갖고 연구해 왔다.

Siniscalco, Paolo(파올로 시니스칼코, 1931-). 이탈리아 역사학자다. 고대 기독교 역사와 기독교 문헌을 깊이 연구했다.

Skeat, Theodore Cressy(시어도어 스키트, 1907-2003). 영국 박물관 사서요 고대 사본 보존 책임자였다. 4세기에 기록된 사본으로서 70인역 헬라어 구약성경의 절반 정도, 신약성경 본문 전체, 「헤르마스의 목자」, 바나바 서신을 담고 있는 시나이 사본의 보존과 연구에 큰 업적을 남겼으며, 그 외에도 많은 고대 파피루스와 코덱스를 연구했다.

Smit, Peter-Ben(페터-벤 스미트, 1979-). 네덜란드 신학자다. 주로 당대 정황과 맥락을 고려한 신약 해석, 신약 시대의 음식 문화뿐 아니라 조직 신학과 역사 신학까지 두루 연구하고 있다.

Snyder, Harlow Gregory(그레고리 스나이더, 1959-). 미국 신학자요 초기 교회 연구자다. 초기 교회의 텍스트 읽기 관습을 깊이 연구했다.

Stanley, Christopher D.(크리스토퍼 스탠리). 미국 신약학자다. 초기 기독교의 모습과 그 시대 그리스-로마 사회의 모습, 그 사회 안에서 종교가 행한 역할을 주로 연구해 왔다.

Stegemann, Wolfgang(볼프강 슈테게만, 1945-). 독일 신약학자다. 예수 시대 팔레스타인 지역의 사회상을 주로 연구했다.

Stowers, Stanley Kent(스탠리 스타워스, 1948-). 미국 종교학자다. 초기 기독교와 고대 그리스 종교, 그리스 철학을 주로 연구해 왔다.

Strabo of Amaseia(스트라본, 기원전 64-기원후 24년). 그리스 지리학자요 철학자이며 역사가다. 그가 살던 시대가 알던 세계 여러 지역의 사람과 장소, 역사를 설명한 『지리』(*Geographica*)를 지었다.

Strand, Kenneth Albert(케네스 스트랜드, 1927-1997). 미국 신약학자요 교회사학자다. 종교개혁사, 요한계시록 등을 연구했다.

Strawbridge, Jennifer R.(제니퍼 스트로브리지). 미국 신약학자다. 바울 서신, 초기 교부들의 신약 수용과 해석 등을 주로 연구하고 있다.

Stroumsa, Guy Gedalyah(기 스트룸사, 1948-). 이스라엘의 비교 종교학자다. 로마 제국 시대와 고대 후기의 종교 전통과 제도를 깊이 연구했다. 예루살렘 히브리 대학교 명예 교수다.

Suetonius(수에토니우스, 69-122년경) 로마 제정기 역사가다. 율리우스 카이사르에서 시작하여 도미티아누스 황제까지 열두 황제의 생애를 기록한 『황제들의 생애』(*De Vita Caesarum*)를 썼다.

Tabbernee, William(윌리엄 태버니, 1944-). 네덜란드에서 태어나 호주와 미국에서 공부했다. 신학자이자 목회자이며 초기 기독교 문헌 자료, 특히 비문을 깊이 연구했다.

Tchekhanovets, Yana(야나 체카노베츠). 이스라엘 고고학자이며, 옛 다윗성 발굴 작업을 이끌고 있다.

Tellbe, Mikael(미카엘 텔베, 1960-). 스웨덴 신약학자다. 바울 서신을 연구했으며, 바울 서신 속에 나타난 예수 그리스도를 주로 연구했다.

Tertullian(테르툴리아누스, 155-240년경). 카르타고 출신의 초기 기독교 저술가요 변증가다. 서방 신학의 아버지로 불리기도 하며, 특히 영지주의 이단에 맞선 이로 알려져 있다.

Theodore of Mopsuestia(몹수에스티아의 테오도로스, 350년경-428년). 몹수에스티아 주교였으며, 안디옥학파 신학자였다.

Theodoret of Cyrus(키루스의 테오도레토스, 393-458년경). 안디옥학파에 속하는 신학자요 성경 주석가였다.

Theon, Aelius(아일리우스 테온). 1세기 중후반에 활동한 알렉산드리아의 소피스트다. 웅변가가 되려는 이들이 준비해야 할 것을 담은 『사전 연습서』(*Progymnasmata*)를 펴냈다.

Tov, Emanuel(에마누엘 토브, 1941-). 이스라엘의 성서학자요 고고학자다. 히브리 대학교 성경 프로젝트 편집자 가운데 하나이며, 70인역, 사해 사본, 성경 본문의 발전 과정을 주로 연구했다.

Towner, Philip H.(필립 타우너, 1953-). 미국 성서학자다. UBS에서 성경 번역 책임자로 일했으며, 특히 신약 목회 서신을 깊이 연구했다.

van Henten, Jan Willem(얀 빌렘 판 헨텐, 1955-). 네덜란드 신학자다. 암스테르담 대학교 교수이며, 주로 초기 유대교 역사, 초기 기독교 역사를 연구해 왔다.

Varro, Marcus Terentius(마르쿠스 바로, 기원전 116-27년). 로마의 학자이자 저술가였다.

Walker, Henry John(헨리 워커, 1959-). 아일랜드의 고전학자요 고언어학자다. 주로 고대 로마의 문학을 연구해 왔으며, 중세 문학 연구에도 열심이다.

Wallace, Daniel Baird(대니얼 월리스, 1952-). 미국의 보수 복음주의 신약학자이며 댈러스 신학대학원 교수다. 신약 헬라어 사본을 모두 디지털 자료로 만드는 일을 주도하고 있다.

Wasserman, Tommy(토미 바서만, 1970-). 신약학자로서 신약 본문비평과 본문의 배경 정황을 깊이 연구했다. 현재는 노르웨이에서 가르친다.

Watson, Francis(프랜시스 왓슨, 1956-). 영국 신약학자다. 바울을 바라보는 소위 새 관점을 비판하는 이로 잘 알려져 있으며, 바울과 유대교를 깊이 연구했다.

Weeden, Theodore J.(시어도어 위든). 미국 신약학자다. 마가복음을 중심으로 복음서를 깊이 연구했다.

Weima, Jeffrey Alan David(제프리 위마). 미국 신약학자다. 바울 서신, 특히 데살로니가 서신을 집중 연구했다.

Weiss, Zeev(제브 바이스, 1959-). 이스라엘 고고학자다. 주로 로마 제정 시대 팔레스타인과 시리아 속주의 건축과 예술을 연구하고 있다.

White, Peter(피터 화이트, 1941-). 미국의 고전 문학자다. 로마 시대 문학을 깊이 연구했으며, 특히 로마의 사회생활과 문학 작품 탄생의 관계를 추적하기도 했다.

Wikander, Örjan(외르얀 비칸더, 1943-). 스웨덴 고고학자요 역사가다. 주로 로마의 물 사용 기술, 지붕 테라코타, 로마 사회상을 깊이 연구했다.

Williams, Craig Arthur(크레이그 윌리엄스, 1965-). 미국의 로마 연구자다. 로마 문학과 로마 시대 문화, 특히 친구 관계와 동성애 등을 깊이 연구했다.

Wilson, Brittany E.(브리타니 윌슨). 미국 신약학자다. 성육신, 그리스도의 고난과 죽음, 젠더 신학, 누가복음-사도행전 등을 주로 연구하고 있다.

Witherington III, Ben(벤 위더링턴 3세, 1951-). 미국 신약학자다. 예수와 바울이 그의 주 연구 대상이었지만, 아르미니우스와 칼뱅 신학에도 깊은 관심을 보였다.

Xenophon(크세노폰, 기원전 431-354년). 그리스 아테네의 역사가요 철학자이며 군인이었다. 소크라테스의 제자였으며, 펠로폰네소스 전쟁 뒤의 역사를 기록으로 남겼다.

Zangenberg, Jürgen Karl(위르겐 창언베르크, 1964-). 독일 신약학자요 고고학자다. 그리스-로마 시대 유대 공동체의 생활상, 문화와 종교 생활을 깊이 연구했다.

Zelnick-Abramovitz, Rachel(라헬 젤닉-아브라모비츠). 이스라엘 역사학자이며 텔아비브 대학교에서 가르친다. 주로 고대 그리스 사회에서 시민과 시민권이 없었던 이들(예. 노예)의 관계를 연구하고 있다.

Zeno(제논, 기원전 495-430년경). 고대 그리스 철학자이자 엘레아학파 사람이었다. 아리스토텔레스는 그를 변증법의 창시자라 불렀다.

옮긴이 박규태는 번역이 생업인 전업 번역자다. 숨어 있는 좋은 책을 찾아서 소개하는 일과 평전 및 역사 소설에 관심이 많다. 옮긴 책으로는 『두 지평』, 『신학을 공부하는 이들에게』, 『1세기 기독교와 도시 문화』(이상 IVP), 『바울과 팔레스타인 유대교』(알맹e), 『예수와 그 목격자들』(새물결플러스), 『예수에서 복음서까지』(좋은씨앗) 등이 있다.

1세기 그리스도인의 공동 읽기

초판 발행_ 2021년 2월 10일
초판 2쇄_ 2022년 4월 15일

지은이_ 브라이언 라이트
옮긴이_ 박규태
펴낸이_ 정모세

펴낸곳_ 한국기독학생회출판부
등록번호_ 제2001-000198호(1978.6.1)
주소_ 04031 서울시 마포구 동교로 156-10
대표 전화_ (02)337-2257 팩스_ (02)337-2258
영업 전화_ (02)338-2282 팩스_ 080-915-1515
홈페이지_ http://www.ivp.co.kr 이메일_ ivp@ivp.co.kr
ISBN 978-89-328-1809-2

ⓒ 한국기독학생회출판부 2021

책값은 뒤표지에 있습니다.
무단 전재와 복제를 금합니다.